高职高专"十三五"经济与管理类核心课程系列规划教材

# 企业连锁经营管理

（第二版）

主审 严世清　　主编 戴军

西安交通大学出版社
XI'AN JIAOTONG UNIVERSITY PRESS

## 内 容 提 要

本书采用项目课程理论开发企业连锁经营管理课程，实施案例和项目教学互动的架构，并且结合实训项目，穿插技能训练形式，更注重对学习者的能力进行训练与提升，体现了企业连锁经营管理实战化的特色和趋势。

本书共计9个项目，25个模块，主要内容包括：连锁经营概述、连锁店铺运营管理、连锁经营商品管理、连锁经营采购与配送管理、连锁企业商品定价与促销管理、连锁企业形象与文化管理、连锁企业CRM管理、连锁企业战略管理、跨国连锁经营管理。

本书每个模块都沿着教学目标、案例介绍、理论知识、模块小结、复习与思考、技能训练这样的脉络顺延下去，教学目标又分为促成目标与终极目标，教材对每个引导案例都进行了启发与分析，理论部分够用为度，紧扣连锁经营前沿，与时俱进地培养学习者"大众创业、万众创新"的意识。

本书既可以作为高职高专院校各专业的教材使用，也可以作为本科院校相关营销与管理类专业的教材使用，还可以作为从事企业连锁经营与管理事业的相关人员的参考用书和各企业单位的培训用书。

# 第二版前言
## Second Edition Preface

"企业连锁经营管理"是一门建立在经济学、社会学、心理学、行为科学和现代管理理论等基础之上的应用型学科，主要研究以连锁经营为核心的企业市场营销行为及其规律性。该学科概括了现代企业连锁经营的理论和实践，总结了一系列指导连锁经营活动的战略、策略和方法，具有极强的实用价值，因此受到企业界、高校和社会各界的广泛重视。

"企业连锁经营管理"作为经管类专业通开的核心课程，通过本门课程的教学，旨在提升学生对企业经营活动的分析、判断和决策能力，培养学生的连锁经营意识，树立连锁经营观念，掌握连锁经营操作技能，锻炼学生运用连锁经营知识去发现、分析和解决现实问题，拓展学生的视野，活化学生的思维。

在本书教学中，教师应根据学生的兴趣与爱好，贯彻"以教师为主导，以学生为主体"的原则，围绕学生综合素质和能力的提高，设计培养高素质实战型连锁经营人才的教学流程，革新教学方式、方法，研究采用多种教学形式，如启发式、讨论式、参与式、现场式教学等，通过实例分析、讨论、研究等方法，引导学生理论联系实际，强化学生的分析、判断、评价的思维，提高学生的综合素质和能力。

本书第二版更注重项目引导，流程包括教学目标＋案例援引＋理论知识＋小结＋复习与思考＋实训，在理论学习的基础上更强调实战，注重知识学习服务于实战操作，特别是案例与思考更注重考察学生的发散思维及动手能力，激发学生"大众创业、万众创新"的意识。

本书由苏州工业园区服务外包职业学院服务贸易研究中心主任戴军博士担任主编，同济大学、苏州大学、温州科技职业学院、浙江东方职业技术学院相关学者参与编写。具体编写如下：项目一、项目二、项目四、项目六、项目八由戴军编写；项目三与项目五由周胜芳（温州科技职业学院）编写；项目七与项目九由赵桂琴（浙江东方职业技术学院）编写。全书由戴军博士统稿策划和完成全部修改，韩振博士（同济大学）给出部分修改建议，并由苏州大学博士生导师严世清教授主审。

本书在编写过程中，参考了许多专家和学者的研究成果，在此表示真诚谢意！另外，由于本书编者水平有限，书中难免存在疏漏和不足，敬请各位批评指正。

为方便教师教学授课，本书配有电子课件，各位授课教师若需要请与出版社联系。

编者

2017 年 8 月

# 目录
## Contents

# 项目一

## 连锁经营概述

# 模块1

# 连锁经营概念

## 教学目标

### 1.终极目标

(1)理解并能解释说明连锁经营的基本概念。

(2)理解连锁经营的特点并能分析与解决实际问题。

### 2.促成目标

(1)充分理解连锁经营的特征,并了解其与传统经营的区别。

(2)正式进入企业连锁经营的学习状态。

## 案例导入

### 沃尔玛公司物流配送

沃尔玛公司是全美零售业年销售收入位居第一的著名企业,素以精确掌握市场、快速传递商品和最好地满足客户需要著称。能取得如此辉煌的业绩,其中一个极为重要的因素就是沃尔玛拥有自己庞大的物流配送系统并实施了严格有效的物流配送管理制度。这确保了公司在效率和规模成本方面的最大竞争优势,也保证了公司顺利地扩张。

#### 1. 配送中心的设立

从建立沃尔玛折扣百货公司之初,公司就意识到有效的商品配送是保证公司达到最大销售量和最低成本的存货周转及费用的核心。而唯一使公司获得可靠供货保证及提高效率的途径就是建立自己的配送组织,包括送货车队和仓库。随着沃尔玛的成长,公司意识到配送中心的好处不仅是使公司可大量进货,而且通过要求供应商将商品集中大量送到配送中心,再由公司统一接收、检验、配货、送货,比让供应商将商品分散送至各分店更经济。于是在1969年,沃尔玛的第一个配送中心建成了,当时即可集中处理公司所销商品的40%,大大提高了公司大量采购商品的能力。第二个配送中心建立于1975年,约1.4万平方米,它不承担仓储功能,只是一个转运站,统一接收供货方送来的大宗货物,经检测、编配后转换到公司的送货卡车上。到20世纪80年代末,沃尔玛的配送中心已增至16个;20世纪90年代初达到20个,总面积约160万平方米。整个公司销售8万种商品,85%由这些配送中心供应。

#### 2. 配送作业方式

在配送运作时,大宗商品通常经由铁路送达配送中心,再由公司卡车送达商店。每店一周约收到1~3卡车货物。60%的卡车在返回配送中心途中又捎回沿途从供应商处购买的商品。这样的集中配送为公司节约了大量金钱,据统计,20世纪70年代初公司的配送成本只占销售额的 2%，比一般零售大公司低了近一半。同时集中配送还为各分店提供了更快捷、更可靠的送货服务，并使公司能更好地控制存货。而竞争对手却只有大约 50%～65% 的商品实行集中配送。

### 3. 配送中心的运行及管理

沃尔玛的配送中心运行完全实现了自动化。每个配送中心约 10 万平方米面积，相当于 23 个足球场，占地约 60 平方公里。中心的货物从牙膏、卫生纸、玩具到电视、自行车等应有尽有。每种商品都有条码，由十几公里长的传送带传送商品，激光扫描器和电脑追踪每件商品的储存位置及运送情况，每天能处理约数十万箱的货物配送。配送中心的一端是装货月台，可供 30 辆卡车同时装货；另一端是卸货月台，有 135 个车位。每个配送中心有 600～800 名员工 24 小时连续作业，每天有 160 辆货车开进来卸货，150 辆车装好货物开出。商品在配送中心停留的时间总计不超过 48 小时。配送中心每年处理数亿次商品，99% 的订单正确无误。

### 4. 配送组织的完善

沃尔玛公司为了更好地进行配送工作，非常注意从自己企业的配送组织上加以完善。其中一个重要的举措便是公司建立了自己的车队进行货物的配送，以保持灵活性和为一线商店提供最好的服务。例如，沃尔玛通常为每家分店的送货频率是每天一次，而其竞争对手凯玛特平均 5 天一次，塔吉特平均每 3～4 天一次；沃尔玛的商店通过电脑向总部订货，平均只要两天就可以到货。如果急需，则第二天即可到货，这一速度同业中无人可及。这使沃尔玛享有相对竞争对手的极大优势，货架总能保持充盈，并随时掌握到货时间，其运输成本也总是低于竞争对手。可以说，配送业务管理的成功保证了沃尔玛公司从一个区域性连锁公司发展为全国性连锁公司，而且一直保持着低成本效率，业绩不断增长，确保了公司的发展，是公司成功的一个重要"武器"。

（资料来源：沃尔玛官方网站）

【案例分析】

沃尔玛公司物流配送很规范，而且流程也很顺畅，配送中心的运行完全实现了自动化，尽可能地降低了沃尔玛的配送成本。这绝不是一朝一夕就可以做到的，从这里就可以看出沃尔玛的超级力量。

【思考·讨论】

(1) 你认为沃尔玛的配送作业方式对中国的连锁企业有什么启示？

(2) 你认为中国的连锁企业配送组织可以如何完善？

## 理论知识

### 1. 什么是连锁经营

连锁经营是一种现代企业的组织形式和经营方式，是指在统一经营字号的核心企业或总公司的统一领导、组织下，由分散的、经营同类商品或服务的门店通过集中进货、统一管理的规范化经营。核心企业被称为连锁总部、总店或本部，各分散的门店被称为连锁（分）店。一般来说连锁店指经营同类商品，使用统一商号的若干门店，在同一总部的管理下，采取统一采购或授予特许权等方式，实现规模效益的经营组织形式。连锁经营涉及行业十分广泛，本书后面提到的不同业务类型的连锁经营，是指零售业、餐饮业和纯服务业的连锁经营；而提到的不同业态的连锁经营,是指零售业中的百货商店、超级市场、专业店、专卖店、便利店、仓储式商店、购物中心等零售业态的连锁经营。

纵观国内外的连锁经营情况,连锁企业必须是由若干个分店联合构成,形成规模经营。在美国,有两个以上的分店联合就被称为连锁店(2～9 个分店称为小型连锁店,9 个以上称为大型连锁店);在英国把有 10 个以上分店的集团称为连锁店;而日本一般把拥有 11 家以上的商店组织才称为连锁店。单个企业无论规模多大,都不能称之为连锁店。连锁经营作为当今商业活动中最富活力和最具成长潜力的经营方式,在世界各国广泛流行,成为许多国家商业经营的主流形式。我们今天所见所闻的麦当劳、肯德基、沃尔玛、家乐福、宜家等世界著名企业,都是连锁经营的成功实践者,它们向世界展示了连锁经营的巨大魅力,也引起了人们对连锁经营的研究。

**2. 连锁经营的特征**

连锁经营是现代工业发展到一定阶段的产物,其实质是把社会大生产的分工理论运用到商业领域里。各连锁企业分工明确、相互协调,形成规模效应。作为一种现代化的经营模式,连锁经营与其他经营形式存在着明显的区别,具有鲜明的特征。

(1)统一的经营商品或服务项目

为了达到整体经营效果,使消费者对连锁企业产生信任感和依赖感,连锁企业各门店所经营的商品都是经过总部精心策划和挑选的,是按照消费者需求做出的最佳商品组合,并不断更新换代;所提供的服务也经过总部统一的规划,对所有门店的服务措施进行统一规范,使消费者无论何时何地到任何一家门店,都可以享受到连锁商店提供的整齐划一的商品和服务,从而增强顾客的忠诚度。组织连锁经营的具体形式可以多种多样,但是不论采用哪一种具体形式组织连锁经营,剖析其组织结构,都能发现它们不同程度地具备着各连锁分店在经营商品或服务项目上的一致性。连锁经营中这种统一的商品、服务系列,都是由连锁总部经过细致的调查研究、不断调整和改变营销战略后确定下来的标准化的经营"产品",也正是这种标准化的经营产品,保证了连锁经营内容的统一,因此,同一连锁店体系在经营商品的范围、种类和提供的服务方面,其类别、内容、风格基本都是一致的,构成相对完整的系列,从而建立起自身独到的经营特色。这样不仅有利于促进产销专业化协作水平的提高,而且凭借特色构建企业总体的社会形象,使消费者容易识别,从而取得社会公众的信赖。

(2)统一的 CIS 系统

CIS 系统(corporate identify system)即企业形象识别系统,连锁企业展现给公众的直观印象,主要包括连锁企业的招牌、标志、商标、标准色、标准字、装潢、外观、卖场布局、商品陈列、包装材料、员工服装、标识卡等。这种统一设计的企业识别系统,不仅有利于消费者识别、购买连锁企业各门店的商品,更重要的是有利于让消费者认同该企业,对企业产生深刻印象。连锁企业必须对外形成一致的企业形象,才能让消费者感觉众多门店是连在一起的,而不是分散经营的,但连锁企业仅仅做到这一点还远远不够,如果没有内在的统一做支撑,外在形象的统一仅仅只是连锁经营的一层壳而已。整个连锁企业由总部提供统一的企业形象,包括统一的商标和服务标记、统一的店铺内外装潢设计、统一的经营设备用具、统一的店堂布局和商品陈列、统一的产品设计及其内外包装设计、统一的宣传广告促销、统一的员工着装、统一的服务规范等。连锁企业采用统一的企业识别系统,目的是使加入连锁体系的众多连锁分店形成一个统一的企业形象,扩大其整体影响,使各个连锁分店具备连锁企业的整体信誉和影响,以形成小店大声誉的经营优势。

(3)统一的经营策略

连锁企业必须在经营策略上实行集中管理,即由总部统一规划,制定规范化的经营管理标准,并下达给各门店认真执行;各门店必须遵从总部所颁发的规章制度,一切标准化、制度化、系统化。目前,对于连锁企业而言,经营管理的统一性最集中的体现在于连锁企业的营运手册。许多连锁企业都开发了自己的营运手册,并据此构成了其统一经营管理的连锁体系。在市场经济的条件下,企业的经营战略和具体的营销策略是否科学,在很大程度上决定着企业的前途和命运。组织连锁经营能实现统一管理与分散经营的有机结合,进行集中统一的市场调研和经营战略、营销策略的有机调整。连锁经营企业既可集中一般单个商店难以集中的人、财、物,从事较大规模的市场调查和经营决策的研究,又可以将调查研究的决策结果广泛地推广应用于自己下面的众多分店和连锁店铺。连锁企业实行集中统一的经营战略,不仅有利于节约经营管理费用,而且能够使所有的连锁分店在科学的经营战略和营销策略指导下经营,保持蒸蒸日上的发展势头。同时,这一特点也使众多的连锁分店只需承担连锁总店所分摊下来的很少费用,就能得到以独立策划和很大的投入才能得到的经营决策研究成果,这充分体现了连锁经营中的集中统一与分散经营有机结合的组合优势。

(4)统一的经营理念

连锁企业的经营理念是该企业的经营宗旨、经营哲学、价值观念、企业定位和中长期战略的综合,是其全部经营管理活动的依据。连锁企业无论拥有多少门店,都必须持有共同的经营理念,包括:为什么做连锁、企业赖以生存的因素是什么、企业对消费者和社会的贡献是什么、企业的使命等等。只有经营理念真正统一,连锁企业才能将各门店锁在一起,无限发展,永续经营。从企业管理的原理上分析,实行连锁经营就是在商业零售业中采用工业生产中的专业化分工与协作相结合的工作原理,在众多连锁分店所组成的连锁店系统内组织统一的、专业化分工协作的经营管理过程。

**3. 连锁经营的3S原则**

连锁经营企业的3S原则是指:简单化(simplification)、标准化(standardization)和专业化(specialization),通常称为3S主义。这是连锁经营企业在扩大组织规模、发展连锁网点、开展日常经营活动中,无论企业决策层、管理层还是一般的业务操作人员都必须坚持和遵守的原则。这三点缺少任何一个,连锁经营系统都难以形成。

(1)简单化

简单化指为维持规定的工作,创造任何人都能轻松且快速熟悉作业的条件。复杂的作业在短时间内难以掌握,增加熟练的时间就加大了成本投入,解决这一难题的最有效办法,就是将作业内容简单化。而强调简单化绝不意味着减少作业,因为节省基本作业就难以形成系统。所以,简单化是彻底排除"浪费部分、过剩部分、不适部分",以达到提高作业效率的目的。简单化,即尽可能地将作业流程"化繁为简",创造任何人都能轻松且快速熟悉作业的条件。

连锁经营的简单化首先是由其行业特点决定的。其次,连锁经营的简单化还取决于减少经验因素的影响。通常,为了实现各项作业的简单化,连锁企业会根据整个作业流程中的各工作程序,相应制订一个简明扼要的操作手册,使所有员工均依手册的规定来运作。这种手册对各个岗位均有详尽的规定,掌握和操作非常简单,任何人均可以在较短的时间内驾轻就熟。即使人员频繁变动,也能借此手册迅速掌握要领,步入正轨。

（2）标准化

标准化是指为持续性地生产、销售商品而设定的状态、条件以及能反复运作的经营系统,也就是连锁企业适应市场竞争的需要而采取的作业形式,是为持续性地生产、销售预期品质的商品和服务而设定的既合理又较理想的状态、条件,是能反复运作的经营系统。

连锁企业标准化工作主要包括三个步骤:首先,科学制定各项作业标准和管理标准。连锁企业通过作业研究、数据采集、定性定量分析等方法制定出既简便易行又节约人力、物力的标准化工作规范,使所有工作都按标准去做。其次,通过严格的培训让操作人员掌握各项标准。连锁企业制定出科学的标准后,在此基础上编写详尽的营运手册,作为培训员工的依据。通过严格、系统的培训,每一个员工都能完全掌握手册的标准内容并加以实施。最后,通过严格的管理保证标准化的实施。在一个由总部和众多门店构成的庞大的联合体系中,标准化的贯彻实施靠的是严格的管理和监督,否则标准化就会流于形式,再多的标准也会如同废纸,一切努力都会付之东流。许多连锁企业都设立了督导员这一岗位,督导员的职责就是到各个门店去检查、评价营运过程是否按标准实施,同时也给予相应的指导。

一般来讲,设定最佳品质商品的规格较容易,但是,确保持续性地生产、销售最佳品质商品的企业却相当少。因为作业工艺、作业方法、作业条件等要求的过高,不易得到作业人员的维持和遵守。因此,作为连锁经营,在判定标准化时,要确保其作业工艺、作业方法、作业条件等能够持续性地执行,作业人员能根据这个作业标准开展持续性的作业。这样,就能向顾客提供所期望的品质商品,还能在标准时间内提供商品,既能减少顾客的等待时间,也能减少制造成本和销售成本,还能因有效率的服务,加快顾客的流动。

（3）专业化

专业化是指在连锁经营体系中将各种不同职能的工作和环节相对分离,使采购、配送、仓储、销售、订货、决策等不同职能的工作实现专业化操作,也就是连锁商店的营运必须在整体规划下进行专业分工,在分工的基础上实施集中管理,从而将工作特定化和进一步专家化,追求独特和卓越,开发、创造出独具特色的技巧及系统。这种专业化既表现为总部与门店的专业分工,也表现为总部内部和门店内部各个环节、岗位、人员的专业分工。首先,专业化表现在连锁经营系统内部总部与门店之间的职能分工上。在连锁企业内部,一般都包含着总部和门店两个层次。从职能分工来看,总部的职能是管理,门店的职责是销售。其次,专业化表现在连锁总部设置不同职能部门进行业务管理分工上。再次,专业化表现在连锁门店依据运营程序与作业特点进行岗位分工上。企业可以根据实际需要通过招聘或内部培训获得必要的人才,再根据他们的经历、能力、学历将其分配到合适的作业程序上。

**4. 连锁经营与传统经营的区别**

连锁经营是商业领域中的一次革命性突破,它的出现和发展将传统手工作坊式的小商业真正转变为现代意义上的大商业。要深入理解连锁经营所带来的革命性变化,需要将它与传统商业经营作一比较分析。

（1）从经营方式上看

从经营方式上看,连锁经营是资源整合后的规模经营,而传统商业经营是灵活应变的特色经营。连锁经营顺应社会化大生产的要求,把分散的经营主体组织起来,形成统一管理、统一营运的联合体,通过整合各方面资源进行整体运作,能取得传统商业经营(主要指单体店经营)无法达到的规模效应,从而赢得市场竞争优势。这些优势体现在以下方面。

①采购环节的优势。连锁经营通过中央采购制度,将各门店经营的商品和所需要的机械设备等集中采购,采购数量较大,可以以较强的议价能力与供应商讨价还价,获得低价进货的优势。同时,由于集中采购,可以最大限度地减少采购人员、采购次数,从而降低了直接采购成本。连锁企业正是通过集中进货、规模采购降低商品的进货成本,进而降低商品的销售价格来吸引顾客,不断扩大市场份额的。

②配送环节的优势。由于连锁企业各门店的进货是有组织的,商品信息是共享的,这就克服了进货上的盲目性,节省了商品的储存空间;同时,在集中采购的基础上设置仓库或配送中心,通过总部集中配送可以选择最有利的运输路线,充分利用运输工具,及时运送,实现门店零库存,避免出现缺货现象。

③促销环节的优势。由于连锁企业各门店遍布一个区域、全国甚至各个国家,因此连锁企业总部可以利用地方性、全国性或区域性的电台、电视台、报刊进行广告宣传,其效果将远远大于单体店所进行的小规模促销。同时,连锁促销的广告费用可以分摊到多家门店上去,平均每店促销成本并不高,这对单体店而言是难以做到的。

④研发环节的优势。单个商店由于事务繁杂和个人经验所限,要对自己的作业流程和经营技术进行深入研究是很难的,它们固然也能聘请专家设计有关照明、卖场布局等商业技术和对自己的员工进行系统培训,但费用很大。连锁企业由于总部有专职人员进行专业研究,有多家门店的经验可以总结提升,而其研究、开发和培训费用可以由许多门店共同承担,其开发的成果可在整个连锁体系内推广,因而享有连锁经营所带来的研究、开发和培训方面的规模优势。

**(2)从管理方式上看**

从管理方式上看,连锁经营是以制度为中心的规范管理,传统商业经营是以人为中心的管理,分工越细就越需要协调,否则各个职能部门的运行会相互牵制,各个作业的衔接也难以顺利进行,专业化分工所带来的优势难以转化为连锁企业的现实竞争力。因此,连锁企业必须实行集中规范化管理,连锁企业总部最高管理层是决策中心,各职能部门是执行中心,而门店则是作业现场,只有集中规范管理才能实现连锁企业的协调运行。连锁经营的标准化特征决定了其规范化管理的核心是以各项标准为基础形成的各项规章制度,这些制度将以往建立在经验基础上的管理随意性消除,代之以标准化的规范管理,保证了管理的稳定性,也避免了个人因素对连锁企业的营运可能造成的危害。而传统商业经营尽管也强调规范化管理,也会制定一些规章制度,但这种规范化是因人而异的,只要新来的管理者认为自己的经验更可靠,就可能随时改变规则和制度。

**(3)从连锁经营方式在商业领域的应用情况看**

从连锁经营方式在商业领域的应用情况来看,其组织形式是由一个总部和众多的门店所构成的一种企业联合体,这些被纳入连锁经营体系的商店如同一条锁链相互连接在一起,所以称之为"连锁商店"。因此,连锁经营的联合化、网络化的组织形式在传统企业的组织形式上又有了革命性的突破。这种网络组织形式兼有大企业和小店铺两方面的优势:一方面,连锁商店整体作为一个大企业,有规模经营的各种优势;另一方面,由于其所属的门店实行分散经营,深入到居民区与消费者中间,又具有小店的渗透优势。这种网络组织一旦成熟,便具有一种扩张效应。由于连锁企业具有统一的企业形象、良好的企业商誉、广泛的销售网点以及巨大的销售数量,所以能广泛地吸引供应商、中间商和投资者,并积聚大量资本,迅速扩张。二是随着规模不断扩大,其内部会产生一种组织学习优势。连锁企业可以把自己各个门店中最成功的经验在整个连锁体系中推广,可以以丰富的开店经验不断地开出新的门店,这要比一个第一次开店的企业节约时间和精力。通过复制成功的经验模式,可以实现连锁企业快速扩张。

**(3)从管理手段上看**

从管理手段上看,连锁经营可以借助现代信息技术进行精细化管理,传统商业经营只能依靠手工操作进行粗放式管理。

现代化管理手段是连锁企业在运营、决策方面速度和效率的保证,尤其是信息技术的应用更是提高企业管理水平的关键。在初期信息手段比较落后的条件下,连锁经营的效益、规模都受到制约。进入信息时代以来,现代化电子计算机技术为连锁经营插上了翅膀,把连锁经营带进了一个全新的发展时期。从选择供应商、订货、储存、配送、补货到会计记录、统计汇总、制作各种报表,几乎全部工作都已经计算机化了。信息技术为连锁企业成功实施精细化管理提供了基础,可以这样说:连锁企业为了使庞大而又分散的网络组织协调一致、有效运转,必须借助现代信息技术;而现代信息技术的应用又为连锁企业整合资源、获取规模效益提供了必要条件。

**(5)总结表**

连锁经营与传统商业经营的区别可以总结为表1-1。

**表1-1　连锁经营与传统商业经营的区别**

| 经营 项目 | 连锁经营 | 传统商业经营 |
| --- | --- | --- |
| 定义 | 在总公司统一领导和组织下,由分散的、经营同类商品和服务的门店构成的企业 | 商业企业集团下属企业独立经营模式,由总部投资、扩建的企业 |
| 运作方式 | 分店具有相同的商品结构和服务,总部统一进货、统一经营、统一管理 | 不要求各成员企业实行统一经营,各个成员企业有不同的经营范围和方式 |
| 总部与分店 | 总部与分店在专业职能上有所分工,总部专门负责采购、营销、人事安排等经营管理活动,各分店则从事销售活动 | 每个成员企业都是独立的法人,可以独立地从事经营活动,较连锁分店有较大的自主权 |
| 经营范围 | 一般以流通业和服务业为主 | 涉及诸多行业 |
| 法律关系 | 依各种模式而定 | 分店属总部所有 |
| 发展方式 | 扩大规模只需有市场、有资金,总部必须有成熟的运作模式和专有技术 | 取决于企业集团的决策 |

## 小结

连锁经营是一种现代企业的组织形式和经营方式,是指在统一经营字号的核心企业或总公司的统一领导、组织下,由分散的、经营同类商品或服务的门店通过集中进货、统一管理的规范化经营。连锁经营是现代工业发展到一定阶段的产物,其实质是把社会大生产的分工理论运用到商业领域里。各连锁企业分工明确、相互协调,形成规模效应。

连锁经营企业的3S原则是指:简单化、标准化和专业化,通常称为3S主义,这是连锁经营企业在扩大组织规模、发展连锁网点、开展日常经营活动中,无论企业决策层、管理层还是一般的业务操作人员都必须坚持和遵守的原则。

连锁经营是商业领域中的一次革命性突破,它的出现和发展将传统手工作坊式的小商业真正转变为现代意义上的大商业。

## 复习思考

1. 什么是连锁经营?
2. 连锁经营的特征是什么?
3. 连锁经营的3S原则是什么?
4. 说说连锁经营与传统经营的区别。

## 实　训

【案例介绍】

### 沃尔玛精神

山姆·沃尔顿是沃尔玛的灵魂,这是每一个人的共识。他不但亲手创造了沃尔玛,而且在将近30年的岁月里,一直亲自领导它的日常业务,决定着它的发展方向,并以自己的风格、个性、理念深刻地影响着它,使沃尔玛不仅创造了二战后美国零售业的最大奇迹,而且成为美国零售巨型公司中最有个性的公司。

山姆一生都在勤勉地工作。在他60多岁的时候,每天仍然从早上4点半就开始工作,直到晚上,偶然还会在某个凌晨4点访问一处配送中心,与员工一起吃早点和咖啡。他常自己开着飞机,从一家分店跑到另一家分店,每周至少有4天花在这类访问上,有时甚至6天。在周末上午的经理会前,他通常3点就到办公室准备有关文件和材料。20世纪70年代时,山姆保持一年至少对每家分店访问两次,他熟悉这些分店的经理和许多员工。后来,公司太大了,不可能遍访每家分店了,但他仍尽可能地跑。

无论人们到哪一个沃尔玛连锁店,都会发现其强烈的文化特色,而卓越的顾客服务就是沃尔玛的最大特色,山姆说过:"顾客能够解雇我们公司的每一个人,他们只需要到其他地方去花钱,就可做到这一点。"在沃尔玛,只有顾客才是老板,顾客永远是对的。"要为顾客提供比满意更满意的服务",沃尔玛公司真的做到了这一点。

沃尔玛不仅把"顾客第一"作为口号,而且把它作为贯彻始终的经营理念,使之成为企业文化的重要组成部分。不管什么时候,你只要走进任何一家沃尔玛连锁店,你都会发现惊喜。

尽管沃尔玛各连锁店的生意都非常好,店员非常忙碌,但当天的事情在太阳下山之前必须干完是每个店员必须达到的标准,不管是乡下的连锁店还是闹市区的连锁店,只要顾客提出要求,店员就必须在当天满足顾客。这就是沃尔玛著名的"太阳下山"规则。

沃尔玛公司还有一个著名的"3米原则",即沃尔玛公司要求员工无论何时,只要顾客出现在3米距离范围内,员工必须微笑着看着顾客的眼睛,主动打招呼,鼓励他们向你咨询和求助。同时,对顾客的微笑还有量化的标准,即对顾客露出你的"八颗牙齿"。沃尔玛这些"超过期望"的服务,不仅赢得了顾客的热情称赞和滚滚财源,而且为企业赢得了价值无限的"口碑",为企业长远发展奠定了坚实的基础。

在沃尔玛公司已拥有 500 多亿美元资产时，山姆率领的采购队伍仍然非常节俭，有时 8 个人住一个房间。于是有人问他，为什么公司还要那么精打细算？山姆说："答案很简单：因为我们珍视每 1 美元的价值。我们的存在是为顾客提供价值，这意味着除了提供优质服务之外，我们还必须为他们省钱。每当我们为顾客节约了 1 美元时，那就使我们自己在竞争中领先了一步——这就是我们永远打算做的。"

当然，山姆自己也非常节俭，在他的身上，有着母亲那种艰苦勤俭的品质，还有阿肯色州那种朴实的文化底蕴。直到后来成为美国首富，他和家人还是驾着一辆老旧货车在沃尔玛连锁店购物，他依然恪守珍惜每一分钱的原则，和家人过着平凡的生活。

这个看似平常普通的人，却扎扎实实地一步步发展起自己的商业帝国，他把"为顾客着想"贯彻到底，由此也赢得了巨大回报。山姆一生中得到了许多奖项，当然这其中最让他感到高兴的是布什总统亲自授予的总统自由奖章，地点就在沃尔玛公司总部的大礼堂、山姆曾无数次主持周六晨会的地方。山姆说："这是我们整个事业最辉煌的一刻。"

（资料来源：沃尔玛官方网站）

**思考和训练**

（1）上述案例说明沃尔玛的精神到底是什么？

（2）你认为沃尔玛的成功，这种精神起多大的作用？

【技能训练】

以小组为单位，选择一个你所在城市的连锁经营店，讨论它的经营模式和经营策略。

# 模块2

## 连锁经营类型

### 教学目标

**1.终极目标**

(1)理解连锁经营的几种类型。

(2)理解每种连锁经营的优缺点。

**2.促成目标**

理解并比较连锁企业的几种类型。

### 案例导入

#### 肯德基"不从零开始"特许经营

肯德基以"特许经营"作为一种有效的方式在全世界拓展业务,1993年开始尝试在中国开展特许经营,经过一段时间沉默之后,自2000年起,肯德基在中国特许经营只采取不从零开始一种形式,特许经营是肯德基第一品牌策略成功的代表性策略,具有中国特色。

**1. 不从零开始**

所谓不从零开始是指:肯德基将一家成熟的、正在盈利的餐厅转手给加盟者。加盟者不需进行自己选址、开店、招募与培训员工等大量繁重的前期准备工作,这些都是现成的。其中,选址往往是成功的关键,而肯德基已经帮你做好了。

肯德基所说的现阶段中国市场的含义是:一方面,部分中国企业正在形成一定的经济规模和完善的管理系统,连锁经营正在迅速发展和逐渐规范;另一方面,由于多种经济成分的发展,零散性是一大特征。我国目前尚无一部根据区域商业特点而制定的专项法规,只有试行的《商业特许经营管理办法》,条款简单,无法承担调节特许经营所带来的区域经济合作、商业资产运作和商业资本扩张等问题的职能。

**2. 不从零开始特许经营内容**

资金方面:首先,在一个特许经营店开始时须支付37 600美金的特许经营初始费,这些费用是一次性的,并将根据美国当年的物价指数做一些调整,同时,每个加盟商在发展一家新店时,都要支付这个费用。其次,每个餐厅的转让费在800万元人民币(二三线城市低至200万元人民币)。肯德基餐厅的营业面积从350到400平方米不等,这800万元是根据一些综合指数制定的购买一家肯德基餐厅的参考价格,实际转让费用将视目标餐厅的销售及利润状况而定。加盟商支付这笔费用后,即可接手一家正在营运的肯德基餐厅,包括餐厅内所有装饰装潢、设备设施,及经过培训的餐厅工作人员,且包括未来在营运过程中产生的现金流量和利润。

但不包括房产租赁费用。第三,持续经营的费用包括占销售额6%的特许经营权使用费和占销售额5%的广告分摊费用。这些费率和费用是在现行的基础上制定的,在特许经营合同签订之后十年内保持不变。

地点:目前主要在国内中小城市,为非农业人口大于15万小于40万,且每年人均消费大于人民币6 000元的已经有肯德基餐厅开业的地区提供一定的加盟机会。现在肯德基不允许使用自有店面开新店,只转让已经正在运营的肯德基餐厅。

时间:从开始申请到转店时间在6个月左右;加盟经营协议的首次期限至少为10年,未来的加盟商必须自愿地从事肯德基加盟经营10年以上,最好是20年。

培训:培训是加入肯德基时必备的内容,成功的候选人在经营餐厅前将被要求参加一个内容广泛的为期12周的培训项目,12周的餐厅培训使加盟者有效掌握经营一家成功餐厅需要了解的值班管理、领导餐厅等课程,还包括如汉堡工作站、薯条工作站等各个工作站的学习。加盟商接手餐厅后,还要安排为期5~6个月的餐厅管理实习。

**3. 双赢是最终结果**

对于肯德基来说,每转让一个店面,将获得特许经营初始费37 600美元,并且一次性转让费800万元人民币,每年还有占销售额6%的特许经营权使用费和占销售额5%的广告分摊费用,而所有转让的店中,多为C类城市,这类城市有相对的发展潜力,竞争压力较小,有利于投资人取得良好的回报,同时这也给肯德基减少了管理成本和经营风险。通过转让所得资金,可以继续开店,对于肯德基来说,是一条无风险高速扩张之路。

对于受许人来说,加盟肯德基,通过培训,可以掌握先进的企业管理,自己亲自管理肯德基,往往比聘请一个职业经理人要更用心,转让后的店,所得收益也会比以前更多,这就是为什么肯德基要受许人亲自管理的原因了,同时这也给肯德基省去了不菲的管理费用。受许人站在肯德基的肩上,通过自己辛勤经营,也能为自己带来可观的收益。

(资料来源:肯德基营销网站)

**【案例分析】**

肯德基在中国的营销是与众不同的——不从零开始:肯德基将一家成熟的、正在盈利的餐厅转手给加盟者,对肯德基和受许人双方来说都是双赢的结果。

**【思考·讨论】**

(1)你认为肯德基"不从零开始"特许经营的方式对其他连锁企业是否管用?

(2)请对本案例的"不从零开始"特许经营做出评价。

# 理论知识

连锁经营最初是以单一所有权形式即直营连锁形式出现的,随着长期的发展实践,逐渐形成了三种形式并存的局面,即直营连锁、特许连锁和自由连锁。

**1. 直营连锁**

直营连锁是连锁经营的基本形态。这是连锁企业总部通过独资、控股或兼并等途径开设门店,发展壮大自身实力和规模的一种连锁形式。连锁企业的所有门店在总部的直接领导下统一经营,总部对各门店实施人、财、物及商流、物流、信息流等方面的统一管理。目前许多大型国际连锁组织,如美国的沃尔玛和西尔斯公司、瑞典的宜家家居公司、法国的家乐福和百安居公司都属于这种连锁形式。

各国还规定了直营连锁商店的门店数,美国规定必须要有 11 个门店以上,英国规定必须有 10 个门店以上,日本的规定只需两个门店以上。国际连锁商店协会对直营连锁的定义最为简单直接,它定义为"以单一资本直接经营 11 个商店以上的零售业或餐饮业组织"。

（1）直营连锁的特征

①以资本为主要连接纽带。直营连锁各门店之间是以资本为主要连接纽带的,资本又必须属于同一个所有者,归一个企业、一个联合组织或一个人,由同一个投资主体投资开办门店,各门店不具备独立的法人资格。

②建立合理的分工体制。连锁总部对各门店拥有全部所有权、经营权、监督权,门店的业务必须按总部指令行事。因此,直营连锁企业必须建立合理的分工体制,即总部必须设置分工明确、专业精细的内部管理机构及各门店的层级管理制度、各类责任制度、分配制度和规范的门店管理制度,以连接总部与各职能部门和门店的统一运作。

③核算制度实行统一。在人事关系上,直营连锁各门店的店长是连锁企业的雇员而不是所有者,所有门店的店长均由总部委派,工资、奖金由总部确定。店长无权决定门店的利润分配,因为整个连锁企业实行统一的核算制度,各个门店的工资、奖金由总部依据连锁企业制定的标准来决定。直营连锁商店的上层组织形式主要有两种:一种是由母公司直接管理,不再另设连锁总部;另一种是没有母公司,而是设立总部,由总部统一管理下属各门店成员。在大型的直营连锁集团中,其组织结构一般设为三层:上层是公司总部,负责公司的长远发展规划;中层是负责若干门店的地区性管理组织或负责某项职能的专门管理机构;下层是各门店成员。

（2）直营连锁的优缺点

直营连锁经营具有强大的生命力,在世界范围内获得了迅速的发展,这与其本身所具有的优势有关,由于直营连锁采取中央集权制的管理方法,因此具有以下几方面的优点:

①规模优势。直营连锁是对同属于某个资本的多个店铺,实行高度统一的经营。这种制度安排有利于集中力量办事,可以统一经营战略,统一产品开发、采购、配送、促销,统一资金调运、人事管理,以大规模的资本同金融界、生产企业打交道,在培养使用人才、新技术、产品开发推广、信息和管理现代化等方面,可充分发挥连锁的规模优势。

②经济优势。连锁企业依靠集中化的功能,可为经营提供重要的经济优势,如利用总部集中大批量进货,容易开发稳定的供货渠道和获得折扣,以达到降低商品成本、减少管理费用的目的。

③技术优势。在各个连锁分店工作的从业人员,虽然人数少且有些人能力不强,但因有总部的直接指导和援助,仍然可使分店经营达到预期成果。

直营连锁经营也不可避免地存在着一些缺点,主要表现在:

①由于分店自主权小,资金、价格等受控于总部,因此管理人员的积极性、创造性和主动性等都受到制约,不能很好地发挥出来。

②需要拥有一定规模的自有资金,发展速度受到限制。

③大规模的直营连锁企业管理系统庞杂,容易产生官僚化经营。

④在市场拓展方面进展较慢,使企业的交易成本大大提高。

直营连锁经营作为一种成熟的零售企业组织经营方式，其全方位的统一管理和大批量统一进货是它本质的要求，也是其优势所在。但如果不从实际出发，不顾条件一味强求高度的统一，就可能会变优势为劣势，事与愿违。因此，在坚持统一性的同时，要牢记连锁经营不存在一个世界通行的标准模式，必须坚持统一性与灵活性的有机结合。

**2. 特许连锁**

特许连锁又称合同连锁、加盟连锁、契约连锁，是总部与加盟店之间依靠契约结合起来的一种形式。风靡世界的肯德基、麦当劳都是特许连锁组织的典型代表。国际特许经营协会对特许经营的定义是"一种持续的关系，在这个关系中特许总部提供一种经许可的商业经营特权，并在组织、训练、商品计划和管理上提供援助以作为从加盟者获得报酬的回报"。我国商务部于2005年初颁布了《商业特许经营管理办法》，将特许经营定义为"通过签订合同，特许人将有权授予他人使用的商标、商号、经营模式等经营资源，授予被特许人使用；被特许人按照合同约定在统一经营体系下从事经营活动，并向特许人支付特许经营费"。

（1）特许连锁的特征

①特许经营的核心是知识产权的转让。特许权的转让方是连锁总部，或称加盟总部、特许总部，接受方是加盟店。总部转让的特许权一般包括商标、专利、商业秘密、技术秘密、经营诀窍等无形资产，如果总部没有形成这些无形资产，就不会出现特许经营模式。这些无形资产都属于知识产权范畴，所以，特许经营的核心实际上是知识产权的转让。它推出的是一个活生生的样板店，如肯德基、麦当劳，人们很容易就看到这一经营模式所带来的效益，于是，人们很容易接受这样一种无形资产的转让。

②总部与加盟店之间以特许合约为纽带基础。特许连锁经营的加盟店与加盟总部之间的关系是以特许合约为纽带基础的，这个特许合约是总部与加盟者之间签订的一个协议书。根据协议，总部称为特许权所有方或特许人，加盟者称为特许权使用方或受许人，这个协议具有法律效力，它将加盟总部与加盟者紧紧地连在一起。正因为特许经营是通过总部与加盟店签订一对一特许合同而形成的，因而总部与加盟店之间的关系是纵向关系，而各加盟店之间不存在横向联系。

③所有权是分散的，但经营权高度集中。在特许连锁系统里，加盟者对自己的店铺拥有所有权，经营权则高度集中于总部。加盟店是独立法人、资产的所有者，店主对自己的经营成败负责。当店主认为加盟连锁组织比独自经营更有利时，就会对市场上现有的特许连锁组织进行调查、比较，最后决定向哪家特许连锁组织提出加盟申请。尽管特许经营的所有权是分散的，但表面上与直营连锁相似，对外形成同一资本经营的形象，使公众把加盟店看作是加盟总部业务的有机组成部分。

④加盟总部提供特许权许可和经营指导，加盟店支付费用。一旦加盟总部和加盟店签订特许合约，就意味着总部许可加盟店使用总部特有的商标、店名和字号，使用总部开发的生产、加工、销售、服务及其他经营方面的技术，总部在合约有效期内应持续提供各种指导和帮助，这种后续服务目的在于帮助加盟者了解、吸收和复制特殊技术，并在开业之后尽快走上正轨，取得收益。加盟店在取得这些权利时要付出一定代价，即要向总部交纳一定费用。一般情况下，加盟者在签订特许合约时，要一次性交纳一笔加盟金，各特许连锁组织的加盟金视自身情况而

定。对于总部提供的指导、服务,统一开展的广告宣传,加盟店则要按合约规定每月向总部交纳特许权使用费和广告费等。

特许连锁经营在国外起步较早,已有 100 多年历史,但直到 20 世纪 80 年代,特许连锁经营才如脱缰之马,飞速发展起来。现在,美国几乎每几分钟就有一家特许加盟店开业。特许连锁已经渗透到了商业、服务业的各个领域,并被认为是欧美最被看好的连锁形式。特许连锁之所以能如此飞速发展,是因为它具有其他连锁形式无法比拟的优越性。直营连锁是以单一资本向市场辐射的,易受资金、时间、人力的限制;而特许连锁是以特许权向市场辐射的,对加盟总部而言,企业无须投入大量资金和人力,就可以借助他人的力量,将已成熟的规范化的管理方式和独具特色的经营技术以及名牌化的品牌通过特许方式占领市场,是一种安全而迅速地扩大知名度、拓展市场的经营方式;对于加盟店而言,业主无须拥有一定的技术和经验,只要支付一定的加盟费就可以直接套用他人成功的经验和管理技术,得到加盟总部的长期指导和服务,从而省去探索时间,降低了投资风险。特许连锁经营对双方都有吸引力,成为目前国际上最为流行的连锁经营方式。

(2)特许连锁的优缺点

特许经营的优点主要表现在连锁体系经营者、加盟者两个方面。

特许连锁经营对盟主的好处:

①既节省了资金,又能获得扩大市场的机会,提高知名度,加速连锁事业的发展。

②开展新业务时,有合伙人为其共同分担商业风险,能够大大降低经营风险。

③特许店成为稳定的商品流通渠道,有利于巩固和扩大商品销售网络。

④盟主可根据加盟店的营业状况、总部体制和环境条件的变化调整加盟店,掌握连锁经营主动权。

⑤统一加盟店的店面设计、店员服装、商品陈列等,能对消费者和企业界形成强大而有魅力的统一形象,有助于企业形象和品牌的塑造。

特许连锁经营对加盟店有以下好处:

①用较少的资本就能开展创业活动。

②没有经验的创业者也能经营商店,可以减少失败的危险性。对于加盟店来说,购买一个成功的特许经营模式,花钱直接享受他人成功的经营模式即可,大大降低了创业风险。

③能借用连锁总部的促销策略。

④能进行知名度高的高效率的经营,能够接受总店参谋的指导,以持续地扩大和发展事业。

⑤稳定地销售物美价廉的商品,并能够专心致力于销售活动。

⑥能够迅捷适应市场变化。

**3. 自由连锁**

自由连锁又称为自愿连锁,其原意是自发性连锁或任意性连锁。自由连锁是企业之间为了共同利益结合而成的事业合作体,各成员店是独立法人,具有较高的自主权,只是在部分业务范围内合作经营,以达到共享规模效益的目的。从上述定义中可以看出,自由连锁主要有两种形式:第一种是以几家中小企业联合为龙头,开办自由连锁的总店,然后吸收其他中小企业加盟,建立统一物资配送中心,所需资金可以通过在分店中集资解决;第二种是由某个批发企业发起,与一些具有长期稳定交易关系的零售企业在自愿原则下,结成连锁集团,批发企业作为总部承担配送中心和服务指导功能。

**(1)自由连锁的特征**

①门店的资产归门店经营者所有。一个自由连锁组织往往拥有众多分散的成员店,这些成员店一般是小型的,但是独立的,门店的资产归门店经营者所有。各门店不仅独立核算、自负盈亏、人事安排自主,而且在经营品种、经营方式、经营策略上也有很大的自主权,每年须上交一定费用给总部以享受合作带来的规模效应。自由连锁组织创立初期,各成员店可以使用各自的店名、商标,但是,当自由连锁发展到合股建立一家能为成员店提供服务的商业机构时,使用不同店名、商标的成员店将会转换成使用统一店名、商标的连锁店。

②总部与成员店之间不存在经营权的买卖关系。自由连锁总部与成员店之间不存在经营权的买卖关系,而是靠合同和商业信誉建立一种互助互利关系,以达到规模经营的目的。连锁总部遵循共同利益原则,统一组织进货,协调各方面关系,制定发展战略,搜集信息并及时反馈给各成员店。美国自由连锁商店总部的职能大致可以归纳为 12 项:确定组织大规模销售计划;共同进货;联合开展广告宣传等促销活动;业务指导,包括商店内部装修、商品陈列等;组织物流;教育培训;信息反馈;资金融通;开发店铺;财务管理咨询;劳保福利;帮助劳务管理。

③自由连锁经营合同的约束力比较松散。总部与各成员店是通过合同作为纽带连接在一起的,合同是各成员之间通过民主协商制定的,而不是特许连锁那样的定式合同。其合同的约束力比较松散,一般以合同规定的加盟时间(一年)为单位,加盟店可以随意退出自由连锁组织,在自由连锁的合同上并未规定随时退出的具体的惩罚细则。自由连锁形成的原因是众多中小企业在与一些规模庞大、实力雄厚的大型连锁企业的竞争中,由于势单力薄,竞争力不断下降,占有的市场份额日益萎缩。为了摆脱困境,若干企业共同投资设立机构,负责进货,开展共同促销和广告宣传等活动,以降低成本,提高利润。可见,自由连锁主要是中小商业企业为了保护自己的利益,联合起来,通过组织连锁,获得规模效益,以便与大资本商业企业抗衡、争夺市场而产生的。

**(2)自由连锁经营的优缺点**

自由连锁的优点:

①利用自由连锁经营可以提高加盟店的竞争力。自由连锁经营在取得规模效益、开展信息系统应用方面,具有单个商业经营者所没有的优势。

②由于各分店有较大的独立性,成员店自主权大,利益直接,有利于调动成员店的积极性和创造性,使得各分店能迅速跟踪市场行情做出及时有效的调整。

③自由连锁是由加盟店集资组成,所以加盟店可以得到总部利润中作为战略性投资的、持续性的利润返还。

自由连锁的缺点:

①由于加盟店在资金、人事、经营等各方面有很大的自主权,造成总部缺乏对各加盟店的约束力。

②自由连锁强调的是自愿联合,合同没有约束力,来去自由,也无罚款条例,因而组织不大稳定。

直营连锁、特许连锁、自由连锁三种连锁形式的比较如表 1-2 所示。

表1-2 三种连锁经营形式的比较

| 比较项目 | 直营连锁 | 特许连锁 | 自由连锁 |
|---|---|---|---|
| 决策 | 总部做出 | 以总部为主,加盟店为辅 | 参考总部旨意,分店有较大自主权 |
| 所有权 | 总部所有 | 加盟店所有 | 成员店所有 |
| 经营权 | 非独立 | 非独立 | 独立 |
| 分店经理 | 总部任命 | 加盟店主 | 成员店主 |
| 商品来源 | 总部统一进货 | 总部统一进货 | 大部分经由总公司,部分自己进货 |
| 价格管制 | 总部规定 | 原则上总部规定 | 自由 |
| 促销 | 总部统一实施 | 总部统一实施 | 自由加入 |
| 总部与分店关系 | 完全一体 | 契约关系 | 任意共同体 |
| 分店对总部的影响 | 小 | 小 | 大 |
| 分店上交总部的费用 | 无 | 5%左右 | 5%左右 |
| 合同约束力 | 总部规定 | 强硬 | 松散 |
| 总部与加盟店的资本所属 | 同一资本 | 不同资本 | 不同资本 |
| 外观形象 | 完全一样 | 完全一样 | 基本一样 |

## 小 结

连锁经营最初是以单一所有权形式即直营连锁形式出现的,随着长期的发展实践,逐渐形成了三种形式并存的局面,即直营连锁、特许连锁和自由连锁。

直营连锁是连锁经营的基本形态。这是连锁企业总部通过独资、控股或兼并等途径开设门店,发展壮大自身实力和规模的一种连锁形式。连锁企业的所有门店在总部的直接领导下统一经营,总部对各门店实施人、财、物及商流、物流、信息流等方面的统一管理。

特许连锁又称合同连锁、加盟连锁、契约连锁,是总部与加盟店之间依靠契约结合起来的一种形式。风靡世界的肯德基、麦当劳都是特许连锁组织的典型代表。

自由连锁又称为自愿连锁,其原意是自发性连锁或任意性连锁。自由连锁是企业之间为了共同利益结合而成的事业合作体,各成员店是独立法人,具有较高的自主权,只是在部分业务范围内合作经营,以达到共享规模效益的目的。

## 复习思考

1.什么是直营连锁?其特点是什么?

2.什么是特许连锁?其特点是什么?

3.什么是自由连锁?其特点是什么?

# 实 训

## 【案例介绍】

### 大娘水饺

大娘水饺餐饮有限公司始建于 1996 年,地点在常州商厦拐角处,面积约 30 平方米,员工 6 人。当时并没有做水饺,而是经营中餐,店名叫"常州商厦美食园"。当时该店月累计营业额 3 万元,月亏损额约 1.5 万元。

经历过生活磨难和餐饮市场摔打的老板吴国强并没有气馁和退缩。当过机关干部、新闻记者的他既不服输又正视现实,定下心来仔细琢磨:如今,中国的餐饮业已进入大众消费时代,餐饮市场的商机到底到哪里?

面对现实问题,他反复推敲,从中国传统食品中认真寻找,这种食品必须能白天卖了晚上卖、一年四季都能卖,才能获得成功。在这段苦苦思考的日子里,吴国强脑海中时常浮现出大学毕业后到青海生活时的一段经历,那时作为青海省作协会员的他每当风尘仆仆地回到家,邻居大娘总会端上自己家擀制的热气腾腾的水饺给他饱餐一顿,使远离家乡的游子倍感亲切。

饺子源于中国古代隋唐年间,距今约一千四百多年,堪称中国的国粹。北方人喜爱把饺子当主食。南方人虽以食大米为主,但也把饺子当作一种点心和辅食。既然饺子为中国大部分人所接受,这中间会不会蕴含着无限的商机?思想决定出路,吴国强当机立断,经过一番精心准备后,于 1996 年 5 月开始在 30 平方米的小餐厅经营起水饺生意。他请来了一位退休的东北老大娘当起了包饺工,自己则亲自动手拌制饺馅。第一天包的水饺一卖而光,第二天、第三天同样如此。问问顾客,反映居然不错,于是他又请来了第二位、第三位包饺工,自然生意也日趋火爆。

为了顺应快餐外卖市场形势的发展,公司于 1996 年 11 月成立了"大娘水饺"常州外送店,用摩托车把"大娘水饺"送到千家万户。外送店的开业,为公司创业阶段流动广告的宣传起到了积极的作用。

随着"大娘水饺"在常州知名度的提高,堂口店这个小小的 30 平方米餐厅已无法满足广大顾客的要求,每天有近 300 名顾客因吃不上水饺而离开店堂。潜在的市场需求,逼迫吴国强向前迈进,为此他千方百计筹集了 10 万元流动资金,于 1997 年 1 月开办了"大娘水饺"常州商厦超市店。超市店的开业标志着公司进入第一个发展阶段,是企业原始积累的开始,既让吴国强还清了前面所有的债务,又有了一定资金开办后续的连锁店,公司的发展初获成功。

1998 年 9 月,苏州"大娘水饺"石路店的开业,标志着公司进入第二个发展阶段。超市店成功后不久,1997 年 4 月公司乘胜追击,"大娘水饺"常州中联店的开业又一炮打响。但此后一段时间内,由于选址等方面定位不准确,导致公司在发展上走了一段弯路。1997 年 9 月至 1998 年 5 月,在常州亚细亚影城开办过一家连锁店,但苦心经营 8 个月后只能告退,半年多的努力竟换来了 20 多万元的经济损失。在南京夫子庙"六凤居"由于同样的原因也损失了 5 万元,连续的打击令公司暂时陷入了困境之中。1998 年 9 月,经过缜密的调查和市场研究,公司再次鼓起勇气,迈出常州,在苏州成功落脚,实现了从量变到质变的转折,踏上了一条在人口密集的中心城市进行水饺堂食连锁快餐化经营的道路。

1999 年 9 月,上海"大娘水饺"中联店的开业,标志着公司进入第三个发展阶段。历时三年多的努力开拓创新,1999 年 9 月,上海南京路步行街改建开街的日子,公司毅然将自己的

"土招牌"竖立在了这个世界名牌林立的"中华商业第一街"上,成为首家进驻南京路的江苏餐饮企业。当时,火爆的营业场面轰动了上海滩,引起了上海政府机构及领导人的高度关注,市长还在一次商贸会议上提出上海各商业中心应多引进像"大娘水饺"类型的快餐企业。上海"大娘水饺"中联店的开业,标志着公司现代化连锁体系的初步建立,"大娘水饺"文化氛围、品牌号召力的逐渐形成。从此,沪宁线上品尝"大娘水饺"成为一种新时尚,全国各地的新闻媒体纷纷研究报道江南"吴大娘"现象,上海、南京等各大报刊、电视、广播都不时推出专版、专题报道,"大娘水饺"已成为中国快餐业中一个响当当的品牌。

（资料来源：大娘水饺营销网）

**思考和训练**

(1)通过上述案例说明大娘水饺的营销思路。

(2)你对大娘水饺今后的发展有哪些建议?

**【技能训练】**

以小组为单位,说说本市区的连锁企业的类型、特点以及存在哪些不足,然后与其他小组交换意见。

# 模块3
## 连锁经营历史、现状与发展

## 教学目标

**1.终极目标**

(1)理解并能解释说明连锁企业的历史。

(2)理解连锁企业的发展与现状。

**2.促成目标**

对连锁企业的过去、现在与未来加以比较。

## 案例导入

### 从5 000美元到世界老大的沃尔玛

山姆·沃尔顿于1940年毕业于密苏里大学。6月3日,他作为管理实习生参加了依阿华得梅因的彭尼店的工作。正是在这里短期的工作经历,使他选择了以零售业作为自己的事业。

1950年7月,沃尔顿来到本顿威尔,看上了这座小城市中心广场上的一个小杂货铺。他花5 000美元把它买下并进行了改装,取名为沃尔顿一元店,尽管这仅仅是一个本·富兰克林特许加盟店。1962年,他决定尝试一种更大规模的本·富兰克林经营模式,在密苏里的圣·罗伯特开了家面积为13 000平方英尺的商店——沃尔顿家族中心。到1962年底,沃尔顿与巴德·沃尔顿和罗布林家族的合伙王国已发展到16家,一跃成为全美最大的本·富兰克林单一特许加盟店和全美最大的独立杂货店经营者。

1962年7月2日,沃尔顿的第一家廉价商店隆重开业,占地16 000平方英尺,地点在罗杰斯。这一次,沃尔顿第一次打出了"沃尔玛"这一招牌和"天天低价"的口号。就像商业史上许多划时代的重大时刻一样,几十年后,这一天的重大意义才变得清晰起来,沃尔玛会把这个商店的开业作为它崛起的起点而加以庆祝,沃尔玛也会被看成是零售业重大变革的旗手。这场变革改变的不仅仅是整个国家如何购物,它也改变了我们购买商品的方式和地点,它会加速全美由生产型经济向服务型经济的过渡,它甚至会改变众多美国人居住的郊区风景。

1970年10月1日,沃尔玛股票成功上市。沃尔顿使公司上市的主要目的就是尽快地使其拓展。到1973年1月,已经有55家沃尔玛店跨越五个州:阿肯色、密苏里、堪萨斯、俄克拉荷马和路易斯安娜。

1983年4月,沃尔顿自己的仓储俱乐部——山姆批发俱乐部正式开业。不到3年时间,又有40个山姆俱乐部开业,在商店的数量上很快超过了普赖斯。

1988年,凯马特年销售额是273亿美元,沃尔玛是206亿。但是,沃尔玛的纯利润却首次超过了它的对手,达到8.372亿美元,而凯玛特是8.03亿美元。在接下来的90年代,沃尔玛已经成了全世界最大的零售商。这时候,它的新任领导人格拉斯给沃尔玛制订了一份野心勃勃的长期目标:年销售额达到3 000亿美元。实现此目标的唯一途径是:用沃尔玛控制整个零售业的方法来占领食品杂货领域,并将沃尔玛模式推向海外市场。

1991年末,沃尔玛进军墨西哥;1992年进入波多黎各市场;1994年初挺进加拿大,同年秋,在香港开了一家合资店;1995年,分别在阿根廷和巴西小试牛刀;1996年,在印尼和中国深圳开了第一家沃尔玛店;1997年底,沃尔玛进军德国。至此,沃尔玛国际市场的销售额已达到每年50亿美元。

到1997年为止,拥有728 000名员工的沃尔玛早已超过了通用汽车公司,一跃成为全国最大的独立雇主。更具有深刻意义的是,沃尔玛和其他廉价连锁店——凯玛特、目标、家居用品、如意玩具公司等,提供的工作岗位已取代了制造业,造就了充斥美国的新蓝领阶层。

2001年初,全世界的受众听到了一条令人震惊的消息:沃尔玛的销售额超过了比尔·盖茨的微软,成了当今世界最大的公司。

(资料来源:沃尔玛营销在线)

【案例分析】

这个案例提示我们,5 000美元也可以成为世界老大,沃尔玛的成长充满了奋斗的汗水,也充满了理性的思考。

【思考·讨论】

(1)你从沃尔玛的成长历史中得到了什么启示?

(2)你认为沃尔玛的成功对中国连锁企业有什么借鉴意义?

## 理论知识

### 1. 连锁经营的历史

19世纪50年代,世界上第一家直营连锁商店——"大西洋和太平洋茶叶公司"在美国纽约市建立了两家茶叶店,目的是集中直接购买、减少中间环节、分散销售。起初,该公司的创业者对把设在纽约威西街的小规模商店作为连锁经营的一号店,并无成功的把握。他们当时探索组织连锁经营的动机是希望能直接从中国或日本进口茶叶,减少中间商的经费和利润,以低于市价的价格向消费者提供茶叶。由于一号店的销售特别好,他们又开了二号店。到19世纪60年代,大西洋和太平洋茶叶公司的连锁店发展到25个,并开始增加食品经营。1862年,英国第一个连锁商店股份企业——"无酵母面包公司"在伦敦宣告成立;法国兰斯经济企业联合会于1866年也创办了法国第一家连锁集团。但是,连锁经营在亚洲国家的出现则相对较晚,最早的直营连锁店出现在第二次世界大战前的日本,并于20世纪60年代日本经济飞速发展期间得到迅速蔓延。

而自由连锁组织则出现于19世纪80年代。当时美国130家食品零售商共同投资兴办了一家联合批发公司,为出资的成员企业服务,实行联购分销,统一管理,各成员企业仍保持各自的独立性。其后自由连锁不断发展,到20世纪50年代,美国自由连锁的销售额终于超过了直营连锁,成为第二类商业连锁形式。20世纪六七十年代是自由连锁发展的鼎盛时期,自由连锁在欧美各国保持优势地位的同时,在日本等亚洲国家也得到迅猛发展。日本从20世纪60

年代开始推行零售业连锁化政策,并有组织地对自由连锁进行培育、强化。到 20 世纪 80 年代,日本自由连锁商店的店铺数达 5 万余家,占全日本零售店铺总数的 3% 左右;营业额 8 万亿日元,占全社会零售总额的 9%;其发展速度远远高于同期直营连锁的发展速度。

特许连锁组织源于美国,其首创者是美国胜家缝纫机公司。19 世纪 60 年代,胜家公司为推出新产品——缝纫机,率先尝试以特许经营方式建立分销网络,结果成功地打开了零售市场,使人们初步看到了特许经营的魅力。但直到 20 世纪初,随着美国可口可乐、百事可乐以及众多汽车厂商采用这一方式扩展销售网络,这种经营模式才得到迅速发展。一直到美国麦当劳和肯德基取得巨大成功,特许经营才成为 20 世纪 70 年代以来发展最快的连锁形式,其发展速度开始超越直营连锁和自由连锁,并迅速在世界各地蔓延。

**2.连锁经营的发展阶段**

第一阶段,从 19 世纪中叶到 20 世纪 50 年代。这一时期是连锁业萌芽与成长阶段,也可称为传统连锁时代。这一阶段又可分为两个时期,从 19 世纪中叶到 20 世纪初期是连锁业的萌芽时期,这一时期连锁店的店铺数目少、企业少,还未在零售业占据一定地位,店铺主要是传统的杂货铺,在萌芽的后期出现了百货商店。从 20 世纪初到 20 世纪 50 年代可称为连锁店的成长期,这一时期,连锁企业在美国占据了主导地位,出现了一些大型的百货连锁店和超市连锁店。

第二阶段,从 20 世纪 50 年代初到 70 年代末,连锁业进入高速发展时期。如果说第一阶段的连锁主要以正规连锁的成长为主,而特许连锁和自由连锁则仅仅是刚萌芽的话,那么在第二阶段,三种连锁共同成长,导致了连锁业的快速发展。这一时期在店铺形式上,超级市场连锁占据了主导地位,而百货商店则处于衰退时期。同时超市的销售技术,如开架、自助服务、统一结算开始在其他店铺形式中得以推广。60 年代,折扣连锁店出现,70 年代快速成长。70 年代专门连锁店也开始成长。这一时期美国连锁业得到了迅速的发展。这期间,日本连锁业也开始占据零售业的主导地位,欧洲、港台连锁业均开始快速成长。

第三阶段,连锁业从 20 世纪 80 年代起进入现代连锁业时代。折扣连锁店成为连锁业中的大哥大,仓储式销售连锁网点出现并成长起来,专卖连锁店也具有了一定的地位。连锁经营的行业进一步渗透到餐饮业和其他各类服务业,跨国连锁等形式开始形成。这一时期支持连锁商业发展的信息技术得到了进一步的发展和利用,各种 POS、MIS 系统投入运用,卫星通信、电视电话、计算机网络成为连锁店信息沟通的主要渠道。

**3.国外连锁经营发展现状**

连锁经营从 20 世纪 80 年代开始进入现代连锁时代,并从零售、餐饮等行业迅速渗透到汽车等各类服务业,同时出现了国际化趋势。随着计算机技术的发展和普遍应用,连锁商店得到了空前发展,由过去十几家、上百家门店的连锁,拓展为几百家、上千家,甚至上万家门店的连锁。直至今日,连锁经营已经成为西方发达国家商业最重要的经营形式。

**(1)连锁企业发展速度不断加快,且特许经营发展速度超过了直营连锁和自由连锁**

如果从不同连锁类型来看,近 20 年来,特许连锁经营的发展一枝独秀,其发展速度已经超过了直营连锁和自由连锁,这种趋势从 20 世纪 80 年代就已经体现出来,而目前表现得更为明显。以日本为例,尽管日本连锁业是从自由连锁起步的,但 20 世纪 80 年代后,其特许经营发展速度大大超过了自由连锁,这无论从营业额增长还是从组织发展方面都可见一斑。从营业额增长来看,特许经营年营业额1988年比1975年增长4.7倍,而自由连锁仅增长2.2倍;特许经营1985—1988年的营业额年平均增长率为14.2%,同期自由连锁仅为7.5%。从组织发展来看,1966年日本只有13家特许经营总部,1970年为61家,1980年为418家,至1990年达到666家;而在相应年份自由连锁系统则分别为43家、119家、126家、129家。到2001年,日本特许连锁经营体系的门店数量已接近22万家,合计销售额超过18万亿日元,远远大于直营连锁和自由连锁。同样,欧美等国的连锁业尽管是以直营连锁开始起步的,但特许经营的发展却后来居上,美国1977年特许经营总部1 115个,营业额2 390亿美元;到1992年经营总部增加到3 700个,营业额在1991年也增加到6 396亿美元,分别增长了2.3倍和1.68倍。目前在美国,每隔6分钟就有一家特许加盟店诞生。英国1992年特许经营加盟店发展到1.8万家,比1984年的9 000多家增长1倍;法国1971年仅有加盟店7 500家,1992年达到2.1万家,增长1.8倍。

(2)连锁经营国际化趋势不断加强

20世纪80年代以来,连锁经营发展的一个最明显的趋势就是国际化。目前,全世界最大的10家连锁经营公司和西方著名的大型食品店都在世界各地拥有众多的门店,形成了巨大的跨国连锁系统。美国是连锁经营组织的最大输出国,美国商务部发表的统计资料表明,美国在海外有连锁企业的总公司已超过400家,而1971年仅为156家,另外还有不少公司正在摩拳擦掌地计划进军海外。

日本连锁经营公司的海外扩展步伐也较快,如1973年成立的日本7-11便利店公司,自1989年接收母公司美国的7-11便利店以来,已经成功地在全世界发展了2万多家便利店,并将事业拓展到了20多个国家。日本吉野家特许集团从1977年开始在美国加利福尼亚建立分店,到1992年8月,已在美国,中国的台湾、香港、北京,菲律宾的马尼拉等地建立分店70个;1988年,它与世界最大的炸面圈连锁店——美国的当肯炸面圈店在日本的分公司合并,成立吉野家D&C股份公司,在世界范围内发展牛肉饭和炸面圈的连锁事业。其他国家的跨国连锁经营在近20年也有了长足的发展。如今,在许多国家和地区的大街小巷,随处可见麦当劳、肯德基、星巴克等著名的标志。随着全球经济联系的日益紧密,在今后的发展中,连锁经营国际化将成为一股不可阻挡的潮流。

(3)连锁经营领域范围进一步渗透到各种服务业

近20年来,连锁经营从原先主要集中于零售业和饮食业转而向新型行业进军,其范围进一步渗透到各种服务业,包括旅馆业、不动产业、租赁业、健身美容业、家庭清洁、休闲旅游业、商业服务业、家具油漆维修、室内装修、教育培训等,由此可以看出服务业连锁经营的崛起。尤其是商业服务业,如会计、税务、保险、招牌制作、职业培训及中介、宴会接待、公司清洁维护、防盗防火、财产保险、广告宣传、企业财务顾问等,对企业各项应运而生的服务成了20世纪80年代以后连锁经营主要的新行业。有一个比较形象的说法是连锁经营无禁区,这充分反映了连锁经营在各行业发展的广泛性。连锁经营在各行业中正显示出越来越成熟和强大的生命力。

(4)连锁企业更重视供应链管理

消费者需求日益多样化、价格竞争激烈,企业之间的竞争已不是单个企业之间的竞争,而是整个供应链之间的竞争,这就要求企业在整个供应链上提高效率、降低成本,重视供应链管理(supply chain management,SCM)。通过供应链管理,连锁企业可以为顾客提供物美价廉的商品和服务,更好地满足顾客的需求,增强企业的竞争能力,同时也能使零售商与供应商的关系变得融洽。

沃尔玛与宝洁公司的合作可以说是连锁企业供应链管理的典范。他们通过电子数据交换(electronic data interchange,EDI)和卫星通信网络共享信息。宝洁公司告诉沃尔玛各种产品的成本,并保证其有稳定且价低的货源,沃尔玛也把各分店的销售和存货信息传向宝洁,这种关系使双方都获得了"双赢"。虽然家乐福对供应商施加许多苛刻的条件,但也很重视与供应链的伙伴关系。现任家乐福 CEO 说家乐福的秘诀就是与供应链上的合作企业建立长期稳定的关系,使双方平等互惠、双赢共荣。

### 4. 中国连锁经营发展现状

20 世纪 90 年代以来,中国零售业发生了根本性变化,开始出现真正的现代零售组织。进入 20 世纪 90 年代后,中国连锁店迅速发展。1993 年,国家正式提出要把发展连锁经营作为带有方向性的一项流通体制改革。从此,我国连锁业步入发展的快车道。1990 年底,东莞虎门镇出现了国内第一家连锁超市——美佳超市,并于 1991 年迅速开到 10 多家分店,连锁超市这种开架自选的售货方式、较低的价格、面向居民区的选址以及完全统一的形象,在零售业产生了极大的影响,步其后尘者甚众。从此,连锁企业开始迅速蔓延。1995 年底,全国有连锁公司 300 多家,连锁网点 6 000 多个,年销售额 80 亿元以上。1999 年全国有连锁企业 1 500 多家,各种样式的门店网点 2.6 万个,年销售额达到 1 500 亿元以上。到 2002 年底,全国连锁企业已有 2 100 多家,店铺数 3.2 万个,销售额 2 300 亿元,约占全社会消费品零售总额的 6.5%,连锁经营在零售市场上的主导地位更加显著。

2002 年和 2003 年是我国经济增幅比较快的两年,这两年社会消费品零售总额保持强劲的增长势头,2002 年和 2003 年分别为 40 911 亿元和 45 842 亿元,比上一年增长了 10.2% 和 9.2%。连锁经营作为商业、餐饮服务业的非常重要的组织和经营形式,近几年的增幅又远远高于社会消费品零售总额。从全国情况来看,到 2003 年年底,连锁经营企业销售总额约占社会消费品零售总额的 15%,即约 7 000 亿元人民币。1993 年开始,连锁经营从超市、快餐店开始向其他业态渗透。在这一时期,中国品牌专卖连锁店的发展如火如荼,不到一年,中国几个大城市的主要商业街,如广州的北京路、北京的王府井大街、上海的南京路周边迅速被各种品牌专卖店所充斥,极大地改换了容颜。而且,为了超速发展,专卖店最早在国内成功尝试了特许经营。此外,一些服务行业如冲印店、干洗店、房地产中介所等开始尝试连锁经营。

1995 年底是中国零售业发生巨变的时期,也是中国连锁业发生巨变的时期,世界顶级连锁巨人在中国开始了"圈地运动"。全球第一大零售连锁集团沃尔玛于 1996 年进入深圳,全球第二大零售连锁集团家乐福于 1995 年底进入北京,全球第三大零售连锁集团麦德龙于 1996 年进入上海,世界第一家仓储式商店万客隆于 1996 年进入广州。中国零售界传来一片悲观的声音,这些重量级的竞争对手给中国连锁企业带来了巨大的冲击和压力,迫使中国连锁企业重新思考出路,为生存而斗争。在激烈的竞争中,国内本土连锁企业迅速成长起来。2000 年上海联华超市销售额终于超过上海第一百货公司,名列中国零售企业榜首,这标志着中国以传统单店为主导的商业组织形式已成功转型为以连锁经营为主导的商业组织形式,中国商业开始真正步入现代化行列。在持续的变革中,中国连锁业获得了令人瞩目的发展。

总结中国近 20 年连锁业的发展状况,中国连锁业的发展主要有以下几个特点。

**(1)连锁行业成熟度不断提高，一些龙头企业正在初步形成**

根据中国连锁经营协会的统计，2005年"连锁百强"销售规模达到7 076亿元，门店总数达到38 260个，"连锁百强"占社会消费品零售总额的比重首次突破10%，达到10.5%。2005年与2001年相比，"连锁百强"平均销售额由16亿元增长到71亿元，增长了3.4倍，平均企业店铺数量从131个增长到382个，增长了1.9倍。百强前十名销售规模总额占到百强销售总额的44%。

2003年4月，由原上海市商委直属的上海一百(集团)有限公司、华联(集团)有限公司、友谊集团有限公司和上海市经委直属的物资(集团)总公司归并整合而成的上海百联集团成立。组建后的百联集团，总资产超过280亿元，年销售规模700多亿元，其旗下拥有百联股份、友谊股份、物贸股份、第一医药、联华超市等5家上市公司在内的一大批知名企业，几乎涵盖了零售业所有业态，这是目前国内最大的商业集团。

**(2)世界连锁巨头皆把中国当成了最大的消费市场**

随着中国零售业的逐步开放，外资零售业加快了进军中国市场的步伐，沃尔玛、家乐福、麦德龙等全球零售业巨头纷纷在中国开店，其分店在中国内地遍地开花。截至2010年8月5日，沃尔玛已经在中国20个省的101个城市开设了189家商场，在全国创造了超过50 000个就业机会，麦德龙也由长江三角洲实现全国布局。2005年百强中，外资企业18家，比2004年增加6家，销售规模总额1 439亿元，占百强总销售规模的20%。如果包括中外合资、合作、境外上市、国外资金注入内资企业等则上榜企业27家，销售总额2619亿元，占"连锁百强"总销售规模的37%。

**(3)零售、餐饮业、汽车连锁经营迅速发展**

通过市场调研发现，连锁经营在零售、餐饮业快速发展的同时，其他一些行业也呈现了快速发展的态势，出现了一批规模较大的连锁经营企业。如汽车连锁业中的北京亚飞汽车连锁有限公司，2002年销售额达到了257亿元；另外也有总店位于顺义天竺开发区的北京今日新概念等汽车连锁专卖店。

**(4)特许经营孕育着巨大的发展空间和更多的投资机会**

特许经营在我国的大面积普及和发展只有短短几年时间，目前正处于快速发展的阶段，孕育着巨大的发展空间和更多的投资机会。调查显示，截至2005年12月底，我国特许体系达到2 320个，加盟店铺总数为168 000个，单个特许体系平均加盟店铺数达到73个。伴随着城市居民消费结构的变化，服务业的特许经营逐步发展起来。根据对346个特许企业行业分布情况的统计，服务业的特许体系数占到总数的29.5%，已接近零售、餐饮两大行业在特许经营中43.4%、27.2%的比重。服务业的特许经营涉及汽车养护美容维修、休闲健身、教育培训、家居家装等多个行业，其中汽车养护美容维修在汽车消费空前繁荣的背景下，更加引人注目。

**(5)国内连锁业占据主导地位**

近年来外资连锁企业纷纷涌入中国，加剧了市场的竞争，促进了我国市场国际化和现代化程度，但从总体上看，目前我国内资连锁业仍占据主导地位。诚然，世界著名跨国商业巨头沃尔玛、家乐福、普尔斯马特、麦德龙等纷纷进入中国市场，在华设立仓储式商场、连锁超市等，推进了中国流通现代化的发展。近10年来经国家批准设立的外商投资商业企业实际对华投资达到30多亿美元，全球50家最大的零售商已有半数进入中国市场。其他外资零售企业也纷纷来华投资,其中包括好又多、万客隆、大润发、吉之岛、乐购、易初莲花、伊藤羊华堂、百安居、欧倍德、7-Eleven、罗森、百盛、太平洋等。但从总体看,目前外资连锁业所占比重处于次要位置。

**(6)并购与加盟成为连锁企业规模扩张的重要方式**

连锁企业通过联合、购并、加盟等方式,加速了规模化发展的进程。各级政府和行业主管部门在此过程中发挥了积极作用,通过扶优扶强,加快培育龙头企业,使一些优势企业的经营规模迅速扩大。例如上海华联与北京西单、超市发牵手组成新公司,实现了跨地区的强强联合。上海联华经过对北方市场的调研后,又转而在广东积极开拓,寻求合作伙伴和发展机会。并购与加盟已成为近年连锁业发展的主旋律。

**(7)连锁超市与便利店成为消费者购买日常用品的主要场所**

传统的消费习惯开始转变,连锁超市与便利店已成为消费者日常购物的主要场所。在一项消费者购买动机的比较分析资料中,反映了消费者的购买行为中,对传统菜市场或集贸市场和到超市或便利店的选择意向。一方面顾客到传统农贸市场采购鲜肉、水产品、蔬菜、水果四类商品的购买动机依次为:26%、25%、25%和14%,而其他食品和南北干杂货仅有10%。另一方面,到超市食品区或便利店采购的顾客,购买目的主要倾向于肉类生鲜品、水产品、蔬菜类产品、冷冻调理食品和水果类产品,购买动机依次为:14.5%、14%、10%、9.1%和2.1%,而其他包装食品、饮料、家庭日用品等比重则为50.3%。从以上数据中可以发现,超市和便利店通过生鲜食品、包装食品和家庭日用品的合理配置,将顾客的购买行为及趋向进行了有效的引导和转化,同时由于连锁网络的便利性和集中采购形成的价格优势,使其对大中城市传统商店及农贸市场形成了相当大的冲击,连锁企业在大中城市商品流通中的地位显著提高。

**(8)连锁经营方式向多行业和多业态延伸**

基于电子商务、移动互联网等"互联网+"的发展下,连锁经营的发展已从超市和便利店迅速扩展到商业的其他新兴业态,基本涵盖商业和服务业的方方面面。由于需求变化及其多样性要求,产品一直在不断细分化。互联网时代从事新兴产业领域的企业组织结构和管理模式与过去工业化时期的企业有很大不同。从某种意义上,也就是因为"互联网+"使企业组织结构、管理理念、商业模式、企业文化发生了巨大变化,过去传统的多层级制企业组织架构及其管理模式已经适应不了当前快速变化的市场。特别是消费需求的多样化和个性化,专业连锁店将得到较快发展。仓储式商店成为连锁经营中被广泛采用的一种业态,特别是在经济发达地区发展更快。同时,连锁超市的主体业态主要体现为:生鲜型超市、百货型超市、综合性超市、大卖场、主题型购物中心、便利型超市。连锁专业店范围从家电、服装、鞋业扩展到药品、汽车、建材、房屋等产品,可能引发中国三大消费高潮,即汽车进入家庭、家庭购买商品房、医疗制度改革后药房的市场需求。在这三大消费高潮的带动下,汽车专业连锁店、连锁型健康药房、连锁型房产服务将得到高速发展并使得我国连锁业态由此而形成突破性的发展。

## ◢ 小  结

世界公认的第一家直营连锁商店——"大西洋和太平洋茶叶公司"在美国纽约市建立了两家茶叶店,目的是集中直接购买、减少中间环节、分散销售。自由连锁组织出现于1887年。特许连锁组织源于美国,其首创者是美国胜家缝纫机公司。

连锁经营从20世纪80年代开始进入现代连锁时代,并从零售、餐饮等行业迅速渗透到汽车等各类服务业,同时出现了国际化趋势。随着计算机技术的发展和普遍应用,连锁商店得到了空前发展,由过去十几家、上百家门店的连锁,拓展为几百家、上千家,甚至上万家门店的连锁。直至今日,连锁经营已经成为西方发达国家商业最重要的经营形式。

20世纪90年代以来,中国零售业发生了根本性变化,开始出现真正的现代零售组织。进入20世纪90年代后,中国连锁店迅速发展。

## 复习思考

1.简述连锁经营的发展历史。
2.简述中国连锁经营发展的特点。

## 实 训

【案例介绍】

### 从一家店到三千家店

在城市的一个个街头墙角,有一群人伛偻腰背辛勤劳作却被人"另眼相看",他们被称为"擦鞋的"、"修鞋的"。这是一个没落的行业,日渐黯淡的传统工具、传统技术面对现代人日益膨胀的生活需求越来越力不从心。突然有一天,我们发现繁华的街头赫然涌现大批环境优雅、功能齐全、服务规范、休闲舒适的擦鞋吧、修鞋店、美鞋铺。它们犹如一颗颗闪亮的新星装点着城市的风景。擦鞋师、修鞋师们登上大雅之堂,开始了他们体面的职业生涯,掀开了中国擦鞋行业崭新的一页。这支浩浩荡荡的队伍的领军人物就是香港鞋博士国际连锁(中国)总部总经理张建尧。

作为一个新兴行业的开创者和历史的见证者,张建尧和他带领的团队在短短几年内打造了中国擦鞋行业一个又一个第一:第一个开创中国室内擦鞋吧、洗鞋吧、修鞋吧、美鞋吧,第一个提出"皮鞋翻新美容"概念,第一个采用连锁经营模式,第一个免收加盟费,第一个将"吧"文化引入擦鞋行业,第一个采用形象代言。他们捧得了一个又一个闪闪发光的荣誉:中国著名品牌、中国市场消费者满意第一品牌、中国擦鞋连锁最具影响力品牌、全国消费者放心品牌(单位)。他的头上环绕着无数荣耀的光环:中国品牌建设十大企业家、中国连锁经营协会理事、香港连锁经营协会副会长、世界杰出华商协会理事、香港鞋博士国际连锁(中国)总部总经理。他究竟用了什么绝杀秘籍让香港鞋博士在短短3年内扩张了3 000倍?不惑之年的他又有着怎样的心路历程?

记者:香港鞋博士擦鞋吧加盟店扩张速度如此之快的关键在哪里?

张总:香港鞋博士擦鞋吧在短短几年内遍布包括西藏拉萨在内的全国各省、市(县),成千倍扩张,在于我们将首创的擦鞋、洗鞋、修鞋、美鞋及鞋足用品销售"4+1"赢利新模式与轻松时尚的"吧"文化结合起来,为消费者提供了更多更好的便利服务,为加盟商提供了更广阔的利润空间,加之巨大的市场需求,使香港鞋博士的品牌价值得以迅速提升,这也正是香港鞋博士擦鞋吧得以超速发展之关键所在。

记者:香港鞋博士擦鞋吧是中国擦鞋行业第一品牌,但业内竞争日趋白热化,您有压力吗?

张总:一个行业只要产生了,就会有竞争,作为这个行业的开拓者和创新者,压力是有的。另一方面应该感谢我的竞争对手,没有他们的鞭策,我们前进的步伐不可能这样快。新技术、新观念的互相渗透,有利于大家共同发展,提升行业的整体水平。但我们一直努力比别人做得更好,让消费者更称心,让加盟商更满意,促进社会和谐和美发展。

记者:现在很多大学毕业生苦于就业困难,却看不起擦鞋行业。对此,您有什么建议或忠告?

张总:观念一小步,人生一大步!简单的事情做好了就是不简单,别人忽略的领域往往隐藏着更大的商机。擦鞋修鞋不是也能做出大市场大利润吗?不是也能为社会创造价值吗?没有文化的靠热情、靠勤劳的双手,有文化的发展空间更大,靠头脑、靠管理、靠规范的服务,把所学知识与社会需要结合起来,创业更会如鱼得水。知识只有为社会创造了价值才会有价值。很多伟人名人都与擦鞋有着不解之缘。林肯以自己有一个鞋匠父亲为荣,安徒生的父亲、秘鲁总统托莱多也都当过擦鞋匠,擦鞋不是卑微的事情,为别人提供服务,为自己积累财富,赠人玫瑰,手有余香,何乐而不为?成功只垂青那种不懈追求的人。只要你认定一个方向,脚踏实地坚持下去,成功并非遥不可及。

记者:从8平方的擦鞋铺店主,到发展了3 000余家加盟店的国际企业的老总,有了几千万的资产,您觉得自己是成功的吗?

张总:如果十年前有这样的成就,我会回答你是成功的,那时候觉得成功就是把自己想做的事做好了。但今天我领悟到在商界真正的成功不仅仅是个人的成功,而是你为推动行业发展做出了什么,你为促进社会进步奉献了什么。我要做的还有很多,我们的目标是将行业产业化、国际化,让全世界的擦鞋者、修鞋者联合起来,共同谱写一部辉煌的擦鞋史!

(资料来源:中国百姓创业网)

**思考和训练**

(1)通过上述案例说明鞋博士成功的秘籍到底是什么?

(2)它的成功对我们创业有什么启示?

## 【技能训练】

以小组为单位,讨论比较肯德基、麦当劳、必胜客的优缺点,然后与其他小组交换意见。

# 项目二

## 连锁店铺运营管理

# 模块1

# 开发与加盟

## 教学目标

### 1. 终极目标

(1)理解并能解释说明连锁店的开发。

(2)理解并能解释说明连锁店的加盟。

### 2. 促成目标

(1)充分理解连锁店的开发与加盟的特点。

(2)进入连锁店的开发与加盟研究的训练状态。

## 案例导入

**藤桥禽业**

藤桥禽业凭借着藤桥优越的自然环境与农户资源,迅速成长为一家集畜禽养殖、加工、销售、服务于一体的农业龙头企业。公司自成立至今,已经拥有基地农户280户,年产三黄鸡350万羽。

完整的产品生产监控程序:藤桥禽业专注于各种鸡加工制品在质量控制方面的监控,从宰杀、脱毛、分割、冷冻都采用规范的操作程序,并且有专人负责,确保加工过程中每道工序清洁卫生,每件产品进出库都备有严格的检验、检疫制度。

目前公司的主打产品包括熏鸡、熏鸭、风肉、本地鸡蛋及鸡件等多个品种,深受客户的青睐。2002年,"藤桥"牌熏鸡获得温州市名牌农产品称号,并被评为浙江省绿色农产品。2003年度公司生产的"藤桥"牌熏鸡获中国浙江省国际农业博览会金奖,并获农业部中国绿色食品称号。

随着藤桥熏鸡营销展示厅的落成,藤桥禽业已经拥有自身完整的终端展示规范。公司将充分引进现代品牌战略与运作模式,着眼于长远发展,打造更具特色的温州乃至全国的农副食品品牌。

### 1. 加盟条件

①有较强的经济实力。

②健全的销售网络,完整的销售渠道。

③有较系统化的市场操作、管理、经营理念。

④酒店客户,专业做酒店和二批渠道客户。

⑤冷冻食品专业,专做冷冻产品。

⑥有一定的市场服务能力和配送能力。

⑦有一定的仓储条件。

⑧有固定的客户群体和团购渠道。

⑨对本公司品牌信心十足并配合公司的品牌推广。

⑩有实力、有条件、有思路但无核心产品的客户。

⑪有较强的管理能力,有健全稳定的销售团队。

⑫专业做商超系统并有人员维护和配送能力。

**2. 经销权利**

①享有区域市场独家经营权。

②享有公司的一切针对性政策支持。

③享有专业销售人员跟进服务。

④享有品牌及广告使用权。

⑤享有市场优先续签权。

(资料来源:温州藤桥禽业食品有限公司)

**【案例分析】**

这个结果显示温州藤桥禽业食品有限公司的加盟条件和加盟商的经销权利,从中我们可以看出连锁企业加盟的基本要求。

**【思考·讨论】**

(1)连锁企业加盟,你认为有什么特征?

(2)你是否同意本案例中藤桥禽业对加盟商的经销权利?你还有哪些补充?

# 理论知识

## 1. 连锁店的开发

在连锁店铺开发的过程中,店址是关系到门店生意好坏的最关键因素。毫无疑问,门店地理位置的优势会给企业经营带来好的收益,一个良好的店铺选址能让连锁企业从价格战、促销战、服务战中脱颖而出。选址之前有一项重要工作,那就是对周围的商圈考察和分析,商圈分析是新设店铺进行合理选址的前提。

### (1)商圈的概念

商圈也称交易区域,是指以连锁门店所在地为中心,沿着一定的方向和距离扩展,吸引顾客的辐射范围。简言之,就是连锁门店吸引其顾客的地理区域,也就是来店购买商品和服务的顾客所居住的地理范围。商圈可分为成熟商圈和未成熟商圈,成熟商圈是指早已形成的比较固定的商业区域,一般不受个别门店开设的影响;未成熟商圈是指尚未成型的商圈,某一门店的进入会对其范围大小产生一定影响。

连锁门店的商圈一般由三部分组成:主要商圈,这是最接近门店并拥有高密度顾客群的区域,通常门店的 55%~70% 的顾客来自主要商圈;次要商圈位于主要商圈之外、顾客密度较稀的区域,约包括门店 15%~25% 的顾客;边际商圈指位于次要商圈以外的区域,在此商圈内顾客分布最稀,门店吸引力较弱,规模较小的门店在此区域内几乎没有顾客。商圈范围及形状常常受各种因素的影响并非呈同心圆形,而表现为各种不规则点扩张与选址的多角形,其范围大小需要连锁企业认真划定。

连锁店铺由于所处地区、经营业态、经营规模、经营商品品种、竞争者分布情况、交通工具等不同,商圈的范围、形态以及商圈内的顾客分布密度、需求特征也存在一定的差异。一般而言,百货店的商圈大于超市,而超市的商圈又大于便利店。竞争者越少,距离商店越远,商圈就越大。同样一个店铺在不同的经营时期受到不同因素的影响,其商圈也并非一成不变,商圈规模时大时小,商圈形态表现为各种不规则的形状。

**(2)商圈分析的意义**

商圈分析,是指连锁企业对商圈的构成情况、特点、范围以及影响商圈规模变化趋势的因素进行实地调查和研究分析。商圈分析具有以下意义:

①商圈分析是连锁企业成功的必要条件。一旦商圈确定以后就可相应地得到消费者的人口和社会经济特征,然后提供相应的产品和服务。

②可以确定促销活动范围。一旦商圈确定后,可以根据商圈大小选择传媒。

③对于在一定区域内已有分店的连锁企业而言,可以确定新店是否会与老店竞争。

④可以确定在一定地理区域内开出分店的数目。

⑤可以充分反映商店地理位置上的缺点,如距居民区太远、交通不便等。

⑥掌握市场竞争、金融服务、交通运输、商品配送、劳动力供给等情况。

⑦在此基础上进行经济效益的预测,如计划开超市,根据周边居民的人口规模,收入水平和竞争对手情况等指标,就可以基本计算出该店可能达到的营业额。

**(3)商圈确定方法**

①单纯划分法。这是最简单的方法,即按照问卷调查、间接调查了解顾客的住址,再将所得到的顾客住址标注在地图上,然后把地图上最外围的点连接成一个封闭曲线,该曲线以内的范围就是商圈所在。

②经验法。经验法是指根据以往经验来设定商圈,这种经验包括以往经营过程中获得的各种经验、经历等。使用这种方法来决定商圈时还应综合考虑地区性、社会性、自然条件等环境因素的影响。

**(4)店铺的选址**

在西方国家,连锁店铺的开设地点被视为开业前所需的三大主要资源,这决定了连锁店铺可以吸引有限距离或地区内潜在顾客的多少,决定了获得销售收入的高低,从而反映出开设地点作为一种资源的价值大小。因此,连锁企业避免选错店址,并使所开分店能与所在地市场状况相适应,从而发挥最大经营潜力是连锁经营成败的条件。经营规模越大,店址选择的成败系数就越大。

店铺地址的选择是一项复杂的系统工作,理想的店铺选址不仅要考虑城市的商业性质、开设地的环境概况,以及居民的消费潜力等影响因素,还要深入系统地研究商圈情况、竞争对手的销售情况,在此基础上初步预测开店后的盈利空间大小等。

店址选择的注意事项:①选址要有前瞻性;②注意铺位的性价比;③是否符合经营要求;④选择经营方向相辅相成的店铺作邻居。

**(5)店铺的选址分析**

①业务类型与地点类型的匹配性。地点类型主要分为三类,第一类是孤立店类型,第二类

是经规划的购物中心,第三类是自然形成的商业中心。上述三种位置类型具有不同的优势和劣势,连锁企业管理者要确定适合自己门店的位置类型,关键是要分析自己的业务类型与哪种位置类型相匹配。

②客流分析。客流是商店经营成败的关键性因素,一家商店若要获得成功,必须有足够的顾客来源。大型商店往往会有专程前来购物的本身客流,而小型商店只能分享别人的客流或吸引其他目的的游客,此时,截流能力显得十分关键。截流能力是指截取到处流动的顾客的能力,我们可以通过评级来确定。通常在一个购物中心或自然形成的商业中心,都有一个客流量最高的具体位置,这个位置通常都有一家或一家以上的核心商店,这一区域称作顶级地段,评级为100%。其他位置的评级是根据顶级地段来确定的,评级为60%的地段吸引的客流相当于顶级地段的60%。位于顾客常行走路线(如停车场、公共汽车和地铁站)上的商店截流能力较强,位于购物中心核心商店之间的店铺也能从来往于它们之间的顾客获益。当然,我们还要深入了解客流规律,即行人的年龄结构、职业特点、高峰时期和稀薄时期、流动的目的等,以便针对性地进行选址,抓住真正的目标顾客。

③竞争对手分析。一般来说,在开设地点附近如果竞争对手众多,该门店经营独具特色,将会吸引大量的客流,促进销售增长,增强店誉;否则与竞争对手相邻而设,将难以获得发展。对竞争对手的分析主要包括以下内容:竞争店与所开设新店的距离,以及在地理位置上的优劣势;竞争店的销售规模与目标定位;竞争店的目标顾客层次特点;竞争店商品结构和经营特色;竞争店的实力和管理水平。

④交通便利性。交通是否便利,地理位置是否优越,也是选择店址的一个重要因素。方便的交通要道,如接近公共汽车的停车站、地铁出站口等地,来往行人较多,具有设店价值。交叉路口的街角,由于公路四通八达,能见度高,也是设店的好位置。但是,有些道路中间隔了一条很长的中央分向带或栏杆,限制行人、车辆穿越,则会影响设店的价值。交通便利性还要考虑物流配送的便利性,有足够的停车场对大型连锁企业而言是十分关键的。

⑤城市发展规划。城市建设的长远规划也会对商店将来的经营带来重大影响,有些地点从近期来看,可能是店址的最佳选择,但可能随着城市的改造和发展将会出现新的变化而不适合设店,相反,有些地点近期看可能并不理想,但从规划前景看又可能很有发展前途。要详细了解该区的街道、交通、市政、绿化、公共设施、住宅及其他项目的规划,使店址既符合近期环境特点,又符合长远规划,避免造成损失。

⑥周围环境。首先,要仔细分析周边商店的聚集状况。其次,必须对店址周围环境诸如建筑、治安、卫生等情况进行仔细分析。一些情况如不良气味、噪音、灰尘多,外貌破旧及走道不良等环境,都会降低设店的价值。

⑦物业本身。物业本身是否符合开店需要,物业的租赁和购买成本,对门店选址具有决定意义。物业面积和形状必须与所开门店的设计思路基本吻合,如果物业成本与销售潜力不相上下,就不值得去开发。

(6)店铺选址的方法

店铺选址主要有以下几种方法:

①选在人流聚集的场所。如剧院、电影院、公园等娱乐场所附近。这样一方面可吸引出入行人,另一方面顾客也更容易记住该店铺的地点,并且来过的老顾客向别人宣传介绍,会比较容易指引他人光顾。另外,商业区的发展、居民区的扩容和市政规划的建设,会给店铺带来更

多的顾客,并使其在经营上更具发展潜力。

②选在交通便利的场所。理想状态下的商铺或商业街市应具备接纳各种来客的交通设施,即商铺周边拥有轨道交通、公交车站点,还具有停车场。一般选择在主要车站的附近,或者在顾客步行不超过 20 分钟路程的街道设店。观察马路两边行人流量,选择行人较多的一边更有利于经营。

③选在较少横街或障碍物的街道。如果行人到你的店铺需要穿越马路,常常会放弃光顾。因为行人为了过马路,需要躲避车辆或其他来往行人,障碍物较多的街道也容易遮挡一旁的店铺视野。

④选在著名连锁店或品牌店附近。例如餐饮连锁店铺开在"麦当劳"、"肯德基"的周围。因为它们在选择店址前已做过大量细致的市场调查,挨着它们开店,不仅可省去考察场地的时间和精力,还可以借助它们的品牌效应捡些顾客。

⑤选在自发形成某类市场的附近。在长期的经营中,某街某市场会自发形成销售某类商品的集中市场,事实证明,对那些经营耐用品的店铺来说,若能集中在某一个地段或街区,更能招徕顾客。因为人们一想到购买某商品就会自然而然地想起这个地方。

⑥选在街道的特殊位置。在东西走向街道的最好坐北朝南,南北走向街道的最好坐西朝东,三岔路口也适合开设店铺。在坡路上开店,路面与店铺地面位置不能太悬殊。

需要强调的是,还要根据连锁店铺的经营内容结合实际来选择地址。店铺销售的商品种类不同,其对店址的要求也不同。有的店铺要求开在人流量大的地方,比如服装店、小超市,但并不是所有的店铺都适合开在人山人海的地方,比如保健用品商店和老人服务中心,就适宜开在偏僻、安静一些的地方,近来颇受关注的社区商铺较为适合开设这类店铺。

**2. 连锁店的加盟**

对于大部分经营企业来说,自己为数不多的几家直营店无法产生规模效应,只有向外界招募加盟商,才有可能让连锁体系不断扩大。下文主要以特许加盟店的拓展作为讲述的主要内容,主要包括连锁总部(盟主)、加盟者的双向选择及双方的关系处理等内容。

(1)加盟条件

①加盟者自身条件。加盟者自身条件主要包括以下方面:

A. 过去相关工作经验。具有相同行业的工作经验,是第一优先考虑的加盟者。其次则找寻有类似工作经验的申请者,如果连锁加盟企业的行业类别及训练许可,也可以招收没有工作经验的申请者。

B. 身体健康状况。加盟店成立初期事务繁忙,所以加盟店主的身体健康是必要条件,虽然不一定会要求健康检查证明,但是在审核的过程中,这将是必要的考虑重点。

C. 对加盟公司、市场及商品的了解。如果是要求专业技术的连锁加盟企业,会要求申请者对企业、商品及加盟公司具有一定的了解程度,但是对于可以依靠教育训练补充专业知识的连锁加盟企业,这项条件则可转换成对申请者应提供什么程度的教育训练为考虑标准。

D. 心理准备。申请者对于利润的了解、开业初期可能发生的困难、公司本身的经营情况、公司文化及理念等,必须有心理准备,以应对实际营运的状况。必须考虑到有意加盟者是否能配合企业的做法,并认同企业的经营理念达到企业要求的标准。

E. 人格品质。即加盟者的个性是否适合,是否是诚心加盟,加盟后能否有热忱持续经营,是否能履行合约等。

F.发展潜力。这是最难评估,但也是最重要的考核项目,有许多并不严格要求申请者相关经验的加盟企业,目的是希望借此找寻具发展潜力的加盟者。

②加盟店铺必备的基本条件。加盟店铺必备的基本条件主要包括:店铺地点、营业面积、交通状况、客源条件等四个方面。

③资金及营运条件。资金及营运条件主要包括:保证金或担保品;加盟金;权利金、广告促销费;贷款及周转金;员工雇用;事业经营计划评估等方面。

④其他辅助条件。其中包括家庭配合及支持、社会关系宽窄、社会金钱观等。

**(2)寻找加盟者的方法**

加盟者的招募大致可分为由申请者主动前来联系和连锁加盟企业主动寻求两种。

初期发展的连锁加盟企业,由于知名度不高,大都选择主动出击;而较具规模的连锁加盟企业,虽然会因为知名度较高,而吸引有意加盟者的主动咨询,但是仍有企业自主招募的方式。以下介绍一般的招募方式。

①媒体招募。其内容一般包括基本的加盟优惠政策、加盟条件及联络方式等内容。一般常用媒体包括电视广告、报纸广告、杂志广告、车厢广告、网络等。连锁加盟企业也可利用面向固定主顾客群或 VIP 会员的刊物,进行传播渠道招募,成功率较高。

②行业年会、行业展览会、企业讨论会。定期或不定期的讨论会或座谈会,是被经常使用的招募方法,地点多在企业自身的场地或所在地、特定加盟者所在地或行业协会所在地举办。

③店面 POP。其特点是,成本费用较低,有意加盟者肯定在店面经常出现,而店面的商品展示及实际的经营状况,更具参考价值及说服力。

④展店人员等的口头招募。连锁经营企业的拓展部门专职的开发人员对于潜在加盟者或地段不错的传统店,有时采取主动邀请方式,以说服对方加入连锁体系。

⑤说明书。加盟说明书是平面媒体的一种,可以夹在报刊里传递,也可以作为说明会、开拓人员招募的辅助工具,或者用在店铺中当成说明资料,部分的说明书甚至直接附有加盟申请书。

⑥其他方法。

**(3)加入连锁经营的具体程序**

特许连锁经营的加盟程序一般是:加盟申请者提出申请后,总部即进行加盟申请者的人格资信调查和店铺所在地的市场调查,调查合格后即可以向申请者展示自己的特许连锁合同书,如果申请加盟者看过后没有异议,双方即可签订正式的特许连锁经营合同,确定特许连锁经营总部与加盟店关系。

具体来讲,加盟者从申请加盟到正式加入特许连锁经营体系,一般需经过以下八个具体阶段:

①书面提出加盟申请。申请者须在欲加盟的特许连锁店公司总部统一制订的申请表上详细填写有关栏目,并按公司规定交纳一定的申请费。

②面谈调查。总部有关人员同申请加盟者详尽交谈。对总部而言,通过面谈了解申请者的素质、能力、性格、反应等;对申请者来说,可以从中得知总部经营者的观念、能力等。

③店址调查。总部派专家到申请加盟店进行实地调查,一方面对商圈内的顾客需求进行分析,另一方面调查加盟店的建筑、面积、租金等,为确定未来的营业指标做好准备。

④签订加盟的书面合同。加盟合同书一般都是由总部提供,合同内容也是事先统一拟定

的。一般来说,加盟店只能表示"同意"或"不同意",不能提出修改意见。因为如果各个加盟店签订的合同内容不统一,就无法保持特许连锁的统一性了。但是,加盟店对合同中不清楚的地方,应该毫不客气地向总部提出,必要时须咨询法律专家,不能贸然签约,防止事后因对合同理解不同而发生纠纷。

⑤店铺装修。由总部提出店铺设计方案,组织施工力量,按统一的外装潢标准进行装修。此项费用通常由加盟店承担,有困难时总部可以贷款。

⑥教育培训。在店铺装修的同时,加盟店的店主到总部开设的培训中心或样板店,接受一定天数的上岗训练。培训内容包括特许连锁经营原理、基本知识,门店销售管理、人事管理、财务管理等具体办法。

⑦开店准备。装修及培训工作结束后,即进入开店前的最后准备阶段,大致内容包括:购置或从总部租借统一规格的货柜、货架、收款机及其他设备等,国外一些价值较高的设备多数情况下都是向总部租用;所售商品按总部的要求进行陈列;招募普通店员,并组织简单培训。

⑧特许连锁加盟店正式开业。加盟者在正式加入特许连锁经营时,一般要交纳一定数量的加盟金、特许权使用费及广告促销费等,但具体交费标准各不相同,有的按毛利额确定比例,有的按销售额确定比例,也有的定额上交,还有的按营业面积确定数额等。

**(4)加盟合同**

我国要求加盟连锁必须签订正式合同。

①签订加盟合同的目的。签订加盟合同有以下目的:

A. 为了获得授权者提供的商品和服务技术。加盟店的经营并不是简单地使用总部的商标,而是要使用一整套商品和服务技术,甚至还包括部分专利技术成分在内。这一技术内容在开发过程中花费大量的人力、财力、物力,是受法律保护的,不能随意使用,须通过契约形式的有偿授权,明确了双方的责任和义务,方可经营。例如,刻意模仿可能做到开发一家类似麦当劳、肯德基的快餐店,但麦当劳和肯德基的商标、影响和特殊风味这样一些独具特色的东西却是学不出来的。不加入该连锁体系,就无法得到可望获得的利益。

B. 为了维护加盟关系双方各自的利益。对总部而言,所授权的内容是连锁体系的生命,连锁体系的发展壮大也全赖于此。保护这套商品—服务系列的形象,就成为一个至关重要的问题。否则缺乏必要的约束,一旦一家加盟店砸了这块牌子,整个连锁体系的发展就会严重受挫。对加盟店而言,一旦进入了连锁体系,其发展的命运就交给了连锁体系,双方已形成了一种命运共同体,也需要约束连锁体系。此外还有双方的权利、义务也要在合同中加以规定。

C. 为了实现连锁体系的标准化、统一化。加盟连锁是一种推广型连锁。加盟连锁是不同资本所有者的结合,发展过程为一种由点及面的轨迹,统一是其显著特征。在发展过程中不可能对不同加盟店不同对待,必须制定统一政策,这也决定了加盟连锁总部必须开发出一套合同文本,以此来确保各加盟店的统一性。

②加盟合同的内容。特许经营合同应包括以下内容:特许经营权许可的内容、范围、期限、地域;双方的基本权利和义务;对被特许者的培训指导;各种费用和支付方式;保密条款;违约责任;合同的期限、变更、续约、终止及纠纷的处理方式。

A. 授权使用连锁体系商标、标志的内容。商标是商品的标志,服务业也有服务的品牌标志。如麦当劳门前的"m"标志;肯德基门面灯箱上的山德士上校头像标志。

B. 商品及其他物品提供和使用方面的内容。在销售食品及其他商品的加盟连锁体系中,要求加盟店必须使用总部提供的招牌,销售公司统一采购的商品、材料、包装物等物品;在服务业加盟连锁中,虽无商品销售,但也要使用统一的原材料、设备、工具、包装物和其他消耗品。

C. 有关提供经营技术的内容。加盟总部对加盟店有传授经营技术的义务,这种传授通常采取经营手册、技术培训、经营指导等形式实现。

D. 设立加盟店地点及目标市场的内容。加盟店的经营成败,在相当程度上取决于有无有利的地理位置。在加盟连锁中,关于位置和市场范围的划分双方必须明确。

E. 商店装潢设计及制服统一方面的内容。在加盟合同中,需要对统一的商店装潢设计、商店布局、着装等方面做出明确规定,以达到统一形象的目的。如总部统一规定加盟店的装潢设计风格,规定统一的制服款式,由加盟店承担所需费用。

F. 促销活动的内容。总部为了谋求整个加盟体系的发展,要进行共同的广告宣传促销活动;有时也为部分加盟店从事专项促销活动,也有时统一决定促销方式,由各加盟店分别进行。

G. 质量管理方面的内容。加盟店经营的商品或服务是加盟连锁独特的商品或服务,必须保持一致,不允许发生质量下降和特色改变的情况。因此,加盟合同中需要明确规定质量标准、保持特色方法、质量检验和控制等方面的内容。这些要求在总部发给加盟店的营业手册中均有明确详细的说明。

H. 加盟金方面的内容。加盟店得到总部有关经营其独特商品—服务系列的授权,需要以等价交换原则支付一定的费用。

## 小 结

商圈也称交易区域,是指以连锁门店所在地为中心,沿着一定的方向和距离扩展,吸引顾客的辐射范围。商圈可分为成熟商圈和未成熟商圈,成熟商圈是指早已形成的比较固定的商业区域,一般不受个别门店开设的影响;未成熟商圈是指尚未成型的商圈,某一门店的进入会对其范围大小产生一定影响。

连锁门店的商圈一般由三部分组成:主要商圈、次要商圈、边际商圈。

店铺地址的选择是一项复杂的系统工作,理想的店铺选址不仅要考虑城市的商业性质、开设地的环境概况,以及居民的消费潜力等影响因素,还要深入系统地研究商圈情况、竞争对手的销售情况,在此基础上初步预测开店后的盈利空间大小等。

对于大部分经营企业来说,自己为数不多的几家直营店无法产生规模效应,只有向外界招募加盟商,才有可能让连锁体系不断扩大。

## 复习思考

1. 什么是商圈?商圈分析有什么意义?
2. 连锁店的加盟一般有什么条件?
3. 加入连锁经营的具体程序是什么?

## 实 训

【案例介绍】

### 温州市初旭鸭舌

温州市初旭食品有限公司是目前中国最大的鸭舌制品加工基地。公司成立于2004年,位于浙江省温州市蒲州开发区,是由原"初旭肉联厂"改制而来的集种鸭孵化养殖、饲料生产、禽类屠宰、熟食加工及商业贸易于一体的一家综合型私营企业。公司孵化、养殖基地分布于距温州城区 30 公里处山清水秀的永嘉县内,占地 300 余亩,远离城市污染,保证了原料的安全、绿色。其中,建有现代化的种鸭场和孵化大厅,拥有一流的孵化设备,现存栏樱桃谷 SM3 父母代种鸭 20 000 余只,年生产商品鸭苗 400 余万羽。商品鸭养殖场占地 200 多亩,年生产商品鸭 400 余万羽。公司的熟食制品通过数十家专卖店为主导的营销渠道覆盖温州市场并辐射到国内各大星级酒店和高档 KTV。目前公司正在温州市蒲州开发区建设年屠宰加工樱桃谷肉鸭 400 万只、熟食 5 000 吨、饲料 30 000 多吨的生产基地,在 2005 年十一期间投产。

早在 1985 年,公司现任董事长兼总经理吴初旭先生就率先在温州市引进台湾著名小吃——"香熏鸭舌",经过和台湾师傅的潜心研究,开发研制出风味独特的"阿旭鸭舌"。由于其诱人的酱色、醇香和回味吸引众多回头客,在温州小食品街——瓦市巷一经上市,就口碑相传迅速风靡温州及周边城市,在当地形成了"无舌不成宴"的习俗。为满足市场需求,1992 年"初旭肉联厂"挂牌成立,全面导入品牌化运作理念,以温州为中心对外辐射,产品迅速直销到国内各大城市。20 年来在公司董事长兼总经理吴初旭先生的带领下,公司员工始终恪守"团结、务实、敬业、创新"的企业精神,坚持"诚信第一、顾客至上"的经营理念,通力协作,使公司从一个熟食店铺一跃成为目前中国最大的鸭舌加工基地。通过现代化的企业管理,大力推进农业产业化进程,用绿色健康的食品回馈社会。

### 1. 对加盟商的要求

①工作经历:有经营本行业或相关行业的经验,热爱食品行业,有信心、有能力开好店。

②身体健康状况:加盟商及所有工作人员必须无任何传染性疾病。

③个人要求:熟悉当地消费市场,有一定的经济基础及实力,为人诚实、信誉好,有良好的社会关系和处理人际关系的能力。

### 2. 加盟店铺基本条件

①店铺地点:商业中心或副中心或商业主干道旁边

②营业面积:门面面积在 30 平方米左右

③店铺定位条件:良好的可见性、完整规范的店铺外形、交通方便、能够设立明显的灯箱、广告牌等。

### 3. 保证金与协助状况

①保证金:10 万(如合同期内没有违反合同相关条款的,则在合同终止后返还加盟者,不计利息)。

②为促进专卖店的营业业绩,公司会根据实际情况适当提供下列促销活动协助:

• 协助专卖店开展开业促销活动;

• 协助所有专卖店进行统一促销活动。各专卖店必须按照公司要求进行统一促销,若发现未按公司要求,一律撤回所有促销设备。

### 4. 初旭食品基本权利

①为确保特许经营体系的统一性和产品、服务质量的一致性,初旭食品有权要求加盟商装修统一,由公司给予加盟商装修指导。

②公司有权对加盟者的经营活动进行监督;加盟者必须从本公司取得货源供应,不得串货;公司一律采取款到发货的结算方式。

③初旭食品为实现总体经营战略目标,有权对加盟者进行不定期的业务检查并提出整改措施。

④对违反特许经营合同规定、侵犯或损害初旭食品合法权益、破坏特许体系的行为,初旭食品有权根据特许合同终止加盟者的特许经营资格,并没收全额保证金。

**5.初旭食品的基本责任**

①无形资产的使用。初旭食品在温州市熟食行业中具有极高的知名度,加盟初旭食品特许经营体系可使用初旭食品的名称和商标使用权。

②经营指导。公司对加盟店的日常经营工作进行指导,致力于经营业绩的提高。公司会根据加盟店的具体销售和经营状况,向加盟店提出宣传、促销等方案。

③商品退换。若公司产品在保质期内出现质量问题,如:漏气、胀包、变质,公司给予退换货。

**6.具体加盟程序**

①有意加盟者可通过电话、传真、预约访问等途径与初旭食品取得联系。还可以直接到初旭食品有限公司进一步面谈,经双方达成协议后,签订《加盟合同》。之后按公司合同规定的要求,将保证金等汇入温州市初旭食品有限公司指定的账户。

②加盟者到初旭食品公司进行资格审查时,若加盟者已经有关于营业的必要证件,则本人必须带齐营业执照、卫生许可证及其他相关证件。

(资料来源:温州市初旭食品有限公司)

**思考和训练**

(1)通过上述案例说说你对连锁企业加盟的认识。

(2)你对初旭食品有限公司加盟做法有哪些建议?

**【技能训练】**

以小组为单位,调研本地区某连锁企业,分析其如何开发与如何加盟,并与其他小组进行讨论。

# 模块2
# 布局与设计

## 教学目标

### 1.终极目标
(1)理解并能解释说明连锁店铺布局与设计相关知识。
(2)理解连锁店铺的原则和方法并能分析与解决实际问题。

### 2.促成目标
(1)充分理解连锁店铺的特点,进入连锁店铺知识的训练状态。
(2)进入连锁店铺布局与设计研究方法的训练状态。

## 案例导入

### 麦当劳(McDonal's)标志

麦当劳(McDonal's)取"m"作为其标志,颜色采用金黄色,它像两扇打开的黄金双拱门,象征着欢乐与美味,象征着麦当劳的"Q、S、C&V"像磁石一般不断把顾客吸进这座欢乐之门。

麦当劳企业在美国现代社会中具有强烈的存在意义,其企业理念是 Q、S、C+V,即优质(quality)、服务(service)、清洁(clean)、价值(value)。

优质,麦当劳的品质管理十分严格,食品制作后超过一定时限,就舍弃不卖,这并非是因为食品腐烂或食品缺陷,麦当劳的经营方针是坚持不卖味道差的食品,这种做法重视品质管理,使顾客能安心享用,从而赢得公众的信任,建立起高度的信誉。

服务,包括店铺建筑的快适感、营业时间的设定、销售人员的服务态度等。在美国,麦当劳的连锁店和住宅区邻接时,就会设置小型的游园地,让孩子们和家长在此休息。"微笑"是麦当劳的特色,所有的店员都面带微笑,活泼开朗与顾客交谈、做事,让顾客觉得亲切,忘记了一天的辛劳。

清洁,麦当劳要求员工要维护清洁,并以此作为考察各连锁店成绩的一项标准,树立麦当劳"清洁"的良好形象。

麦当劳的企业理念一度只采用 Q、S、C 三字,后又加了 V,即价值,它表达了麦当劳"提供更有价值的高品质物品给顾客"的理念。现代社会逐渐形成商品品质化的需求标准,而且消费者的喜好也趋于多样化。如果企业只提供一种模式的商品,消费者很快就会失去新鲜感。麦当劳虽已被认为是世界第一大企业,但它仍需适应社会环境和需求变化,否则也无法继续生存。麦当劳强调价值,即要附加新的价值。

作为麦当劳标志之一的麦当劳叔叔,象征着祥和友善,象征着麦当劳永远是大家的朋友、社区的一分子,他时刻都准备着为儿童和社区的发展贡献一分力量。麦当劳叔叔儿童慈善基金会在 1984 年成立,这个儿童基金会至今已向世界各地帮助有关儿童的不赢利机构捐出了五百多万美元。北京麦当劳公司在王府井餐厅开业之际,就向北京儿童福利院、北京特奥委各捐款一万美元。北京儿童医院举行白血病儿童康复庆祝会,麦当劳及时拿出产品赞助。西城区(原宣武区)1992 年 10 月份举办全区中小学运动会,麦当劳及时提供赞助。1992 年 12 月份圣诞节前夕,麦当劳将三千份麦当劳精美台历及三千套麦当劳圣诞卡卖出的收入全部捐给了北京儿童福利院。麦当劳长安餐厅一开业就设立了麦当劳奖学金,赞助白云路小学的学生。

除了这些出资赞助的公益活动外,到公园参加美化,到地铁去搞卫生,在店外大街上擦栏杆、拾废物来维护社区环境卫生则是麦当劳餐厅经常性的公益活动。这些活动不仅受到市民的赞赏,同时加强了员工的社会责任感及参与意识。

企业形象的好坏不仅影响企业的生意,甚至影响企业的生存。1991 年美国洛杉矶曾因种族歧视而发生打砸抢烧等动乱,许多商店、餐厅被烧毁、哄抢,可是没有一家麦当劳餐厅受到破坏,麦当劳长期的公益活动及慈善事业又一次得到了社会的回报。

(资料来源:麦当劳网站)

【案例分析】

这个案例告诉我们,企业形象标志非常重要,它不仅影响企业的发展,甚至影响企业的生存。麦当劳之所以取得如此成功,不能说企业的形象起到决定性作用,但是没有这个形象,肯定不会有今天的麦当劳。

【思考·讨论】

(1)你对麦当劳(McDonal's)形象了解吗?

(2)你对麦当劳(McDonal's)的感觉怎么样?

(3)你是如何理解"企业形象的好坏不仅影响企业的生意,甚至影响企业的生存"这句话的?

# 理论知识

## 1. 设计与布局的基本要求

### (1)充分体现连锁店铺的连锁特色

连锁店铺所在的连锁企业中的其他店铺都具有相同性或相关性。不论在店铺的外观设计还是内部设计和布局方面都要突出连锁店铺的共有特色,让人一看就知道是某个连锁企业的店铺。这样,便于缩短消费者对加盟连锁店的认识过程,节省新加盟店的广告宣传费用,提高连锁企业的知名度,从而达到迅速开拓市场的目的。

### (2)方便吸引顾客,方便让顾客注意

连锁店铺设计与布局的目的是要引起顾客对店铺的兴趣与关注,进而使顾客产生进店浏览或消费的愿望和联想。只有顾客在店里多看、多逛、多停留,销售业绩才能蒸蒸日上。要做到这些,必须在店铺的外部造型、建筑装饰、店门开设、招牌制作、橱窗布置等方面精心设计,让顾客流连忘返;同时还要在停车场设置、出入口分布等方面合理布局,让顾客容易进来、方便进来;而且在通道设置、柜台分布、商品陈列等方面还应着力谋划,让顾客进来后能多停留一些时间。

（3）消费氛围和消费环境要让顾客愿意消费

良好的心理氛围能刺激顾客消费的欲望。要做到这点，主要应在商品的陈列、导购设施的安放、广告的张挂、色彩的搭配、灯光的设置、音响的播放、服务的态度等一系列方面布置协调，形成具有独特风格的识别体系，使顾客从心理上产生认同感，带着愉快的心情从容、自在地消费。

（4）合理有效地利用连锁店铺空间，而不显拥挤堆砌

商家在店堂设计和布局时不仅要考虑到美观、舒适，还要最大限度地利用空间，尽可能减少店铺后方设施的占地面积，扩大营业现场的面积，以降低销售成本，增加盈利。但是，在具体规划时，要牢牢把握合理、有效的原则，既不能为了过分利用空间而导致后方空间极度窄小，影响员工和厂商的正常工作，更不能因为多陈列商品而导致通道狭窄、货架拥挤，破坏店堂舒适、便捷的环境。

## 2. 外观布局设计

### （1）建筑外观设计

店铺建筑外观是消费者最先看到的外部形象。具有形式美和艺术美的建筑物不仅能给顾客以美的享受，还能刺激他们的消费欲望。

①建筑外观设计尽量体现店铺经营风格。建筑风格会在消费者心目中形成某种独特的心理感受，从而成为重要的促销手段。在设计建筑外观时应充分体现与店铺经营统一的风格。

②建筑外观设计要考虑到店铺内外的统筹安排。在设计建筑外形时应充分考虑店铺内部的格局安排，诸如通风、采光、照明、布线以及各种管路系统。切忌一味追求新颖、奇特的外观，而忽视了内部安排，导致采光照明不足、通风不便或管线布设不畅等问题，影响消费者消费。

③建筑外观设计要与周边环境相协调。周边环境包括店铺前后左右的建筑、公共设施、街道等。务必使店铺的外观风格、形状、设施与周边的环境形成一个和谐、统一的整体。不能因为只图标新立异而不惜破坏周边环境的协调性。

④建筑外观设计要体现实用经济性。在设计建筑外形时既要美观，又要实用经济。在设计时要尽量让外观的装饰、设施、点缀物等既美观，又能发挥实际功用。同时，在建筑面积、建筑材料、建筑装饰等方面反复思考、分析比对，尽可能少花钱。任何贪图华丽外表，不顾实际用途，大肆铺张浪费的做法都是违背企业初衷的，也是得不偿失的。

### （2）出入口设计

①出入口的数量。店铺出入口的数量可以是一个，也可以是几个，主要根据店铺规模大小而定。一般地说，小店铺只设一个出入口；大店铺可设四个以上的出入口。入口多，方便顾客从不同方向进入，也不容易造成拥堵，但需为此多支付保安费用。设有停车场的至少应设两个出入口，分别在店前和店后。店后的出入口和停车场相连，让顾客停好车后方便进店。

②出入口类型。出入口一般有开放式、半开放式和封闭式几种类型。

开放式出入口的外观特点是店铺临街的一面全部敞开，不设橱窗，只有醒目的招牌和整洁有序的环境。这种出入口方便顾客出入，并有利于充分显示店铺内商品，从而提高购买速度。

半开放式出入口的外观特点是店门大小适中、招牌大、橱窗小且低位设置，或不设置橱窗、玻璃明亮、进出口分道。这种出入口能给人宽敞明亮的印象，消费者可在路过店铺时方便地看到店内丰富的商品，有利于吸引过往顾客。

开放式出入口

半开放式出入口

封闭式出入口

封闭式出入口的外观特点是店门不大,装潢讲究,面向大街的一面用橱窗或有色玻璃遮掩起来,内部环境文雅幽静。这种出入口可以隔绝噪音,阻挡寒暑气和灰尘,顾客可在橱窗前品评陈列的商品后再入店参观选购,且顾客在店里不受干扰,从容消费。

（3）招牌设计

招牌的主要功能在于：引起消费者兴趣、强化消费者记忆、利于消费者传播、展示经营特色、宣传服务理念。为达到此目的，招牌设计时既要遵循一定的原则，又要充分考虑对招牌效果起决定作用的各项因素。

招　牌

①体现简明特点，让消费者易记、易传播。要使招牌易记、易传播，就应使招牌上的文字简洁、明了，读起来朗朗上口。这样，顾客不需费神就可记住，随时随地都能想起，也便于传播。

②展示文化内涵，让消费者易解。招牌能真实地反映自身的经营品种和经营特色。要做到这点，主要应从招牌的文字、字体、店标图案上得到体现。

③突出可视特性，让消费者易见。要让来自各个方向甚至离得较远的顾客都能看到招牌，就必须利用一切手段来吸引顾客的感观。如对招牌的构图、色彩、字体、光亮、摆放位置等进行分析、测试，使招牌具有可视性，让顾客的视觉、听觉都不由自主地集中到招牌上来。

（4）橱窗设计

一个主题鲜明、构思新颖、造型别致、风格独特、色彩和谐、摆布合理的橱窗，不但与店铺建筑及内外环境构成意境生动的立体图画，而且给消费者以强烈的视觉冲击和审美享受。

①橱窗展示商品要突出品质和特性。橱窗设计要充分显示和突出商品的优良品质和个性特征，并将商品的外形、质量、功能、用途和使用方法介绍给广大的消费者，以吸引消费者的注意，激发消费者的兴趣，增强消费者的信心，并付诸购买行动。

②要注意精选商品的品种。橱窗应注意选择流行商品、新优商品、名牌商品、时令商品、构造独特的商品、配套连销的商品、试销商品和能够反映商店经营特色的商品，并将其放在橱窗内进行合理组合。

③要注意商品展示形式、摆布位置和视觉效果。在橱窗设计中，要充分显示商品，满足消费者的认知需要。要做到这点，就要巧妙地对商品进行加工、组合摆放，使之构成各种形状或使用状态。这样，就可以从不同的角度和侧面显出更直观的观赏效果。

④要注意根据季节或节日的消费需要和消费习惯及时更换商品和设计。橱窗设计应始终跟着消费者的潮流和节奏，在季节转换或节日来临时将适合季节特点或节日需要的商品替换上来，并根据消费需要和消费习惯推出新的橱窗设计，吸引消费者的注意和购买。

⑤橱窗展示风格要体现独特性和整体美。橱窗设计要从消费者的审美心理出发，通过具有创意的艺术构思，运用各种艺术处理手段，把多种商品生动巧妙、鲜明和谐地组合在一起，从而塑造出具有独特艺术风格和强烈艺术感染力的橱窗整体形象，使消费者对陈列内容的视觉

印象加深,并得到美的享受。

橱窗设计

### 3. 营业现场的布局设计

营业场所的布局设计,无论是对顾客购物,还是对企业进行管理、销售人员现场操作都是十分重要的。它不仅可以提高商店有效面积的使用率、营业设施的利用率,而且能为顾客提供舒适的购物环境,使顾客获得购物之外的精神和心理上的某种满足,使他们产生重复购买行为。

(1)营业现场通道设计

营业现场的通道包括主通道与副通道。主通道是引导顾客行动的主线,而副通道是指顾客在店内移动的支线。主副通道设置的目的不是迁就顾客的随意走动,而是要与商品的配置位置与陈列相适应。良好的通道设计,就是引导顾客按设计的自然走向,走遍店堂的每一个角落,让顾客接触到各种商品,使营业现场空间得到有效的利用。因此,营业现场通道设计应从方便顾客行走,有利于大件商品的进出和便于顾客浏览、挑选商品等方面考虑。

①宽敞。宽敞意味着通道要有足够的宽度。也就是要保证顾客提着购物筐、推着购物车或端着商品能与同行的顾客并肩而行或顺利地擦肩而过。通道宽度很有讲究,但各有不同的设计。一般来讲,营业面积在 600 平方米以上的零售店铺,卖场主通道的宽度要在 2 米以上,副通道的宽度要在 1.2~1.5 米之间,最小的通道宽度不能小于 90 厘米,即两个成年人能够同向或逆向通过(成年人的平均肩宽为 45 厘米)。

②笔直平坦。通道要尽可能地设计笔直的单向道设计,尽可能避免迷宫式的布局,使顾客能依货架排列方式行走。平坦意味着通道地面应处于同一层面上,尽量不要有坡度,尽量不要高低错落。在有些无法避免的高低接口处,台阶也应设置明显,防止顾客不慎跌倒。

③避免死角。不能给店铺留有死角。死角就是顾客不易到达的地方或者顾客必须折回才能到达的地方。死角可能使顾客无法看到陈列商品,或使顾客多走了冤枉路。调查表明,顾客光顾死角货位的次数明显少于其他地方,这非常不利于商品的销售,会影响店铺的效益。因此,应避免出现死角。

(2)营业现场的装潢设计

①墙壁设计。墙壁设计的总体要求是坚固、洁净、美观。根据店铺经营商品不同,墙壁设计的具体要求也有所不同。一般地说,大型超市、百货商场的墙壁大多被货架和物品挡住,故只需抹上泥灰,涂上涂料、涂上乳胶漆或进行喷塑即可。这样,既经济又简洁。大型宾馆、酒店、美容厅等店铺为了突出高档、华贵的特点,常用漂亮的、花纹凸出的墙纸来装饰墙壁,能收到很好的效果。

②天花板设计。天花板设计的总体要求是遮蔽裸露的线、管,高度合适,制造美感。天花板形状常采用的是平面型,也可设计成垂吊型或通风型。天花板装饰材料可以是木材、石膏、玻璃等。天花板的高度应视营业现场的面积而定。太高,易让人产生距离感;太低,易让人产生压抑感。天花板的设计装潢还应充分考虑营业现场的颜色、照明及其他相关设施的设置等因素。

③地面设计。营业现场的地面是店堂基本装潢设施中和顾客接触最直接、最频繁的地方,好的地面设计能带给顾客良好的触觉印象。设计地面时主要应考虑地板装饰所用的材质,同时兼顾地板图形的设计。地板所用材质可以是水泥的、木质的、瓷砖的、塑胶的、石材的、地毯的等。选择地板的材质要求能承受住营业现场整个经营设施的重量,能耐热、耐水、耐脏、耐腐蚀、易清洁,还有一定的弹性、吸音性和防滑性。

(3)营业现场的照明设计

在营业现场的装饰布局中,照明的使用同样具有普遍意义,灯光的强弱、明暗对比能使人产生截然不同的心理反应。科学合理地配置照明及装饰光源,既可以凸显商品的形状、颜色、质感,吸引顾客的注意力,达到促销的目的,又可以提高店内气氛,使顾客在视觉舒适的环境中浏览商品,进而形成对商店购物环境的良好感觉。

①基本照明。基本照明是确保整个连锁店铺获得一定的能见度而进行的照明。主要是在店堂的顶部安装各种白炽灯和荧光灯,用以照亮整个店堂。一般来讲,自然光对人眼没有刺激,可以展现商品的本色和原貌。基本照明是店堂内照明的主要部分。

②重点照明。重点照明也称商品照明,是为了突出商品优异的品质,增强商品的吸引力而设置的照明。常见的重点照明有聚光照明、陈列器具内的照明以及悬挂的白炽灯照明。在设计重点照明时,要将光线集中在商品上,使商品看起来有一定的视觉效果。在店铺里,烧烤及熟食类常用带红灯罩的灯具照明,以增强食品的诱惑力;金银饰品、工艺美术品采用聚光灯照明,以方便顾客欣赏或选择。重点照明属于辅助照明。

③装饰照明。装饰照明是连锁店铺为求得装饰效果或强调重点销售区域而设置的照明。常见的装饰照明有:霓虹灯、弧形灯、吊灯以及连续性的闪烁灯等。装饰照明也属于辅助照明。

(4)营业现场的音响设计

营业现场的音响主要包括三种:一是背景音乐,目的是调节现场的气氛,调动顾客的消费情绪;二是经营单位播放的广告信息,如商品广告、通知、寻人启事等;三是营业员给顾客演示商品性能而产生的声响。此外,还有现场人们的交谈声,少数配套设备发出的声响。

背景音乐的播放,可以调节顾客的情绪,活跃购物的气氛,缓解一些顾客的紧张心理。目前,商业经营单位播放背景音乐已经成为一个普遍的现象。播放背景音乐的基本要求是音质清晰、音量适中,音乐题材和营业环境相适合。其中,音乐题材和营业环境相适合是指音乐所产生的心理和情绪反应要与营业环境基本一致。

广告信息的播放能引导顾客消费。这类音响应具有较高的清晰度,在播放广告信息时应注意避免不同柜台播放声音互相干扰,使顾客找不到一个安静的购物环境,从而破坏营业环境的整体美。

**4. 辅助设施的布局与设计**

(1)存包处的设计

存包处一般设置在连锁店铺的入口,配备2~3名工作人员。顾客进入连锁店铺时,首先存包领牌,完成购物以后再凭牌取包。现在有些大型零售店铺中,配有顾客自助式的存包处,顾客自己存包,减少了等待时间。此外还有投币式自助存包、红外线指纹识别存包等形式。不论采用何种形式的存包方式,都应该是免费的,否则就会引起顾客的反感,直接影响到连锁店铺的销售业绩。

（2）**收银台的设置**

现代店铺中,大多采取售货与收款分离的方式,因此,收银台的分布也是布局中一个不可忽视的环节。

①收银台数量。连锁店铺收银台数量可按店铺的规模来确定。同时,收款台的数量应考虑以满足顾客在购物高峰时能够迅速付款结算为出发点。大量调查表明,顾客等待付款结算的时间不能超过 8 分钟,否则就会产生烦躁的情绪。

②收银台的位置。收银台的位置应设置在方便顾客交款的地方。在自选式超市,收银台应布局在出口处。在百货商场中,收银台应布局在商场中央区内,且有明显标志,并保持相对宽敞。

（3）**楼梯、电梯的设置**

由于楼梯、电梯是商场中难以变换的固定设备,所以,楼梯、电梯一般不构成布局的主要内容。但是,设置不合理会影响顾客的消费情绪。一般情况下,大型商场、超市至少应设置两处电梯,在使用中上下道分开,这样有利于顾客流的形成和循环。有条件的商场、酒店可设置透明式观光电梯,吸引消费者光顾。设置普通楼梯的店铺应设计好台阶和扶手的合适的长度、宽度及高度。

（4）**休息处、卫生间等的设置**

营业现场的布局中不应忽视休息处、卫生间等的设置。一般来说,大中型商场、宾馆、酒店都应专辟出休息处、卫生间,以方便顾客。如果受到面积的限制,至少也应在过道等地方摆设一些供顾客休息的椅子、凳子。

（5）**营业现场通风与空气调节设计**

通风和空气调节的目的在于使商场内空气清新、温湿度适宜,给顾客以舒适宜人的感觉。按照我国人们的一般生活习惯,夏季店内外温差不宜过大,一般以 4℃ 左右为宜,这样进入商店的顾客能有清凉之感,而走出商店也不会有"火炉"之感。在冬季应适当加大温差,一般店内温度应控制在 $15\sim18℃$ 上下。

## ◢ 小 结

连锁店铺设计与布局总的原则是一切为顾客着想,尽量让顾客满意。具体说来,连锁店铺设计与布局应当遵循以下几点基本要求:充分体现连锁店铺的共有特色;吸引顾客进来,方便顾客停留;营造轻松和谐的消费氛围,刺激和引导消费;合理有效地利用空间,降低销售成本。

店铺的外观布局主要是店面和店铺周围环境的布局。店面的设计和布局包括建筑物设计、出入口设计、招牌设计、橱窗设计;店铺周围环境的设计包括停车场设计和连锁店铺周边道路、绿化、相邻建筑协调的设计。

消费者对店铺环境的评价,不仅表现在外部环境上,更主要表现在内部环境上。营业现场的布局设计主要包括现场通道设计、装潢设计、照明设计、音响设计及其他方面的布局与设计。

营业现场的布局是否合理,是连锁企业最终能否得到消费者认可,企业是否能赢得市场的重要因素。连锁店营业现场商品布局,主要是指充分利用空间,对商品进行面积布局,并进行合理摆放。连锁企业可运用"磁石"理论,根据商品的特性在各个吸引顾客注意力的地方陈列合适的商品,来诱导顾客逛完整个店堂。

## 复习思考

1. 设计与布局的基本要求是什么?
2. 连锁企业外观如何布局与设计?
3. 辅助设施如何布局与设计?

## 实 训

【案例介绍】

### 一个是"家",一个是商业场所?

近乎一样的快餐产品,近乎一样的店面设计,乐天利与肯德基为什么有天壤之别?

其实,高明与不高明、成功与失败,差异只在那么一点点细微之处;而这些细微的差别,却是最显功力的地方,因为它反映了一个企业理解"经营与服务"的深度与广度。

在哈尔滨最繁华的中央大街中,有三家快餐店十分引人注目:一个是麦当劳,一个是肯德基,一个是乐天利。这三家快餐店经营的产品内容几乎一样,而且门面设计也都很鲜艳,店内面积和设计也差不多,但是,其生意的兴隆程度却截然相反:麦当劳和肯德基的顾客从早到晚总是川流不息、人满为患,员工们总是忙忙碌碌地收拾餐桌、擦洗地面、悬挂新的挂图等;而乐天利却始终是冷冷清清,寥寥无几,许多员工则是静静站立,等候顾客光临。

据悉,乐天利快餐店是由韩国乐天利集团投资开办的。至今,该集团在中国的哈尔滨和北京两个城市共计开设了 10 家这样的快餐连锁店,其中哈尔滨 4 家,北京 6 家。

起初,记者认为设在中央大街上的乐天利快餐店由于和麦当劳距离太近(相隔约 100 米左右),知名度又远不及麦当劳,才导致了生意被抢的结果。但是,当笔者赶到设在哈尔滨的另一个繁华地段——索菲亚教堂附近的乐天利分店时,却遗憾地发现这里的生意也是同样冷清。

这究竟是为什么呢?

一个是"家",一个是商业场所。

去过肯德基的人大多都会有这么一种感受:在那里,人们不仅仅是为了吃一块鸡腿、一个汉堡——喝一杯咖啡——这些东西在外面的便利店随处可见;在肯德基,人们更多的是去寻求一种精神上完全放松、休闲的感觉。

一位消费者在接受记者采访时说:"我一般喜欢下班后,或者周末,带着孩子来这个地方,因为我觉得在这里就像在家里一样,摆脱了上班时的压力,和孩子尽情地玩耍、说笑,很轻松。"

而在回答为什么不选择乐天利时,这位消费者说:"在那边有些拘谨,气氛没有这边好。"那么,这种"家"一般的感觉,肯德基是怎样给予消费者的呢? 乐天利又是怎样做的呢? 对于一个面积有限的快餐店来说,店内、店外的设计是烘托该店"性格"与气氛的首要因素。乐天利与肯德基所给予顾客的感觉差别,首先是体现在店面设计的细微不同上。

门面设计:肯德基标识全球统一,早已为人们所熟识,其亲和力在消费者的心目中也已根深蒂固;作为肯德基的竞争对手乐天利,却显然缺乏设计水准:中央大街分店的门面很狭窄,门前虽然摆放了一个孩子们喜爱的米老鼠,但其店门过于狭窄的设计却总让大多数普通人有一种类似于一般酒吧,不愿"只身深入"。

墙面设计:肯德基店内的墙面上,挂有各种各样的卡通、乐园类图画,还有五颜六色的小旗帜、剪图、绿树、红花等等,随意而挂,烘托出了一种无拘无束的乐园氛围;乐天利也有各种小剪图挂在店内,但数量很少,店内四壁除了一些墙灯外,几乎没有其他设计,给人感觉庄重、传统。

提示语:肯德基墙上的提示语是"请您妥善保管好自己的贵重物品"。乐天利的提示语则是"贵重物品请妥善保管,丢失概不负责!"和"偷窃者送法办"。可以看出,肯德基的提示语轻柔,乐天利则显得生硬,无形中把消费者推到了自己的对立面。

桌椅摆放:肯德基的桌椅摆放大体上比较随意,尤其是在不同的角落,也巧妙地做到了因地制宜;而乐天利的桌椅则摆放得整整齐齐,与一般餐馆的桌椅摆放没太大差别,这在无形中容易给来客一种商业场所的心理定型。

进来与离去:无论是你进来还是离去,肯德基几乎没有专门的服务员来端端正正地站在那里说"欢迎光临"或者"欢迎再次光临",它更注重以另一种特别的方式来表达(笔者来时,恰逢教师节和奥运会即将开始),刚一进门,你可以看到醒目的"老师们,您辛苦了!"的大型标语和"中国赢,我们赢!"的促销活动宣传画,加上进进出出的人流,忙忙碌碌的员工,你马上就会被这种祥和的气氛所感染;而乐天利则比较传统:你进来后,服务员会及时地走上前说:"欢迎光临!"

洗手间:肯德基让顾客随时随地感受到温馨、轻松真是无处不在。笔者发现,在肯德基某分店的洗手间墙面上,贴着"开心一刻"的幽默与笑话,而乐天利则比较传统。

其他:为了照顾到顾客的各种闲情逸致,肯德基还在店内专门设有报纸栏,以便有兴趣的消费者阅读。又备有小推车,以便使带着还不会走路的小孩前来光顾的顾客能够更方便,胜似在家一般;在肯德基店内的过道边,设有"希望工程捐款箱",箱上的标语是:"肯德基与您共献爱心!"箱上设计着肯德基的标识。这些都无形中提升了肯德基的亲切形象。在乐天利,我们则看不到这些东西。

不难看出,肯德基的所有设计都是围绕随意、轻松、温馨的原则灵活进行的,因为他们意识到快餐店更重要的是一种休闲与放松的场所。而乐天利则没有意识到这些,设计上也就不可能摆脱传统餐饮店的设计框架。

我们从小孩子们的表现中可窥其一斑:在肯德基,小孩子四处玩跑,犹如在公园里一般,有的小孩甚至把作业拿到这里来做了;在乐天利,小孩子则是老老实实地坐在大人旁边吃着汉堡。这就是差别!

(资料来源:http://www.jc400.com)

**思考和训练**

(1)为什么乐天利与肯德基有天壤之别?

(2)你对连锁快餐企业都有哪些建议?

【技能训练】

以小组为单位,选取市区一家连锁企业,分析它的布局与设计,并且与企业负责人进行交流,增长自己的经验。

# 模块3
# 运营与管理

## 教学目标

### 1.终极目标
(1)理解并能解释说明连锁店铺运营的基本知识。
(2)理解顾客管理并能分析与解决实际问题。

### 2.促成目标
(1)充分理解连锁店铺管理的特点,进入运营与管理的训练状态。

## 案例导入

### 如家酒店的为与不为

采取连锁运营,布局在经济发达城市,选址在交通便利、生活设施齐全的地段,不像星级酒店那样附设大量休闲娱乐场所和服务设施,而是充分利用酒店附近已经成熟的社区服务网络;硬件环境也不追求奢华和排场,但是安全、卫生、住得舒适。最突出的是,平均房价在200元以内。这样的酒店有没有吸引力?

事实上,在2002年如家成立之初,国内酒店业已经处于饱和状态,房间平均出租率只有50%多。2004年,启动资金只有1 000万元的如家酒店连锁公司,营业额已达1.3亿元,利润1 600万元。其酒店数量也从2002年的5家迅速发展到如今的55家,平均出租率一直保持在90%以上。据如家的CEO孙坚介绍,到2005年底,如家开业的店面将达到70多家,覆盖全国25个城市。

其实在西方国家,经济型酒店已经成为旅游住宿业的主流趋势。美国酒店业协会的统计表明,美国经济型酒店约有6万家,客房平均出租率70%。一项对海外旅游发达城市的调查显示,美国经济型酒店与豪华星级酒店的比例一般为7∶3。经济型连锁酒店的收入占美国酒店业收入的64%,每年创利数千亿美元。

如家借鉴国外经验,打破产业常规,通过跨越传统酒店业的两个产业集团——星级酒店和普通旅社,重新定义产业内部的架构。

### 1. 有所为

孙坚认为,如家和传统星级酒店的最大区别就在于,传统酒店讲究提供更多的服务,而如家则把自己的定位明确锁定在一点上——住宿。在如家看来,出差公干的商务人士业务繁忙,传统星级酒店提供的许多空间和服务他们都无暇享受,对他们而言最重要的东西只有两个:床和卫生间。所以床品和卫生间就是如家有所为的重点所在。卫生上达到甚至超越传统酒店的卫生条件,保持叫早服务,同时在房间的颜色上增添变化,增加温馨感。

### 2. 有所不为

如家的有所不为就是超出"住宿"需求以外的不做。剔除传统星级酒店过多的豪华装饰、享受性服务以及娱乐设施。不设门童,改为自助;没有豪华、气派的大堂;舍弃投资巨大、利用率低的康乐中心,没有桑拿、KTV、酒吧等娱乐设施。

### 3. 有所多为

为了增添房间的温馨感,如家打破星级酒店和旅社床单、枕套都用白色的传统,改用碎花的;淋浴隔间用的是推拉门而不是简陋的塑料布;毛巾则有两种不同颜色,便于顾客区别。桌子上常常为客户摆放几本书、一盏家用台灯,提供免费上网等,在细节上尽可能营造出家的温馨。

### 4. 有所少为

在保证服务质量的前提下,在非关键的方面如家也尽可能少为。如家与一般酒店相比少两个管理层级,没有部门经理,也没有领班,组织结构扁平化的结果就是店长大小杂事都得干。房间里使用分体式空调,冬天只用暖气。只建占地50~100平方米的小餐厅,把更多的空间变成客房,餐厅不对外服务。甚至如果附近有餐馆,干脆就把餐厅省了。对于要住好几天的顾客并不天天更换牙刷。

### 5. 在80/20原则下不断创新

在竞争越来越激烈的情况下,为了留住现有顾客,企业往往容易出现过分追求产品和服务个性化的倾向。出身零售业的孙坚却信奉80/20原则。在加盟如家之前,孙坚先后在沃尔玛、易初莲花、百安居等知名零售企业任职,他深知零售业盈利的80%来自20%商品。在他看来,如家这样的连锁酒店也要遵循80/20原则。如家每个月都会进行一次宾客调查,但对调查所获的意见却并非全盘接受、个个重视。"全国各地消费者的差异肯定是存在的,但需求的80%是相同的。不应该因为20%的要求而忘了那80%的要求。"

(资料来源:http://finance.sina.com.cn)

【案例分析】

这个案例说明,如家酒店与其他酒店的区别在于:有所为、有所不为、有所多为、有所少为。在竞争越来越激烈的情况下,为了留住现有顾客,企业往往容易出现过分追求产品和服务个性化的倾向。全国各地消费者的差异肯定是存在的,但需求的80%是相同的。不应该因为20%的要求而忘了那80%的要求。以上知识点都是本案例让我们学习的。

【思考·讨论】

请评价如家酒店的:有所为、有所不为、有所多为、有所少为。

## 理论知识

### 1. 连锁店铺促销及管理

促销(promotion)是连锁企业为告知、劝说或提醒目标市场顾客关注有关企业信息而进行的一切沟通联系活动。促销工具主要有:广告、人员推销、营业推广、公共关系。这些工具共同构成连锁企业促销组合,其每一种工具都有不同的功能。但是,为了取得最佳效果以最大限度地实现促销目标,管理者需要适当地综合运用不同的促销工具。

连锁企业促销活动包括两个层次：一是总部策划的促销活动，主要是从全局考虑，目的是更多地在于扩大促销的整体效应和改进企业长期的经营效果；二是门店策划的促销活动，主要是从局部考虑，目的在于短期内有效地提升门店的经营业绩或应对竞争对手的压力。

（1）门店促销活动策划

门店促销活动策划包括确定促销目标、促销预算、促销主题、促销时间、促销商品、促销宣传及促销具体方式等一系列内容。

①确定促销目标。在确定某项促销活动的具体目标时，管理者必须确定以上目标中哪些是最重要的。由于每一具体促销目标与不同的促销方式相对应，连锁门店在开展实施每次促销活动之前，有必要清楚地阐明自己的目标以选择促销类型、媒体及所传递的信息。

②制订促销预算。若总部的促销功能较弱，大部分促销活动由门店自行安排，则门店可支配的促销费用就会较多。一般来看，总部每年会给门店安排一笔固定促销费用，或按门店销售总额的一定比例提取。

③制定促销实施方案。什么时间开始促销活动，活动持续多长时间效果最好等等要慎重考虑。若持续的时间短，在这段时间内无法实现重复购买，促销活动就达不到预定的目标；如果时间过长，会引起开支过大和降低刺激购买的力量。促销活动林林总总：商品降价特卖、限时抢购、折价优惠、现金券、POP广告、演示和试用、退费优待、赠送商品、抽奖、积分方案等。连锁门店必须选择合适的促销手段和方式，才能避免走进纯粹的价格促销循环。

（2）促销活动实施

一项促销活动若要成功，除了有周密的计划、正确的宣传媒体以及能打动顾客的诉求主题与促销商品外，最重要的因素还在于门店各岗位的执行配合，使促销活动活跃。因此，促销活动的实施要注意以下方面：

①人员方面。卖场所有人员（包括厂家促销小姐）都必须了解促销活动的起讫时间、促销商品及其他活动内容，以免顾客一问三不知；各部门主管必须配合促销活动，安排适当的出勤人数、班次、休假及用餐时间，以免影响尖峰时间内对顾客的服务；卖场营业人员必须保持良好的服务态度，保持服装仪容的整洁，以给顾客留下良好的印象；如果预期轰动效应过大，可以考虑扩大临时的保安人员和联系厂商的支持，且一定要避免因促销而发生不安全事故。

②商品方面。在商品管理方面，要注意：要准确预测促销商品的销售量并提前进货，促销商品必须充足，以免缺货造成顾客抱怨及丧失促销机会；促销商品价格必须及时调整，以免使顾客产生被欺骗的感觉及影响收银工作的正常进行；新产品促销应配合品尝、示范等方式，以吸引顾客消费，以免顾客缺乏信心不敢购买；商品陈列必须正确且能吸引人，除了促销活动中必须做的各种端架陈列和堆头陈列外，还要对陈列做一些调整以配合促销达到最佳效果。

③广告宣传方面。在宣传方面必须注意：确认广告宣传单均已发放完毕，以免留置卖场逾期作废；广告海报、宣传布条等应张贴于最佳位置，如入口处或布告栏上，以吸引顾客采购；价格标示应醒目，以吸引顾客购买。

（3）促销活动评估

促销活动结束后，应及时进行评估检讨，切不可于促销活动结束后置之不理，还应召集营业、商品、促销部门有关人员，就实施效果与目标差异做分析，为以后促销活动执行做参考，这样有助于提升企业促销策划水平，巩固促销活动效果。具体评估的方法主要有：检查法、目标评估法、前后比较法、消费者调查法。

### 2. 顾客服务管理

顾客服务(customer service)是连锁企业实施的一系列活动和计划,旨在使顾客的购买行为和消费行为更有价值。这些活动增加了顾客从他们手中购买的商品和服务中获得的价值。

顾客选择一家连锁门店,或是为了购买称心如意的商品和进行服务消费,或是为了享受门店优美舒适的环境和周到的服务。门店如果没有高质量的与顾客购买商品(有形商品和无形商品)相关的服务,无疑会降低顾客的满意度,甚至出现顾客背离的现象。在从注重数量向注重质量转变的消费时代,顾客越来越要求连锁门店提供细致、周到、充满人情味的服务,要求购买与消费的高度满足。于是,高品质的、全方位的服务理所当然地成了门店赢得竞争优势的一大法宝。连锁门店提供的服务按顾客购物或消费过程划分,一般可以分为售前服务、售中服务和售后服务三种类型。

售前服务,指在顾客购买商品或消费之前,企业向潜在顾客提供的服务。其主要方式有:举办免费培训班,产品特色设计,请顾客参加设计,导购咨询,免费试用,赠送宣传资料,商品展示,商品质量鉴定展示,调查顾客需要情况和使用条件等。

售中服务,是指企业向进入卖场或已经进入选购和消费过程的顾客提供的服务。售中服务的主要形式有:提供舒适的购物现场(如冷暖空调、休息室、洗手间、自动扶梯等),现场导购,现场宣传,现场演示,现场试用(如试穿、品尝、试看、试听等),照看婴儿,现场培训,礼貌待客,热情回答,协助选择,帮助调试和包装,信用卡付款等。

售后服务,是企业向已购买商品或消费完的顾客所提供的服务,它是商品质量的延伸,也是对顾客感情的延伸。其主要方式有:免费送货、安装和调试,包退包换,以旧换新,用户免费热线电话,技术培训,产品保证,备品和配件的供应,维修服务网点,巡回检修,特种服务,组织用户现场交流,顾客抱怨处理,顾客联谊活动,向用户赠送自办刊物和小礼品等。

### 3. 顾客抱怨管理

Fitzsimmons(1998)研究发现,当企业出现服务失误导致顾客不满后,不满意的顾客将向10～20人讲述自己所遭受的不良服务经历,但抱怨或投诉得到解决的顾客也会向5人讲述他的经历。另一项研究表明,顾客抱怨如果得到满意解决,他们会比从未产生不满意的顾客更忠实于本企业。因此,处理好顾客抱怨是挽回顾客的一个重要手段。

处理顾客抱怨包括以下步骤:

(1)改变旧观念

当顾客前来投诉或反映意见时,营业员不能一听到顾客的投诉就头疼,采取充耳不闻、敷衍了事的态度,应认识到顾客能将不满意说出来是对商场的信任和帮助。

(2)耐心倾听

在处理抱怨事件时,首先需要接待人员耐心倾听。对大部分顾客来说,抱怨产生后,并不一定要商店有任何形式上的补偿,只是要求能发泄一下自己心里的不满情绪,得到店方的同情和理解。其次,接待人员还应仔细记录抱怨的原因,一方面让顾客感觉对此事件非常重视,另一方面当接待人员不能解决该问题时,必须请示上级领导,这些记录便成为上级领导解决抱怨的主要依据。

（3）真心表示歉意

不论顾客提出的问题,其责任是否属于门店,接待人员都必须真心诚意地表示歉意,并感谢顾客提出问题。有时候,顾客在抱怨初期,常常是义愤填膺,情绪非常激动,以致措辞激烈,甚至伴有恶言恶语,但如果接待人员真诚地表示歉意,顾客的激愤情绪就会平息下去。

（4）立即处理顾客提出的问题

顾客投诉抱怨之后,接待人员必须立即采取行动,处理顾客提出来的有关意见和问题。

（5）再次征求顾客意见

当处理完顾客的投诉和抱怨后,应再次询问顾客还有什么不满意的地方,如果有,应再做解决,或让顾客自己提出解决方案。总之,务必使顾客满意而归,重新获得顾客对门店的信任。如果有些问题一时无法解决,也应告知顾客一个准确的时限,不能让顾客空等。

（6）检查原因,改正缺陷

处理顾客抱怨不仅要使特定顾客满意,而且还应发现和改正不断造成问题的根本原因,通过研究顾客抱怨,连锁门店能够改正那些通常造成问题产生的制度缺陷。

**4. 忠诚顾客管理**

忠诚顾客往往传播积极的口碑,可吸引新顾客并进而提高市场份额。口头传播是顾客普遍接受和使用的信息收集手段,由于服务具有较高的不可感知性和经验性等特点,顾客在购买服务时,相关信息更多地依赖人际渠道获得。有调查表明,口碑对顾客购买决策的影响力是广告的两倍。对门店经营者来说,口碑并非管理者所能操纵,企业能采取的唯一行动就是提供使每一位顾客都非常满意的服务,使之对企业保持忠诚。那么如何培养顾客忠诚?

（1）建立顾客档案

要识别关键顾客或将一般顾客培养成忠诚顾客,第一步必须建立顾客档案,收集、整理顾客资料。顾客资料一般应包括以下主要项目:家庭人口数,住址和通讯方式,家庭成员姓名和出生年月,户主及其配偶学历、职业、收入水平、生活习惯、购物习惯、购物品牌、特殊嗜好等。

（2）提供超值服务

①贵宾卡和特权。关键顾客有权申请企业的贵宾卡,并享受一定的贵宾服务,如购物打折、新产品优先供应、更完善的个人服务、信息优先等。英国马莎百货连锁公司在圣诞节前夜为其最好的顾客安排一次特殊的购物活动。

②电话订购,送货上门。送货上门服务需要门店花费一定成本,如果门店还无法对全体顾客实施这项服务,可以有选择地对关键顾客实施优待,使之感受到门店的特别关怀。

③每月提供个人购物目录。国外有些门店采用银行的做法,每月将顾客的购物目录打印出来寄给顾客,以为顾客节省开支提供参考。

④奖励顾客。商店往往可以采用积分卡方式,对经常来店购物的顾客在达到一定的积分后给予购物券奖励,有时也会送一些小礼物给某些常客意外的惊喜。

⑤人性化待遇。根据顾客信息寄发生日贺卡、节庆贺卡或健康保险等,以拉拢双方之间感情。贺卡最好由店长亲笔签名,及时寄到,并每年更换不同形式。

⑥提供消费信息。定期给关键顾客寄送消费信息,包括门店促销活动、新产品供应、消费常识、采购小知识等,所提供的资料要有知识性、趣味性和实用性,有时可以与快讯商品广告(DM)一起发放。

（3）举办多种顾客活动

顾客活动的方式多种多样，下面介绍几种常用的方式：

①顾客意见访问。门店可以采用设置顾客意见箱、人员访问或电话访问的形式经常征询顾客意见。意见箱可长期实施，人员和电话访问则根据需要而不定期实施。应注意的是：要重视顾客提出的意见或建议，及时改正和采纳；意见箱要定时开启，长期实施，否则就不要轻易设置；向顾客征求意见的访问要有明确的主题，以便于顾客有针对性地回答；对提供意见者要给予奖励，每月最好抽奖并公布姓名，以鼓励参与者的兴趣。

②邀请顾客参与决策或管理。门店仅仅设置意见箱是不够的，最好能聘请一些热心顾客成为荣誉店员，并成立顾客顾问团，参与门店的决策和管理。具体做法是：由店长定期举行咨询会议，事先将主要议题告之与会者，征询顾客对门店各项促销活动、服务项目设置、服务水平等的意见，每次会议前公布前一次采纳意见的实施成效，并向参与者赠送纪念品或特殊购物优惠。

③成立顾客俱乐部。用某种形式将分散的顾客组织起来，使门店与顾客的关系更加正式化，也更加稳固化。如一些书店成立"读者俱乐部"，将偏好相同的顾客组织起来在一起交流读书感受，一些药店也成立"健康俱乐部"，经常向顾客传递保健知识，组织相同患者交流养身之道，或请著名医生讲授治病防病知识。

④参与社区公益活动。门店要赢得社区居民的好感，应将自己作为社区的一员，关心社区公益活动，积极参与社区活动，如赞助当地学校、参与植树活动、热心举办社区各种文体活动等。

**5.团队文化管理**

一个优秀的团队总是伴随一个优秀的团队文化，文化是企业凝聚力和持续发展的根本所在。要打造一个优秀团队，可以从以下几方面入手：

（1）**管理者责任**

如果管理者不去维护伦理行为的高标准，那么正式的伦理准则和培训计划就会毫无用处。如果管理者尤其是店长一直是基于正确价值观来领导下属，甚至在为企业价值观做出个人牺牲时，他就可以赢得员工的高度信任和尊重，利用这种尊重和信任，管理者可以激励员工追求优异的工作绩效并使他们在实现组织目标中获得成就感。

（2）**信息管理**

一个企业要想快速发展，就必须将企业经营理念和发展目标明确化，把企业的发展目标转化为员工的使命。与员工分享信息的举动传达的是对员工信任的信息，同时让员工产生自己"拥有"门店的感觉。拥有者才会真正关心门店的发展，想门店之所想，急门店之所急，才会从内心深处思考自己如何为门店做贡献的问题。

（3）**授权管理**

团队的成长，要靠员工的努力，管理者要充分信任员工，适当授权给他们，使员工养成独立工作的能力。管理者要帮被授权者消除心理障碍，让他们觉得自己是在"独挑大梁"，肩负着一项完整的职责。

（4）**表彰管理**

认可员工的努力，他们工作出色之际给予肯定，不但可以提高工作效率和士气，同时可以有效地增强其信心，提高员工的忠诚度，激励他们接受更大的挑战。

（5）合作管理

团队的力量来自于合作。当一群人在一起工作时，常常能够完成单人无法胜任的工作，而且个人由于有同伴的激励，有可能将个人最大的潜力发挥出来。

（6）培训管理

支持员工参加职业培训，如岗位培训或公司付费的各种学习班、研讨会等，有助于减轻疲沓情绪，降低工作压力，提高员工的创造力。

（7）薪酬管理

报酬是一种有效的刺激物，无论管理者多么高明，都必须以物质力量为后盾，而稳定的工资收入，是员工工作动力的永久源泉。

## 小 结

促销活动是企业为告知、劝说或提醒目标顾客关注企业信息而进行的一切沟通活动。门店促销策划包括确定促销目标、促销预算、促销主题、促销时间、促销商品、促销宣传及促销方式等一系列内容。促销活动的有效实施还需要门店各岗位人员的高度配合，促销活动完结后还必须进行科学评估，以找出问题、总结经验，为今后提升促销策划水平做参考。

顾客服务是门店的一个基本职能，顾客服务主要包括售前服务、售中服务、售后服务。管理者要提升顾客服务水平可以采取以下方式：根据顾客需要不断调整服务项目，寻找并控制关键服务点，设计具体可行的服务标准，由上至下改进服务，妥善处理顾客抱怨。

团队建设是门店运作管理的一个重要内容，建设一个优秀团队文化非常重要。

## 复习思考

1. 连锁店铺如何促销及管理？
2. 顾客服务如何管理？
3. 顾客抱怨如何管理？
4. 如何培养顾客忠诚？
5. 团队文化如何管理？

## 实 训

【案例介绍】

### 7天连锁酒店推出 SNS 社区

"酒店业竞争日益加剧，顾客很容易流失。因此我们在官网推出了 SNS 社区，希望通过社区的互动，低成本影响消费者。"最近，7天连锁酒店 CEO 郑南雁向《中国经营报》记者表示，其官网上推出了试用版"快乐七天"SNS 社区。

SNS 社区的上线标志着向来以电子商务领先而著称的 7 天酒店又一次创新。艾瑞咨询认为，旅游厂商与实名制 SNS 网站相结合将是一种全新的运营模式。

"快乐七天"社区不仅有酒店虚拟经营的在线游戏"快乐酒店"，同时还有和出行相关的帮助工具，如天气、地图、城市生活互助等。目前多数 SNS 网站主要以娱乐为先导，而酒店配备的 SNS 将提供游戏化的差旅服务解决方案，譬如 7 天酒店＋星月联盟酒店，还有租车、机票、保险等涉及具体出行的配套在线服务。

"快乐七天"的主打产品游戏"快乐酒店",参照了最流行的开心网的"争车位"、"买房子"、"开心农场"等 SNS 游戏。游戏玩家通过邀请自己的好友入住自己"经营"的酒店,游戏玩家在接下来的游戏进程中便能获得多项具有吸引力的游戏权限,所形成的游戏积分可实现与 7 天酒店的积分兑换。在"快乐酒店"中,也有一些带有明显酒店服务特征的游戏,如隔音升级、喝牛奶等等,还有特有的消毒包装毛巾,也会成为游戏里面某个道具。

"在游戏中嵌入带有服务特色的内容,具有一定的教育客户的作用,能够在无形中让会员更熟悉和习惯我们的服务。同时,我们希望'快乐酒店'能够在现有 600 万会员基础上,吸引和发展一些新的会员,实现用户规模的扩展。"郑南雁向《中国经营报》记者表示。

"'快乐七天'社区比开心网多出来的内容,恰好就是体现 7 天作为酒店社区的特性所在。"7 天酒店电子商务总监全曼午告诉记者,在这里会更多呈现会员间的交流、互助的特征。主要体现在两个方面,首先是旅行帮助类内容,在"快乐七天"里,大家可以像小型维基百科一样,搜索一些问题的答案,或是为别人解答。比如去某个分店的最佳路线进行分享,由用户自己评价最佳答案,类似旅行类的百度知道。另外,还会有衣食住行等涉及旅行地城市的信息。当会员贡献信息后,会有社区内的积分奖励。当会员在这里找到一个需要的信息,他也会把自己知道的补充进去,这样有用的信息会越来越多。

与此同时,在"快乐七天"社区论坛,会员可以给酒店提供更好的建议,以往这些是通过留言或者论坛形式来实现,比较单向。而在"快乐七天",将会由店长出现在社区,和会员交朋友。另外,"快乐七天"中还有"找人"这样的模块,这也是一种低成本吸引更多会员的途径。

"目前,'快乐七天'还只是搭建了一个框架,未来我们还将安装更多旅行和当地生活服务的插件,使会员更喜爱这里。"郑南雁向《中国经营报》记者透露。

"实际上,7 天的 SNS 社区和专业的 SNS 网站经营压力不同,它更多是在会员群体中,互相影响、吸引新客户的手段。"郑南雁表示,这些新的客户可能并不会马上入住,但是通过口口相传,比如出差到异地同一酒店的会员朋友,可以一同喝茶、聊天。这时,会员的潜意识中与酒店的关联度会逐渐增强。

这类似于 7 天的一个忠诚度计划。"我们不会要求 7 天的 SNS 社区显示出专业的 SNS 网站的作用,只要辅助会员体系,加强会员对酒店的关注就可以了。"郑南雁打了一个比方:一位客人,他通常两个月光顾一次酒店,每年了解酒店的机会可能也就 6 次。如果这位会员登录了"快乐七天",他能够每周登录酒店网站 1 次,那么建立 SNS 社区的主要目的就实现了。

实际上,酒店捆绑 SNS 社区,也是主动打开了消费者与企业信息沟通的一条通路,而不是让酒店消费者继续处于自发、单向的状态。"'快乐七天'凭借 600 万会员的感召力,可以聚合更多的受众注意力,通过聚焦和专注的平台化带来可观的规模效应。"郑南雁表示。

表面上看,7 天只是推出了一个新的 SNS 社区,但在背后,这与 7 天一直专注信息化是一脉相承的。目前 7 天的网络订房率已超过 60%。

"如今,我们通过电子商务已经实现了在酒店行业 4 个层次的管理提升:借助 IT 优化流程,降低运营成本;通过推进网上订房,降低顾客购买成本;建立呼叫中心,引导和帮助顾客的购买行为;最后一个层次,7 天则通过建立'快乐七天'可以进一步影响顾客的消费习惯。"郑南雁告诉《中国经营报》记者。

"实际上,酒店不仅通过 IT 技术,还设立一些优惠政策来进一步配合和推动 IT 化,以降低成本、提高管理效率。"郑南雁表示,如会员在网上预订可以双倍积分,通过中央预定来减少分店的压力;激励会员在网上预付款,可以减少前台的收款压力,效率更高。

"与其他众多酒店不同是,7天坚持着的几个原则:刚性价格、实时房态、用户公平购买,这些其实正是酒店实现扁平化管理、推动电子商务得以发挥效用的法宝。"郑南雁解释,刚性价格去除了传统酒店所同时具有的"总经理价、中介价、团队价"等众多价格体系,使管理更简单,更容易在网络实现购买。实时房态,随时将可售房间动态显示出来,会员可以在网上通过中央销售系统,自己控制购买,从而降低分店销售压力。

7天连锁酒店2008年10月获得国际金融机构高达6 500万美元的融资,郑南雁于2009年3月表示,要将资金全部投进电子商务平台的建设。可以预见,除现行提供的7天酒店+星月联盟酒店外,将陆续推出的租车、机票、保险等涉及出行的配套在线服务,而"快乐七天"测试版的推出,也将进一步加深7天的互联网痕迹和IT化血统。

(资料来源:中国经营报—中国经营网)

**思考和训练**

(1)通过上述案例说说你对7天连锁酒店开玩SNS社区的评价。

(2)你认为这样的方式对提高顾客忠诚度有哪些利弊?

**【技能训练】**

以小组为单位,调研分析市区一家连锁店铺的运营管理方式,分析利弊,与其他小组进行意见交换。

# 项目三

## 连锁经营商品管理

# 模块1

# 陈列管理

## 教学目标

### 1. 终极目标

(1)理解并熟悉商品陈列的概念、主要用具及陈列类型。

(2)运用商品陈列的主要原则、基本方法和磁石点理论,设计门店商品陈列。

### 2. 促成目标

(1)掌握商品陈列的概念、陈列用具及陈列类型。

(2)掌握商品陈列的主要原则、基本方法。

(3)理解磁石点在超市陈列设计中的作用。

## 案例导入

### 啤酒与尿布

《哈佛商业评论》上面刊登了这样一则案例。在美国沃尔玛超市中,沃尔玛的超市管理人员分析销售数据时发现了一个令人难于理解的现象:在某些特定的情况下,"啤酒"与"尿布"两件看上去毫无关系的商品会经常出现在同一个购物篮中,这种独特的销售现象引起了管理人员的注意,经过后续调查发现,这种现象出现在年轻的父亲身上。在美国有婴儿的家庭中,一般是母亲在家中照看婴儿,年轻的父亲前去超市购买尿布。父亲在购买尿布的同时,往往会顺便为自己购买啤酒,这样就会出现啤酒与尿布这两件看上去不相干的商品经常会出现在同一个购物篮的现象。如果这个年轻的父亲在卖场只能买到两件商品之一,则他很有可能会放弃购物而到另一家商店,直到可以一次同时买到啤酒与尿布为止。沃尔玛发现了这一独特的现象,开始在卖场尝试将啤酒与尿布摆放在相同的区域,让年轻的父亲可以同时找到这两件商品,并很快地完成购物。而沃尔玛超市也可以让这些客户一次购买两件商品、而不是一件,从而获得了很好的商品销售收入。

(资料来源:哈佛商业评论)

【案例分析】

这个案例可以看出商品摆放的重要性,啤酒与尿布两种看似不相干的产品居然可以摆放在一起销售,而且取得了不错的销售业绩。如果我们能时刻注意思考货品的陈列助销问题,那么销售便会常常给我们带来意外的惊喜。

【思考·讨论】

(1)为什么将啤酒和尿布搭配销售能促进销售量的提升?

(2)现实生活中,你所看到的商店其商品陈列有什么特点?

(3)你认为商店商品陈列应注意哪些细节?

# 理论知识

### 1.什么是商品陈列

【相关链接】

#### 商品陈列规矩多

小小一根领带,怎么摆放,也有一定之规。G&H(吉凡克斯)的领带一定是卷成圈,摆放在一个个小方格内;Boss(波士)的领带一定是挂在架子上卖的;Joop(乔普)的领带却似乎是随意地铺在工作台上……只因为,它们无言地彰显店家的经营风格:G&H以正装为主,领带中规中矩地摆放,传递的是正装的一丝不苟;Boss、Joop是休闲类品牌,领带挂着卖、铺着卖,张扬的就是那一份闲适。

国际上知名品牌对商品陈列极其重视。每当新品上市或换季时节,新款时装款式如何搭配、色彩如何和谐、配饰如何出彩,商品陈列师都会专门设计,并将陈列方案向各专卖店发布,散布在世界各地的专卖店必须"照葫芦画瓢",并将最终结果摄制成照片等,报请总部确认。而总部也会派遣各地区的商品陈列师,每月甚至每周,到各专卖店频频巡视。因此知名品牌的专卖店无论坐落何地,面积大小,商品陈列的格局基本上都是一个面孔。

商品陈列是商店营业现场的"门面",是顾客购买商品的"向导"。所谓商品陈列,是指运用一定的技术和方法摆布商品、展示商品,创造理想购物空间的工作。商品陈列以商品为主题,利用其本身固有的形状、色彩、式样及性能等,通过艺术造型陈列,向顾客展示了商品的特性,增强了商品的感染力,从而刺激顾客的购买欲望。设计合理的商品陈列,既是促进销售和增加利润的重要因素,也是企业形象统一化和标准化的重要环节。

不同风格服装专卖店的商品陈列

### 2.商品陈列主要用具

橱窗、陈列柜、陈列架、陈列台,这些陈列小道具和其他陈列用品,不仅能够突出商品以增强对顾客的吸引力,而且还有助于商品管理和整理场地。由于陈列设备的配置决定店内的通道,因此,很好地利用陈列设备是非常重要的。

(1)橱窗

橱窗陈列要以吸引路过的客人进店为目的。橱窗陈列应注意两点:其一,将店内所经营的商品和意图营造的气氛,以易懂的方式传达给顾客;其二,要随着季节变化和各类节假日而进行组合和变化。一个高质量的橱窗陈列,通过对橱窗内色彩、灯光和材质的运用,可以完整而有效地向每一个路过的行人传递自己的品牌理念。就算行人最终没有选择进入店内,橱窗陈列也可以使其留下深刻的印象,为下一次的消费行为作好铺垫。

（2）陈列柜

陈列柜主要用于陈列高级商品和较美观的中小物品。对于陈列柜,不要仅是并排陈列物品,更关键的是,还要想到感官效果。顾客希望以手碰触的小东西,可以用陈列柜陈列。

（3）陈列架

陈列架用于展示丰富多样的商品。对于陈列架,要注意将商品分类排列,最好能体现出商品间细微的差别。促销商品也适合用陈列架进行大量展示。

（4）陈列台

陈列台一般用于陈列较特别的商品或小件商品,此外,它还适宜陈列特卖商品以及季节性赠品或者难卖的东西。

橱窗

陈列柜

陈列架

陈列台

主要陈列用具

**3. 商品陈列的主要原则**

今天的顾客已不再把"逛商场"看作是一种纯粹的购买活动,而是把它作为一种集购物、休闲、娱乐及社交为一体的综合性活动。连锁企业门店应该怎样使消费者舒适地购物,并产生一定的忠诚感,进而产生重复购买行为,为连锁企业带来丰厚的利润回报呢？日本零售专家就这一问题对一个具有 5.2 万名顾客的商圈进行了随机调查,并发放了 2 000 份调查问卷,在回收的 1 600 份有效问卷中,顾客对商店有关项目的关心程度为:商品容易拿到占 15%,开放式容易进入占 25%,商品丰富占 15%,购物环境清洁明亮占 14%,商品价格清楚占 13%,服务人员的态度占 8%,商品价格便宜占 5%。其中"商品容易拿到"和"商品丰富"两项,正是门店商品陈列的重要内容。

商品陈列的目的是充分展示货架商品的魅力,最大限度地引起顾客的购买欲望,因而有效合理的商品陈列必须围绕吸引顾客关注和购买这一主题考虑。具体来讲,商品陈列应遵循以下几条基本原则:

### (1)显而易见原则

商品在货架上显而易见,是销售达成的首要条件。商品陈列显而易见的原则要达到两个目的:一是卖场内所有商品都必须让顾客看清楚,并让其做出购买与否的判断;二是要让顾客感到需要购买某些预定购买计划之外的商品,即激发其冲动性购物的心理。陈列商品的位置、高度、商品与顾客之间的距离以及商品陈列的方式等都会影响顾客对商品的注意力。通常,人们无意识的观望高度为 0.7~1.7 米,上下幅度为 1 米,而且通常与视线大约成 30 度范围内的物品最易引人注意,因此商店可根据消费者观望高度与视角,在有限的空间里将商品陈列于最佳位置。

要做到商品陈列使顾客显而易见,还必须符合三个要求:第一,贴有价格标签的商品正面要面向顾客,商品价格牌制作清楚,摆放准确;第二,每一种商品不能被其他商品挡住视线;第三,位于货架下面不易看清的陈列商品,可以采用向后倾斜式陈列,方便顾客观看。

### (2)方便拿取原则

一旦顾客对陈列商品产生良好的视觉效果,就有触觉的要求,希望触摸商品进行深入了解。保证商品方便拿取,是刺激消费者购买的关键环节。除了一些易受损失、易碎或者极其昂贵的商品之外,应尽量采用这种方式。

要使顾客方便拿取,最重要的是注意商品陈列的高度。商品堆得太高,顾客就不愿意去拿,一般商品陈列的高度不宜超过 1.9 米。另外,对一些容易脏手的商品,如鲜肉、鲜鱼、话梅等,应该有一个简单的前包装或配有简单的拿取工具,方便顾客选购。

商品陈列方便拿取原则还包含放回原处也方便的要求。如果一个商品很难放回原处,则消费者往往不愿意去拿,这样就会影响消费者挑选购买的兴趣,甚至会导致商品受损。陈列商品要与上隔板保持 3~5 厘米的间距,每种商品之间要留有 2~3 毫米的空隙,以方便顾客放取。

### (3)满陈列原则

消费者在购买商品的时候,一般情况下,总是希望从丰富多彩、琳琅满目的商品中挑选,通过货比三家来满足其购物的成就感。若看到货架或柜台上只剩下为数不多的商品时,大家都会心存疑惑,唯恐是别人买剩下的"落脚货",最终不愿购买。根据这种心理要求,商品陈列应合理利用空间,尽可能展示更多的商品品种。可以将同类商品的不同款式、规格、花色的商品品种全部展示出来,以扩大顾客的可选择范围。

要使商品陈列做到丰富、品种多、数量足,并不是将所有商品毫无章法地摆满柜台或货架,而是要有秩序、有规律地摆放。一般来说,陈列架上要放满商品有两个规定:第一,每一个单品在货架上的最高陈列量可以通过排列面设计数来确定,若货架长 1 米(每一格),必须至少放 3

个品种;第二,按一定的面积陈列商品品种数,卖场面积每平方米的商品陈列品种平均要有11~12种。也就是说,满陈列是单品陈列数和商品品种数的有机结合。将商品摆放成一定的图案或者形状,也可以达到商品丰富的效果。

(4)先进先出原则

补充商品时要依照先进先出的要求来进行,即先把原有的商品取出来,然后放入补充的新商品,再在该商品前面陈列原有的商品。商品陈列的先进先出是保持商品品质和提高商品周转率的重要控制手段,对于采用顾客自选方式销售的连锁商店尤为重要。因为顾客总是购买靠近自己的前排商品,若不按先进先出原则进行商品的补充陈列,会导致陈列在后排的商品永远卖不出去。

(5)同类商品垂直陈列原则

门店内运用货架进行商品陈列时要遵循同类不同品种商品进行垂直陈列原则(即竖式陈列),避免横式陈列。其好处是垂直陈列会使同类商品呈一个直线式的系列,体现商品的丰富感,会起到很强的促销效果;同时,同类商品垂直陈列会使得同类商品平均享受到货架上各个不同段位的销售利益,从而避免因横式陈列而使同一商品或同一品牌商品都处于一个段位上,带来销售要么很好、要么很差的现象。

【相关链接】

一般来说,同一商品在四个层面货架上的陈列及其销售额的比例如下:

- 顶端(1.7m以上)　　10%
- 眼高(1.6m)　　　　25%
- 手高(1.2m)　　　　40%
- 底层(0.5m)　　　　25%

(6)关联性陈列原则

关联性陈列原则是指为了激发消费者潜在的购买欲望,方便其购买相关商品,将相关联的商品进行相邻摆放陈列,以达到促进销售的目的。例如,在各类鞋子的货柜旁陈列鞋油,咖啡豆旁陈列咖啡伴侣,牙膏旁陈列牙刷等等。因为顾客常常是依货架的陈列方向行走并挑选商品,很少再回头选购商品,所以关联性商品应陈列在通道的两侧,或陈列在同一通道、同一方向、同一侧的不同组货架上,而不应该陈列在同一组双面货架的两侧。

【实例链接】

### 可口可乐商品陈列

可口可乐商品陈列要考虑四个方面的内容——位置、外观、价格牌、产品的次序和比例。

①位置。可口可乐强调产品要摆放在消费者流量最大、最先见到的位置上。为此,业务员要根据商店的布局及货架的布置,根据人流规律,选择展示可口可乐产品的最佳位置。如放在消费者一进商店就能看见的地方、收银台旁边等,这些地方可见度大,销售机会多。

②外观。货架及其上边的产品应清洁、干净。

③价格牌。应有明显的价格牌。所有陈列产品均要有价格标示,所有产品在不同的陈列设备中的价格均需一致。

④产品次序及比例。陈列在货架上的产品一般按照可口可乐、雪碧、芬达的次序排列,同

时可口可乐品牌的产品应至少占 50％的排面。产品在货架上应唾手可得。包装相同的产品必须位于同层货架上,同时要平行,包装轻的放上面,重的在下面。要注意上下货架不同包装的品牌对应,如上层是易拉罐的可口可乐,则下层的对应陈列就是塑料瓶的可口可乐。这就是所谓的品牌垂直。

（资料来源：http：//www.caltore.com/NewsDetail.asp？id＝163＆typeid＝3）

**4. 商品陈列类型**

**（1）分类陈列**

分类陈列就是将品种繁多的商品按一定的标准分类陈列展示,以使各类商品一目了然、方便顾客选择,不断促进商品销售。分类陈列是整个连锁卖场商品陈列中最常用和适用范围最广的方法。可以按照消费者购买习惯、按细分市场甚至商品的色别、款式等进行划分。例如：连锁珠宝店出售珠宝类商品,可按照细分市场划分为戒指、项链、耳环、手链等进行分类陈列。

分类陈列时,不可能把商品所有品种都陈列出来,这时应把适合本店消费层次和消费特点的主要商品品种陈列在卖场的主要位置,或者将有一定代表性的商品陈列出来,而其他的品种可陈列在卖场位置相对差一些的货架上。出售时可根据具体情况向顾客推荐。例如：出售女性羊毛内衣,可以从一般常见的小规格到较大规格依次分类陈列,但当颜色或式样不能全部顾及时,则可以对每一规格都以不同颜色或式样出样陈列。这样不仅体现每个规格均有货,而且展示出商品和款式的多样性,激起顾客的购买欲望。

**（2）主题陈列**

主题陈列指结合某一特定事物、时期或节日,集中陈列展示应时适销的连带性商品;或根据商品的用途在特定环境时期陈列。如中秋节,食品店中的月饼专柜;或时逢每学期初,门市开设的学生用具专柜。这种陈列方式适应了普通顾客即时购买心理,大多能形成某种商品的购物热潮。这种陈列形式必须突出"专题"或"主题",而且不宜搞得过多、过宽,否则容易引起顾客的心理反感,认为门市是在搞"借机甩卖",造成顾客的逆反心理。这种陈列方式既适合于综合商场,也适合于特色商店。

**（3）季节商品陈列**

可视为"主题陈列"的特例,是根据气候、季节变化,随时调整一批商品的陈列布局。这是经营季节性商品的连锁店最常用的方式。四季服装、夏季纳凉商品、冬季御寒商品等季节性特征突出的商品一般采用这种陈列方法。它主要是适应顾客应季购买的习惯心理。所以每逢换季,门市的季节陈列展销大都能收到较好的效果。

一般来说,连锁商店内的商品不可能都是应时应季商品,因此应该做到不同商品有不同的面积分配和摆放位置。一般应时应季商品应多占卖场面积,并摆放在靠近入口、通道边等显眼的位置上,而淡季商品则适量地陈列,以满足部分消费者的需求。即让使是那些没有季节性的商品,也应该经常地从商品颜色、大小、式样等方面进行变换陈列。

**（4）综合配套陈列**

综合配套陈列也称视觉化的商品展示。近年来,由于消费者生活水平日益提高,消费习惯也在不断变化。为了能和消费者的生活相结合,并引导消费者提高生活质量,零售超市应在商品收集和商品陈列表现上运用综合配套陈列法：即强调销售场所是顾客生活的一部分,使商品的内容和展示符合消费者的某种生活方式。在进行视觉化的商品展示时,首先要确定顾客的某一生活状态,再进行商品的收集和搭配,最终在卖场上以视觉的表现塑造商品的魅力。

如在销售家庭装饰用品时,把地毯、地板装饰材料、壁纸、吊灯,共同布置成一个色彩协调、图像美观、环境典雅的家庭环境,形成一种装饰材料的有机组合,让顾客在比较中感受到家庭装饰对居住环境的美化作用,从而产生购买的要求。

**【小贴士】**

### 给人感觉良好的陈列

· 清洁感。无论什么情况都不可将商品直接陈列在地板上。注意去除货架上的灰尘、锈、污迹。对通道、地板也要时常进行清扫。

· 鲜度感。保证商品质量良好,距超过保鲜期的日期较长,距生产日期较近。保证商品上不带有尘土、伤疤、锈等。

· 新鲜感。符合季节变化,不同的促销活动使卖场富于变化,不断创造出新颖的卖场布置,富有季节感的装饰。设置与商品相关的说明看板,相关商品集中陈列。通过照明、音乐渲染购物氛围,演绎使用商品的实际生活场景,演示实际使用方法以促进销售。

**5. 商品陈列的基本方法**

下面以目前普遍使用的高度为 165 cm 的货架为例,将商品的陈列段位作 4 个区分,并对每一个段位上应陈列何种商品作一个设定。

①上段。即货架的最上层,高度在 120 cm 至 160 cm 之间,该段适合陈列一些推荐商品,或有意培养的商品,该商品到一定时间可移至下一层即黄金线。

②黄金陈列线。黄金陈列线的高度一般在 85 cm 至 120 cm 之间,它是货架的第二层,是人眼最易看到,手最易拿取商品的陈列位置,所以是最佳陈列位置。此位置一般用来陈列高利润商品,自有品牌商品,独家代理或经销的商品。该位置最忌讳陈列无毛利或低毛利的商品,那样的话对门店来讲是利益上的一个重大损失。

③中段。货架的第三层是中段,其高度约为 50 cm 至 85 cm,此位置一般用来陈列一些低利润商品或为了保证商品的齐全性,及因顾客的需要而不得不卖的商品。也可陈列原来放在上段和黄金线上的已进入商品衰退期的商品。

④下段。货架的最下层为下段,高度一般在离地 10 cm 至 50 cm 左右。这个位置通常陈列一些体积较大,重量较重、易碎、毛利较低,但周转相对较快的商品,也可陈列一些消费者认定品牌的商品或消费弹性低的商品。

连锁门店的商品陈列主要分为封闭式陈列和开架式陈列。封闭式陈列是通过售货员向消费者传递、出售商品的设置形式。一般用于销售珠宝首饰、化妆品、钟表等不宜直接挑选且较为贵重的商品。开放式货架采用消费者直接挑选商品的方式,消费者可以根据自己的意愿和需要,任意从货架上拿取、选择和比较商品。开放式货架销售的商品一般是价值较低的商品,交易频繁、挑选性强,一般的书店、鲜花店、百货商店、超级市场、专卖店等大多数采用开放式货架。

连锁经营店以开架式陈列为主,按商品摆放的具体形式不同,可以分为集中陈列法和特殊陈列法。

（1）集中陈列法

集中陈列法是连锁零售店商品陈列中最常用和使用范围最广的方法,是把同一种商品集中陈列于一个地方，这种方法最适合周转快的商品。采用集中陈列法应注意以下几个要点：

①商品集团按纵向原则陈列。商品集团可以理解成商品类别的中分类，而中分类的商品不管其有多少小分类和单品项，都可以认同是一种商品，如蔬菜是一个大分类，芹菜是一个中分类，西芹、药芹和水芹是它的小分类。顾客在挑选商品时，如果商品是按横向陈列，则顾客要全部看清楚一个货架或一组货架上的商品集团，必须要在陈列架前往返数次，如果是不往返，一次通过的话，就必然会将某些商品漏看掉。若采用纵向陈列，顾客一次性通过就能看清同类不同品种商品，这样就会起到良好的销售效果。根据美国一家超市调查表明，若将横向陈列改为纵向陈列，销售额可提高42%。

②明确商品集团的轮廓。陈列时，相邻商品之间的轮廓若不明确，顾客在选购商品时就难以判断具体商品的位置，从而给挑选带来障碍。除了在陈列上可以把各商品群区分出来外，对一些造型、包装、色彩相似的不同商品群，可采用不同颜色的价格广告牌加以明确区分。采用带颜色的不干胶纸色带或按商品色差陈列也不失为一种好的区分方法。

③首排的商品数目要适当。要根据每种商品销售数量来确定面朝顾客首排（与顾客最近的那排）商品的个数。一般来说首排的商品个数不宜过多，若个数太多，一个商品所占用的陈列面积就会过大，相应地商品的陈列品种率就会下降，另外，也会使顾客产生商店在极力推销商品的压力，造成顾客对该商品的销售抵抗，所以第一排的商品陈列必须要适当。

④周转快的商品要安排好的位置。这是一种极其有效的促进销售提高的手段。目前普遍使用较多的陈列货架一般高165 cm，长100 cm。货架最好的陈列位置是"黄金陈列线"，即人眼最易看到、手最易拿取商品的陈列位置，高度一般在85 cm至120 cm之间。

⑤要给大小商品不同的位置。体积较小的商品应该陈列在与人的眼睛齐平的高度，这不仅是为了体现商品陈列显而易见的原则，更重要的是为了防止顾客漏看了这些小商品。体积较大的商品应陈列大货架的较下层，这样陈列位置由于商品大，顾客也容易看清，另外也便于顾客拿取商品，而不需要花很大的力气。

**（2）特殊陈列法**

特殊陈列法就是以集中陈列为基础的变化性的陈列方法。特殊陈列强调依靠"优质"和"便宜"，使商品对自己的推销效果得到进一步提高，因而促使消费者冲动性购买最有效的手段。采用特殊陈列法应贯彻关于商品陈列的基本原则，但若打破商品陈列的原则而引起的损失会远远抵不上进行特殊陈列所带来的利益，则经营者应该大胆打破一些陈列常规，进行特殊陈列。以下是几种常用的表现方法。

①整齐陈列法。整齐陈列法是按货架的尺寸确定商品长、宽、高的排面数，是将单个商品整齐地堆积起来以突出商品量感的方法。所以整齐陈列的商品是企业欲大量推销给顾客的商品，适合陈列折扣率高的商品或因季节性需要顾客购买量大、购买频率高的商品，如夏季的清凉饮料等。整齐陈列要注意高度的适宜，便于顾客拿取。对于大型综合超市和仓储式商场来说，一般在中央陈列货架的两端进行大量促销商品的整齐陈列。

②随机陈列法。与整齐陈列法不同，该陈列法只要在确定的货架上随意地将商品堆积上去就可。这种方法主要是陈列"特价商品"，它的表现手法是为了给顾客一种"特卖品就是便宜品"的印象。采用随机陈列法所使用的陈列用具，一般是一种圆形或四角形的网状筐（也有的下面有轮子），另外还要带有表示特价销售的牌子。随机陈列的网筐的配置位置基本上与整齐陈列一样，但也可配置在中央陈列架的走道内，紧贴在其中一侧的货架旁，或者配置在卖场的

超市的整齐陈列

某个冷落地带,以带动该处陈列商品的销售。

③盘式陈列法。盘式陈列法是将商品(如整箱的饮料、啤酒、调味品等)的包装箱的上面部分切除,将包装箱的底部切下来作为商品陈列的托盘,这样可以显示商品包装的促销效果。盘式陈列法从本质上来说是整齐陈列演变出的另一种陈列法。它表现的也是商品的量感,与整齐陈列不同的是,盘式陈列不是将商品从包装中取出来一个一个整齐地堆积,而是整箱整箱地堆积摆放。这样一方面可以加快商品陈列的速度,另一方面可以提示顾客整箱购买,所以有些盘式陈列,只将最上面一层的商品打开包装做盘式陈列,而下面的商品整箱整箱地陈列上去,并不打开包装。盘式陈列的位置可与整齐超市货架一致,也可陈列在进出口处特别展示区及促销区。

④端头陈列法。端头是指双面的中央陈列架的两头,这是顾客通过流量最大、往返频率最高的地方。从视角上说,顾客可以三个方面看见陈列在这一位置的商品。因此,端头是商品陈列极佳的黄金位置,是连锁经营店内最能引起顾客注意力的重要场所。同时端架还能起到接力棒的作用,吸引和引导顾客按店铺设计安排不停地向前走。所以端头一般用来陈列特价品,或要推荐给顾客的新商品,以及利润高的商品。

超市的端头陈列

⑤岛式陈列法。在超级市场的进口处、中部或者底部不设置中央陈列架,而配置特殊陈列用的展台,这样的陈列方法叫作岛式陈列法。其用具一般有冰柜、平台或大型的网状货筐,除

此之外还有一些在空间不大的通道中进行随机的、活动式的岛式陈列所需的活动台、配上轮子的散装筐等陈列用具。这种方法适合于陈列色彩鲜艳、包装精美的特价品、新产品或蔬菜及冷冻食品等。

⑥悬挂式陈列法。悬挂式陈列法是将无立体感扁平或细长型的商品,悬挂在固定的或可以转动的装有挂钩的陈列架上的方法。悬挂式陈列能使这些无立体感的商品产生很好的立体感效果。适合于陈列具有有孔型包装的商品,如牙刷、头饰、袜子、电池等。

悬挂式陈列

⑦活面陈列法。这是将商品陈列在顾客必须经过的地方的方法。卖场进口处、主通道两侧或主要位置通常是顾客必须经过的地方,这些位置适合陈列食品、色彩鲜艳的商品以及较畅销的商品。

⑧死面陈列法。这是将商品陈列在商场各个死角,使顾客必需走遍全商场才能买到的陈列方法。采用这种方法有助于让消费者逛遍整个商场。此方法适合于陈列生活中的必需商品,如洗涤用品。

在商场内所有货架上也可采用活面与死面跳格陈列相结合的方法来使得全部商品的销售机遇均等。

**6. 磁石点在超市陈列设计中的作用**

在百货店或超市购物的顾客,基本上是按照"进入店内→走动→在商品前停留→审视→购物",这样一个先后顺序选购商品的。据观察,进入超市的顾客中,有近半数的顾客只走动店内道路的 30%。商品陈列点也称作磁石点,在超市卖场的陈列设计中要特别注意以下四个磁石点的平衡设置以及磁石商品的构成和摆放。

(1)**卖场第一磁石点**

所谓磁石商品就是尽可能吸引顾客注意的商品。进入店内的绝大多数顾客都要通过店内的主道路。因此,主道路两侧的商品展示不仅对销售产生很大影响,而且也往往决定商品的整体印象和信誉。主道路两侧的主要位置,我们可以把它称之为卖场的第一磁石点。

主道路两侧应该陈列什么样的磁石商品,这是连锁经营店管理者应认真加以思考的问题。卖场两侧吸引顾客的磁石商品应该是:顾客消费量高的商品;顾客经常使用,购买频率高的商品;商店极力向顾客推荐的商品。然而我们经常可以看到,相当多的超市出于促销目的,经常在主道路两侧大堂陈列过季、滞销等降价商品以此吸引顾客注意。这种陈列方式从长远看必然有损于商店整体形象在顾客心目中的地位。

卖场的主道路顾客的流动量大,因此在商品展示中要特别注意保持主道路的宽幅不少于1.8米,这样才能使顾客在挑选商品时不妨碍其他顾客的通过。另外,主道路两侧的陈列切忌使用过多、过密的模特,保证店内良好的通透性。

### (2)卖场第二磁石点

在超市卖场中的主道路入口处、电梯出口、主道路拐角、主道路尽头等能诱导顾客在店内通行的位置,可以称之为卖场的第二磁石点。经验表明,凡是对卖场第二磁石点重视的连锁经营店,其经营效果大都是非常出色的。在道路入口处或电梯出口处的商品展示,更多的是通过提案式的商品陈列来表现商家的主张或对顾客的诉求。在陈列内容上,更注重店内主力商品的宣传以求更好地推动销售。主道路的拐角处及主道路尽头位置,对于有效地诱导顾客流动起着关键的作用。因此,国外许多大型超市都力求突出在此位置磁石商品的吸引力,其目的是尽可能地诱导顾客流动到卖场的纵深处。

为实现上述目的,第二磁石商品要以尽可能地做到:陈列新商品及流行商品;陈列季节感强的商品;强调陈列商品的色彩和照明的亮度。

### (3)卖场第三磁石点

第三磁石点位于卖场的出口位置,第三磁石商品的陈列目的在于尽可能地延长顾客在店内的滞留时间,刺激顾客的冲动购买。第三磁石商品主要以食品、日常生活用品、休闲类的相关用品为主。

一般来说,第三磁石商品主要集中表现为以下几种:特价商品、自有品牌商品(商家开发的品牌商品)、季节商品、购买频率高的日用品。出口处的商品陈列要考虑到上述商品的有机组合。如特价商品是毛利率很低的商品,而季节商品、自有品牌商品是相对毛利率较高的商品。因此,在第三磁石商品的最佳组合上需要较高的经营技巧。

### (4)卖场第四磁石点

第四磁点位于卖场的中部。第四磁石商品的目的是诱导顾客向卖场中部货架密集区流动。对于面积较小,陈列线较短的超市来说,第四磁石商品的效果并不明显。在大型超市中,第四磁石商品主要集中于服装、杂货、家庭日用生活品等。第四磁石商品在卖场陈列中要突出以下几种:突出商品花色品种的丰富性;有意利用平台、货架大量陈列;突出商品位置标牌;在道路两侧设置特价商品 POP 广告。

## ◢ 小 结

商品陈列,是指运用一定的技术和方法摆布商品、展示商品,创造理想购物空间的工作。商品陈列主要用具有橱窗、陈列柜、陈列架、陈列台。

商品陈列时,应遵循显而易见、方便拿取、满陈列、先进先出、同类商品垂直陈列和关联性陈列原则。常见的商品陈列类型包括分类陈列、主题陈列、季节商品陈列、综合配套陈列四种类型。

商品陈列的基本方法有集中陈列法和特殊陈列法两种。集中陈列法是连锁零售店商品陈列中最常用和使用范围最广的方法,是把同一种商品集中陈列于一个地方的陈列方法。特殊陈列法就是以集中陈列为基础的变化性的陈列方法,包括整齐陈列法、随机陈列法、盘式陈列法、端头陈列法、岛式陈列法、悬挂式陈列法、活面陈列法和死面陈列。

在百货店或超市购物的顾客,基本上是按照"进入店内→走动→在商品前停留→审视→购物"这样一个先后顺序选购商品的。百货商店有四个磁石点。主道路两侧的主要位置,是卖场的第一磁石点,应陈列顾客消费量高、经常使用、购买频率高、商店极力向顾客推荐的商品。超市卖场中的主道路入口处、电梯出口、主道路拐角、主道路尽头等能诱导顾客在店内通行的位置,是卖场的第二磁石点,应陈列新商品、流行商品及季节感强的商品。第三磁石点位于卖场的出口位置,主要陈列特价商品、自有品牌商品(商家开发的品牌商品)、季节商品和购买频率高的日用品。第四磁点位于卖场的中部,商品主要集中于服装、杂货、家庭日用生活品等。

## 复习思考

1.什么是商品陈列?商品陈列主要用具有哪些?商品陈列应遵循什么原则?

2.商品陈列有哪些方法?

3.对于百货商店或超市来说,四个磁石点分别位于哪里?应陈列什么商品?

## 实　训

【案例介绍】

### 商店的商品陈列

在商店销售策略中,商品陈列是一门高深的学问。商店陈列的好坏能直接影响到顾客的购买欲。每逢一个销售旺季过去后,很多商店都要对商品陈列进行调整,这是在商品品牌各家区别不大的情况下,让顾客对商店保持新鲜感的方法。

把中部位置做成高陈列柜的形式,使顾客走入其中,就好像进入一个专卖店里。这种店中店的销售模式能提高商品的品牌档次,同时也避免了卖场的杂乱无章。

巧妙利用商店的挂幅广告、模特的陈列来提醒顾客消费,也是商店常用的方法。比如当春季到来时,很多商店的楼道都会换上"春装上市"的绿色挂幅,以烘托卖场气氛。专卖店门口的模特服装展示往往最能吸引顾客的眼球。因此,为了让顾客对今年刚刚上市的服装有一个直观的印象,就可以把最新款、最畅销的衣服通过模特展示出来。有的商店内还别出心裁地为模特身上的衣服搭配手袋、鞋子、纱巾等各种饰物,在为顾客提供参考的基础上,更能激发人们的购买欲。

顾客走向对于商店来说非常重要。为了让顾客购物更加方便,商店总会把杂食和体育用品分开摆设,使货架全部竖向陈列,这样,顾客顺着货架一边挑选商品,一边就可以直达收银台。

此外,商店的堆头往往是商店内销量最大的商品。商店一般把一些应季商品或者是特价商品陈列在卖场最显眼处,因为应季商品是商店在某一特定时期针对顾客重点推销的商品。比如说中秋节,商店都会开辟一个销售月饼的区域,让顾客在一个区域内就能把所需要商品的各个品种全部看完,并很快找到所需要的商品。而对于那些销量最好的商品,商家一般会选择这些畅销商品作特价,成堆摆放在卖场的过道以及收银台附近,这样不仅能够激发顾客的购买欲,同时也能方便顾客购买。

大多数商店收银台旁往往都摆放着一个简易的小货架,里面摆放了口香糖、胶卷、电池等零碎的小商品。收银台旁的小货架不仅方便而且是商店内最明显的位置,因此这些商品的销量非常大。

（资料来源：http://www.www3158cn.cn/chenlie/20095234.htm）

**思考和训练**

（1）通过上述案例说明商品如何陈列将刺激顾客的购买欲？

（2）你对商店的商品陈列有哪些建议？

**【技能训练】**

参观学院所在地区的连锁超市布局，并注意观察其中如何进行商品陈列，以及各种堆头的制作。并根据调查结果，对其商品陈列进行评议。

# 模块2

# 分类管理

## 教学目标

### 1.终极目标

(1)能对连锁企业进行商品分类。

(2)掌握商品组合和商品调整技巧。

### 2.促成目标

(1)掌握商品分类标准。

(2)了解商品定位的概念、原则和影响因素。

(3)掌握商品群组合方法。

(4)掌握新产品引入的信息来源和注意事项。

(5)熟悉滞销品的选择标准和淘汰方式。

## 案例导入

### 春节期间超市商品的分类营销策略

第一步为春节主题商品腾出货架空间、陈列空间;第二步理出年节主题商品的品类;第三步制订出相关的备货计划;第四步设定好年节品类进场的费用收取标准,制订春节月的营销主题,层层递进;第五步制定好春节期间海报方案的规划与相关的主题促销活动相配套。

### 1.营销气氛的营造

在卖场打造年货大街专区陈列,店内外挂起大灯笼,播放新年的喜庆音乐。引导顾客进入年节的观念中,同时还能提升卖场的年节商品形象,让顾客一想到年货就想起你家的超市来。

### 2.元旦促销计划＋启动年货上市计划

抓住元旦三天的假日客流高峰,同期推出春节主题商品上市推广,组织应季商品加节日类商品进行主题陈列。活动方面组织好团购推广、提货卡销售、换赠活动配套实施。应季类商品:成人/婴童唐装、帽子、围巾、手套、配饰、被子、毯子、件装套装红色系列、婚庆主题商品、收纳整理箱、大规格包装食品等等。节日类商品:礼盒类商品、元宵、汤圆、春饼、饺子、时令蔬菜、整箱贩卖、烟、果汁、茶叶、保健品、鱼虾、羊肉及火锅类、鲜花绿值、套瓷等。

### 3.年货重点促销时期

组织好家居用品、日化清洁、服饰等重点商品的销售工作。同时年货商品开始进入购买高峰阶段,礼品礼盒及家庭消费并重。主打礼盒商品如酒、果汁、饮料、地方特产、烤鸭、熟食、水产、杂粮、干货、鸡蛋、橄榄油、保健品、茶叶、咖啡、奶制品、干果、糖果、巧克力、蛋卷、冲调、膨化、饼干礼盒。主打春节家庭消费米面粮油、调味品、袋装干果、糖果、饼干、鸡蛋、奶制品、饮料等。

**4. 春节主题促销**

春节前后两周可以开展品类组合装来提升客单价。常温调味品和冻品肉类的混合组合，火锅系列主打商品：肉制品为主打品类，海鲜鱼丸辅助品类；火锅系列伴侣商品：食品以调味品用料为主，非食品以厨房配件为主。重点商品分类：副食、大瓶装饮料、散装糖果、炒货、蜜饯、散装食品、冲调保健、各类礼盒、包装类副食干货、酒类。

**5. 元宵节＋情人节主题**

元宵节与情人节的时间靠得很近。可以在春节档期结束后，开展这两节的促销活动，组织好特色品类的商品进行促销，汤圆、水饺、巧克力、服饰、糖果等，同时抓紧机会对年后能促销完的散货进行促销，可以推出精致的手工礼品包装。

（资料来源：http://www.spdl.com/news/12892.html）

**【案例分析】**

商品是连锁经营企业得以生存和发展的基础，企业要建立在正确预测顾客需要的基础上，确定商品定位和组合，及时进货补货。确保超市营业的正常运行，需要连锁超市加强商品管理和供应商管理，否则势必会影响企业在消费者心目中的形象，降低企业信誉。

**【思考·讨论】**

(1)你认为春节促销主题的商品应该如何分类管理？

(2)过年期间，连锁超市促销商品组合中应包括哪些商品？

# 理论知识

**【案例链接】**

屈臣氏不同的商品各自归位，方便顾客挑选。走进店铺映入眼帘的是各种各样的提示与引导，皮肤护理专区，沐浴专区以及头发护理专区，细分到美容用品，唇部护理专区以及女士护理专区，纸制品专区以及家庭用品专区，还有专为男士准备的男士专区。端头以及端头两侧的特别促销商品，热卖精选还有旅游套装触手可及，需要什么商品在专区柜台任意选购随便选择，来到屈臣氏不但可以健康美态，店铺还准备了丰富的饮品糖果以及休闲食品，深得女性垂青。顾客愿意来店铺购物，店铺的生意一定会火爆业绩一定会提升。

商品作为连接消费者与连锁经营者的纽带，是企业获得利润的来源，因此也是连锁经营的关键所在。商品种类齐全是大多数连锁店的目标，种类繁多能够满足消费者各个层面的需求，给消费者更多的选择余地，提高顾客忠诚度。但种类齐全也会带来更多的陈列空间和管理成本。面对琳琅满目的商品，我们如何按其不同的属性、不同的用处进行科学、规范、有序的管理？如何做才能提高货架的利用空间？这就涉及商品分类管理。

**1. 商品分类**

对商品进行分类是科学化、规范化管理的需要。商品分类有利于将商品分门别类地进行运输、存储，提高管理效率。连锁经营店可以按各种不同的分类标准进行分类，以适应不同的分类目的。

①按销售比重,可以分为主要商品和辅助商品。主要商品销售额占的比重较大,辅助商品的销售额所占比重较小。很显然,连锁经营店只有抓住了主要商品的销售,就可以完成或增加销售任务。

②按商品的促销作用,可以分为销售商品、诱导商品和观赏商品。销售商品是连锁经营店主力销售的商品,占销售量的绝大部分。诱导商品所占销售额不大,但可以吸引顾客,激发顾客购买销售商品,例如,麦当劳各门店均在门口设置窗口销售售价2.5元一个的甜筒。观赏商品不是为销售,主要是用于商场的点缀,营造购物环境,保证销售商品或主要商品的销售。

③按商品群划分。依据消费者对象或商品的用途划分出商品群,如男士用品、女士用品、老年用品、儿童用品、节日礼品、保健礼品等等。划分商品群是超市商品组合、布置的依据。

④综合分类。为了统一管理商品,大型连锁经营店一般还要按大类、中类、小类和单品四个层次来对商品进行分类。大分类通常依照商品的特性来划分,如生产方式、处理方式、保存方式等,例如连锁经营超市将商品划分为食品、日用品等大类。中分类可以按商品的功能、用途、产地来划分,如食品大类分出保健食品、生鲜食品等中类。小分类是在中分类之中进一步细分,小分类的分类标准有功能用途、包装规格、食品成分、口味等。单品是商品分类中不能进一步细分的、完整独立的商品品项。如"355毫升听装可口可乐"、"1.25升瓶装可口可乐"、"2升瓶装可口可乐"等。超市商品经营类别见表3-1。

商品分类没有同一固定的标准,各个商场都可以根据商场的情况、市场购买需求和消费者的实际情况来对商品进行分类,但商品分类应该以连锁经营店方便组合商品、方便顾客购买、体现商场的特点为目的。

**2. 商品定位**

商品定位是指连锁企业针对目标消费者和生产商的实际情况,动态地确定商品的经营结构,实现商品配置的最优化状态。商品定位包括对商品品种、档次、价格、服务等方面的定位。商品定位的好坏将直接影响到连锁店的销售额以及店铺在顾客心目中的形象。

成功的商品有一个共性,就是始终如一地将商品的功能与消费者心理上的需要联结起来,通过这种方式将商品定位明确传递给消费者。例如,"仙女露"总给人以高雅、温柔的感觉;"高露洁牙膏"使人联想到可信赖的牙齿护理。一种商品特别是著名商品的影响是在消费者心目中被唤起的想法、情感、感觉的总和,因此,只有当消费者心目中关于商品定位的内容得以确认,企业为此进行的各种资源的利用才会有价值。

(1)**商品定位的原则**

连锁企业商品定位的基本原则是以目标消费者为中心。满足目标消费者需求是连锁企业在激烈的市场竞争中获胜的主要目的。因此,连锁企业的一切经营活动都应按目标消费者的要求来开展,商品定位也不例外。商品定位必须与目标消费者的需求结构、支付能力和服务内容等相匹配,以满足目标消费者需求,从而扩大销售,促进企业发展。

(2)**影响商品定位的因素**

商品定位应考虑以下几个主要因素:

①所选择的业态。业态是指企业服务于某一顾客群或满足顾客需求的经营形态。一定的业态必然要求有与之相适应的商品定位。业态是商品定位的决定因素,因此,在进行商品定位决策时,一定要把商品定位和所选择的业态统一起来,要尽量通过商品定位来突出企业的经营

表 3-1 超市商品经营类别表

| 商品大类 | | 商品中类 | | 商品小类 | | | | | |
|---|---|---|---|---|---|---|---|---|---|
| 代码 | 名称 | 代码 | 名称 | 代码 | 名称 | 代码 | 名称 | 代码 | 名称 |
| 1 | 包装食品 | 101 | 休闲食品 | 10101 | 膨化食品 | 10102 | 干果炒货 | 10103 | 果脯蜜饯 |
| | | | | 10104 | 肉脯食品 | 10105 | 鱼片 | | |
| | | 102 | 饼干糕点 | 10201 | 饼干 | 10202 | 派类 | 10203 | 糕点 |
| | | | | 10204 | 曲奇 | | | | |
| | | 103 | 糖果 | 10301 | 香口胶 | 10302 | 巧克力 | 10303 | 硬糖 |
| | | | | 10304 | 软糖 | 10305 | 果冻 | | |
| | | 104 | 冲调食品 | 10401 | 奶、豆粉 | 10402 | 麦片/餐糊 | 10403 | 茶叶 |
| | | | | 10404 | 夏凉饮品 | 10405 | 功能糖 | 10406 | 固体咖啡 |
| | | | | 10407 | 藕粉、羹 | | | | |
| | | 105 | 营养保健品 | 10501 | 参茸滋补 | 10502 | 浓缩保健 | 10503 | 减肥食品 |
| | | | | 10504 | 药酒 | 10505 | 蜂产品 | | |
| 2 | 饮料烟酒 | 201 | 饮料 | 20101 | 碳酸饮料 | 20102 | 饮用水 | 20103 | 茶饮/咖啡 |
| | | | | 20104 | 果汁 | 20105 | 功能饮料 | 20106 | 常温奶品 |
| | | 202 | 酒类 | 20201 | 国产白酒 | 20202 | 葡萄/色酒 | 20203 | 啤酒 |
| | | | | 20204 | 功能酒 | 20205 | 进口酒 | 20206 | 其他 |
| | | 203 | 烟草 | 20301 | 国产烟 | 20302 | 进口烟 | 20303 | 雪茄 |
| | | | | 20304 | 烟叶、丝 | 20305 | 烟具 | | |
| 3 | 副食 | 301 | 罐头 | 30101 | 水果罐头 | 30102 | 农产罐头 | 30103 | 畜产罐头 |
| | | | | 30104 | 水产罐头 | 30105 | 果酱 | 30106 | 沙拉酱 |
| | | 302 | 调味制品 | 30201 | 调味料 | 30202 | 调味汁 | 30203 | 调味酱 |
| | | 303 | 土产干货 | 30301 | 农产干货 | 30302 | 水产干货 | 30303 | 畜产干货 |
| | | 304 | 酱菜 | 30401 | 酱菜 | 30402 | 腐乳 | | |
| 4 | 粮油 | 401 | 速食品 | 40101 | 方便面 | 40102 | 方便粥/饭 | 40103 | 速食调理 |
| | | 402 | 粮食类 | 40201 | 米面类 | 40202 | 杂粮类 | 40203 | 粮食制品 |
| | | 403 | 食用油 | 40301 | 花生油 | 40302 | 调和油 | 40303 | 色拉油 |
| | | | | 40304 | 粟米油 | 40305 | 菜籽油 | | |
| | | 404 | 宠物类 | 40401 | 宠物食品 | 40402 | 宠物用品 | | |
| 5 | 生鲜类 | 501 | 畜禽类 | 50101 | 猪肉及分割 | 50102 | 猪肉加工品 | 50103 | 牛肉及分割 |
| | | | | 50104 | 牛肉加工品 | 50105 | 羊肉及分割 | 50106 | 羊肉及加工品 |
| | | | | 50107 | 禽类及分割 | 50108 | 禽类加工品 | | |
| | | 502 | 水产类 | 50201 | 淡水鱼类 | 50202 | 海水鱼类 | 50203 | 虾蟹贝龟 |
| | | | | 50204 | 水产制品 | 50205 | 水发制品 | | |
| | | 503 | 蔬果类 | 50301 | 蔬菜 | 50302 | 水果 | 50303 | 干菜 |
| | | 504 | 熟食速食 | 50401 | 熟食制品 | 50402 | 速食制品 | | |
| 6 | 日配类 | 601 | 面包主食 | 60101 | 面包西点 | 60102 | 主食面点 | | |
| | | 602 | 熟食素食 | 60201 | 熟食制品 | 60202 | 豆制小菜 | 60203 | 半成品 |
| | | | | 60204 | 素食制品 | | | | |
| | | 603 | 奶蛋类 | 60301 | 鲜奶 | 60302 | 发酵奶 | 60303 | 调味奶 |
| | | | | 60304 | 奶油乳酪 | 60305 | 蛋品类 | | |
| | | 604 | 冻品类 | 60401 | 速冻面点 | 60402 | 微波食品 | 60403 | 肉类制品 |
| | | | | 60404 | 水产制品 | 60405 | 蔬菜制品 | 60406 | 冰棒雪糕 |
| | | 605 | 保鲜果汁 | 60501 | 鲜果汁 | 60502 | 鲜菜汁 | | |
| 7 | 散装加工 | 701 | 散货食品 | 70101 | 散装蜜饯 | 70102 | 散装干果 | 70103 | 散装糖果 |
| | | | | 70104 | 散装干货 | 70105 | 散装茶叶 | 70106 | 散装糕点 |
| | | | | 70107 | 散装粮 | 70108 | 散装油 | | |
| | | 702 | 自制加工 | 70201 | 面包西点 | 70202 | 主食面点 | 70203 | 熟食制品 |
| | | | | 70204 | 素食制品 | 70205 | 半成品 | | |

续表 3-1

| 商品大类 | | 商品中类 | | 商品小类 | | | | | |
|---|---|---|---|---|---|---|---|---|---|
| 代码 | 名称 | 代码 | 名称 | 代码 | 名称 | 代码 | 名称 | 代码 | 名称 |
| 8 | 文体办公 | 801 | 文化办公 | 80101 | 文具 | 80102 | 纸张本册 | 80103 | 档案用品 |
| | | | | 80104 | 办公器材 | 80105 | 通信器材 | 80106 | 工艺/礼品 |
| | | | | 80107 | 相册相架 | | | | |
| | | 802 | 体育娱乐 | 80201 | 娱乐用品 | 80202 | 球类球具 | 80203 | 运动器材 |
| | | | | 80204 | 健身器材 | 80205 | 保健器械 | | |
| | | 803 | 图书音像 | 80301 | 图书类 | 80302 | 报纸杂志 | 80303 | 音像制品 |
| | | | | 80304 | 影像制品 | | | | |
| | | 804 | 玩具类 | 80401 | 塑料玩具 | 80402 | 布绒玩具 | 80403 | 拼装玩具 |
| | | | | 80404 | 电动玩具 | 80405 | 仿真玩具 | 80406 | 童车童床 |
| | | | | 80407 | 益智玩具 | | | | |
| 9 | 五金家电 | 901 | 五金交电 | 90101 | 自行车配件 | 90102 | 灯具照明 | 90103 | 电工电料 |
| | | | | 90104 | 家用五金 | 90105 | 汽摩用品 | 90106 | 维修工具 |
| | | 902 | 视听家电 | 90201 | 电视 | 90202 | 影碟机 | 90203 | 音响 |
| | | | | 90204 | 随身听 | 90205 | 游戏机 | 90206 | 电脑 |
| | | | | 90207 | 摄像机 | 90208 | 辅助器材 | | |
| | | 903 | 大家电 | 90301 | 冰箱冰柜 | 90302 | 洗衣机 | 90303 | 空调 |
| | | | | 90304 | 精品彩电 | 90405 | 热水器 | 90406 | 灶具 |
| | | | | 90407 | 油烟机 | 90408 | 饮水机 | 90409 | 微波炉 |
| 10 | 家居百货 | 1001 | 家居用品 | 100101 | 家用厨具 | 100102 | 餐具茶具 | 100103 | 不锈钢制品 |
| | | | | 100104 | 搪铝制品 | 100105 | 玻璃制品 | 100106 | 塑料制品 |
| | | | | 100107 | 家用耗品 | 100108 | 家用杂品 | | |
| | | 1002 | 休闲用品 | 100201 | 拼装家具 | 100202 | 竹木藤具 | 100203 | 室内装饰 |
| | | | | 100204 | 雨具伞具 | 100205 | 工艺盆栽 | | |
| | | 1003 | 箱包皮具 | 100301 | 成人箱包 | 100302 | 学生包 | 100303 | 旅行箱包 |
| | | | | 100304 | 休闲包 | 100305 | 钥匙/钱包 | | |
| 11 | 洗涤日化 | 1101 | 个人洁护 | 110101 | 洗浴用品 | 110102 | 洗发用品 | 110103 | 美发护发 |
| | | | | 110104 | 美容化妆 | 110105 | 润护品 | 110106 | 个人洁护 |
| | | | | 110107 | 功能液/皂 | 110108 | 婴幼用品 | | |
| | | 1102 | 家用清洁 | 110201 | 洗衣粉 | 110202 | 衣物护理 | 110203 | 居室清洁剂 |
| | | | | 110204 | 厨房清洁剂 | 110205 | 浴厕清洁剂 | 110206 | 皮革养护剂 |
| | | | | 110207 | 洗衣皂 | | | | |
| | | 1103 | 家用纸品类 | 110301 | 餐/面/湿巾 | 110302 | 卫生巾 | 110303 | 护垫 |
| | | | | 110304 | 家用卷纸 | 110305 | 成人保健 | 110306 | 一次性用品 |
| | | 1104 | 杀虫芳香类 | 110401 | 杀虫片/剂 | 110402 | 杀虫器/具 | 110403 | 防虫用品 |
| | | | | 110404 | 芳香剂 | 110405 | 除湿用品 | | |
| 12 | 针纺服饰 | 1201 | 床上用品 | 120101 | 寝具套件 | 120102 | 床单被罩 | 120103 | 床垫枕头 |
| | | | | 120104 | 夏凉用具 | 120105 | 被/褥/枕/垫 | 120106 | 家装布艺 |
| | | 1202 | 针棉织品 | 120201 | 男内衣/裤 | 120202 | 女内衣/裤 | 120203 | 男/女睡衣 |
| | | | | 120204 | 男袜 | 120205 | 女袜 | 120206 | 毛巾浴巾 |
| | | | | 120207 | 儿童内衣 | 120208 | 童袜 | | |
| | | 1203 | 服装服饰 | 120301 | 男式服装 | 120302 | 女式服装 | 120303 | 儿童服装 |
| | | | | 120304 | 衬衫 | 120305 | 御寒外套 | 120306 | 应季时装 |
| | | | | 120307 | 毛衣毛裤 | 120308 | 皮带 | 120309 | 领带 |
| | | 1204 | 鞋帽类 | 110401 | 男式皮鞋 | 120402 | 女式皮鞋 | 120403 | 童鞋 |
| | | | | 120404 | 拖鞋 | 120405 | 旅游鞋 | 120406 | 便鞋 |
| | | | | 120407 | 休闲鞋 | 120408 | 功能鞋具 | | |

特色。如零售业有百货商场、便利店、大卖场和专卖店等业态,一般来说,百货商场的商品定位主要为中高档的日用品;大卖场是消费者日常生活所需要的中低档商品;专卖店则是市场知名度较广、商业信誉较高的品牌商品。

②目标顾客的消费特征。心理因素、收入因素、职业因素和家庭因素等都会影响到目标顾客的消费需求,也会改变或形成目标顾客的购买习惯。连锁企业必须对影响顾客消费需求的因素作分析研究,趋利避害,尽量利用有利因素的影响做好商品的定位。例如,面向收入较高的顾客群的专卖店,其商品应定位在高档、名牌、时尚和有特色。

③所处的地理环境。这是指企业经营场所所在的方位及周围的环境,如:闹市区、居民住宅区、交通枢纽和文教区等,这些因素会对消费者的消费观念和消费习惯产生很大的影响,因此这是企业在商品定位时必须考虑的重要因素。例如,同样是大型综合超市,设立在市中心和郊区,由于地理位置的不同,消费者的消费观念和习惯也会有所不同,在商品定位上也应投其所好。

**3. 商品组合**

商品组合也称为商品的经营结构,是商品定位的核心。简单来讲,商品组合就是连锁企业把同类商品或不同类商品,按某种规格样式进行的销售组合和搭配模式。

(1)商品组合形式

构成商品组合一般有三种形式:①替代性商品。满足消费者某种同类需求;②互补商品,商品配套在一起才能体现其功能,共同销售给顾客,如羽毛球拍和羽毛球;③促销商品。利用顾客的求廉心理,将某些特价商品与其他商品结合在一起销售。

(2)商品群

商品群是一群、一类商品的称呼,是根据连锁企业的经营观念,用一定方法来集结商品,将一些商品组合成一个战略经营单位,以吸引顾客并促进销售。商品群并不代表具体的商品,而是商品经营分类上的一个概念。商品群可以是商品结构中的大、中、小分类,也可以是一种新的组合。

(3)商品群组合方法

商品群给了消费者最初最直接的印象。连锁企业必须能够及时发现消费者多样化需求变化及其特征,并适时地组合有创意的商品群,使商品群的战略单位不断地充实新的内容,使这种商品群可以打破商品原来的分类,成为新的商品部门。可以采用的新商品群组合方法有:

①消费季节组合法。按照商品的消费季节组合商品群,能够突出商品的季节性,方便消费者选购,扩大销售,以满足顾客季节性需求。例如,在夏季可组合灭蚊蝇的商品群,辟出一个区域设立专柜销售;在冬季可组合滋补商品群,火锅料商品群;在开学季节,可推出书籍、文具用品的商品群;等等。

【相关链接】

在夏季高温下,糕点、水果、蔬菜这类新鲜产品容易变质,这让超市不得不放低姿态平价让利。在易初莲花超市入口,一眼望去是成片黄底黑字的促销标志。面包、水果、零食……几乎所有的商品都在打折。在面包区,一直卖7.9元的散装西饼价格变成了6.9元,原价8.8元的四粒蛋挞现价是3.9元,其他糕点也均有降价。超市随处可见促销的"身影",水果、牛奶、酸奶、豆制品、食用油、日用品几乎"无一遗漏"。七月份是超市进入打折的高峰期,无论折扣力度还是活动范围,都是全年最大的,而促销产品大多为生活必需品和季节性用品。

②节庆日组合法。针对节庆日组合商品群,不仅便于消费者选购节日商品,而且可以美化经营场所,形成浓厚的节日气氛,树立良好的企业形象。例如,在端午节推出组合粽子系列的商品群;在春节推出传统节日消费品的商品群;也可根据每个节庆日的特点,组合适用于送礼的礼品商品群等。

③便利组合法。这是按商品消费的便利性来组合商品群。如根据城市居民生活节奏快,追求便利性的特点,可推出微波炉食品系列、组合菜系列、熟肉制品系列等商品群,并设立专柜供应。

④用途组合法。这是按商品的用途组合商品群。在家庭生活中,许多用品在连锁企业中可能分属不同的部门和类别,但在使用中往往就没有这种区分,如厨房系列用品、卫生间系列用品和旅游系列用品等,都可以按用途组合法推出新的商品群。

### 4. 商品调整

【案例链接】

家住市区国际广场的胡先生懒得做菜,又吃腻了方便面,准备到附近的家乐福超市买点罐头鱼下饭,结果他在偌大的超市找了一圈没找到,问一些超市员工,他们也记不准"罐头区"的位置。最后,胡先生在一个不到一平方米的小区域才找到罐头。胡先生纳闷:以往罐头食品在超市里有满满好几排呢,现在竟然少到几乎找不到了。

事实上,胡先生遭遇的情况如今已很普遍,市区各大超市的罐头区正在不断削减中。不少大超市负责人坦言,如今罐头食品销量的确一般,今后不排除撤掉罐头区的可能。而超市最近进行的货架调整,也不仅仅限于罐头一个品种。浙江供销超市一门店装修重开业,就一次性将500多种商品"赶"下柜。

供应商的技术开发水平不断提高,顾客的消费习惯发生改变,市场环境发生不断变化,这些因素要求连锁店不断调整商品种类和结构。商品调整包括滞销商品淘汰和新商品引入两种基本手段。事实证明,只有那些能够根据市场环境变化,淘汰那些过时的、无法给企业带来收益的滞销品,引入那些具有销售潜力、满足顾客需求或潜在需求的新产品的连锁企业,才能在激烈的市场竞争中占据优势地位。

(1)新商品引入

对于连锁企业来说,只要是目前在店铺内尚未陈列或销售的商品,都可以称之为新产品,即使这种产品在市场上已经出现。这种"新"是相对门店来说的,而不是整个市场。通过引入新产品,改变连锁店商品结构,使商品充满活力和新鲜感,创造出独特的经营特色。

事实上,新商品与滞销品在实体并没有很大区别,关键在于这种商品和连锁经营店的经营理念是否吻合,是否能给企业带来足够的利润。一不小心导入不当的新商品常会成为常年不动的滞销品,这是许多零售商挥之不去的梦魇。所以如何成功开发新商品及引进新商品销售,成为连锁企业经营的重点之一。

①新商品引入的来源。成功引入新商品的一个重要步骤就是获取足够多关于新产品的信息。连锁企业经营者必须拓展多种新商品的信息渠道。常用来获取新商品信息的途径有以下几种:

A. 供应商。供货厂商在生产开发新产品前,做了大量的市场调查,收集了大量消费者需求的信息。通过厂商,可获知消费者需求的趋势、厂商本身新产品的推出计划及其他商场的新商品计划等。

B. 门店销售人员。由于门店销售人员在工作中与消费者经常直接接触,可以或多或少地了解顾客希望的商品倾向、感觉及价格水平。以这些信息为基础,可以形成对将要引进的商品初步看法。

C. 竞争者。通过暗地调查竞争者的商品组合,可以把握竞争者的动态,还可以对市场的流行商品有更深入的了解,以此作为新产品开发的参考。

D. 专业报刊及消费网站。这些媒体对市场和商品信息常有深入的报道,能对新产品开发提供指导作用。

E. 消费者。还可以通过对消费者进行调查,直接从他们那儿获得需求信息,把握他们潜在的需求。

②新商品引进注意事项。经过上述途径掌握商品信息后,大致可以判断某种新引进商品能否被市场所接受。新商品引进还需要注意以下三个注意事项:第一,市场上畅销的商品并不一定适合在本连锁体系内销售;第二,新商品引入前必须经过详尽的分析和销售规划,并进行试销及成功检验;第三,新产品引进时应运用系统思维,不仅要考虑新商品在市场上的销售情况,还需要考虑商品空间、陈列展示的安排、新商品推荐告知、库存掌控,销售时若需要专业经验则现场人员需要教育训练等事宜。

**(2)滞销品淘汰**

连锁零售店在经营过程中为了提高商店的营业额,常常盲目地追求商品组合丰富化,但若处理不当,常会造成部分商品滞销现象,进而影响营运资金周转,降低绩效,直接侵蚀卖场的经营效益。由于卖场空间和经营品种有限,所以每导入一批新商品,就相应地要淘汰一批滞销商品,所以选择和淘汰滞销商品,成为连锁企业商品管理的一项重要内容。

①滞销品定义。滞销品一般包括以下几种:现有商品因持续销售业绩不佳(对企业整体贡献度)而必须淘汰的商品,市场上已推出新的替代商品并且厂商也将停止生产的商品,新商品引进失败而成为滞销品的商品,过季商品。

②滞销品的选择标准。可根据商品销售排行榜、商品贡献率、商品质量等标准来选择。

A. 商品销售排行榜。现在大部分门店都能通过电脑系统了解每天、每周、每月的销售情况。需要调查商品滞销的原因,若无法改变滞销情况,就应该予以撤柜处理。以销售排行榜为淘汰标准,在执行时要考虑两个特殊情况:第一,新上柜的商品需要一定的熟悉期和成长期;第二,某些商品的作用不是为了给企业带来高盈利,而是通过该类产品的销售来拉动主力产品的销售,如日常生活必需品。如果是这两个因素造成的滞销,对其淘汰应持慎重态度。

B. 商品贡献率。销售额高、周转率快的商品,不一定毛利高;而周转率低的商品未必就是利润低。所以,单从商品销售排行来选择滞销品是远远不够的,还应看商品的贡献率。在考察商品贡献率时还需考虑损耗排行榜,如日配商品的毛利虽然高,但是由于风险大,损耗多,可能会出现负盈利。

C. 最低销售量或最低销售额。对于那些单价低、体积大的商品,可规定一个最低销售量或最低销售额,达不到这一标准的,列入淘汰商品,否则会占用大量宝贵货架空间,影响整个卖场的销售。实施这一标准时,应注意这些商品销售不佳是否与其布局与陈列位置不当有关。

D. 商品质量。对被技术监督部门或卫生部门宣布为不合格商品,或消费者因质量问题而投诉较集中的商品,应迅速淘汰,以免破坏连锁店的企业形象。

③滞销品淘汰方式。处理滞销品一定要当机立断,要么通过降价出售,要么与供应商洽谈换货或退货,尽量降低滞销品给连锁企业带来的损失。滞销品的处理可发生在商品流转的各个阶段:进货前,通过周密的采购计划和谨慎的进货态度,杜绝潜在滞销品上架;进货后,由专人负责密切注意商品周转状况和库存状况,尽早辨识出卖场中已成为滞销品的商品,并及时处理;商品经评定为滞销品后应立即果断地处理,而不应置之不理。

市场环境千变万化,新商品层出不穷,顾客的消费需求也日益变化,某些在今天看来销售良好的商品,在明天可能就变成滞销品,成为企业的负担。因此,只有随时做好新商品的引进,滞销商品的处理工作,才能保证资金运转更为流畅,商场空间更为合理,使连锁企业获得更大的成功。

## 小 结

商品的分类有利于将商品分门别类地进行运输、存储,提高管理效率。商品按销售比重,可以分为主要商品和辅助商品;按商品的促销作用,可以分为销售商品、诱导商品和观赏商品。商品也可依据消费者对象或商品的用途划分为不同的商品群。连锁经营店一般按大类、中类、小类和单品四个层次来对商品进行分类。

商品定位是指连锁企业针对目标消费者和生产商的实际情况,动态地确定商品的经营结构,实现商品配置的最优化状态。连锁企业商品定位的基本原则是以目标消费者为中心。商品定位应考虑所选择的业态、目标顾客的消费特征、企业所处的地理环境等因素。

商品组合就是连锁企业把同类商品或不同类商品,按某种规格样式进行的销售组合和搭配模式,它是商品定位的核心。商品群是一群、一类商品的称呼,是根据连锁企业的经营观念,用一定方法来集结商品,将一些商品组合成一个战略经营单位,以吸引顾客并促进销售。新商品群组合方法有消费季节组合法、节庆日组合法、便利组合法和用途组合法。

商品调整包括滞销商品淘汰和新商品引入两种基本手段。供应商、门店销售人员、竞争者、专业报刊及消费网站及消费者是连锁企业常用来获取新商品信息的途径。滞销品一般包括以下几种:现有商品因持续销售业绩不佳(对企业整体贡献度)而必须淘汰的商品,市场上已推出新的替代商品并且厂商也将停止生产的商品,新商品引进失败而成为滞销品的商品,过季商品。可根据商品销售排行榜、商品贡献率、商品质量等标准来选择滞销品。

## 复习思考

1. 连锁企业商品分类的标准有哪些?

2. 什么是商品定位?其基本原则是什么?哪些因素会影响商品定位?

3. 什么是商品组合?新商品群组合有哪些方法?

4. 获取新商品信息的途径有哪些?新商品引入时应注意哪些事项?

5. 哪些商品属于滞销品?其选择标准有哪些?

## 实 训

**【案例介绍】**

### 5美元低价玩具卖断货

美国经济持续不景气,但一年一度的圣诞节还是要过,许多孩子更盼望圣诞礼物。今年美国玩具零售市场与往年最大不同,即出现许多5美元特价玩具,吸引精打细算的消费者。

据报道,经济萧条,低价玩具在圣诞季节确实占有相当优势。售价不到10美元的人工智慧电动仓鼠卖到缺货,便是最明显的例子。

10美元的电动玩具,听起来似乎已经够"低价"了,但如今美国失业率仍居高不下,许多美国民众荷包紧缩,因此玩具零售市场出现一个颇为有趣的现象,那就是货架上摆出许多5美元的特价玩具或限时促销。

5美元也能买到电动玩具吗?答案是肯定的。

在美国大型连锁零售商达吉特(Target)里,迪士尼(Disney)公主系列"神奇宝石钓鱼式电动玩具组"原价9.99美元,但本周特价仅5美元。

Pressman Toy玩具厂商的"让我们去钓鱼电动玩具组",原本在达吉特售价为9.69美元,但从现在到圣诞节当天的限时特惠价为5美元。

距离圣诞节只剩8天,全国零售联盟(National Retail Federation)指出,现在零售业者纷纷打出最后一刻的降价折扣促销,锁定到现在还没采购圣诞礼物的消费者。

举例来说,全球最大零售业者沃尔玛(Walmart),在不景气当中配合年底消费热季原本就设有10美元玩具特价专区,但从这个周末开始,包括"时尚女王芭比娃娃"在内等部分玩具,售价将进一步压低到8美元。

(资料来源:http://www.toys-world.net/news/news-1509.html)

**思考和训练**

(1)经济不景气时,零售商店的商品定位该如何调整?

(2)在经济不景气时,你有哪些办法能提高连锁商店的销售业绩?

【技能训练】

谈谈你所熟悉连锁超市的商品分类管理情况,他们是如何开发新产品、如何淘汰旧产品的?

# 模块3
# 采购管理

## 教学目标

### 1.终极目标
(1)掌握商品采购流程。

(2)能对供应商进行开发和管理。

(3)熟悉采购管理和库存管理。

### 2.促成目标
(1)掌握商品采购程序。

(2)了解商品采购方式。

(3)掌握商品供应商评价标准、供应商开发流程和供应商管理。

(4)熟悉商品采购时间、采购数量和订购点。

(5)熟悉商品检验和商品盘点。

## 案例导入

### 国美电器采购管理

国美电器作为中国最大的一家连锁家电销售企业,在全国 280 多个城市拥有直营门店 1 200 多家。但随着公司的急剧扩张发展,其采购系统也越来越复杂,采购品种五花八门,采购主体分散,重复采购普遍。供应商数量过多、分布不均匀。再加上旗下拥有国美、永乐、大中、黑天鹅等全国性和区域性家电零售品牌,采购没有统一管理,重复采购严重。国美供应链系统必须根据家电行业的发展特性进行重新整合、优化和提高。以坚持其"薄利多销、服务争先"的经营策略,确保品牌形象和较高的顾客忠诚度。

在深入分析采购环节后,国美随即开始变革行动。国美从供应商优化、实现 ERP 系统、创建自己的供销模式、建立物流信息系统等几个方面着手实现采购成本压缩。

### 1. 供应商优化

国美经过这么多年的发展,供应商的数量日益增加,再加上收购永乐、大中等地区性零售商,供应商的数量多而复杂,并且供应能力参差不齐,加大了国美对供应商的管理难度。国美专门设置了供应商考核小组,对供应商进行考核,淘汰了一部分实力不足的供应商,而与实力较强的供应商建议长期合作,确保了供应产品的质量和速度。同时国美将供应商分为大、中、小三个等级,每个等级实行不同的管理和采购系统。

### 2. 实现 ERP 系统

ERP 系统是企业资源计划的简称,目的为企业决策层及员工提供决策运行手段的管理平台,实现供应链管理。国美的膨胀发展后,对供应商供货的反应速度和库存的控制要求进一步加强,尤其是物流成本的控制。实现ERP管理的直接效果是,国美和其合作供应商可以使用电子订单来下单、确认销售以及发货计划等,整个过程全部由系统完成,不需要人工干预,从而提高效率。

### 3. 创建自己的供销模式

供销商层层加价转给下一层供销商,是司空见惯的商业现象。而国美企业要想发展,必须建立自己的供销模式,摆脱中间商的环节,直接与生产商贸易,把市场营销主动权控制在自己手中。为此,国美经过慎重思考和精心论证决定以承诺销量取代代销形式。他们与多家生产厂家达成协议,厂家给国美优惠政策和优惠价格,而国美则承担经销的责任而且必须保证帮生产厂家铲平相当大的销售量。承诺销量风险极高,但国美变压力为动力。他们将厂家的价格优惠转化为自身销售商的优势,以较低价格占领了市场。销路畅通,与生产商的合作关系更为密切,采购的产品成本比其他零售商低很多,为销售铺平了道路。

### 4. 建立物流信息系统

国美自主开发的信息系统实现实时采购管理,国美每销售一件商品,所有相关方面的库存就会自动消减,在门店可以实时了解到每项货品的库存量,根据库存销售,实时进行采购补充库存,避免缺货造成损失和过多挤压产品使库存成本过高。物流信息系统中的车辆管理和过程管理使每个车辆的配送装货效率能达到最优,降低采购物流成本。

(资料来源:http://blog.sina.com.cn/s/blog_4da6b5570100i7w6.html)

【案例分析】

随着规模的不断壮大,国美电器采购系统越来越复杂。整合前的国美采购主体分散,重复采购普遍。国美从供应商优化、实现ERP系统、创建自己的供销模式、建立物流信息系统等几个方面着手实现了采购成本压缩。这个案例提示我们,优化与供应商之间的供销合作关系能实现采购成本的降低。

【思考·讨论】

(1)国美电器与供应商采用何种合作方式?

(2)国美电器可通过哪些标准选择供应商?

(3)连锁企业在采购管理时应注意什么?

# 理论知识

商品采购是连锁企业经营销售的前提,只有保证企业拥有充足、高质量的货源,才能保证企业经营能够正常进行。由于连锁企业实行的是统一的标准化管理体制,所有连锁店经营的商品都要商品采购部门集中采购配送,采购环节显得尤为重要。在采购管理中,如何选择一家优秀的供应商是采购管理工作的重要内容。此外,还必须确定企业应采购哪种商品,在何时以何种方式采购,采购多少数量等,以及商品入库后,库存管理应注意的内容。这一模块将详细论述。

### 1. 商品采购策略

【案例链接】

除中国大陆宜家的价格表现略为偏高外,在全球其他市场,宜家一直以优质低价的形象出现,这得益于宜家经济的采购策略。宜家在全球拥有近2 000家供货商(其中包括宜家的自有工厂),供应商将各种材料由世界各地运抵宜家设在马来西亚的全球中央仓库,然后从中央仓库运往各个商场进行销售。这种全球大批量集体采购方式可以取得较低的价格,挤压竞争者的生存空间。

但是对于中国来说,宜家的这种采购模式成本较高。特别是对于家具这类体积较大的商品来说,运费在整个成本中会占到30%,直接影响到最终的定价。随着亚洲市场特别是中国市场所占的比重不断扩大,宜家正在把越来越多的产品或者是产品的部分量放在亚洲地区生产,这将大大降低运费,减少运费对成本的影响。目前,宜家正在实施零售选择计划,即由中国商场选择几个品种,然后由中国的供货商进行生产,然后直接运往商店的计划。

连锁企业的商品来源一是由自己生产,二是采购他人的商品。因此,连锁企业采购部门的决策主要包括两方面的内容:一是确定自己生产和外购的比例;二是确定总部与分店各自采购的比例。

连锁企业所经营的产品可以是自建厂房生产,例如温州的糕点连锁企业桂新园、米哥、欧麦等,也可以是自创品牌委托生产厂家进行生产。例如,耐克公司成功地实行了自有品牌的商品策略,被誉为是"没有工厂的制造商"。它只卖自己唯一的"耐克"品牌商品,这些商品一般都是公司自己设计,然后委托生产厂家生产,产品由公司来销售。现在一些超市,例如乐购、物美等均采用这种方式来开发自有品牌产品。

大多数连锁企业的商品来源是依靠外购来解决的,特别是一些中小型连锁企业,采取完全外购的策略更为合理。一些规模较大的连锁企业,有的则是坚持自制和外购相结合、以外购为主的做法。无论采取哪种方法,有一点是肯定的,就是必须具有严格的商品采购制度。

### 2. 商品采购程序

采购活动是一个循环往复的过程,所以又叫采购循环。采购循环由确定采购计划、选择供应商、采购洽谈和跟踪管理构成,其中选择供应商和采购洽谈是关键步骤。具体见图3-1。

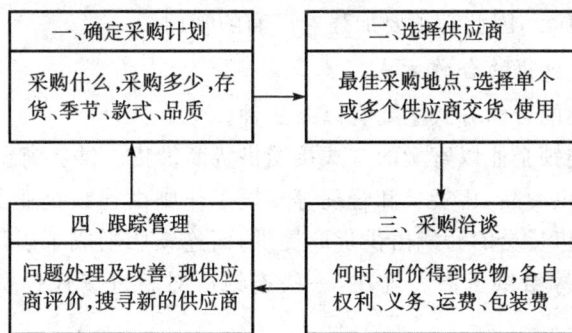

图3-1  采购循环图

### 3. 商品采购方式

连锁企业商品采购一般有以下五种方式:①总部统一集中采购;②总部采购大部分商品,分店采购少部分商品;③总部采购少部分商品,分店采购大部分商品;④自己贴牌生产(OEM)和外购相结合;⑤完全销售自己生产的商品。

一般来讲,第一种采购方式较常见,即商品的采购是由总部来完成的,这也是连锁企业区别其他经营方式的一个重要特点。连锁企业为实现规模效应一般采用集中统一的采购方式,这种方式的优势在于:①大批量进货,使总部具备讨价还价的实力,获得价格优惠;②有利于统一装运、编配和控制存货;③制定一体化的采购计划使商店经营与连锁商店形象保持一致;④节省大量采购员和费用开支;⑤保持价格一致,避免内部竞争等。这也是连锁企业获取竞争优势的来源之一,因此连锁企业必须以统一采购为主要的采购方式。有时,为了增强企业适应市场的灵活性,总部给予分店一定程度的商品采购权,这种情况在特许连锁体系和自愿连锁体系中体现得更为明显。

在沃尔玛店铺销售的所有商品中,除了部分生鲜食品考虑到保鲜要求,由店铺在附近自行采购外,其他商品全部由事业部的采购部门统一采购,物流部门统一配送。其中沃尔玛在中国的分店,从中国市场上进货的比例达到85%。

第三种方式不利于连锁经营这种商业模式优势的发挥,但没有核心竞争力的企业不得不采取这种方式。第四种方式多为有实力的连锁集团采用,便于树立自己的品牌。第五种方式多为生产厂商开展连锁经营的商店采用。

### 4.供应商开发和管理

**【案例链接】**

好又多量贩公司供货商政策:公司销售的商品绝大部分以买断的方式进货,以降低成本,提高竞争力。寄售之方式如对公司有利可予以考虑,但公司视需要而作调整。公司原则上不采用专柜经营,以提高商品的竞争力,但会视需要而作调整。

供应商开发和管理是连锁企业采购管理的重要一环。连锁店的基本货源有两个:自有货源和外部货源。但是绝大多数连锁店还是通过外部进货,供应商是连锁企业获取商品的主要来源,供应商的好坏直接影响着商品质量的高低与商品供货是否能够满足连锁店经营的需要。另外,由于连锁企业的规模比较大,对商品的需求量多,一家连锁企业的供应商可能有500~600家,有的甚至高达千家,因此必须要加强对厂商的管理。

(1)连锁企业与供应商的合作方式

连锁企业与供应商的合作方式主要有以下三种。

①寄卖(代销)。连锁企业以寄卖的方式接受供货商供货。供货商在寄卖合作中所扮演的角色有两种,一是只提供商品,售货员和管理等支援工作则由连锁企业负责;二是供货商既提供商品又提供售货员,售货员的薪酬由供货商提供,而连锁店则成了引厂进店或第三方平台,只管收取费用,风险转嫁给供货商。现在,一些连锁店对新进场代销货品收取上架费、堆头费等。

②买断(购销)。买断经营在国际商界是很普遍的经营手段。如美国沃尔玛80%的商品都是买断经营,德国麦德龙89%的利润是通过买断来获取的。买断经营作为一种国际惯例在我国已逐渐得到重视和推广。

所谓买断经营,就是用现金支付方式大批量地独立购买生产方的商品经营权和所有权,对购进的商品只要不存在质量问题,一律不再退货。买断经营供货价一般比寄卖价低。

实行买断经营最重要的条件就是连锁企业要有足够的实力,能够大批量地进货,压低价格,提高市场竞争力。买断经营买断了风险,也买断了利润。目前,国内一些连锁企业热衷"买断",主要是选择部分全国畅销品牌商品,看中的是买断商品的低价格和较高的利润空间。由于买断现款支付,供货商自然会在供货价的基础上,再降低几个百分点。如1998年四季度,华联超市试行买断了1亿元商品,仅厂家平均降价3%这一项,就获毛利300万。买断经营还意味着连锁企业将市场风险扛到自己肩上,逼迫连锁企业加强市场预测,扩大企业规模,精打细算,降低成本,提高企业的管理水平和竞争能力。

③引厂进店(连锁店铺设专柜)。对于那些想要突出品牌,强调产品形象和企业形象的生产企业,会经常要求连锁企业为自己开设专门展柜销售自己的产品。这对连锁企业来说,是重要的营销机会,也是采购产品与调整产品结构的机会。连锁企业也可以主动出击,要求著名品牌进店经营。越是著名的连锁企业越应当采取主动出击,寻求与著名品牌合作。

但是,设专柜会增加对厂方人员、设备管理的难度。因为连锁企业和专柜企业是不同利益主体,厂方的营销活动有时会损坏连锁企业的形象,这就需要连锁企业加强供货商管理。

(2)供应商选择原则

在为企业选择供应商时,需要考虑下列原则性问题。

①必须把供应商组合起来。首先要把采购品种和供应商交叉组合起来,即ABC三个品种都从甲乙丙三个供应商进货,而不是A品种从甲方进货,B品种从乙方进货,促使三个供应商相互竞争,避免依靠单一供应商,进而降低经营风险和成本。

②每一种商品选择两三个供应商。每种商品的供应商不宜太多,也不宜太少。供应商过多,则分摊到每一个供应商的供货量就很少了,不会引起供应商的重视。若供应商过少,则会使企业过分依赖单一供应商,增加了经营风险。一般来说,在每家供应商的采购量占采购总量的三成以上、七成以下比较合适。

③按价格区间来选择供应商。每家供应商所生产的商品会在某一价格段上,而连锁企业根据经营战略也只能经营某一价格区间内的商品,这时企业可以根据价格区间来选择供应商。

④随企业发展要不断更换供应商。随着企业的发展,规模的扩大,对供应商的供货能力和商品开发能力的要求可能越来越高,小的供应商会变得不再适应大企业规模扩大的需要,此时应更换供应商。当然,连锁企业也可以与供应商建立长期的合作关系,共同成长。

(3)供应商评价标准

由于连锁企业采购总量多,往往会吸引众多供应商报价,但供应商良莠不齐,要想有效地执行采购计划,选择合格供应商是关键。

连锁企业在选择供应商时,一般要考虑供应商以下几个方面的情况。

①货源可靠程度。货源可靠程度主要分析供应商的商品供应能力和商品供应信誉情况,弄清供应商是否有能力提供满足需采购商品的花色品种、规格及数量等要求,以及以往交易中的信誉和履约率等情况。

②商品质量和价格条件。商品质量和价格条件主要分析供货商的商品质量是否稳定可靠,是否与消费者的需求特点和企业生产经营的需要相符,商品包装是否美观大方及牢固等。在价格上是否达到预计毛利率水平,该价格是否为消费者和企业所接受,质价是否相符,有无优惠条件等。

③供应商结算条件。供应商结算条件包括结算方式是否灵活方便及有利于我方(如延期付款等)。

④供应商服务条件。供应商服务条件包括周到的购货服务,如代发运、代办理各种手续、

按客户要求改包装等,还有完善的售后服务。特别是采购一些技术含量较高的商品,应选择能提供配套服务的供应商。

⑤供应商其他条件。供应商其他条件包括路途、交通、运输方式、进货费用、交货的准确率等。

⑥促销支持。如供应商是否利用当地宣传媒介做商品广告,能否派促销人员和技术人员到门店提供促销服务等。

**(4)供应商开发的流程**

作为一家新开张的连锁店,或者由于业务扩张,原有的供应商不能满足连锁企业发展的需要,这时,连锁企业就迫切需要开发新的供应商来为企业提供产品。在开发新供应商时,一般遵循以下流程:

①寻找潜在供应商。通过各种公开信息和多种渠道获取供应商的联系方式。采购员获取供应商信息的来源主要有专业媒体广告、互联网、同行和旧供应商介绍、供应商推销员、专业展览、行业报刊等。在这个步骤中,最重要的是对供应商作初步筛选。

②供应商实地考察。连锁店派遣专业队伍对供应商进行实地考察,了解供应商的生产规模、人员组织架构等情况,以核查供应商的各种条件是否符合企业的标准。

③发出询价。在供应商审查完毕后,向合格供应商发出询价文件,一般包括图纸、规格、样品、数量、交付日期等要求,询问报价。收回报价后,对其条款做详细的记录。

④报价分析。比较不同供应商的报价,对其合理性有初步的了解。

⑤选取合适的供应商,签订采购合同。连锁企业根据一定程序确定了可供选择的供应商后,就应与供应商就交易条件开展进一步协商。一般情况下,交易条件主要包括:付款方式及条件、交货期及逾期交货赔偿条件、用料及检验、品质检验及不合格品的赔偿条件、数量及数量折扣、保险费支付、商品包装、运输方式及费用支出、税项负担和售后服务等。连锁企业和供应商在采购谈判达成一致后,双方还需签订采购合同,明确双方的权利义务,以保证采购活动正常稳定地进行,用法律手段来保护企业。

**(5)商品试销**

对初步选择合适的供应商及其商品,一般还要经过试销才能成为正式供应商并经销商品。试销工作是让供应商提供(或采购)小部分商品(样品),陈列在连锁企业各门店中进行销售,然后跟踪调查、统计销售情况,了解顾客、售货员对商品的反馈意见,综合各方面的情况后,做出商品是否适销对路的评价。只有通过商品试销合格的供应商才能作为该商品的正式供应商。对试销不合格的商品,其供应商不能作为正式的供应商,但可以给供应商提出改正意见,供应商采取措施改正以后,可申请再次试销,试销合格后成为正式供应商。

一般情况下,只有正式的商品供应商才能有资格向商场提供商品,连锁企业也只能从正式的供应商采购商品。

**(6)供应商的管理**

对评估合格的供应商,也需要进行日常的跟踪管理,主要进行以下几方面的工作:

①给每个供应商建立档案,记录供应商的基本情况,如名称、地址、负责人、联系方式、负责人、营业范围,以及供应商提供给连锁企业的商品种类、规格等资料。

②对供应商提供的商品情况建立档案予以记录。包括每批商品到货检查的情况和商场销

售情况,如商品供货及时性、到货的质量、商品的损耗情况、进货量、销售量及销售的速度、顾客反映的情况、商品的进价、售价、商品的毛利率等。

③使用统一规范的合同格式,登记管理好与每个供应商的采购合同,并对合同的履行情况进行评估和记录。

④对供应商供应的商品的进货检验质量、销售情况进行分析。如时间上的分析可以得到供应商提供商品的进货质量和销售情况发展趋势;横向的各个供应商的商品的销售情况、毛利率等指标的排列比较,可以得到各个供应商商品的市场销售情况、商品竞争能力、获利能力,这些资料都是与供应商谈判的依据。

⑤及时向供应商通报进货商品的质量、销售情况、销售中的问题、顾客的意见,向供应商提供改进意见,促使供应商改进商品的设计、质量,以满足顾客的需要。同时,与供应商建立良好的合作关系,为采购工作带来便利,也为长期发展打下基础。

⑥对提供商品不及时,商品质量不高,市场销售情况不好,商品严重积压,或者服务态度不好,不能满足维修退货等服务的供应商,也可以通过一定的程序,给供应商提出书面意见,请求予以改正,如不能改正达到要求的供应商,也可以取消供应商的资格,不再向这个供应商采购商品。

**5. 采购管理**

**(1)采购时间**

连锁企业采购批量大,采购时间若过早,会增加企业的库存成本;若太晚,又容易引起缺货现象,影响企业销售。所以必须在合适的时间进行采购。确定采购时间时,主要考虑以下几个方面的因素。

①商品的季节性和消费旺季。保证季节性商品在销售旺季有充足的货源,在销售旺季需提前一次订货,并分批交货。在淡季保持低存货量。

②进货期间。从发出订单到商品进入货架所需的时间,包括订货、收货、上货等环节。进货期间越长,采购时间就越提前。

③订货性质。如果是常规订货,则根据以往的经验确定采购时间,定期采购。如果是采购新商品,则需要更多的机动时间与供应商谈判。

④商品销售速度。日销量大的商品需要经常及时进货,而日均销售小的商品采购间隔时间可能更长一些。

⑤储运条件。如果交通便利,配送中心设备先进,可大大节约订货、盘存和运输时间,提高商品采购效率,采购时间可相对后移。

⑥经济环境。某些商品的市场价格会随着市场环境的变化而波动,这时需要采购人员有较高的能力发现机会,在价格低谷时签订订货单。

**(2)采购数量**

连锁企业商品采购数量主要指采购总量和采购批量两个方面。确定采购总量必须把握销售变动趋势和库存状况。其计算公式为:

$$计划进货总额 = 计划销售额 + 期末库存额 - 现有库存额$$

采购批量的确定需考虑采购费用和储存费用。采购费用与采购批量成反比。采购费用包括人工费、商品检验费、手续费、运杂费等。只从节约成本考虑,应尽量减少采购次数,即采购批量越大越好。但采购批量越大,储存成本越大。储存费用由保管费用、利息、损耗、保险、仓库管理费、降价损失等方面的支出构成。

$$采购费用=\frac{采购总量}{采购批量}×一次采购费用$$

$$储存费用=\frac{采购总量}{2}×单位商品年储存费用$$

采购费用和储存费用之和最小时所对应的采购批量就是经济采购批量。经济采购批量法一般适用于满足下列条件的连锁店:市场销售较均衡、稳定,运、杂费用固定,不考虑分段批量作价因素,没有将保险存量计算在内。经济采购批量法应用于大类或重要品种商品的大批量采购。

(3)订购点

经济采购批量使用于销售比较稳定的商品,但是并不是所有的商品都满足该特点。因此,对那些销售趋势难以把握的商品采购时,需要设定一个存货水平,当库存量小于这个存货水平时,就应及时补货,以免影响销售的正常进行,我们把这个存货水平称为订购点。订购点的大小由四个因素决定。

①前置时间:指从采购订单发出到运到货物这段时间。前置时间越长,订购点越大。

②平均日销售量:指平均每天销售的数量。

③安全存货:为了防止因供应商不能及时交货、天气变化、需求异常等原因而出现商品脱销、存活短缺等情况而规定的机动存量。

④基础存货:为满足顾客购买、挑选的需要而在分店货架上摆放的商品。

订购点=安全存货+基础存货+前置时间×平均日销售额

其中,安全存货的水平应根据商品类别和市场销售状况而确定。

订购上限=订购点+订购间隔时间的销售额

确定了订购上限后,每次的订购数量就为订购上限与现有存货的差额。运用订购点法需要随时监控每种商品的存货水平。

**6. 库存管理**

**【案例链接】**

在库存商品的管理模式上,家乐福实行品类管理,优化商品结构。一个商品进入之后,会有 POS 机实时收集库存、销售等数据进行统一的汇总和分析,根据汇总分析的结果对库存的商品进行分类。然后,根据不同的商品分类拟定相应适合的库存计划模式,对于各类型的不同商品,根据分类制订不同的订货公式的参数。根据安全库存量的方法,当可得到的仓库存储水平下降到确定的安全库存量或以下的时候,该系统就会启动自动订货程序。

库存量过多,则会给企业带来高昂的管理成本、存储成本、保险费用等;若库存量太少,一旦出现需求剧烈波动,商品数量又无法满足销售需求。解决这个矛盾的方法在于确定合理库存量。商品库存量可根据商品种类在经营中的重要程度,按品种或大类制订。

最低库存量=(进货期间+销售准备天数+商品陈列天数+保险机动天数)
×平均日销售量

最高库存量=(最低周转天数+进货间隔天数)×平均日销售量

库存商品的 ABC 控制法主要用于确定商品的重要性,针对不同重要性的商品,采用不同的保存、控制策略。按照 ABC 控制法,首先对各种商品在总出库量(销售量)的比重进行排队,以此为依据将他们分为 ABC 三类。

A 类商品种数占全部商品种数的 5%～20%,金额占全部金额的 60%～80%;

B 类商品种数占全部商品种数的 10%～30%,金额占全部金额的 10%～30%;

C 类商品种数占全部商品种数的 50%～70%,金额占全部金额的 5%～15%。

A 类商品是重点控制的商品,商品进出库的数量也多,应存放在仓库的大量储存区,并随时注意监控,要在保证市场销售的情况下,尽量压缩库存;B 类商品属一般控制商品,注意保持相对稳定的库存;C 类商品可以粗放控制,进出库的数量不大,可以存放在流动性不大的区域,定期检查库存。

**(1)商品验收**

商品验收是在预定的商品上架之前,依据一定程序和手续,对商品的数量和质量进行检查,以验证它是否符合订货合同或市场销售的规定。商品验收是店铺经营质量和经营效益的重要保证,商品验收过程中要注意以下几个方面:

①验收时,个别商品数量不得超过订购量的 5%,否则不得收货。

②在商品验收时要基于商品的特点,根据其特点选择合适的验收方法和检查内容,并对此制定详细的验收细则和标准,使验收有章可循。例如,有的商品数量过多,可抽样检查;有些商品只考虑数量不考虑质量;有些商品只需用感官检查而另外一些商品必须使用先进的仪器。

③验收人员在商品入库前,应对待验收商品进行以下几方面核对与检查:

A. 验内外包装。商品外包装不得有破损,包装不得有拆封过的痕迹,包装的外观应整洁、干净,无脏物的污染,尤其是熟食类食品的包装,应特别注意卫生、干净、无污染。包装层次较多的商品,要注意内部商品不得有破损、内部小包装不得有任何形式的损坏,要保证商品自身结构完好无缺。

B. 验商品质量。所有商品的质量必须达到该商品规定的质量标准,一定要有商品合格证、食品要注意食品本身的色质、新鲜度是否保持良好,严禁有异味、有污垢。

C. 查看保质期。参照保质期的管理标准,严格查看商品的生产日期、保质日期,不得有过期或即将过期的商品。

D. 查验商标品名。所有商品的商标品名、生产商、生产地都必须完整,而且印刷清晰、无遗漏,要保证商品的品质,严禁三无商品进入门店销售。

E. 验品名规格。仔细查看商品的规格,根据商品的包装、容量核对商品规格是否正确标识,并检查商品规格的标识单位是否统一。

F. 清点数量。商品数量的验收是最基本的商品验收程序,验收时应注意认真核对送货单据所列各项数量与实物数量是否相符,不同条码、规格、包装的商品数量一定要与送货单上列出的各类项目的数量相同。严禁混在一起清点总数量。

④在验收过程中,一旦出现问题,如商品种类数目与记录不符、商品损坏、商品过期等,应立即采取相应的措施并登记在案。

**(2)商品盘点**

连锁企业除了对商品进行验收外,还要定期和不定期地进行商品盘点。其目的是为了随时了解商品的库存情况,保证商品库存与账目相符,为商品采购提供依据等。

①盘点的周期。根据盘点的周期,盘点可分为定期盘点和不定期盘点。定期盘点即每次盘点间隔期间一致,如一个月或一季度盘点一次。采用定期盘点可以事先做好准备工作,因而一般连锁企业都采用这种方式,但该方式未能考虑节庆假期等特殊情况。定期盘点包括年度盘点、季度盘点、月度盘点、每日盘点、交接班盘点。具体时间安排由经营者根据商品特点和人力资源情况确定。不定期盘点即每次盘点间隔期间不一,机动弹性较大,主要考虑到节庆假期、经营异常或意外事件的发生等特殊情况。它是在调整价格、改变销售方式、人员调动、意外事件、清理残货等情况下进行的盘点。

②盘点的原则。盘点原则分为实地盘点原则和售价盘点原则。实地盘点即针对门店未销售的库存商品,在门店实地进行存货数量实际清点的方法。只要无作业疏忽,就能掌握门店的实际存货状况,还可以了解门店坏品、滞销品、存货积压或商品缺货等真实情况。售价盘点即以商品的零售价作为盘点的基础,库存商品以零售价金额控制,通过盘点来确定一定时期内的商品损益和零售差错。

③盘点的方法。按实地盘点的时间划分,包括营业前盘点、营业中盘点和停业盘点。

营业前盘点,即在门店开门营业之前或关门之后的盘点。这种方法可以不影响门店的正常营业,但是有时会引起员工的消极抵触,而连锁企业将额外支付给企业相应的加班费。

营业中盘点也称为"即时盘点原则",即在营业中随时进行盘点,营业员和盘点同时进行。营业中盘点可以节省时间,节省加班费。

停业检查,即对门店在正常的营业时间内停止营业一段时间进行盘点,这种方法员工较易接受,但对正常的连锁企业来说,会减少一定的销售业绩,同时也会在一定程度上给顾客带来不便。

成立专门的总部盘点队伍进行手工盘点,这种形式较适应于小型连锁超市和便利店。规模较大的连锁企业可使用现代化技术手段来辅助盘点作业,如利用掌上型终端机可一次完成订货与盘点作业,也可利用收音机和扫描仪来完成盘点作业,以提高盘点人员点数的速度和精确性。

## 小　结

连锁企业的商品来源一是由自己生产,二是采购他人的商品。因此,连锁企业采购部门的决策主要包括两方面的内容:一是确定自己生产和外购的比例;二是确定总部与分店各自采购的比例。

连锁企业商品采购程序由确定采购计划、选择供应商、采购洽谈和跟踪管理构成,其中选择供应商和采购洽谈是关键步骤。

供应商开发和管理是连锁企业采购管理的重要一环。供应商开发和管理中需要解决连锁企业与供应商的合作方式、供应商选择原则、供应商评价标准、供应商开发的流程、商品试销和供应商的管理等内容。

连锁企业还要注意采购和库存的管理工作。采购管理中要确定采购时间、采购数量和订购点,库存管理要注意库存量的控制以及商品验收和盘点工作。

## 复习思考

1. 连锁企业商品采购程序由哪几部分构成?其中哪些是关键步骤?

2. 供应商的评价标准有哪些?

3. 供应商开发的流程包括哪几个步骤?

4. 什么是经济采购批量? 订购点、最低库存定额如何确定?

5. 商品验收应注意哪些方面?

6. 商品盘点有哪些原则和方法?

# 实 训

【案例介绍】

## 沃尔玛眼中的最佳供应商

怎样才能博得沃尔玛的青睐? 或者说沃尔玛眼中的最佳供应商是什么样的呢? 首先要弄清楚的是:进入沃尔玛采购体系对制造商来说会有什么好处。

"过来人"的经验往往是最好的证明。"袜业大王"浪莎集团海外销售的15%是通过沃尔玛实现的,尽管他们在抱怨由沃尔玛采购获得的利润低于国内市场的平均利润,但是浪莎依然希望能在未来几年间将通过沃尔玛的销售比重提升至50%左右。"国内市场已经饱和了,进入沃尔玛是帮助你打开全球通路的重要方式。"浪莎集团外贸部负责人说。

沃尔玛全球采购中国区域杂品部总经理黄育才分析了沃尔玛的低价为啥还能让自己、让供应商赚钱的道理:"沃尔玛会要求比较低的价格,但是就算采购的价格是一样的,沃尔玛可以比别人更有条件去赚钱,因为数量可以影响到你的成本,你给沃尔玛的货是一元钱,你给其他零售商也是一元钱,你在沃尔玛可卖一万件产品,跟你在其他店卖一件产品成本是不一样的。"

专门从事帮助消费品生产商与大型零售商建立业务合作的美国银矿咨询公司总裁保罗·凯利认为,那些让沃尔玛成功的因素,比如高效率、快速将货物销售出去、低成本等,也是制造商成功的要素。他说,与沃尔玛做生意最大的好处或许就是可预见性。促销和其他短期手段容易误导供应商生产太多或者太少的产品,而沃尔玛通过每日的低价策略,使销售结果不再受此影响。这样,供应商就能更加高效和准确地安排计划、预测、购买原材料等,从而使利润更高。

但在沃尔玛抛出的巨额订单面前,"与沃尔玛合作是讲究策略的,"保罗·凯利说,"不是所有供应商都适合与沃尔玛合作。"

按照沃尔玛目前的规模,它需要多达2万家供应商来提供各种产品。由于沃尔玛出售的产品五花八门,从针头线脑一直到庞大的机械产品,所以,很难用一个标准来说沃尔玛到底喜欢什么样的供应商。

沃尔玛按成熟度将零售商分为三种。第一种零售商是有自己的设计能力、创新能力,可以引导时尚。另外它的管理结构非常完善,可以预见整个市场的趋势。这种零售商叫"具有成熟度"。

第二种零售商是有一部分的设计能力,对市场也有某种程度的预测能力,同时也有补货的能力。在零售店里面通常是分两种产品,一种叫作促销品,这个产品买进后只是销售一段时间,卖完后就不再进货。另外一种称为补货的商品,即未来的六个月或者是一年内会不停销售的产品。这个类型的产品在一般具有规模的店里面占到75%到80%的销售额。补货能力听来简单,有人会说"多进点货就好了",但是多进货会造成库存的压力、资金的挤压,会造成仓储空间不够,所以补货很重要。

最后一种是成熟度低的零售商,它没有什么样的设计能力,每一次产品采购的方向都是到供应商的样板间去选择，看到什么喜欢就挑什么。

所有的供应商也分成三种。最具有成熟度的供应商，可以很清楚零售商的补货，它会告诉零售商你现在的库存比较低了，你应该赶快进货，或者你现在库存太高，希望你暂时不要买，以免增加库存压力。另外它还有设计能力、有产品丰富的展示厅、提供售后服务。

第二种供应商，可以提供以上成熟厂商的一部分，它可能没有设计能力，但是它改进的能力很强。

最后一种供应商，它只做裁剪，它可能连原料都不用采购，它的供应商会把原料给他。

保罗·凯利认为，沃尔玛一般乐意与具备以下特征的供应商进行合作：

首先，有强烈的决心致力于提高效率和降低成本的供应商；第二，愿意公开自己财务状况的供应商；第三，愿意在与沃尔玛业务相关领域投资的供应商；第四，对沃尔玛提供的产品服务具有创造性和排他性的供应商；第五，能给沃尔玛带来增值服务的供应商。

保罗·凯利认为，那些价格非常高、市场容量小的产品，如高端化妆品、珠宝等，如果通过沃尔玛这种类型的折扣渠道销售产品，就无法维持自己的高价。其次，生产市场容量小、容易被拷贝的产品的加工商，也要尽量避免沃尔玛。第三，资本不足的供应商也不适合沃尔玛。第四，只生产一种产品的供应商最好不要向沃尔玛出售产品。他强调，沃尔玛做生意的方式对大供应商有利，因为他们有规模经济。小型加工商为了满足沃尔玛的要求，必须愿意在技术和员工身上投资，这种投资可能会超过小型供应商的承受能力。

保罗·凯利提醒那些想成为沃尔玛供应商的厂家说，沃尔玛没有进场费。新产品在竞争最好位置时，通常需要经过一段难熬的时间。供应商可选择那些次优的位置。比如，电池加工商可能会在电子产品货架和主要电池产品货架这两个地方同时放置自己的产品。一旦产品已显示出稳定的销售收入，货架的位置肯定能得到改善。

保罗·凯利还强调的是，在与沃尔玛合作中，或许小型供应商会变得过于依赖沃尔玛，以至于不能与别的零售公司合作。他建议在接近沃尔玛之前，供应商应当与别的零售商建立业务关系。这能够使他们客户的范围更加分化，并且资源能够增强，从而更容易满足沃尔玛的需求。

（资料来源：https://www.aliyun.com/zixun/content/2_6_318539.html）

**思考和训练**

(1)哪些供应商适合与沃尔玛合作？

(2)你对沃尔玛供应商选择有何看法？

【技能训练】

一家连锁超市需采购一批日用洗发用品，请你完成以下工作：

(1)写出该采购业务的流程。

(2)根据有关方法来选择该笔采购业务的供应商。

# 项目四

## 连锁经营采购与
## 配送管理

# 模块 1

# 连锁物流概述

## 教学目标

### 1. 终极目标
(1) 理解并能解释说明连锁物流的基本概念。
(2) 理解连锁物流特点并能分析与解决实际问题。

### 2. 促成目标
(1) 充分理解连锁物流的内涵。
(2) 充分理解连锁物流在经营管理中的作用。

## 案例导入

### 苏果特许加盟的连锁经营形式

苏果在向农村市场推进的过程中,主要采取了特许加盟的连锁经营形式,并找到了一个非常好的合作伙伴——供销社。

从1998年开始,苏果就加强了与各地供销社的合作,借助于供销社系统的网络资源,积极发展特许经营,通过苏果品牌、管理模式、商品货源等方面的输出,有效推动连锁超市这种现代营销方式步入农村,迅速扩张了网点规模和品牌效应。目前苏果在农村的800多个网点中有60%是依托供销社网点建立起来的。

苏果和供销社合作的形式主要有两种,其一是区域集体加盟,最典型的是在江苏发展起来的"邳州模式",即邳州市供销社整体加盟苏果,利用供销社在各乡镇的原有网络,在对各网络内店面进行改造的基础上,建立苏果加盟店。这种方式不仅耗费成本低,而且扩张极其迅速。苏果采用这种区域整体加盟的方式,实现了对区域农村市场的快速渗透和全面覆盖。现在邳州市已开了30多家门店,实现了镇镇有苏果。

其二是采取区域多点加盟,即在不具备整体加盟条件的区域,通过选择特定区域内条件较好的企业加盟,实行多点扩张,营造连锁效应。江苏省东台市原来只有县城1家加盟店,苏果经过积极开拓,现在已经在15个乡镇拥有了加盟店。

很多超市在向外地扩张时,往往会遇到地方保护主义,而苏果在这方面却一帆风顺,这与其和供销社合作的过程中,采取的灵活措施密切相关。苏果给予供销社比较优惠的条件,只要达到苏果开店的基本条件,就授予特许经营权,当资金不足时,只要有政府担保就可以开店。苏果的这些举措帮当地县乡政府解决了很多难题,当然也就得到了当地政府相当的回报和足够的支持。

虽然苏果目前已经发展超过1 500家门店,但所进入的省份也只有苏、皖、鲁、豫、鄂、冀6

个。这说明一个问题,苏果在发展过程中的策略是集中火力,即占领一个市场,稳固一个市场,然后再开拓另外的市场,而不是盲目地追求扩张效应。

以苏果在安徽的表现为例,早在 1999 年,苏果就以特许加盟的形式进入了安徽市场,2003年起直营店也开进安徽,直营店首站选择在紧邻南京的马鞍山市。2004 年 7 月,苏果对马鞍山市的 22 家加盟店进行了整体收购,将直营店一统天下且星罗棋布的"南京模式"克隆过去,占据了马鞍山市连锁超市业 60% 的市场份额。通过这样的操作模式,将一个新占领的地方变成了自己的根据地。

随着政府不断出台扶植农村开店的政策,苏果下乡可谓适逢其时,可是要从操作不规范的农村市场中淘出金来,苏果在管理上还有很长的路要走。在如何规范和提升加盟店管理的问题上,苏果采用的是以直营店带动加盟店的形式。

2002 年以来,苏果直营店开始向农村市场拓展,并逐步实施直营店带动提升加盟店的发展战略。一方面,利用直营店的品牌优势、品种优势、环境优势和供应链优势,通过在当地建立旗舰店和样板店,推动和吸引周边农村传统业态加盟苏果,同时也起到带动示范作用,提升加盟店发展水平。

另一方面苏果实施了层层推进战略,由中心城市向乡村辐射式发展。即以南京市为大本营,首先向二三线市场辐射,在江苏、安徽两省的二、三线市场发展连锁网点;在取得市场、形成品牌影响力后,再根据苏果物流配送能力和管理监控能力,在一些大的乡镇选址开店;然后再由此进一步向下辐射,达到一些小的乡村。这样层层推进、层层控制,就有效地促进了农村店面经营管理水平的提升。

(资料来源:苏果营销网)

【案例分析】

这个案例告诉我们,苏果在向农村市场推进的过程中,主要采取了特许加盟的连锁经营形式,积极发展特许经营,通过苏果品牌、管理模式、商品货源等方面的输出,有效推动连锁超市这种现代营销方式步入农村,迅速扩张了网点规模和品牌效应。

【思考·讨论】

(1)你对苏果采取的特许加盟的连锁经营形式有什么评价?

(2)你认为苏果的特许加盟的连锁经营形式对其他商家是否适合?

# 理论知识

### 1. 连锁物流的定义

物流是物资商品流通的简称,是原材料、产成品从起点到终点以及相关信息有效流动的全部过程,是物质资料从供应者向需求者的物理性运动,主要是创造时间价值、空间价值,有时也创造一定加工价值的活动。

所谓连锁物流是指连锁企业的物流活动,是物流运营同连锁经营的结合,也是物流活动在流通领域的一个主要应用。就其运作内容来看,可以将连锁物流定义如下:连锁物流是指连锁企业从商品采购到商品销售给消费者的商品移动过程,是与商流、信息流和现金流并列的四大连锁经营机能之一。主要包括采购、运输、储存、加工、包装、配送、信息伴随等环节。每个物流环节又可以分为许多子系统,如配送环节又可以包括备货、储存、订单处理、流通加工、分拣配货、配载、运送、送达服务、车辆回程等基本作业环节组成。

**2. 连锁物流在连锁经营中的地位**

连锁经营的经营方式决定了其是以连锁总部集中控制商流、信息流和物流三大系统为前提条件的,其中合理安排物流、组织统一送货是连锁经营的必备条件之一。物流活动在连锁经营中占有重要的地位,它不仅是连锁企业降低成本、获取利润的主要源泉,甚至成为一些大型连锁企业的核心竞争力。2003年,我国连锁企业中实行集中采购、统一配送的企业所占的比例高达89%,其中,直营连锁零售企业的统一配送比重达到68%,加盟连锁零售企业的统一配送比重达到45%。但与国外著名的大型连锁企业如家乐福、沃尔玛相比还存在较大的差距。其主要职能有:采购职能、保管职能、装卸搬运职能、流通加工职能、配送职能、信息处理职能。

**3. 连锁物流在连锁经营中的作用**

在连锁经营中,物流系统主要起到商品集散及带动商流、信息流、现金流三流运转的作用,它通过商品的集中采购、集中储备和统一配送,成为连锁经营市场供应的保障系统,也是连锁企业运作的基础。连锁物流不仅具有一般物流活动的价值功能,在连锁经营中更有其特殊性。

**(1)连锁物流把分散的实体储运活动转变为系统的物流活动,实现了规模效益**

连锁经营的盈利源泉主要来自于规模效益,它将来自于单个店铺的多品种、少批量的零星要货集中为大批量要货,通过集中统一进货获取来自供应商的价格优惠。但由于连锁经营企业所属的店铺点多、分布面广,在进货的品种、数量和时间上也不完全相同,因此连锁经营的机制需要高效率、低成本的物流系统的支撑。这也说明,连锁的规模优势是建立在规范物流活动的基础之上的,通过配送中心把厂商或批发商供应的商品储存分装、送货上门,把分散的实体储运活动转变为系统的物流活动,协调产、供、销联系,缩短中间环节,使适销对路的商品在规定时间内以适当批量送达分店,实现连锁经营的规模经济效益。

**(2)连锁物流强化了连锁经营的专业化分工,突出了门店的销售职能**

连锁经营企业一般处于直面终端消费者的供应链末端,是商流、物流、信息流和现金流四流的汇聚,连锁物流有效分离和带动了其余三流的运转。对单个门店而言,所必需的商品采购(包括采购品种、采购时间、供应商选择等)、商品储存及库存管理等职能都被连锁物流系统所承担,通过统一配送将必要的商品以必要的数量在必要的时间送到门店。一方面降低了连锁系统中门店在后勤辅助职能的成本支出,另一方面通过对后勤辅助职能的剥离,强化了连锁经营的专业化分工,突出了门店的销售职能,简化了门店的运作管理,使门店能够充分把握销售时机,最大限度地实现销售目标,满足顾客的消费需求。

**(3)连锁物流减少了分店库存和资金占用,加快了资金周转,提高了企业经济效益**

由于商品的储存及运输职能均由配送中心承担,分店只需根据销售情况提出要货计划,所需商品大多能即时送达,分店存储的是少量即销商品,因此可以大大减少各分店的商品库存量与流动资金占用,加快资金周转,提高企业经济效益。由此,我们可以看出物流的规范活动是连锁经营的必要条件之一,连锁物流的效率高低直接影响着连锁经营较之于单体零售店的优势。

华联超市从1997年开始,在各门店就推行了"零仓经营",配送中心实行了24小时的即时配销制度。各门店因此取消了店内小仓库,公司一下子就增加了5000平方米的营业面积,月销售额上升了1800万元,与此同时还降低了库存资金占用的额外负担,增加了商品周转次数,提高了资金占有率。

在1989年,西尔斯的店员们在销售家具时手写订单,此时他们并不知道该被订购家具是否可以马上运往客户家中。每张订单被送到50个零售配送中心之一。在那儿,该商品被从存货中挑出,并打电话给顾客,请其约定送货时间。如果库存无此商品,则需重新向供应商订货。

顾客会收到电话,被告知几周内将收不到他们订购的商品。更甚者,巨大的昂贵的零售配送中心内保存了过多的重复存货。这对商品周转产生了负效应并导致了利息负担加重,增加了储存和处理成本。有时,有些配送中心会出现缺货问题,这更导致顾客不满;而在另一些配送中心则有多余存货,这些存货过时会贬值。这两种情况均不令人满意。

从1989年开始,西尔斯决定增加其现有商店中家具部的销售面积,使之平均达到约700平方米。今天在西尔斯的新店中,家具部销售面积平均已达2 800平方米。代替原来50个零售配送中心的大量存货的是,西尔斯按事先定好的计划把商品从供应商运往4家家具整合中心。这4家家具整合中心将供应商所送家具配载为一整车,然后发往46个交叉装卸中心。在交叉装卸中心,商品被直接送到客户家中或送往分店。在减少配送中心存货量的同时,可增加家具品种。同时,西尔斯开发出了有效货源系统,实施物流直接化,利用EDI(电子数据交换系统)加速物流周转。新的物流方法,依靠EDI及直运系统大大降低了存货水平并增强了西尔斯满足顾客送货上门需求的能力。西尔斯的所有家具供应商须通过EDI与有效货源系统相互作用。通过有效货源系统,西尔斯能了解某一商品何时可保证运送到顾客手中,供应商可知道已销出多少,需再上多少货。现在当顾客询问有关家具的情况时,店员可将商品号输入POS系统,然后电脑即可显示货源是否有效及何时送货上门的信息。送货上门的计划是根据货车运输量结合顾客居住区而定的。这一系统使家具存货水平降低了80%,由此进一步降低了储存、处理、利息等成本与费用。此外,员工也大大减少了,从事家具订货的员工从75人减少到6人,97%~98%的商品被成功地按期送到客户手中。

### 4.连锁物流供应链

连锁物流供应链主要起到商品集散及带动商流、信息流、现金流三流运转的作用。连锁经营中的各种物流供应链活动不是相互独立而是紧密相关的,它们之间既有相互联系和促进,又有相互影响和干扰,它们共同决定了连锁物流供应链的整体运作效率,因此必须将连锁经营中的各项物流供应链活动作为一个整体系统来认识和管理。连锁物流供应链是对连锁经营体系中的各种物流活动的整合,是指从商品购进到销售的物流供应链全过程。

连锁物流供应链按物流的输入输出过程,可以分为采购物流供应链、内部物流供应链、销售物流供应链以及回收物流供应链(逆向物流供应链)。从市场化角度来看,连锁物流供应链分为市场物流供应链与内部物流供应链两大部分。市场物流供应链主要包括采购物流供应链、销售物流供应链、回收物流供应链;内部物流供应链主要指总部配送中心供货到门店的内部商品配送物流供应链部分。

## 小 结

连锁物流是指连锁企业从商品采购到商品销售给消费者的商品移动过程,是与商流、信息流和现金流并列的四大连锁经营机能之一。连锁经营的经营方式决定了其是以连锁总部集中控制商流、信息流和物流三大系统为前提条件的,其中合理安排物流、组织统一送货是连锁经营的必备条件之一。

在连锁经营中,物流供应链主要起到商品集散及带动商流、信息流、现金流三流运转的作用,它通过商品的集中采购、集中储备和统一配送,成为连锁经营市场供应的保障系统,也是连锁企业运作的基础。连锁经营中的各种物流供应链活动不是相互独立而是紧密相关的,它们之间既有相互联系和促进,又有相互影响和干扰,它们共同决定了连锁物流供应链的整体运作效率,因此必须将连锁经营中的各项物流供应链活动作为一个整体系统来认识和管理。

## 复习思考

1. 连锁物流包括哪些基本环节？
2. 连锁物流的作用有哪些？
3. 连锁物流供应链主要分为哪些部分？

## 实　训

**【案例介绍】**

### 格力模式

从1997年开始，在董明珠的带领下，格力空调的销售实现了飞跃式的增长，销售额从42亿元，增长到2000年的接近70亿元，公司自1997年至今，发展迅速，产销量、市场占有率、利税收入等指标均位居全行业第一位。

至此，"格力模式"开始被人们津津乐道，很多人都把"格力模式"集中在"厂商合作模式、营销模式"领域内进行讨论，这在一定程度上掩盖了事情的真相，从第三只眼——"经营层面"来分析，思路会开阔很多，实际上，所谓的"格力模式"，本质上是连锁经营的模式。

渠道发展一般会经历以下两个主要阶段。

①批发时期：由批发商，即所谓的经销代理商占有渠道的主题位置，批发市场林立，是一个行业渠道发展的初期，属一种粗放的商业流通；

②终端服务时期：竞争的加剧，厂家开始关注整个流通渠道的规范，同时厂家和商家开始关注消费者，最靠近消费者的终端开始作用突显，自然"终端决胜"、"得终端者得天下"等等言论开始成为主流。在此背景下格力通过品牌、资金的输出，其"股份制区域性销售公司模式"开始诞生，以整合代理商大户，规范终端市场，这实际上是一种加盟连锁的方式，各区域分公司实际上是格力这个总盟主在各区域的分盟主。

与此同时，随着终端的日趋重要，一些专业零售商取得了迅速的发展，通过连锁经营的模式，复制经营模式，迅速拓展自身连锁版图，连锁巨头逐步形成，逐渐在厂商博弈中取得话语权，商业资本开始崛起，如家电连锁业的"美（国美）苏（苏宁）"。

连锁经营是企业的一种行为方式，与企业开分公司和办事处，有类似之处，连锁经营是企业的一种组织结构设计，更是一种组织形式，它不属于商业层面，而是属于经营层面的东西，商家可以基于渠道进行连锁模式的运作，厂家当然也未尝不可，格力的连锁模式运作，也并非多此一举。

我们将连锁经营称为一次商业革命，是一种大流通，如果非要讲新旧模式的话，连锁经营应该称之为"新"，如此看来，"格力模式"与"美苏"的连锁家电大卖场同是连锁模式，"格力模式"的诞生可谓顺大势而为。

（资料来源：中国品牌营销网）

**思考和训练**

(1)通过上述案例试说明格力空调的营销模式。

(2)你对格力电器的生产商、经销商都有哪些建议？

**【技能训练】**

若班级有学生在麦当劳或者其他连锁店兼职，请他谈谈对连锁经营的认识，其他同学在听的时候结合自己所学知识加以思考。

# 模块2

# 物流配送中心

## 教学目标

### 1.终极目标

(1)理解并能解释说明物流配送的基本概念。

(2)理解物流配送的特点并能分析与解决实际问题。

### 2.促成目标

(1)充分理解物流配送的特点;利用物流配送模拟软件,熟悉相关流程。

(2)进入物流配送的研究方法的训练状态。

## 案例导入

### 联华超市有限公司

联华超市股份有限公司(以下简称"联华超市")1991年起在上海开展业务,19余年间,以直接经营、加盟经营和并购方式发展成为一家具备全国网点布局、业态最齐全的零售连锁超市公司。截至2009年12月31日,联华超市及其附属公司的总门店数目已经达到4 930家(不包括联营公司经营的门店),遍布全国22个省份及直辖市,继续保持国内快速消费品连锁零售行业的领先地位。联华超市于2003年6月27日以H股形式在香港联合交易所有限公司上市,是首家于联交所上市的中国零售连锁超市公司。

#### 1.联华超市的信息化建设

联华超市的发展壮大与它信息化建设的发展息息相关。主要体现在以下三个方面。

(1)提升物流技术,开辟企业新的利润源

为进一步提升配送技术,形成领先于同行业的物流竞争优势,联华超市全面规划公司物流建设,以EIQ(客户出货量分析)和IQ(品项出货量分析)为核心,通过完善业务流程的再造,实施采购、订货分离,加强配送中心进货、订货和库存管理;并进一步实施与供应商联网的高效EDI系统及门店库存信息的高效反馈系统,实现物流效率、效应和效益最大化。同时,联华还通过对配送中心实施大类商品周转指标考核及费用指标考核,提升物流中心的集约化增利能力,形成高效的物流"第三利润源"。

(2)提升管理技术,实现流程再造

联华从网点开发、设备管理、商品采购、单证流转等方面入手,推行8大流程重组改造计划,积极探索企业过程管理新途径。在推进业务流程重组中,推广了ECR等先进管理方法,使门店呈现"两低"、"两高"的趋势。"两低"是库存降低、缺货率降低;"两高"是门店销售额提高、顾客满意度提高。另外,在财务管理上实施K3财务信息控制系统。

(3)提升信息技术,建设联华"电子通道"

现代化管理的重要性日益突出,所以联华超市决定建立自己的计算机信息系统,目的是利用现代化手段将其连锁超市的三个主要环节——门店、配送中心、超市总部有机联网,实施全面的计算机管理,从而实现物流、信息流、资金流三流一体管理。

**2. 联合企业其他四种业态**

联华企业除了联华超市以外,还包括四种业态:世纪联华、联华电子商务、快客便利、联华生鲜。

(1)世纪联华

世纪联华于2001年7月正式成立,是联华超市有限公司成立的经营和管理大型超市的专业公司。公司成立不久,已创造了相当的业绩,更具有相当的活力与潜质。截至2010年9月已在沪、鲁、皖、苏开设9家大卖场,加上原有的浦东大卖场共有10家,总面积达151 168平方米,总员工人数达3 500多人。已形成初步的经营规模,管理组织框架脉络清晰,管理流程日趋成熟,业绩稳步上升。

(2)联华电子商务有限公司

联华超市股份有限公司控股,上实联合和友谊股份两大上市公司以及上海IT知名企业共同投资5 000万元成立了联华电子商务有限公司。该公司享有"中国超市第一网"之称,专门从事网络零售、批发等经营业务。公司于2000年9月25日正式投入运营。

公司的"联华OK"网,通过www.lhok.com互联网平台和96801电话平台,与广大消费者之间构筑了一条安全、方便、快捷的网络服务纽带。联华电子商务紧紧依托联华超市庞大的实体网点、采购系统、配送体系等巨大的资源优势,全方位开展超市类商品的B to C和B to B业务。

(3)上海联华快客便利有限公司

上海联华快客便利有限公司原名上海联华便利商业有限公司,成立于1997年11月28日,是联华超市有限公司全额投资、以发展连锁便利店为目标的公司。联华快客开展特许加盟连锁机制,结合再就业工程,采用多种形式拓展网点,同时加大推进特许加盟的力度,迅速膨胀联华快客的规模,到目前为止,联华快客特许加盟店已达300多家。联华快客对国际通行的分特许(区域特许)经营形式进行尝试,在开展特许经营中遵循自愿、公平、有偿、诚信、规范的原则,吸引了新疆、沧州、太原等地一些企业加盟。

公司拥有近1万平方米的现代化物流配送中心,物流中心的计算机网络中心能对商品进、出、存、分拣进行全方位调控。库内设有数控流水线,配送差错率可降至最低水平。其合理化、效率化、自动化、系统化的物流配送能力,降低了物流配送的成本,减少了商品配送的缺品率,为门店的配送提供了完美的服务。

(4)上海联华生鲜食品加工配送中心

上海联华生鲜食品加工配送中心有限公司是个现代化生鲜加工配送企业。联华生鲜加工配送中心拥有一支高效的配送队伍,满足对自有门店的配送,很好地保证了自有1 000余家门店的销售需求。联华生鲜加工配送中心还具有面向社会的配送能力,即:面向社会超市、大型企业集团、大型宾馆饭店、大型娱乐场所、铁路、民航等,进行组合批发配送,以满足各方需求。

(资料来源:联华超市有限公司营销网)

**【案例分析】**

这个案例提示我们,联华超市的发展和壮大与它信息化建设的发展息息相关,公司拥有现代化物流配送中心和高效的配送队伍。

**【思考·讨论】**

(1)联华超市到底因为什么而成为国内连锁超市的领头羊?

(2)你认为联华超市的物流配送中心有什么特点?

# 理论知识

## 1. 什么是物流配送中心

在连锁经营物流系统中,物流配送中心处于关键的位置,被称作物流系统的枢纽。它具体承担了连锁经营中的大多数物流活动,可以说物流配送中心的运营情况是整个物流运营好坏的标志。配送中心是物流中心的一种主要形式,是组织配送性销售或专门执行实物配送活动,具有集货、分货、送货等基本职能的流通机构。配送中心是从事货物配备(集货、加工、分货、拣选、配货)和组织对用户的送货,以高水平实现销售或供应的现代流通设施。

中华人民共和国国家标准物流术语中关于配送中心是这样定义的:从事配送业务的物流场所或组织,应基本符合下列要求:主要为特定的用户服务;配送功能健全;完善的信息网络;辐射范围小;多品种、小批量;以配送为主,储存为辅。

不管怎么定义,都肯定了配送中心具有集货、分货、送货和流通加工等基本职能,是以物流配送活动为核心的经营组织。

## 2. 配送中心的功能

连锁物流配送中心与传统的仓库、运输是不一样的,一般的仓库只重视商品的储存保管,传统的运输只是提供商品输送而已,而配送中心承担了连锁物流中的主要职能,重视商品流通的全方位功能,具有商品储存保管、流通行销、分拣配送、流通加工及信息提供的五大功能。

### (1)储存保管功能

一般来说,除了采用直配直送的批发商之外,连锁企业的大部分商品必须经过实际入库、保管、流通加工包装后才可出库,因此配送中心具有储存保管的功能。在配送中心一般都有库存保管的储存区,因为任何的商品为了防止缺货,或多或少都有一定的安全库存。视商品的特性及生产前置时间的不同,其安全库存的数量也不同。一般国内制造的商品库存较少,而国外制造的商品因船期的原因需储存较多的商品,库存较多,库存周期约为2~3个月;另外生鲜产品的保存期限较短,因此保管的库存量比较少;冷冻食品因其保存期限较长,因此保管的库存量比较多。

### (2)分拣配货功能

配送中心另一个重要功能就是分拣配货。连锁企业一般具有较多的门店,不同门店对商品种类、规格、数量等方面都有不同的要求,因此配送中心必须根据各门店的补货要求(商品品种、数量、规格等),从储备商品中通过拆零、分拣等作业完成不同门店的配货工作,并以最快的速度送达各门店手中。配送中心的分拣配货效率是物流质量的集中体现。对于大型连锁企业来说,必须建立自动化的配送设备,才能达到上述要求。

近年来,连锁超市对商品的"拆零"作业需求越来越强烈,国外同行业配送中心拣货、拆零的劳动力已占整个配送中心劳力的70%。为更好地满足需求,上海华联超市实现了拆零商品配货电子化,配送中心拆零商品的配货作业采用电子标签拣选系统。

使用电子标签设备,只要把门店的订单输入电脑,存放各种拆零商品的相应货位指示灯和品种显示器,就能立刻显示出需拣选的商品在货架上的具体位置以及所需数量,作业人员便可从货格里取出商品,放入拣货周转箱,然后揿动按钮,货位指示灯和品种显示器熄灭。订单商品配齐后进入理货环节。

电子标签拣选系统能自动引导拣货人员进行作业。任何人不需特别训练,即能上岗工作,大大提高了商品处理速度,减轻了作业强度,大幅度降低了差错率。

(3)送货功能

送货是连锁物流的一大核心功能,也是物流成本支出和提升物流服务质量的主要方面。配送运输不同于一般运输,配送中心送货主要是支线运输,其运输范围较小、区域密度较大,因此需通过货物配装和路线规划,以实现降低成本,提高送货效率。

送货流程包括配装、运输和交货。由于运输在送货中的重要性,选择合理的运输方式和使用先进的运输工具,对于提高送货质量至关重要。

(4)流通加工功能

在物流过程中,根据零售要求或配送对象(产品)的特点,有时需要在配货之前先对货物进行加工和分装,以更好地满足用户需求。如肉类分割、计量,散货分装等,还有蔬菜的分拣、计量、包装等。这些作业是提升配送中心服务品质的重要手段。

(5)信息功能

一些现代连锁企业的配送中心除了具有配送、流通加工、储存保管等功能外,还集成了信息管理功能,掌握物流活动中的相关信息,为配送中心本身及上下游企业提供各式各样的信息情报,以供配送中心营运管理策略制定、商品路线开发、商品销售推广策略制定作为参考。例如,哪一个客户订多少商品,哪一种商品比较畅销,从计算机的分析资料中可以非常清楚地了解到,甚至可以将这些宝贵资料提供给上游的制造商及下游的零售商作为经营管理的参考。

**3.配送中心的目标**

①服务。配送中心应准确、及时地为各门店配送所需的商品,为各分店提供服务,做到商品不积压、不脱销、不坏损,使费用最小。

②速度。配送中心要能迅速及时地把商品送到分店,这就要求配送中心应建在适当位置上。

③节省空间。一方面配送中心的建筑应节省土地,另一方面也应注意充分利用现有空间,合理规划。

④维持合理库存。既要防止库存过多造成浪费,也要防止库存过少造成脱销。

⑤规模适当。避免配送中心建得过多或过少。

配送中心使连锁店能实现较好的存货控制、较快的商品订货、快速的商品周转和毛利水平的提高,可使集中大量采购成为可能,因而也减少了应付账款的次数。

现在国外大多数配送中心都已高度计算机化和高度自动化,运用商品处理和移动方面的最新装置,如自动定向车辆、自动储存和复原系统、个人电脑存货管理、计算机存储系统、自动存货单位挑选装置等。

配送中心最常出现的错误是单店收到的配送商品品种与数量不符合。美国瑞奇百货店的配送中心通过回声系统的使用让分店在配送货物上路之前先了解将收到什么商品,以消除错误。

高度计算机化和自动化的配送中心能加快商品从配送中心到分店的移动,提高连锁店的获利水平。例如,帝希连锁店在采用了新的配送中心后,商品从仓库到分店的时间由过去的2周减为2天,商品加工速度比原来增加45%,可使销售额上升20%。一个普遍的趋势就是商品从采购到摆上分店货架的时间越来越短,存货水平不断降低,商品周转速度不断加快。现在的配送中心是一个24小时连续运转的钟表。根据国际大量零售协会对75家连锁店的调查,在今后,配送中心营运时间每周将增加20%,夜晚和清早的运输配送将越来越普遍,这是提高配送中心营运效率的普遍做法。调查还指出在今后几年内提高配送中心效率的关键性措施有:扩大营运时间、增加有效空间利用、以营运效果为基础进行奖励。

**4. 配送中心的类型**

**(1)根据物流配送中心的功能来划分**

根据其侧重点不同,可分为不同类型的物流中心。具体讲,主要有周转配送中心、分销配送中心、保管配送中心、流通加工配送中心四类。各类型的特点是:

①周转配送中心,不具有商品保管、在库管理等管理型功能。而是单纯从事商品周转、分拣作用的物流中心。

②分销配送中心,拥有商品保管、在库管理等管理功能,同时进行商品周转、分拣业务的物流中心。

③保管配送中心,单有从事商品保管功能的物流中心。

④流通加工配送中心,从事流通加工功能的物流中心。

从现代物流的发展趋势来看,为了加强商品的流动,更好地使物流系统顺应客户需求,物流配送中心逐渐从周转型转向分销型。在连锁物流中,由于是批发商或零售商主导的物流系统,所以保管型配送中心几乎不存在。在目前发达国家中,分销型的比例一般要占到所有物流中心的70%以上。另外,流通加工配送中心也发展得非常迅速。

**(2)按流通的不同阶段划分**

商品的流动是从生产地经流通渠道到消费地的过程。根据物流配送中心在流通渠道中的位置可分为属于制造商的物流配送中心、属于批发商的物流配送中心、属于零售商的物流配送中心。因为生产商、批发商、零售商都可以创建连锁企业,进行连锁经营,主导连锁物流。根据不同的运营主体又分为生产商、批发商、零售商的物流中心。

**(3)按配送货物的属性分类**

根据配送货物的属性,可以分为食品配送中心、日用品配送中心、医药配送中心、化妆品配送中心、家电配送中心、电子(3C)产品配送中心、书籍配送中心、服饰配送中心、汽车配件配送中心以及生鲜产品处理中心等。由于所配送的产品不同,配送中心的规划建设与运作也会有较大的差异。例如,生鲜产品配送中心又称为湿货配送中心,主要处理蔬菜、水果与鱼肉等生鲜产品,属于低温型的配送中心,该配送中心主要由冷冻库、冷藏库、鱼虾包装处理场、肉类包装处理场、蔬菜包装处理场等组成。而书籍配送中心,由于书籍有新出版、再版及补书等的类别,尤其是新出版的书籍或杂志,其中的80%不上架,直接理货配送到各书店去,剩下的20%左右库存在配送中心等待客户的再订货;另外,书籍或杂志的退货率非常高,约有三到四成左右。因此,在书籍配送中心规划与运作流程,就与食品、日用品的配送中心不一样。服饰配送中心,也有淡旺季及流行性等的特性,而且较高级的服饰必须使用衣架悬挂,其配送中心的规划也有其特殊性。

**5. 配送中心的基本流程**

不同类型的物流配送中心的作业环节和作业流程有一定的差异,但都是对基本作业环节的变动,不同模式的配送中心作业内容有所不同,一般来说配送中心执行如下作业流程:收货、验货、入库、保管、加工、分拣配货、配装、送货、店铺。

收货是指连锁店总部的进货指令向供货厂商发出后,配送中心对运送的货物进行接收。检验活动包括核对采购订单与供货商发货单是否相符、开包检查商品有无损坏、商品分类、所购商品的品质与数量比较等。经检查准确无误后方可在厂商发货单上签字将商品入库,并及时登录有关入库信息,转达采购部,经采购部确认后开具收货单,从而使已入库的商品及时得到保管。加工主要是指对即将配送的产品或半成品按销售要求进行再加工。加工主要包括:分割加工;分选加工;促销包装;贴标加工,如粘贴价格标签,打印条形码。加工作业完成后,商品即进入可配送状态。

分拣及配货是决定整个配送系统水平的关键要素。拣货配货工作是指配送中心接到配送指示后,及时组织理货作业人员,按照出货优先顺序、储位区域、配送车辆趟次、门店号、先进先出等方法和原则,把配货商品整理出来,经复核人员确认无误后,放置到暂存区,准备装货上车。

配装与一般送货的不同之处在于,通过配装送货可以大大提高送货水平及降低送货成本,所以,配装也是配送系统中有现代特点的功能要素,也是现代配送不同于以往送货的重要区别之处。

配送运输是较短距离、较小规模、额度较高的运输形式,一般使用汽车做运输工具。与干线运输的区别是:配送运输的路线选择问题是一般干线运输所没有的,干线是干线运输唯一的运输线,而配送运输由于配送用户多,一般城市交通路线又较复杂,如何组合成最佳路线、如何使配装和路线有效搭配等,是配送运输的关键,也是难度较大的工作。

配好的货物运送到门店还不算配送工作的完成,因为送达货物和门店接货往往还会出现不协调,使配送工作前功尽弃。因此,要圆满地实现货物的移交,并有效地、方便地处理相关手续并完成结算,还应讲究卸货地点、卸货方式等。

配送作业过程包括计划、实施、评价三个阶段。

首先要制订配送计划。配送计划是根据配送的要求,事先做好全局筹划并对有关职能部门的任务进行安排和布置。全局筹划主要包括:制订配送中心计划;规划配送区域;规定配送服务水平等。制订具体的配送计划时应考虑以下几个要素:连锁企业各门店的远近及订货要求,如品种、规格、数量及送货时间、地点等;配送的性质和特点以及由此决定的运输方式、车辆种类;现有库存的保证能力;现时的交通条件。配送计划要考虑这些要素来决定配送时间,选定配送车辆,规定装车货物的比例和最佳配送路线、配送频率。

其次是配送计划的实施。配送计划制订定后,需要进一步组织落实,完成配送任务。配送计划确定后,需要先向各职能部门,如仓储、分货包装、运输及财务等部门下达配送任务,各部门做好配送准备。同时将到货时间、到货品种、规格、数量以及车辆型号通知各门店做好接车准备。然后组织配送发运。理货部门按要求将各门店所需的各种货物进行分货及配货,然后进行适当的包装并详细标明门店名称、地址、送达时间以及货物明细。按计划将各门店货物组合、装车,运输部门按指定的路线运送各门店,完成配送工作。如果门店有退货、调货的要求,则应将退调商品随车带回,并完成有关单证手续。

最后是结合门店的反馈和成本核算。对配送计划进行评估,并作相应的调整,以提高配送效率,降低配送成本。

**6. 配送中心的结构**

**(1)配送中心分区**

连锁企业的配送中心按其功能要素和内部作业流程,可划分为以下的若干功能区域:

①管理区,是中心内部行政业务管理、信息处理、业务洽谈、订单处理以及指令发布的场所。一般位于配送中心的出入口。

②进货区,是进行收货、验货、卸货、搬运作业及货物暂停的场所。

③理货区,对进货进行简单处理的场所。在这里,货物被区分为直接分拣配送、待加工、入库储存和不合格需清退等,分别送往不同的功能区。在实行条形码管理的中心,还要为货物贴条形码。理货区一般邻近进货区。

④存储区,对暂时不必配送或作为安全储备的货物进行保管和养护的场所。通常配有托盘和多层货架。

⑤流通加工区,进行一定的生产性和流通性加工(如分割、剪裁、改包装等)作业的场所。加工区的大小、相对位置要视具体的作业内容而定。

⑥分拣配货区,进行发货前的拆零、分拣和按订单配货等作业的场所。一般来说是连锁企业配送中心的主要功能区域。

⑦配装区,由于种种原因,有些分拣出来并配备好的货物不能立即发送,而是需要集中在某一场所等待统一发货,这种放置和处理待发货物的场所就是配装区。在配装区内,工作人员要根据每个门店的位置、货物数量进行分放、配车和选择单独装运还是混载同运。因在配装区内货物停留时间不长,所以货位所占的面积不大,配装区的面积比存储区小得多。需要注意的是,有些配送中心的配装区与发货区合在一起,称为分类区,因此,配装作业常融合于其他相关的工序中。

⑧发货区,发货区是工作人员将组配好的货物装车外运的作业区域。

⑨废弃物处理区,对废弃包装物(塑料袋、纸袋、纸箱等)、破碎变质货物、加工残屑等废料进行清理或回收利用的场所。

⑩退货处理区,存放进货入库和门店回流的残损的、不合格或货单不符等需要重新确认等待处理的货物的场所。

⑪设备存放及维护区,存放及维护(充电、充气、紧固等)叉车、托盘等作业设备和工具的场所。除以上设施结构外,配送中心应附设停车场,规划好配送中心内部通道。

**(2)配送中心区域布局规划三层面**

在明确了配送中心的作业环节、流程和相应的主要功能模块后,即可结合各区作业能力标示各作业区域的面积和界限范围,对配送中心内部的空间区域和作业区域进行合理布局,以确保配送中心的高效运作。配送中心区域布局规划分为三个层面:

①物流作业区域的布置。由于配送中心内的基本作业形态大部分为流程式的作业,不同订单具有相同的作业程序,因此适合以生产线式的布置方法进行配置规划;若是订单种类、物品特性或拣取方法有很大的差别,则可以考虑将物流作业区域区分为数个不同形态的作业线,以分区处理订单内容,再经由集货作业予以合并,提高物流作业效率。

②管理辅助作业区域的布置。管理辅助区域物流作业区之间无直接流程性的关系,因此适合以关系型的布置模式作为厂房区域布置的规划方法,即相关程度高的区域在布置时应尽量紧临或接近,如出货区与称重区;而相关程度低的区域则不宜接近,如库存区与司机休息室,以此提高业务流程的合理性。

③厂区布置。如厂区通道、停车场、对外出入大门及外联道路形式等。总的来说,配送中心的布局规划需考虑的因素较多,技术性也较强,但较为重要的还是在前期对配送中心作业流程设计,作业区的功能和作业能力的规划,只有在此基础上才能对配送中心内部布局做出合理规划,保障配送中心和整个连锁物流体系的高效运作。

## 小　结

配送中心是从事货物配备(集货、加工、分货、拣选、配货)和组织对用户的送货,以高水平实现销售或供应的现代流通设施。从事配送业务的物流场所或组织,应基本符合下列要求:主要为特定的用户服务;配送功能健全;完善的信息网络;辐射范围小;多品种、小批量;以配送为主,储存为辅。

配送中心具有商品储存保管、流通行销、分拣配送、流通加工及信息提供的五大功能。

不同类型的物流配送中心的作业环节和作业流程有一定的差异,但都是对基本作业环节的变动,不同模式的配送中心作业内容有所不同,一般来说配送中心执行如下作业流程:收货、验货、入库、保管、加工、分拣配货、配装、送货、店铺。

配送作业过程包括计划、实施、评价三个阶段。

## 复习思考

1.什么是物流配送中心?
2.物流配送中心的功能是什么?
3.物流配送中心的基本流程是什么?

## 实　训

**【案例介绍】**

### 中式快餐代表:永和豆浆

当"肯德基"、"麦当劳"等洋快餐迅速占领中国市场时,中式快餐似乎有点招架不住。然而,永和豆浆却在中国迅速扩张,并得到了广大顾客的认可。豆浆、油条这些看似不起眼的小食,如何能做大、做强?如何能让自己区别于路边摊、小店?如何能既保持原有风味,又能确保品质如一?如何能够在竞争中崭露头角呢?

中餐缺少量化标准,动辄"少许"、"适量",这样虽能最大程度发挥厨师的创造性,却不能复制,不能大规模、工业化生产。因此,洋快餐的量化生产方式,非常值得中餐连锁店借鉴。

针对此问题,永和豆浆的做法是对产品制作进行半成品的前处理。例如在油条的前处理程序中,把面粉和成面这一个过程是公司集中做好的,然后再将半成品配送到公司的加盟店。每个店都有一个标准作业流程,一根油条多少重量,成型标准如何,油温是几度,要转翻多少次,都有明确标准。

走进永和豆浆,让人首先感受到的是就是其清爽、洁净的环境,和平日看到路边那些脏乱的小摊形成了鲜明的对比。街摊炸油条所用的油,很少更换,对人体的健康有很大的伤害。为了体现健康理念,保证消费者健康,永和豆浆的油,炸过两百根油条的就换掉。豆浆也是经过特殊的工艺处理,浓度能达到一定的程度,还能保存其健康原味。

永和豆浆还依托高科技设置了合理的流程,使得各个部门之间能良好协作,以节约时间,提高效率。

门店开单出菜流程:在永和豆浆的门店,都安装了触屏幕点菜POS机。触屏幕POS机的采用,令点菜落单的工作更快捷更准确,服务员不用再牢记食品编号,减少了出错的机会。出品部打印机自动出单,使服务员不用再穿梭于用餐区及各个出品部,即提高了效率,又杜绝了舞弊,还让服务员有更多时间服务客人。

店长对账流程:让店长从以往的繁复账务核对中解脱出来,电脑对账稽核流程让账目清晰、责任明确,让店长们有更多时间集中精神去服务顾客,提升服务质量。

菜品配料表流程:控制原料配比,以及与之对应的作业内容,实现永和菜品制作的标准化,比如一只蒸包里食盐、味精放多少克,以及烹饪火候、用料、动作等都有严格规定。

门店进货控制流程:通过菜品千次成功率进行门店进货控制,让门店进货不再凭感觉,而是依靠经营数据科学分析进货,对商品既不多进压库存,也不少进影响销售,减少资金积压。

菜品编排流程:通过各门店菜品的销售数量,种类分析和比较,帮助各分店决定最佳的菜谱及定价,帮助门店有针对性地制订销售计划和菜品编排,创造利润。

永和豆浆通过先进的数据集联技术,将总部、配送中心、各门店、仓库、加工厂连接为一个局域网络平台,异地管理不再成为难题,建立了以总部为管理中枢,以配送中心为信息中枢的一体化管理网络,实现总部、配送中心、门店、仓库、加工厂(中心厨房)各个地点的实时数据传递、业务处理。

总部、配送中心成为财流、物流、信息流的管理中心,及时准确地传递有关采购、库存、配送、销售、财务票据、人事安排、自营预测、工作进度等多方面信息,提高企业对市场的反应速度,经济效益和管理效率,总部透过这一实时网络平台,可以更快捷、更灵活地去处理每间店的重要问题,例如对各门店的销售情况、成本、配料、计划配额等数据的分析,以达到真正指导门店经营环节的作用。实现整个集团企业的统一管理,使庞大、分散的连锁店逐步实现统一采购、统一管理、统一核算、统一配送。

从以上各方面可以看出,永和豆浆的成功,不仅是因为其优质的产品和出色的服务,还因为其善于学习,兼收并蓄,既保留了中国传统文化的精髓,使顾客在感情上有所共鸣;又吸收了外来快餐业的优秀经营管理方法,并依托高科技,为顾客就餐提供最大的便利和实惠。

(资料来源:中餐通讯网)

**思考和训练**

(1)通过上述案例说明永和豆浆是如何成功的。

(2)你对永和豆浆对抗洋快餐还有哪些好的建议?

【技能训练】

以小组为单位,分析我国快餐连锁企业的优点与缺点,然后在老师的指导下给出我国快餐与洋快餐实施对抗的相关建议,并且与其他小组成员进行交流。

# 模块3

# 采购与配送管理

## 教学目标

### 1.终极目标

(1)理解并能解释说明采购与配送的基本功能。

(2)理解采购与配送特点并能分析与解决实际问题。

### 2.促成目标

(1)充分理解采购与配送的特点,进入采购与配送的训练状态。

(2)理论联系实际,结合案例进行分析。

## 案例导入

### 伊利集团物流"织网"计划

自 2007 年开始,伊利集团开始在全国范围内实施一项"织网"计划,这是一个通过战略布局调整降低物流成本的典型案例。所谓"织网"计划,其核心就是实现生产、销售以及市场的一体化运作,并对每个市场进行精耕细作。

目前,伊利集团已在全国十多个销售大区设立了现代化乳业生产基地。在这样的布局条件下,伊利在四川、山东、安徽、湖北等地的生产基地不仅可以供给本区域内的市场需求,还可以供应周边地区,从而形成一个庞大的网络体系,大大降低了物流成本,同时也大大增强了对食品安全的保障。

从 2000 年以来,由于伊利集团物流量的逐年增加,原有的运输资源已经对产品流通产生了制约。自 2005 年开始,伊利集团新增三种物流运作方式,也就是海洋运输、五定班列和分仓建立。

海洋运输特点是远距离、运量大,但效率较低,并且受地域限制。伊利集团在广东、海南、香港、澳门和海外市场已经全面引入海洋运输形式,目前已占据大约 15% 的比例,承担了一部分非常重要的运输送任务。

另一方面,随着伊利集团的市场逐步向内陆和西部延伸,拓展铁路运力势在必行。于是,在铁道部中铁集装箱总公司的大力支持下,伊利集团五定班列也正式开通。这种方式增大了铁路运输能力,有力保障并弥补了原有铁路运力的不足。现在,伊利集团已经开通了呼和浩特市至广州、成都、上海、宁波,包头至广州、上海,东北至武汉、长沙,以及巴盟至成都等一系列五定班列,为伊利集团的物流系统提供了极大的保障。五定班列的运量已经占到整个伊利集团运量的 55%,成为伊利物流名副其实的中坚力量。

此外,伊利集团分仓的建立则弥补了中小型客户的需求,极大地开拓了镇、县级市场,增加了伊利集团的市场份额及销售收入,对整个销售市场起到了积极的补充和调剂作用,成为不可或缺的一部分。目前,伊利集团物流成本占整个集团成本体系的比例为6.5%左右,与前些年相比有了明显降低。但是,由于油价上涨以及生产成本不断提高等因素,近年来,伊利集团的物流成本也呈现出回升的趋势。降低物流成本,关键在于创新。伊利集团相关负责人表示,在保证食品安全的前提下,通过产业布局调整和提高物流技术来降低物流成本,已经成为我们面临的一项新任务。

伊利集团董事长潘刚极其重视物流管理。他指出,物流作为衔接生产和销售的中间环节,是未来销售市场的原动力,其在企业发展中的积极作用不可小觑。具体的物流运作模式应随机应变,根据不同产品种类制定出合适方案,并且要切实可行地保证食品安全。

伊利集团对物流工作的重视,体现在人力资源保障和组织架构的完善两个方面。首先,该公司对人才流失控制得非常好。伊利集团除了给予工作人员法定的福利外,还提供额外具有竞争力的福利待遇。同时,伊利还为员工提供双轨晋升制,充分调动员工的潜能,从而成为企业发展最好的助推器。其次,伊利集团一直保持着环境、组织和战略的动态适应,以实现企业持续发展。正如物流形式的不断变迁一样,伊利集团的组织结构也在发生着细微的调整和变化。

关于伊利集团物流管理的下一步规划,该公司新闻发言人表示,作为企业,应该考虑的重要问题是如何用物流服务赢得市场,增加市场占有率和收益。今后,伊利集团将进一步"两手抓"物流工作:"一手"要使物流成为销售实力的具体体现,为市场提供及时、安全、快捷的服务;"另一手"则不断探索新的物流模式,尽快发挥分仓作用,实现客户和产品之间"零"距离。

(资料来源:新锦程物流网)

【案例分析】

降低物流成本,关键在于创新,物流作为衔接生产和销售的中间环节,是未来销售市场的原动力,其在企业发展中的积极作用不可小觑。具体的物流运作模式应随机应变,根据不同产品种类制定出合适方案。

【思考·讨论】

(1)你认为伊利集团物流"织网"计划有什么特点?
(2)你是如何理解"降低物流成本,关键在于创新"这句话的?

# 理论知识

### 1. 采购管理

对于零售连锁企业和餐饮连锁企业来说,企业经营的源头便是商品采购,采购工作的好坏直接关系着企业是否拥有可靠稳定的货源,关系着后续商品经营活动能否正常展开。由于实际工作中各种采购内幕的存在,使得企业应得的一部分利润在源头就已白白流失。大量商品被积压,有限资金被占用,价格竞争无优势,商品质量不稳定等,这其中的原因除了采购员本身的素质低下外,连锁企业还应该反省一下自己的采购制度是否合理,采购方法是否科学,采购控制是否完善。这里主要介绍连锁企业普遍采用的采购制度、采购方法和采购控制,这些制度与方法不仅对零售和餐饮连锁企业有借鉴价值,对服务型连锁企业的设施器具采购也有一定的参考价值。

**（1）采购制度**

这里说的采购制度指的是中央采购制度，又称为集中采购制度，是指采购权限高度集中于连锁总部，由总部设置专门采购机构统一采购所有门店经营的商品，门店则专门负责销售，与采购脱离。这是一种采购与销售相分离的采购制度。在这种制度下，商品的引入与淘汰、价格制定及促销计划等，完全由公司总部统一规划实施，各门店对商品采购无决定权，但有建议权。

①中央采购制度的优点：可以提高连锁企业在与供应商采购谈判中的议价能力；可以降低采购费用；中央采购有利于连锁总部统一规划、实施促销活动，有助于保持企业统一形象，使企业整体营销活动易于策划和控制；中央采购制度将采购职能集中于训练有素的采购人员手中，有利于保证采购商品的质量和数量，提高采购效率；同时使各门店致力于销售工作，提高店铺的营运效率；建立在中央采购基础上的配送体系降低了连锁门店仓储、收货等费用；有利于规范企业采购行为。

②中央采购制度的缺陷：购销容易脱节；采购人员与门店人员合作较困难，门店的积极性难以充分发挥，维持销售组织的活力也较困难；责任容易模糊，不利于考核。

**（2）采购方法**

不同的连锁企业根据自身条件设计了不同的采购流程，采用了不同的采购方法，在这里，我们主要介绍两种传统的采购方法（定时采购和定点采购）以及三种目前较为新颖的采购方法（招标采购、联合采购和持续补货）。

①定时采购。定时采购就是连锁企业确定一个固定时间即采购周期，每隔一个采购周期就集中采购一批商品，此时采购商品的数量以这段时间销售掉的商品为依据计算。

采购周期是根据企业采购该种商品的备运时间、平均日销售量及企业储备条件、供货商的供货特点等因素而定，一般由企业预先固定，或10天，或15天，或更长不等。采购批量则不固定，每次采购前，必须通过盘点了解企业的实际库存量，再订出采购批量。其计算公式为：

$$采购批量＝平均日销售量×采购周期＋保险储备量－实际库存量$$

由于该采购方式容易出现缺货现象，为了使可能的缺货损失降到最低，该方法一般适用于非主力商品或非重要商品，这些商品即使缺货也不会对企业经营造成太大影响。为此，企业可以采取ABC分类法对商品重要性进行分析。A类商品是指获利高或占销售额比重大，而品种少的商品，一般金额比重为70%～80%，品种比重为5%～10%；C类商品是指获利低或占销售比重小，而品种多的商品，一般金额比重为5%～10%，品种比重为70%～80%；B类商品是处于A类和C类商品之间的商品，其金额比重为10%～20%。

②定点采购。定点采购也称为采购点法，是指企业根据库存水平降到某一点来确定采购时间。定点采购的特点是采购批量固定，采购时间不固定。这种采购的关键实际上是确定采购点的库存量。采购点的计算公式如下：

$$采购点＝平均日销售量×平均备运时间＋保险储备量$$

定点采购的优缺点是：能随时掌握商品变动情况，采购及时，不易出现缺货现象。但是，由于各种商品的采购时间不一致，难以制订周密的采购计划，不便于采购管理，也不能享受多种商品集中采购的价格优惠。

③招标采购。招标采购是通过公开招标的方式而进行的大量采购。一般由购货单位或主

办单位发出采购某种商品的通知，或是在媒体登出广告，说明拟购商品及相应的条件，请各方卖主在指定的期限内提出报价投标，招标人开标并比较各方报价，选择对其有利者达成交易。一般采取提前预付或货到付款方式，因此有人又将其称为招标买断制。

招标采购的好处是：A. 可以使多家厂商竞标，大大降低进货成本和采购价格。B. 招标采购使采购变得迅捷。招标采购是在指定的时间和地点公开进行，优劣一目了然，交易双方不必耗时耗力进行反复磋商，没完没了地讨价还价。这是高效率的一种采购方式。

④联合采购。这种采购方式实际上是同行业的合作采购，是自由连锁组织最常用的采购方法。这是指一些中小型连锁企业或独立商店组织起来，为了获得一定的规模优势，成立采购联盟或加入第三方采购组织，实行共同进货。在这种情况下，小型连锁企业的许多订单集中在一起，以便在与供应商谈判时争取较低的价格，同时拓宽供货渠道。

⑤持续补货。持续补货是指连锁企业与供应商一体化运作，连锁企业无须下订单，而是供应商根据信息系统掌握连锁企业的门店销售情况和库存情况随时向企业供货，以保证商品持续供应并降低库存。这种运作方式通常是两家公司长期协作的结果。这种采购方式实际上是供应链上企业之间的无缝合作方式。这种方式最早是由沃尔玛和宝洁公司共同探讨开发的。

### （3）采购控制

采购控制是连锁企业实现经营目标的重要手段，在营运中谁能控制商品采购这一环节，谁就控制了商品流通的源头。由于采购过程中的各种黑幕和腐败的存在，损害了企业的利益，因此，采购控制成了管理者最重视也最头痛的工作。下面介绍几种采购控制方法。

①流程控制。流程控制是指连锁企业通过合理设计商品采购的各个环节以及每一环节上的相关组织和个人的权利与责任，将采购工作的全过程置于多重监管之下，实现采购透明化、流程科学化、责任明晰化，以杜绝采购权力的滥用导致的采购腐败。

采购流程是指连锁企业从建立采购组织开始到商品引入商场正常销售为止的整个过程。该流程主要环节如下：建立采购组织——制订采购计划——确定供应商和货源——谈判及签约——商品入场试销——商品正式销售。连锁企业可以在每个流程中设计相应的管理制度来约束采购员的行为。

②指标控制。对采购的控制除了采购环节的控制外，还必须建立考核采购人员的指标体系对采购进行细化的控制。采购考核指标体系一般可由以下指标组成：销售额指标、商品结构指标、毛利率指标、商品周转天数指标、商品到位率指标、新商品引进率指标、商品淘汰率指标、通道利润指标。

③预算控制。预算控制是通过制订采购预算，限制采购员一定时期内的采购金额，并结合其他考核指标而对采购工作控制的一种方法。具体做法是，先计算一个时期内的计划采购额，再据此计算采购成本作为一定时期的采购预算，在采购过程中用采购预算不断扣除其采购应付款项，所得出的采购限额即是采购员剩余的采购权限。

④对供应商定期考核。由于采购工作是商品经营的首项环节，直接关系着后续商品经营活动的有效性，因此采购控制不能仅仅是对采购员工作的控制，还必须定期评估进场的商品和供应商的表现，据此评估采购工作的好坏。评估内容主要包括两个方面：商品的评估和供应商的评估。对于商品的评估，最重要的是看它能否畅销以及对企业的贡献，连锁企业一般采取销售量排行榜和利润排行榜来进行分析，并通过末位淘汰法及时淘汰滞销商品，同时引入新商品。

**2. 配送管理**

**(1)收货作业**

收货作业是从货车上把商品卸下、开箱,检查其数量、质量,之后将有关信息书面化等一系列工作。收货作业的流程是:收货准备——货车到达——卸货——检查单据——商品核验——收货记录——入库。下面对收货作业的几个重要步骤进行解释。

①卸货。为了高效率地完成每次卸货作业,管理人员必须事先做好准备:掌握到货日、商品品种、货量及送货车型;尽可能准确预测送货车到达日程;配合停泊信息协调进出货车的交通问题;为方便卸货及搬运,计划货车的停车位置;预先计划临时存放位置。其中,时间安排是收货控制的重要问题,一定要避免收货在时间上过度集中,因为收货时间太集中会使作业人员无法对所进商品进行合理有序的处理,同时,还要保证所进商品有序堆放,以便能对其进行正常的检查检验。

②商品核验。商品从送货车上卸下后,未拆卸前,应在送货司机面前验收箱数是否正确,以及外包装是否无损。核验商品必须及时、迅速、准确,做到随时进货随时验收。核验商品数量的方法很多,大多数采用直接法或障蔽法,或者两者合并式的半障蔽法。偶尔也用抽查法,但抽查法经常发生差错,最好避免采用。

A. 直接核对法。它是根据送货单逐项核对进货数量,这是最普遍使用的方法。

B. 障蔽核对法。这是验收员先不看送货单,而是边验货边制单,验收完后再与送货单核对,检查有无错漏短缺。

C. 半障蔽核对法。这是综合直接法和障蔽法两者的优点而设计的。验收员使用一张订货单副本,上面除了数量之外,其他内容都纳入其中。验收员边核对边填上数量,再与送货单上的数量核对无误后签单。

③收货记录。当商品验收后,验收员还必须做好验收记录。验收记录是进行商品验收的重要书面记载,内容一般包括:收发货单位名称,凭证号码,实收商品数量、规格、质量,数量差额和质量不符程度,验收日期、地点、验收人等。许多商店直接以送货单作为收货记录,上面注明实收商品数量及差额并有验收员及司机的签名,作为日后会计记账和商店盘存的依据。如有任何破损或已开的箱子,或箱数短少,都应在司机带来的送货单上注明。送货单一式三份,厂商或配送中心保留一份,商店收货员保留一份,另一份在收到货后两天内送交财务处记账。无论是否短缺,送货单都必须有司机签名,如果将来对破损有争议的话,司机的签名是很重要的依据。

**(2)存货作业**

存货作业的主要任务在于妥善保存货物,并对在库品进行检查,善用空间,对存货进行科学管理。存货的仓库一般有三个区域:第一是大量存储区,即以整箱或栈板方式存储;第二是小量存储区,即将拆零商品放置在陈列架上;第三是退货区,即将准备退换的商品放置在专门的货架上。良好的存货策略可以减少出入库移动距离,缩短作业时间,充分利用储存空间。

①存货方式。存货方式主要有以下几种:

A. 定位储存。这是指每一项商品都有固定的储位,不同的商品按分类分区域管理的原则来存放,并用货架放置,勿在指定的场所外放置商品。该方式特点是易于管理,搬运时间少,但是需要较多的储存空间。

B. 随机储存。这是指每一项商品的储位是随机产生的。这种方法的优点在于共同使用储位,最大限度地提高了储区空间的利用率。但是,给商品的出入库存管理及盘点工作带来困难。

C. 定位随机储存。这种方法是每一类货物有固定的存放储区,但在各类的储区中,每个储位的指定是随机的。其优点在于吸收定位储存的部分优点,同时又可节省储位数量,提高储区利用率。

②存货原则。存货原则主要包括:周转率原则;相关性原则;相容性原则;先入先出原则;堆高原则;面对通道原则;产品尺寸原则;重量特性原则;商品特性原则。

**(3)分拣配货作业**

分拣配货作业的目的在于正确而迅速地把门店所需商品集中起来。一般说来,分拣配货成本是其他堆叠、装卸和运输等成本总和的 9 倍,占物流搬运成本的绝大部分。为此,若要降低物流搬运成本,首先必须以分拣配货作业着手改进,这样才能达到事半功倍的效果。

分拣配货作业主要有两种方式:

①摘果式配货。这是以订单为单位,对订单中的商品进行配货后汇集成一个出库单位的配货方式。它可以利用人工或者机械在每个较为固定的货堆中分别取出商品。这种方法主要适用于多品种、小批量的订单。这种配货方法的缺陷是对于每份门店订单,配货员都要在整个仓库内转一圈,在库存成千上万种商品的配送中心仓库中,配货员为寻找商品往往耗费大量时间,特别是对于那些新配货员更是如此。

②播种式配货。这是将计算机系统中储存的各个订单内容,以一天中一定时间段为订单截止时间,按每一种商品的汇总进行配货清单的打印,然后从商品的保管场所将每种商品拣出,在商品分货区将商品再按订货方进行分配的方式。这种方法主要适用于品种少但是批量大的订单。

**(4)送货作业**

送货作业是利用配送车辆把门店订购的商品从配送中心送达到各门店的活动。送货作业在配送中心的物流成本中占有重要地位。一般来看,物流成本包括包装费、搬运费、运送费、保管费及其他,其中运送费所占比率最高,约占 35%～60%左右,为此,降低运货费对提高配送中心的效益有极大贡献。实际的货物运送过程受多种动静因素的影响,静态因素有门店的分布区域、道路交通网络、车辆通行限制、送达时间要求等;动态因素有车流量变化、道路施工、车辆变化等。为此,必须制定一个科学的送货规划,通过提高车辆出车率、装载率,降低空车率,合理规划运输路线等,来提高配送效率和效益。

送货过程如下:首先必须制订详细的运输计划及运输调度作业,包括送货路线的规划、送货人员及送货车辆的管理等。送货人员则必须完全根据调度人员的送货指示(出车调派单)来执行送货作业,当送货人员接到出车指示后,将车辆开到指定的装货地点,然后采购与配送管理清点并将已理货完成的商品装载上车,对于所驾驶的车辆也要在出库前进行例行安全检查。如果门店有退货、调货的要求,则应将退调商品随车带回,并完成有关单证手续。

**(5)退换货作业**

退换货主要由如下原因造成:品质不良、订错货、送错货、过期品、滞销品、商品标示不符等。商品退换,一般不大为厂商所接受,除非证明品质不良或标示不符,因此必须事先有协议约定。退换货作业可单独进行也可与进货作业相配合,利用进货回程将退换货带回。在退换货作业上应注意:厂商确认,即先查明待退换商品所属的厂商或送货单位;填写退货申请单,注明其数量、品名及退货原因;退调商品要妥善保管,应规划专门区域暂存,整齐分类才易管理;一旦确认商品不符合要求,要迅速联络厂商办理退调货;退货时确认扣款方式、时间和金额,退换货最好定期办理,如每周一次或每月一次。

(6)加工包装作业

加工包装作业是对进入流通领域的产品或半成品按销售要求进行再加工,包括:包装加工,如大包装的商品根据销售起点进行重新包装,散装的日用杂品改装成包装商品,对促销赠品进行搭配包装等;分选加工,如农副产品按质量、规格进行分选,并分别包装;贴标加工,为了规范经营,方便顾客,促进销售,在商品的外包装贴付标记、标签、价格、条码等;食品精加工和深加工,精加工是将农副产品去除没有食用价值及不卫生的部分,进行切分、洗净、包装等加工;深加工是将农副产品加工成半成品或成品(熟食品),以节省门店厨房内工作时间和效率。

并非所有连锁企业的配送中心都必须设置流通加工部,对于加工功能是放在配送中心还是放在连锁门店是值得认真权衡的问题。大型综合超市一般将加工功能设在超市内部,以适应该门店商圈顾客的需要;而有些连锁企业如快餐业、干洗业等,门店对配送中心的加工功能较为依赖,这类企业的配送中心有必要设置加工场所。

## 小 结

采购工作的好坏直接关系着企业是否拥有可靠稳定的货源,关系着后续商品经营活动能否正常展开。

采购制度指采购权限高度集中于连锁总部,由总部设置专门采购机构统一采购所有门店经营的商品,门店则专门负责销售,与采购脱离。

不同的连锁企业根据自身条件设计了不同的采购流程,采用了不同的采购方法,包括定时采购和定点采购,以及招标采购、联合采购和持续补货。采购控制是连锁企业实现经营目标的重要手段,在营运中谁能控制商品采购这一环节,谁就控制了商品流通的源头。

配送管理包括:收货作业、存货作业、分拣配货作业、送货作业、退换货作业、加工包装作业等。

## 复习思考

1.什么是采购制度?它的特点是什么?

2.配送管理的具体内容包括哪些?

## 实 训

【案例介绍】

### 家乐福集中采购与外包配送

巴西家乐福最早成立于1973年。但这个拥有175 000 000人口的国家既为零售商们提供了巨大的发展机会,同时也存在诸多艰难挑战。一方面,它拥有巨大的购买力市场;另一方面,又被资源贫乏危机所困扰,缺乏必要的基础设施,经历着永无尽头的经济危机。尽管如此,家乐福努力坚持生存。现在,家乐福已经成为巴西的第二大零售商,仅次于巴西本国零售商 Companhia Brasilia de Distribuicao(CBD)。

最近,家乐福开始了一项商业系统和全球业务流程标准化的工程。这项工程是在系统开发商 Accenture 的帮助下,采用统一的财政和会计平台以及 PeopleSoft 公司的企业资源计划 (ERP)软件模型。该项目的部分内容包括在任一国家创建共享服务中心(SSCs),用途是组织商品的集中购买和供应。这种思想在巴西激发了一种类似的单个店面订单和配送管理方法。共享服务中心将来自许多零售店的订单分组、汇总,把总需求传达给厂商。但零售店经理仍负责决定商品订购数量和种类。家乐福的执行官说,过量库存和客户服务水平不协调将导致产品积压。

家乐福经营管理者发现 Sao Paolo 地区有建立配送中心的需要,但一旦到了选择具有熟练配送经验的设施设备服务商的时候,家乐福却没有很大的选择余地。原因是,巴西没有提供这项服务的市场。据家乐福物流执行官 Marco Aurelio Ferrari 所说,家乐福是巴西唯一一家采用物流服务商的零售企业。因此,巴西几乎没有一家零售商具有丰富零售经验。

最终,家乐福选择 Cotia Penske 物流公司经营 Sao Paolo 配送中心。该公司是一个新兴的物流公司,是 Penske 物流公司和 Cotia 贸易公司的结合体。Penske 物流公司本身是 Penske 运输租赁公司的子公司。而 Cotia 贸易公司拥有 25 年的进出口商品运作经验。五个月后,家乐福与 Cotia Penske 开始洽谈合作,并于同年 9 月建立了配送设施。据 Cotia Penske 公司信息部经理 Mohamed Nassif 介绍,最初,合同仅应用于 23 个商店和有限的几类商品;随后,合同应用范围迅速扩展,现已包括 96 家高级百货公司、23 家超级市场和 6 家较小的配送中心。

在 SaoPaolo 的 Osasco,主要配送设施的建设分两阶段:第一阶段用地 45 万平方英尺,随后几年将增长到 80 万平方英尺。Sao Paolo 配送中心经营辐射范围达七八百公里。家乐福高级百货商场除一少部分分布在附近其他州外,绝大多数都围绕着 SaoPaolo。配送中心现在经营 36 000 类产品,包括食品、器械和电子设备,拥有 170 台电动升降机和 220 台无线电频率接收器。随着设施逐渐完善、作业效率提高,SaoPaolo 配送中心的员工数量由 800 减少到 600。Sao Paolo 配送中心每年处理 3 500 万～4 000 万份货单。依季节不同,Sao Paolo 配送中心平均每天交易货物约 5 500 份。

Cotia Penske 在距 Sao Paolo 东北方向 500 米的 Vitoria 为家乐福开设了第二个配送中心,拥有 30 名员工和 12 000 平方米的工作场所,配送范围包括 2 个高级百货商场和 15 个超级市场。

由于其规模庞大,家乐福需要的不仅是可储存充足产品的基本仓库,而且需要复杂的仓库管理系统。Cotia Penske 新的物流服务商通过整合 Penske 零售商、世界其他地区消费品配送专业技术,凭借 Cotia 公司对巴西零售市场的掌握与了解,开发自己的仓库管理软件,解决了库存管理系统越来越难以适应家乐福在巴西日益扩展的商业网络需求的难题,同时方便了与当地客户的联系。

据主要负责人说,到目前为止,配送中心库存作业准确率非常高。由于采用条码技术,库存管理准确率达 99.97%,外向物流订单处理准确率达 99.89%。此外,尽管配送中心对商品库存量和商品积压值不能提供确切数字,但库存量和商品积压确实很少。其中最重要的是,由于产品现货供应能力、客户服务水平以及库存管理可见度的提高,商品销售量持续增加。

通过集中配送,家乐福实现了拥有少量库存,但却增加了存货的项目分类。尤其在那些占地很大的商店,这点很重要,所以商品必须被分类存储在各个商品架上。Cotia Penske 的配送中心不经营易腐蚀食物,仅经营含有有效期的干燥食品。通过条码扫描技术提供的食品信息能保证供应新鲜产品并准确除去原有商品架上过期产品而将指定的产品分配到相应的架上。

家乐福计划在 Sao Paolo 配送中心增加交叉送货的功能。在这里,零售商引用沃尔玛的例子,仅在巴西开设 10 家高级百货商场,却通过交叉送货中心完成 70%~80% 的运输业务。

由于增建换装站,涉及产品接收和运输的物流过程,不再需要长期储存货物,降低了库存成本,同时加快了产品的响应时间。Ferrari 说:"过去,我们建立的管理信息系统不具有'交叉送货信息'转换功能,但在 2004 年我们将更改信息系统,新建具有'交叉送货信息'功能的管理信息系统。"

不久以后,Cotia Penske 将与家乐福签署管理巴西新配送中心的合约。设施由 Exel 物流公司经营,负责管理 6 家高级百货商场和 33 家超级市场的采购与配送业务。Dantas 说,尽管家乐福尚未决定由谁负责经营,但建立一个服务于易腐烂商品的配送中心的计划仍将在本年底实施。

Ferrari 说,过去,家乐福的第三方供应商从不与运输商发生商业关系,直到六个月之前,他们之间才第一次建立伙伴关系。它是巴西零售企业、物流服务商、运输商共同制定供应链管理综合决策的开始。在供应链合作中,家乐福仍处于最核心的地位。下一年,他希望对仓库货架作业流程实现更严格的控制,此外,计划采用仿声仓库储存系统和无线电识别系统。

(资料来源:中国物流与采购网)

**思考和训练**

(1)通过上述案例说说家乐福在巴西是如何运作集中采购的。

(2)家乐福为什么要采用配送的服务外包形式?这有什么好处?

(3)说说物流的配送与运输有什么区别。

**【技能训练】**

以小组为单位,调研本市区某家连锁企业的配送中心和采购流程,并结合自己所学知识,分析其利弊。

# 项目五

## 连锁企业商品定价与促销管理

# 模块1
# 定价管理

## 教学目标

### 1.终极目标
(1)熟悉价格的制定过程及总部和分店在定价中的角色分配。
(2)能运用定价理论为现实企业制定价格策略。
(3)能根据竞争对手价格变化调整本企业价格。

### 2.促成目标
(1)理解价格的构成及影响因素。
(2)熟悉总部与分店在定价中的角色分配。
(3)掌握定价决策程序及定价策略。
(4)熟悉价格战应对策略。

## 案例导入

### 零售业价格战升级埋隐患，专家称将导致恶性竞争

昨日，家乐福超市在全国范围内推出"一元商品"，这是继沃尔玛和物美在春节、元宵节几轮价格战后，由家乐福再度燃起的新一轮价格战。记者昨日在家乐福北京部分门店看到，其日杂品1元、3元、5元，家电清仓5折起，针织品清仓3折起等促销条幅在卖场内随处可见。

面对家乐福的价格挑战，本地零售巨头物美不甘示弱，在刚刚推出了近千种日用品10元3件的基础上，又开始"比便宜"。春节期间售价在40元以上的旺旺大礼包，现价仅为28.8元。与其他外资卖场相同的海报宣传产品，价格要么持平，要么低五六角钱。

在西式快餐麦当劳推出"价格低于10年前"的四款16.5元的特价套餐后，中式快餐真功夫、和合谷等也都实行最高30%"特惠"。连从未有过任何促销形式的永和豆浆等，也都推出送优惠券的促销。家电连锁也在不断给价格促销推波助澜，在春节、元宵等节日轮番价格下调后，苏宁又宣布在两节之后全线商品价格下调20%，价格战在零售业可以说已是"硝烟弥漫"。

虽然上述商家的负责人均表示，无意与对手价格竞争，只是常态性的促销，对于能够做到促销的原因，几乎都表示是与供货商联手，同时凭借大单采购实现低进价并让利消费者，但实际上表现在市场上的却是轮番降价，商品促销面越来越大。而在价格优势促销的同时，不少供货商却担心要为零售商的促销买单。实际上，2009年供货商进场费用已背逆经济下滑出现上涨，最高涨幅达30%，这正说明了这一切。有供货商直言，零售商轮番进行价格促销，最终都

会由供货商买单,在目前经济不景气、消费者收入普遍下降的情况下,上调商品价格是不现实的,但分摊促销成本很可能就会在商品分量上、品质上"动脑子"。

尽管商家不断掀动敏感价格促销,但无论是百货商场,还是家电卖场,在春节后都出现客流稀少的情况,虽然有销售淡季的因素,但"价格魅力"已难以撼动消费已是不争的事实。

对于零售企业此消彼长的价格大战,中国人民大学教授黄国雄认为,任何促销都要兼顾零供利益,不能将危机转嫁。促销应该是有限度降价,而不是不顾成本盲目压低价格。目前服装、鞋帽等商品有较大的利润空间,商家可以进行一定幅度的降价促销,但生活必需品利润空间有限,不应提倡大幅降价。如果商家为了产生市场轰动效应,对生活必需品或其他利润相对比较小的商品轮番进行大规模降价促销,对市场秩序、未来发展都会带来不利影响。

有关专家认为,盲目轮番的价格战,有可能致使市场出现恶性竞争,过去发生的有关"毒奶粉"等事件都与价格战导致的恶性竞争分不开。

(资料来源:北京商报)

【案例分析】

价格是商战利器,尤其是在市场疲软时期,其敏感性和诱惑力不言而喻,但旷日持久的价格战,不分商品种类一律动用价格战来竞争,价格竞争就可能演变为恶性竞争。天天降价、家家打折,长此以往,除了清洗大量的中小企业外,最后出现的往往是商品品质降低、缺斤短两,甚至伪劣商品横行;一味地盲目降价,消费者最终不仅不是受益者,最后也会成为受害者。因此可以说价格战带来的恶性竞争,对消费者、商家乃至整个经济都将是得不偿失的。

【思考·讨论】

(1)为什么零售企业钟爱价格战?哪些商品适合降价促销?

(2)连锁企业如何应对竞争对手的价格战?

(3)零售业商品该如何定价?

# 理论知识

【案例链接】

屈臣氏的顾客群为18岁至45岁都市时尚白领阶层。在定价方面屈臣氏如何对这一群体进行思想催眠?除了有非常多的"9.9""19.9""29.9"系列商品外,更经常进行八折、五折、买一送一、加一元多一件、10元、20元、30元促销活动。更为让人叫绝的是其在自有品牌商品方面的有"预谋"性的策略。据了解,一支750ML的洗发露制造成本价大约为10元左右(零售价大致在35~45元,商品零售价的很大一部分来自于广告费用、渠道建设费)。屈臣氏自有品牌中的该类商品刚上市的时候,会参考市场价格,一般保证在低于市场价20%左右,所以他们常会定价为29.9元/支。接下来,屈臣氏会展开一系列的促销行动,把商品的销售带到高峰期,首先登场的是"买一正品送一赠品"活动,买一瓶750ML洗发水,送一瓶100ML的护发素(大致成本在3元左右),促销期为15天。到了最后冲刺阶段,屈臣氏会推出30.9元购买2支750ML的屈臣氏洗发水。

连锁组织是一种多连锁店大规模展开的企业,其生存发展的基础建立在最为雄厚、最为长久、最有发掘潜力的大众化市场。连锁经营门店所面对的是大部分的消费者,而不是满足少数人的需要。同时,绝大多数连锁经营店又是满足消费者的日常生活需求,即每日吃穿住行、饮食起居中不可或缺的部分,这部分需求在人们的消费支出中占较大比例。因此,连锁经营店所出售的商品是大多数人日常消费生活中购买频率较高的品种,并且以大批量销售为特征。另外,商品的价格也应该是大众化的,即大多数消费者容易接受的价格水平。薄利多销、物有所值、适当利润等原则是连锁经营企业价格管理的基本原则。

相比非连锁的企业,"价格适宜"是连锁经营的竞争优势之一。这主要体现在两个方面:

①价格低廉。由于连锁店实行统一大批量进货,可以取得价格折扣和延期付款等优惠待遇,同时连锁店实行统一库存调配、统一管理,大大降低了流转费用和管理费用。此外,新商品开发由总部负责。连锁经营在这些当面的特点大大压低了企业经营成本,能够制定比其他经营方式更具优势的价格。

②价格统一。连锁经营的价格统一功能不仅仅局限于低价优势,连锁店通过对价格进行统一管理,能在顾客心中塑造良好的企业形象,赢得顾客的信赖,增强连锁企业整体的吸引力。

## 1. 价格构成及影响因素

### (1)商品价格构成

连锁企业一般处在商品流通的最后环节,其商品价格称为零售价格,主要由三部分组成:进货成本、营业费和利润。

从商品价格构成来看,连锁经营企业要获得最大利润有三个途径:直接提高单位商品利润(提价)、压缩企业经营费用、压低商品进货价格。在竞争对手林立、质量相差无几的情况下,企业要增加利润主要靠后两种途径。

### (2)影响定价的主要因素

影响定价的主要因素有以下五个方面:

①商品的成本费用。商品定价首先必须考虑的是商品的成本费用,它是商品定价的基础,也是定价的最低界限。只有价格高于商品成本费用,才能收回总耗费并获得一定的利润,保证商店正常运营。商品成本费用包括进货成本和经营费用。进货成本包括商品购进价格、采购费用、仓储运输费用等。连锁企业的进货渠道、与供应商的讨价还价能力、物流配送能力等都将影响商品的进货成本。经营费用由固定费用和变动费用组成。固定费用是指不受商品销售数量影响而发生的费用,如房租、购买陈列设备支出等。变动费用是指随商品销售数量的变动而变动的费用,如营业员工资支出。从长期来看,商品的零售价格必须高于商品的进货成本和平均经营费用,此时商店才能获利并持续经营下去。

②消费者价格心理。商品价格水平既受消费者收入水平的制约,也受消费者价格心理的影响。消费者在购买商品时对各种商品都有一定的认知价格。同一种商品有不同品牌、不同的成分,其售价也不一定相同,商品的最低售价到最高售价之间的价格范围称之为价格带。而在售价上下限之间销售量或陈列量最多的某一价位成为中心价。消费者对价格带的认知会影响门店商品定价。另外,消费者价格心理因素还包括敏感性价格心理、买涨不买落心理、参考性价格心理、让利多买心理以及习惯性价格心理等。在定价时要同时考虑这些心理因素。

③连锁企业经营策略。连锁企业关于商品价格的决定,不是一个独立的决策过程,而是企业市场营销组合的一部分,一定要与企业的目标市场和其他条件相匹配,即应当与企业的市场定位、开设地点、促销活动、服务水平以及希望传播的商店形象等因素相配合。例如,一家服装

专卖店确定为富裕阶层顾客设计豪华的衣服,那么就要收取较高的价格。

④竞争对手的价格策略。消费者市场是一个高度竞争的市场,在这个市场中有众多的连锁企业经营同样的商品与服务,相互的竞争不可避免。因此,企业在定价时需要考虑竞争者的定价,需要比较自己与竞争对手的商品价格、质量、服务等各种因素。若一个零售商与竞争者比较后,发现缺乏非价格方面的差别,那么就可能直接参照竞争者的定价;如果拥有比竞争者在地点、商品组合、商店形象等方面的优势,则可以不同于竞争者定价。

⑤商品的市场生命周期。这是指商品从投入市场到退出市场的全过程,可分为投入、成长、成熟和衰退4个周期。商品的市场生命周期对价格的影响如表5-1所示。

表5-1 生命周期对定价的影响

| 周期 | 影响 | 原因 |
| --- | --- | --- |
| 投入期 | 较低价格 | 引起消费者的注意和兴趣 |
| 成长期 | 稳定且有适当利润空间价格 | 维持商品的销量 |
| 成熟期 | 与成长期相似 | 注意替代品的出现和其价格行为,加大促销力度 |
| 衰退期 | 处理价格 | 通过各种方式的促销活动清理库存并退出卖场 |

### 2. 总部与分店在定价中的角色分配

【阅读链接】

市民王先生在贵阳市大昌隆超市枣山路店买了一瓶600毫升的可口可乐,细心的王先生发现,这瓶售价2.5元的饮料在其他分店只需2.2元就可买到。王先生就此向收银员求证,收银员解释,因为枣山路地段租金贵,成本高,所以该店销售的可口可乐要比其他分店贵。虽然钱不多,但王先生却认为连锁超市的各分店商品价格应该统一。

记者走访了筑城大昌隆、红华便利、沃尔玛等多家连锁超市,除红华便利连锁超市外,大昌隆、沃尔玛均存在相同商品不同价格的情况。一瓶600毫升的可口可乐,在大昌隆三家分店却有两种不同的价格:枣山路店售价2.5元,体育馆总店和百花山分店售价2.2元;一瓶2 000毫升的北极熊饮用纯净水,大昌隆各连锁店差价也在0.3元左右;十多元的丁家宜护手霜,不同地方的连锁店差价却在3元左右。

每一家连锁分店就像是驻扎在外地的战斗军队一样,它既得遵循中央指示,依策略指导作战行动,又要拥有某些程度的自主权以应对特殊情况。因此,连锁店价格策略的执行与管理尤其困难。

价格的形成可分为三个阶段:第一阶段是设定价格目标,第二阶段是维持价格水平,第三个阶段是调整售价。这三个阶段没有明显的时间划分,在实际运营中,本部与连锁门店扮演着密不可分的角色。

首先,在设定价格目标时,不但要考虑成本,还要考虑连锁经营门店所面临的竞争状况。连锁企业中,各连锁分店的商业区特性均不完全相同,其各自面临的竞争对手也不相同,故总部在进行价格决策时,有必要从各店不断搜集价格信息,以作为定价的重要判断依据。

其次,在维持价格水平时,总部一方面要考虑到"公平法"的限制,不得强制各连锁店统一售价;但又不能任由各店自行定价,以免扰乱市场行情。因此,有必要依据区域特性或区域目标市场,定出几种价格模型。

最后,在价格调整时,总部的授权非常重要,授权太大,固然能增强各门店定价的灵活性,但也会相对地造成市场价格的紊乱,甚至造成总部无法控制的局面;授权太小,虽然可易于控制管理,但往往会削弱各门店的应变能力,门店往往将之推卸为业绩不振的主要因素。

总部对门店的价格管理应遵循以下几个基本原则:

①主权原则。主权原则是指连锁总部要掌握门店价格管理的主导权和决策权。

②弹性原则。弹性原则是指连锁总部在进行价格管理时,应该针对不同商业区或不同区域的连锁门店,在价格上要有差异的弹性。

③授权原则。授权原则是指在某些程度或某些状况下,可授予连锁店应变的权限。

### 3.定价决策程序

连锁门店定价的基本程序如图5-1所示。

选择定价目标 → 确定消费需求 → 进行成本估算 → 分析竞争者价格 → 选取定价方法 → 选定最终价值

图5-1 连锁门店定价程序

#### (1)选择定价目标

价格目标是指企业通过特定水平的价格判定或调整,所要达到的预期目的。一般来说,连锁门店的定价目标有以下几种:

①维持生存目标。通常这是一种过渡性的目标,缓兵之计。当企业受到猛烈冲击,难以按正常价格出售产品时,为避免倒闭,企业往往推行大幅度折扣。以保本价格,甚至亏本价出售产品以求收回资金,维持营业,并争取时间,以求新的转机。

②适当利润目标。在激烈的市场竞争中,企业为了保全自己,减少市场风险,或者限于实力不足,把取得适当利润作为定价目标,以取得长远、稳定、均衡的利益,追求长期利润最大化。在不利时,可以采取低于成本的低价或折扣予以促销。

③以提高市场占有率为目标。即把保持和提高企业的市场占有率(或市场份额)作为一定时期的定价目标。市场占有率是一个企业经营状况和企业产品在市场上竞争能力的直接反映,关系到企业的兴衰存亡。以提高市场占有率为定价目标的企业通常采用由低价到高价或由高价到低价的定价策略。

④商品形象目标。以树立商品质量领先地位或特定的企业形象为目标的门店,一般应制定一个比较高的价格,但高价必须符合"物有所值"的原则。主要适用于高档商品、名牌商品和特色商品。

#### (2)确定消费需求

需求量和价格之间的关系可以用需求价格弹性来表示。需求价格弹性大,则代表商品需求变动受价格影响大,消费者对价格敏感度高;需求价格弹性小,则代表商品需求受价格影响小,顾客对价格敏感度度低。一般来说,与消费者生活密切相关的生活必需品的需求弹性小,而非生活必需品的需求弹性较大。消费者的个人经济承受能力、消费者个人偏好、消费者对替代品的了解等都会影响消费者对某一产品的需求。测定需求的基本方法是对商品实施不同的价格,观察其销售情况。

（3）进行成本估算

连锁门店的商品成本主要来自进价成本、经营费用等。进行成本估算时应考虑：①进价成本的变动；②现金折扣或数量折扣；③正常的损耗率；④失重、过时、过期以及滞销的商品。

（4）分析竞争者的价格

在市场经济社会中，消费者可以非常便捷地获取商品信息，那些价格敏感性高的消费者更是通过货比三家后再予以取舍，故连锁经营门店在制定或调整价格时，有必要了解竞争对手的现状或可能的反应。在分析竞争的价格时，要注意了解以下信息：①市场中现有的或替代品竞争对手的数量；②现有竞争对手的交易价格；③分析竞争对手的定价目标；④分析竞争对手的商品价格中哪些是短暂变动（如促销活动），哪些是常态。

（5）选取定价方法

价格是卖场竞争的重要手段，卖场一旦在价格策略上失误，会给商品竞争力、卖场盈利能力及活力带来直接的负面影响。连锁经营门店常用的定价方法有以下几种。

①成本加成定价法。这是企业在正常经营情况下最常见的定价方法，即按商品单位采购成本加上一定比例的毛利定出零售价，其公式为：

$$售价＝单位成本×（1＋毛利率）$$

例如，假设某一商品的进价成本为 100 元，企业希望经营这种商品获得 25% 的毛利，则该商品的零售价格为：$100×（1＋25\%）＝125（元）$。

成本加成定价法中的零售价格是在出厂价格或批发价格的基础上加上运输费、商品损耗、销售税金、经营管理费及零售利润等形成的。加成率根据商店所经营的商品种类的不同而存在较大差异。在美国超级市场上，婴儿食品的一般加成率为 9%；烟草商品为 14%；面包商品为 20%；干货食品和蔬菜为 27%；调味品为 37%；贺卡为 50%。对于季节商品（为了弥补无法销售的风险）、特殊品、周转慢的商品、储存和保管费用高的商品，以及需求缺乏弹性的商品来说，加成率一般比较高。

成本加成定价法计算简单易行，在正常情况下按此定价可以使商店获得预期利润，但它忽视了竞争及供求关系对价格的影响，缺乏灵活性，难以适应市场需求及竞争变化。

②竞争导向定价法。这是指企业通过研究竞争对手的商品价格、生产条件、服务状况等，以竞争对手的价值为基础，确定自己产品的价格。这种定价方法以市场上相互竞争的同类产品价格为定价基本依据，随竞争状况的变化确定和调整价格水平。按这种定价法所定价格在人们观念中常被认为是"合理价格"而容易被消费者所接受；同时这种定价法能协调商店和竞争者之间的关系，避免激烈竞争所带来的风险。

③需求导向定价法。该法又称为理解价值定价法，是以消费者对产品价值的理解和需求迫切程度为依据进行定价的一种方法。即企业通过市场营销组合中的非价格变数（如产品质量、服务和广告宣传等）的运作，使商品在消费者心目中形成理想价值，然后据此定价。此定价方法的关键在于企业要正确估计购买者所承认的价值。通常，顾客感知度高、需求迫切程度高的商品，价格可定得高些；而那些消费者感知度低、需求不那么迫切的商品，价格可定得低些。

下面来看一下连锁企业是如何使用需求导向的定价方法给商品定价的。当然，这个案例比较简单，企业实际定价往往比这种方法要复杂得多。

假设一个服装连锁专卖店要推出一种新款式的 T 恤衫，开发该产品的固定成本是 3 000

元人民币,可变成本为每件 20 元。固定成本不随生产和销售产品的数量的改变而改变,而可变成本随生产和销售产品数量的改变而改变。该 T 恤衫以四种不同的价格在四家商店销售,从表 5-2 中可以发现,每件 T 恤衫定价 40 元是获利最高的价格。

表 5-2　需求导向的定价实验

| 市场 | 单位价格<br>(1) | 该价格下的需求<br>(2) | 总收益(3)<br>=(1)×(2) | 总成本<br>(4) | 总利润(5)<br>=(3)-(4) |
|------|------|------|------|------|------|
| 商店 1 | 30 | 20 000 | 600 000 | 430 000 | 170 000 |
| 商店 2 | 40 | 15 000 | 600 000 | 330 000 | 270 000 |
| 商店 3 | 50 | 8 000 | 400 000 | 190 000 | 210 000 |
| 商店 4 | 60 | 3 000 | 180 000 | 90 000 | 90 000 |

(6)选定最后价格

连锁店经营者在定价决策时,要再一次地审视以下几个方面的影响因素:①成本与品质的一致性;②消费者的接受性;③有效地心理诉求方式;④售价与其他营销组合要素的协调性;⑤公司政策;⑥主要竞争者可能的反应;⑦不同区域的差异性。

**4. 定价策略**

【阅读链接】

外资零售企业特别擅长运用攻心战术,实施心理价格策略,制定能拨动消费者心弦的价格。如商场内商品价格每每标为 8、9 等所谓"神奇数字",使消费者一方面产生吉利的好感,另一方面对价格产生一种错觉。某种商品定价为 29 元,消费者会认为只是 20 多元而非 30 元,便宜一个价位,无形中刺激了消费者购买欲望。又如,外资零售企业还经营在某个特定时间提供优惠商品刺激消费者狂热购买活动,如限定下午 4 时至 6 时面包 1 个 1 元。这种活动以价格为诉求重点,利用消费者贪小便宜的心理,刺激其在特定时段内采购特定优惠商品。不同的包装和商品分量也常用作辅助价格促销,例如某种品牌的奶粉为 500 克装,定价为 9.30 元,又推出一种 450 克装的产品,定价为 8.5 元,后者一时销路看好,因为消费者对重量的敏感要远远低于价格,尽管两种包装的商品单价相差无几,但后者却更容易吸引消费者注意。

某连锁专卖店的"19 元"限时特价

连锁企业在确定公司基本的定价方法之后，在日常营销活动中，企业还需要制订相关产品的定价技巧以促进销售。通常企业有以下几种定价策略。

（1）撇脂定价和渗透定价

撇脂定价是指连锁企业在进入一个新的市场或导入投放新产品时，利用消费者的"求新"、"猎奇"心理，高价进入市场或投入商品，以期迅速收回成本，获得利润，以后再根据市场销售情况逐渐适当降价的策略。撇脂定价又可分为两种：缓慢撇脂和快速撇脂。缓慢撇脂是运用高价格、低促销费用的营销策略；快速撇脂是运用高价格、高促销费用的营销策略。实施这种定价策略应考虑企业是否具备以下条件：消费者对价格不敏感，对品牌比较重视，企业产品具有明显的差别化优势等。

渗透定价即是指连锁企业在进入一个新的市场或导入投放新产品时，为迎合消费者"求实"、"求廉"的心理，低价投放新产品，给消费者物美价廉、经济实惠的感觉，从而刺激消费者的购买欲望；待产品打开销路、占领市场后，企业再逐步提价。渗透定价又可分为两种：缓慢渗透和快速渗透。缓慢渗透是运用低价格、低促销费用的营销策略；快速渗透是运用低价格、高促销费用的营销策略。一般而言，运用这种营销策略应具备以下条件：市场潜力比较大；目标市场上的消费者对连锁企业或产品还不熟悉；多数顾客对商品价格比较敏感；潜在的竞争对手较多，竞争比较激烈。

（2）商品组合定价

同一门店的商品不一定都采用同样的定价方法。不同的商品，其特性不同，扮演的角色也不同，有些商品是为了吸引顾客惠顾，有些商品是用作展示，有些商品则是负责产生利润。只有统筹规划，根据商品特性来定价，才符合销售规律。商品组合定价是将总体思维运用于产品定价中，从宏观的角度考虑制定各种商品的定价，使企业整体利润最大化。商品组合定价大致可分为三种情形。

①产品线定价。企业对属于同一产品线的某一大类产品进行定价。同一产品线中的各个产品之间有比较紧密的联系，具有一定的替代性，对这些产品不要单独定价，而是系统考虑，设立几个关键价格点，让同档次产品在这个"点"上下浮动，不同档次的"点"差距拉大，消费者可以通过价格了解产品的质量和品牌，选择符合自己期望的产品。例如，女装店将女式毛衣分为50元、100元和300元。有了这三个价格点，顾客就会联想到低质量、中等质量或高质量的毛

干锅店产品线定价

衣。使用这种定价方法要注意：一是不同产品的价格差距必须与目标市场的差距相吻合，主要价格水平与目标客户的实际购买能力相一致；二是商店要能向消费者提供价格差距所代表的认知质量差距证据。

②关联产品组合定价。关联产品是指与主要产品一起使用的产品。一般讲主要产品制定较低的价格，以刺激消费者踊跃购买，而关联产品的价格远高于制造成本，获得高额利润。这类定价常见的例子有饮料与汉堡；游乐场门票与内部各种活动的价格等。

③捆绑定价。连锁企业可以给消费者提供一系列产品，如旅游、住宿、餐饮、娱乐等一系列活动方案，虽然消费者没有准备全部购买这组产品，但企业可以采用捆绑定价的方法，即：使这一组产品的价格低于单独购买其中每一件产品的费用总和，以此刺激消费者的购买欲望。成功使用这一方法需要满足一个条件，即所涉及的产品各自的需求具有一定的互补性，例如乒乓球与球拍、小孩尿不湿与湿巾等等。连锁企业所经营的产品门类较多，容易找到符合这一条件的产品。所以捆绑定价是连锁商店经常使用的一种组合定价方法。

（3）**心理定价**

心理定价策略是为适应和满足消费者的购买心理所采用的定价策略。

①尾数定价。尾数定价是国际上广为流行的一种零售商品的定价技巧。尾数定价策略是指企业在定价时取尾数而不取整数，将进入市场的产品制定一个带有零头结尾的非整数价格。这种定价方法可以使消费者产生价格非常便宜的错觉而刺激购买。例如，3元一斤的水果，若定价为2.95元，虽然只减少了5分，但消费者会认为这是属于3元以内的开支，符合一般消费水平，从而激发消费者的购买欲望。

不同国家和地区运用这种定价策略时存在一些差别，其关键在于零头部分的设计上。因受不同风俗习惯的影响，有些数字是人们乐于接受的，而有些数字却是人们忌讳的。一些商业心理学专家的调查表明，美国市场上零售商品的尾数以奇数居多，以奇数为尾数的价格中又以9为最多，一般是9美分、49美分、99美分。在调查中还发现，对5美元以下的商品，零头为9最受欢迎，而5美元以上的商品，价格的零头部分为95的销售效果最佳。在日本和我国的港澳台地区，人们喜欢偶数，认为偶数给人以稳定、安全的感觉，在商品价格尾数中尤以偶数8更受欢迎。因为8在日本被认为是吉祥如意的象征，而在我国港澳台地区则将8与"发"（发财致富）联系在一起。西方人认为13是不吉利的数字，商品定价尽量避免使用13。在我国，4、7这

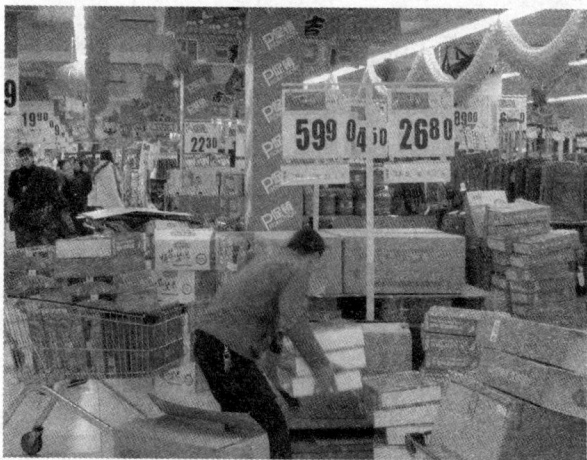

尾数定价

样的数字因他们的谐音为"死"、"气",有人认为不吉利而受到冷落。

②整数定价。整数定价是企业有意识地将商品价格的尾数去掉的定价方法,又叫方便价格策略。适用于某些价格特别高或特别低的商品。对一些礼品、工艺品和高档时装等,商店把价格定为整数,能使顾客对此类商品形成高档印象。高档品的购买者重视质量而不计较价格,认为价格高就是质量好的象征,以非整数定价会给人一种低价感。对于一些方便食品、快餐,以及在人口流动比较多的地方销售的商品制定整数价格,能满足消费者"惜时心理",便于消费者做出购买决策。

③声望定价。这是利用企业和产品的声誉,对产品定价的策略,其产品价格比一般商品价格要高些。某些消费者以出入高级商店为荣耀,以能买到名牌、稀有的商品为自豪,当他们购买到某种商品或得到特定的服务时,其心理上的满足感会大大超出所支付的价格。声望定价符合这一类消费者的心理需要。一般来说,声望定价最适用于服装、化妆品等质量不易被消费者鉴别的商品。对于这类商品,消费者常以价格的高低来判断产品质量的优劣。

④招徕定价。招徕定价是指多品种经营的连锁企业利用消费者的求廉心理,将一种或几种商品的价格定得特别低或特别高,以招徕消费者的定价方法。这种策略的目的是吸引消费者在购买特价商品时,也购买其他的商品,从而带动其他商品的销售。这一定价策略常为综合性百货商店、超级市场甚至于高档专卖店所采用。值得注意的是,用来招徕顾客的"特价"商品应该是消费者熟悉的、质量得到公认的或容易鉴别的日常用品或生活必需品。一些超市在开业时会选择半价销售食用油、大米等生活必需品作为促销手段。

"一元"招徕定价

⑤习惯定价。购买习惯定价法是根据消费者在购买商品中形成的习惯价格作为定价的依据。对于一些经常购买的日用小商品,因消费者经常使用,对商品的性能、质量、替代品等方面的情况有详细的了解,形成了自己的购买经验、消费习惯和主观评价,从而在心理上对商品的价格有一个不易改变的标准。这种商品的价格若有变动,消费者就非常敏感,甚至产生不满。日常生活中的饮料、食品一般适用这种定价法。

⑥错觉定价。错觉定价是利用顾客对商品价格知觉上的误差性,巧妙地确定商品销售价格的一种定价方法。在生活中,由于主客观因素的原因,顾客会对商品价格产生错觉。例如,

在商品销售中,常见到这样的情况:某些袋装食品 250 克,价格 5 元一袋,而同样的商品 200 克,价格为 4.85 元,很多顾客乐于购买后者。错觉使他们认为后者比前者更便宜。因为顾客在购头袋装食品时的心理计量单位是袋,而不是重量克。商店在制定商品的价格时,利用顾客的理解错觉,有助于产品促销。

(4)折扣定价

①现金折扣。这是连锁商店给当场付清或规定日期付清的顾客一种减价折扣。例如,一家房地产公司对一次性付清购房款的顾客给予 1.5% 的折扣。这时的折扣对顾客来说非常有刺激性,提前支付房款所获得的价格优惠要远高于银行存款利息收入。

②数量折扣。连锁门店为鼓励顾客大量购买或集中购买某一商品,根据购买数量给予不同的价格折扣。例如,消费者购买某种商品 10 件以上,或一次性购买商品的总额超过 1 000 元以上,给予 95 折优惠。数量折扣又分为累计数量折扣和非累计数量折扣两种形式。累计数量折扣是对一定时期内一次购买超过规定数量或金额给予的价格优惠,目的在鼓励顾客与超市建立长期固定的关系,减少超市卖场的经营风险。非累计数量折扣是对一次购买超过规定数量或金额给予的价格优惠,目的在于鼓励顾客增大每份订单购买量。

数量折扣定价

③时效定价法。因某些商品具有流行性、实效性或新鲜度,在该商品刚上市或新鲜度最好的时候(如当日的面包、蔬菜、鱼肉等)可采取较高利润定价方式,而随着时效的推移,产品的流行性、新鲜度、实效性等呈递减趋势,为了回收部分成本,商品定价逐步降低。这种方法适合于食品、服饰等商品的定价。

④会员折扣。这是为了吸引顾客成为长期忠诚顾客而给予的减价折扣。许多商店的商品价格表上会写上两个价格,一个是会员价,一个是正常价,会员价往往要比正常价便宜些,以此激励顾客经常光顾。

**5.价格调整**

【案例链接】

2009 年 11 月 24 日,麦当劳宣布在中国 19 个城市推出售价为 15 元的超值午餐,价格下调 30.2%~44.4%,供应时间为每天中午 11 点—14 点,持续到 12 月 29 日。目前在内地"洋快餐"领域,肯德基仍然占有优势,业内认为,麦当劳挑起价格战,是给对手出了一个难题。

去年,麦当劳以"成本不断上升"的理由分别涨价三次,肯德基也参与到涨价行列。而从今年年初开始,两大洋快餐一直在降价:今年2月,麦当劳率先降价,在全国范围内降低其销售业绩不错的4款套餐售价,降幅超过三成。降价后,同款产品的价格已经低于10年前。5月,肯德基开始推出"开心天天省"和"优惠随心选"活动,优惠幅度最高达33%。

据悉,此次麦当劳再次大规模降价,肯德基方面并未有具体跟进的计划,仅有部分产品的促销活动。

（资料来源:http://finance.jrj.com.cn/biz/2009/11/1205146444780.shtml）

价格统一是连锁经营店的经营特色和优势所在。在甲地购买的商品,到乙地的连锁分店应该同样可以退换,且在价格和品质上丝毫不差。如果两地同一质量的商品价格相差太多,则会在消费者心目中留下价格管理混乱、产品质量无保障的不良印象。实施价格管理统一有利于公司统一管理,树立连锁企业的整体形象,在顾客中留下良好的口碑。

但连锁经营店是立地产业,不同门店所面临的商业圈的特性和竞争状况等会有所不同,全国连锁的企业还要面临不同地区物价水平上的差异。那么到底该如何实现价格统一管理呢?首先,商品价格的制定和调整权限统一集中在总部。其次,总部根据商品的不同性质及消费状况,规定每种商品价格浮动上下限,任何分店在任何时候都不能突破该界限。一旦需要调整商品价格,需要各分店将意见传递给总部,由总部同意之后再执行调整策略。

（1）价格调整分类

在实际经营过程中,灵活的调整价格是连锁经营店的重要策略,也是对连锁总部管理能力的考验。连锁店的价格调整策略包括降价和提价。

降价的原因有多种,但归纳起来无非是两个:清仓和促销。当商品销售缓慢、商品过时、在销售季末,或者价格高于竞争对手的价格时,商店通常会采取降价的方式加快商品周转。连锁经营店要合理利用降价策略。在降价时,要尽可能告知原因,消除给顾客造成的一些负面心理影响,如认为产品质量低下等。如果店铺长期降价,顾客会对连锁企业持怀疑态度,并认为这是商场经营陷入困境的征兆,结果适得其反。

很多商店对商品涨价很谨慎,因为顾客对商品涨价非常敏感,常常会产生抵触心理。但若经营条件发生变化,商品价格不得不上涨时,商店若能将实情及时告知顾客,采用分阶段分步骤提价,并选择适当的涨价时机(如商品采购成本上升、新品上市、年度交替时)并控制涨价幅度(一般一次上调幅度不宜超过10%),也能将涨价的负面影响降到最低。

在进行价格调整时,还必须考虑以下问题:第一,价格调整是否能达到预期销售目标? 消费者对此反应如何? 是否对企业形象造成影响? 第二,竞争者对此反应如何? 可能会采取哪些应对措施? 这些措施可能会对企业造成什么样的影响?

（2）价格战的应对策略

连锁企业所经营的产品大多数是日常必需品,对象是大众化的消费群体,因此企业所面临的竞争异常激烈。"价格战"是企业争夺客源最直接且最残酷的竞争手段。一些连锁企业本来利润就薄,价格战有时甚至会威胁到企业的生存。这就要求连锁企业必须对商品的市场价格非常敏感,要对竞争对手的价格变化做出及时、敏锐的反应,从而争取主动。

一旦连锁企业遭遇竞争对手的价格挑战时,可以从以下几个层面思考应对策略:了解价格挑战是来自整体性还是区域性的? 连锁店所出售的商品替代性高吗? 回应价格战的损失金额将为多少？持续时间会有多长？竞争对手是否会有下一轮的活动？降价是否会对企业定位以及企业形象产生影响？

在慎重思考上述问题之后，连锁店可根据实际情况选择合适的应对策略。

①维持原价。商店经过分析后，认为本连锁店与竞争对手提供的产品和服务有较大的差异性，或连锁店声誉佳、实力雄厚，对手的降价行为不会动摇连锁店在该领域内的领导地位，因此决定维持原来的价格不变。决策者也可能为了避免恶性竞争，采取一些非价格竞争手段加以应对，如增加其他服务、树立企业良好的形象等，以此加大企业间的差异性。

②降低价格。若降价产品的同质性程度较高，需求价格弹性较大，一旦竞争对手长期降价，消费者对连锁店商品的需求急剧降低，甚至导致企业的市场占有率下降，此时企业不得不跟进对手的降价行为，相应降低同类产品的价格。有时甚至降价的幅度超过竞争对手，争个你死我活。尽管这种价格战对竞争双方都不一定有利，但在市场中却屡见不鲜，航空公司、家电行业经常采用。

③调整商品群。该策略适用于连锁店并没有在该行业占据领导地位，企业不具备成本优势直接与对手抗衡。此时，企业采取补缺策略，经营竞争者不销售或优势较弱的商品，确定自身企业的经营特色。

综合而言，除平价店、折扣店等以价格作为最大优势的连锁店之外，其他连锁企业在应对价格挑战时，应以非价格手段为宜，采取价格竞争可能会造成两败俱伤。

## 小 结

连锁企业一般处在商品流通的最后环节，其商品价格称为零售价格，主要由三部分组成：进货成本、营业费和利润。商品的成本费用、消费者价格心理、连锁企业经营策略、竞争对手的价格策略以及商品的市场生命周期都是影响定价的主要因素。

每一家连锁分店就像是驻扎在外地的战斗军队一样，它既得遵循中央指示、依策略指导作战行动，又要拥有某些程度的自主权以应对特殊情况。因此，连锁店价格策略的执行与管理尤其困难。总部对门店的价格管理应遵循主权原则、弹性原则以及授权原则。

连锁门店定价的基本程序包括6个步骤：选择定价目标、确定消费需求、进行成本估算、分析竞争者的价格、选取定价方法以及选定最后价格。

连锁企业在确定公司基本的定价方法之后，在日常营销活动中，企业还需要制定相关产品的定价技巧以促进销售。通常企业有以下几种定价策略：撇脂定价和渗透定价、商品组合定价、心理定价、折扣定价。

连锁店的价格调整策略包括降价和提价。一旦连锁企业遭遇竞争对手的价格挑战时，连锁店可根据实际情况选择合适的应对策略，包括维持原价、降低价格和调整商品群三种策略。

## 复习思考

1. 连锁企业商品的价格有哪几部分构成？哪些因素是影响定价的主要因素？
2. 连锁门店定价包括哪几个基本步骤？
3. 连锁企业定价策略有哪些？
4. 遭遇竞争对手价格挑战时，连锁企业该如何应对？

## 实 训

【案例介绍】

### 亚马逊公司的差别定价实验

亚马逊在 2000 年 9 月中旬开始了著名的差别定价实验。亚马逊选择了 68 种 DVD 碟片进行动态定价试验,试验当中,亚马逊根据潜在客户的人口统计资料、在亚马逊的购物历史、上网行为以及上网使用的软件系统确定对这 68 种碟片的报价水平。例如,名力《泰特斯》的碟片对新顾客的报价为 22.74 美元,而对那些对该碟片表现出兴趣的老顾客的报价则为 26.24 美元。

通过这一定价策略,部分顾客付出了比其他顾客更高的价格,亚马逊因此提高了销售的毛利率,但是好景不长,这一差别定价策略实施不到一个月,就有细心的消费者发现了这一秘密,通过在名为 DVDTalk(www.dvdtalk.com)的音乐爱好者社区的交流,成百上千的 DVD 消费者知道了此事,那些付出高价的顾客当然怨声载道,纷纷在网上以激烈的言辞对亚马逊的做法进行口诛笔伐,有人甚至公开表示以后绝不会在亚马逊购买任何东西。更不巧的是,由于亚马逊前不久才公布了它对消费者在网站上的购物习惯和行为进行了跟踪和记录,因此,这次事件曝光后,消费者和媒体开始怀疑亚马逊是否利用其搜集的消费者资料作为其价格调整的依据,这样的猜测让亚马逊的价格事件与敏感的网络隐私问题联系在了一起。

为挽回日益凸显的不利影响,亚马逊的首席执行官贝佐斯只好亲自出马进行危机公关。他指出亚马逊的价格调整机制是随机进行的,与消费者是谁没有关系,价格试验的目的仅仅是为测试消费者对不同折扣的反应,亚马逊"无论是过去、现在或未来,都不会利用消费者的人口资料进行动态定价"。贝佐斯为这次的事件给消费者造成的困扰向消费者公开表示了道歉。不仅如此,亚马逊还试图用实际行动换回人心,亚马逊答应给所有在价格测试期间购买这 68 部 DVD 的消费者以最大的折扣,据不完全统计,至少有 6 896 名没有以最低折扣价购得 DVD 的顾客,已经获得了亚马逊退还的差价。

至此,亚马逊价格试验以完全失败而告终,亚马逊不仅在经济上蒙受了损失,而且声誉也受到了严重的损害。

(资料来源:http://www.sinoec.net/Article/reason/marketing/Article_36666.html)

**思考和训练**

(1)请说明亚马逊差别定价试验失败的原因?

(2)你对网上零售店商品的定价有哪些建议?

【技能训练】

以小组为单位,试调查学校周边商店的价格水平,并用竞争导向法为一家新开业的超市制定某一类商品的具体价格。

# 模块 2

## 促销管理

### 教学目标

**1.终极目标**

(1)理解并能阐述促销的概念、促销活动类型和促销组合策略。

(2)熟悉促销活动流程管理。

(3)熟悉 POP 广告的设计与管理。

(4)能设计连锁企业不同主题的促销方案。

**2.促成目标**

(1)充分理解促销活动概念、类型及促销组合策略。

(2)掌握促销活动流程管理。

(3)掌握 POP 广告的设计与管理。

### 案例导入

#### "打 1 折"的营销策略

商家打折大拍卖是常有的事,人们决不会大惊小怪。但有人能从中创意出"打 1 折"的营销策略,实在是枯木抽新芽的高明创意。

日本东京有个银座绅士西装店,就是首创"打 1 折"销售的商店,曾经轰动了东京。当时销售的商品是"日本 GOOD"。

具体的操作是这样的:先定出打折销售的时间,第一天打 9 折,第二天打 8 折,第三天第四天打 7 折,第五天第六天打 6 折,第七天第八天打 5 折,第九天第十天打 4 折,第十一天第十二天打 3 折,第十三天第十四天打 2 折,最后两天打 1 折。

商家的预测是:由于是让人吃惊的销售策略,所以,前期的舆论宣传效果会很好。抱着猎奇的心态,顾客们将蜂拥而至。当然,顾客可以在这打折销售期间随意选定购物的日子,如果你想要以最便宜的价钱购得,那么你在最后的那两天去买就行了,但是,你想买的东西不一定会留到最后那两天。

实际情况是:第一天前来的客人并不多,如果前来也只是看看,一会儿就走了。从第三天就开始一群一群地光临,第五天打 6 折时客人就像洪水般涌来开始抢购,以后就连日客人爆满,当然等不到打 1 折,商品就全部卖完了。

那么,商家究竟赔本了没有?你想,顾客纷纷急于购买到自己喜爱的商品,就会引起抢购的连锁反应。商家运用独特的创意,把自己的商品在打 5、6 折时就已经全部推销出去。"打 1

折"的只是一种心理战术而已,商家怎能亏本呢?

(资料来源:http://news.jc001.cn/detail/413386.html)

【案例分析】

此法妙在准确地抓住了顾客购买心理。人们当然希望买质量好又便宜的货,最好能买到一折价格出售的商品,但是有谁能保证到你想买时还有货呢?这个结果提示人们,根据顾客购买心理设计有创意的促销活动,可以少花钱,但效果好。

【思考·讨论】

(1)如何抓住顾客购买心理,设计有创意的促销活动?

(2)连锁商店常见的促销策略有哪些?

# 理论知识

## 1. 什么是促销

【案例链接】

屈臣氏的促销活动发展大致分为三个阶段。2004年6月以前为第一阶段,在这段时间里,屈臣氏主要以传统节日促销活动为主,屈臣氏非常重视情人节、万圣节、圣诞节、春节等节日,促销主题多式多样,例如"说吧说你爱我吧"的情人节促销,"圣诞全攻略"、"真情圣诞真低价"的圣诞节促销,"劲爆礼闹新春"的春节促销,还有以"春之缤纷"、"秋之野性"、"冬日减价"、"10元促销"、"SALE周年庆"、"加1元多一件"、"全线八折"、"买一送一"、"自有品牌商品免费加量33%不加价"、"60秒疯狂抢购"、"买就送"等等为主题的促销活动。

第二阶段是在2004年6月提出"我敢发誓,保证低价"承诺后,以宣传"逾千件货品每日保证低价"为主题。在这一阶段,每期《屈臣氏商品促销快讯》的封面都会有屈臣氏代言人高举右手传达"我敢发誓"信息,到了2004年11月,屈臣氏做出了宣言调整,提出"真货真低价",并仍然贯彻执行"买贵了差额双倍还"方针,这样一直到2005年8月,"我敢发誓"一周年,屈臣氏一共举行了30期的促销推广,屈臣氏的低价策略已经深入人心。

第三阶段是2005年6月起,屈臣氏延续特有的促销方式并结合低价方针,淡化了"我敢发誓"的角色。特别是到了2007年,促销宣传册上几乎是不再出现"我敢发誓"字样,差价补偿策略从"两倍还"到"半倍还"直至最终不再出现,而促销活动变得灵活多变,逐步推出大型促销活动如:"大奖POLO开回家"、"百事新星大赛"、"封面领秀"、"VIP会员推广",屈臣氏促销战略成功转型。

在激烈的市场竞争环境中,连锁企业日益认识到与现有及潜在的顾客沟通非常的重要。促销(promotion)是指连锁企业为告知、劝说或提醒目标市场顾客关注有关企业任何方面的信息,使其接受并采取购买行为而进行的一切沟通联系活动。具体而言,促销就是不断与顾客沟通,向顾客提供商店地点、商品、服务和价格方面的信息,通过影响顾客的态度和偏好说服顾客光顾商店,购买商品。

促销活动在短期内,能改变企业短期经营效果,如扩大营业额,稳定既有顾客来店的频率,吸引新顾客,及时清理店内滞销存货,加速资金周转等。长期实施促销活动能提高商店的知名度,树立商店良好的企业形象。

## 2. 促销活动类型

### （1）按照时间的长短分

①长期性促销。长期性促销活动进行的时间一般在一个月以上，主要着眼于塑造本店的差异优势，增加顾客对本店的向心力，以确保顾客长期来店购物，不至于流失。连锁经营店长期性促销活动常见的有：准备停车场，提供免费停车服务；为购买少量物品的顾客提供快速收银通道；购买家电等大件物品免费送货上门；化妆品提供免费试用；为老顾客发放会员卡、贵宾卡等。

②短期性促销。短期性促销的主要目的是希望在有限的期间内，通常是 3 至 7 天，借助具有特定主题的促销活动，以提高客数，达到预期的营业目标。

【促销实例】

· 某商场庆祝元旦活动：12 月 28 日至 1 月 3 日，商场买 400 元立减 160 元；

· 折扣券活动：12 月 10 日至 12 月 15 日期间，凭折扣券购买王老吉一箱，优惠 5 元；

· 免费赠送活动：12 月 12 日当天最早光顾眼镜店的前 100 名顾客，只要购满 200 元商品，即免费赠送太阳镜一副。

### （2）按促销主题划分

①开业促销。新店开业促销是所有促销活动中最重要的一类主题，因为它只有一次，而且它是与潜在顾客的第一次接触，顾客对商店的商品、价格和服务等的印象，将会影响其日后是否会再度光临。一个成功的新店开业促销，开业当日的销售业绩可以达到平时的五倍左右。

②周年店庆促销。周年店庆促销的重要性仅次于新店开业促销。由于周年店庆促销每年只有一次，通常供应商会给予较大的支持。成功的周年店庆促销可以达到平时销售业绩的两至三倍。

③大型节假日促销。大型节假日促销是指为了配合五一劳动节、十一国庆节、元旦、春节、民俗节庆及地方习俗等而举办的促销活动。这类促销的规模一般根据节日的重要性来确定，大型节日期间可以达到平时销售业绩的两至三倍。

大型节假日促销

④例行性促销。一般来说,商店每个月都要举办2次到3次例行性促销,以吸引新顾客光临,并提高既有顾客购买商品的数量和金额。通常情况下,例行性促销会使销售业绩比非促销时期提高2成到3成左右。

⑤竞争性促销。竞争性促销通常发生在商圈内竞争店铺密集的地区。同一类型的连锁店有时在某一区域会出现好几家,大家相互争夺有限的客源。所以面对其他竞争性企业推行周年店庆等活动时,连锁门店通常会推出针对性、竞争性的促销活动,以免销售额衰退。

**3. 促销组合策略**

【促销实例】

### 某购物广场红动五月促销活动方案
红动五月 惊爆礼

活动时间:2009年4月25日—5月17日(23天)

活动一:穿着类满98送80元,满200送220;夏装上市199减109

活动二:化妆品满400减80元;珠宝玉器、钟表折扣见底

活动三:幸运感恩四重礼

活动四:特别呈现:

    1. 电脑免费拿,每小时一台

    2. "汶川,我们没有忘记"——5.12,时代广场爱心捐款

    3. 五一精彩演出

连锁企业可以选择的促销工具有很多,归纳起来主要有:广告、销售促进、人员推广和公共关系。这些工具共同构成商店促销组合,其中每一种工具都有不同功能。

**(1)广告促销**

广告促销是运用各种广告媒体向消费者传递消费信息以促进销售的一种直接促销方式。广告促销的特点是:企业单方面向消费者传递信息,属单向沟通,所以称之为"拉的"策略。可选择的媒体有电视、广播、报纸、杂志、招牌、看板、路牌、招贴、交通工具、灯光、橱窗、包装、店内POP(即店内广告)、口头宣传或店内广播、演示、可视幕墙、计算机网络、红布条、宣传单、海报等。

店内广告促销

电子屏幕促销

规模较大的连锁企业可考虑采用电视、广播、报纸、杂志四大广告媒体。但对规模较少的连锁门店来说,最常用的广告媒体是宣传单、招牌、看板、灯光、海报、红布条等。

根据促销主题划分,广告促销有以下几种。

①开业促销常用的媒体是:报纸、宣传单、广播、交通工具、海报、户外红布条、POP、店内广播、新闻稿。

②周年店庆促销常用的媒体是:报纸、宣传单、直邮邮件(DM)、海报、红布条、POP、店内广播。

③大型节假日促销常用的媒体与周年店庆基本一致。

④例行性促销常用的媒体是:宣传单、直邮邮件(DM)、海报、红布条、店内广播。

⑤竞争性促销所用的媒体与例行促销相同。

**(2)销售促进(营业推广)**

销售促进指商店针对最终消费者所采用的除广告、公共关系和人员推销之外的,能够刺激需求、激励购买、扩大销售的各种短暂性的促销措施。销售促进往往是一种短期的促销行为,追求的是一种立竿见影的效果,因此它的策划和设计通常是针对有限的时间和空间而设计的,其行动导向是立即提高销售。

销售促进常用的方式有以下几种。

①优惠券。连锁商店将印在报纸、杂志、宣传单或商品包装上的附有一定面值的优惠券或单独的优惠券,通过邮寄、按户递送、销售点分发、网站下载等形式发放,持券人可以凭此券在购买某种商品免付一定金额的费用。例如,麦当劳会在街头派发优惠券,凭此券购买指定的汉堡包,原价 12 元,实际只需支付 10.5 元即可购得。

实践表明,优惠券降价优惠幅度以 15% 为宜。另外,优惠券应在连锁企业各门店同样有效,以吸引顾客,扩大销售。

②赠送商品。赠送商品即消费者免费或付出代价即可获得特定物品的活动。例如,新店开业时,对来商店购物的顾客免费送面纸、卡通玩具、购物袋等小物品。一般有免费赠送和付费赠送两种方式。

免费赠送是消费者无须具备什么条件即可获得赠品。免费赠送时,要选择好的赠送对象才能达到事半功倍的效果。例如,化妆品专柜不固定赠送物品的种类和数量,根据顾客的需要和心理情况而定。在女性购买犹豫不定时,免费赠送化妆包、其他产品的试用装、化妆棉等小物品,以促成消费。

付费赠送是指消费者购买某种特定商品或购买金额达到一定数量时,就可免费获得赠品。买一送一、酬谢包装(加量不加价),包装上附赠品是常用的主要方式。

③折价优惠。这是商店使用最广泛的一种促销方式。折价优惠是指商店在一定时期内,调低一定数量的商品售价,适当减少自己的利润以回馈消费者的促销活动。折价优惠常在以价格作为主要竞争手段的商店使用,如超市、折扣商店等。商店常采用的折价优惠形式包括:商品降价特卖、限时抢购、折扣优惠。

④抽奖。顾客在商店购物满一定金额即可凭抽奖券在当时或指定时间参加商店组织的公开抽奖活动。抽奖时利用顾客本身具有一定的侥幸、追求刺激的赌博心理,主办方通常备有各种大小奖品吸引顾客,一般中奖率高达 100%。

⑤竞赛活动。竞赛是一种让消费者运用和发挥自己的才能以解决或完成某一特定问题,即提供奖品鼓励顾客的活动。这是融动感性和参与性为一体的促销活动,由比赛来突显主题或是介绍产品。例如,喝啤酒大赛、猜灯谜比赛等。通过竞赛不仅可热闹卖场,也可借此增加

顾客的话题,加深顾客对本企业的印象。

⑥商品演示。通过对商品的使用表演示范,提供实物证明,使顾客对商品的效能产生兴趣和信任,以激起冲动性的购买行为。对于顾客不太熟悉的新商品,连锁门店可设专柜现场展示,演示商品的功能、使用方法,解答顾客提出的问题,制造活跃的购物气氛,启发顾客对新商品的兴趣。例如,商店现场试吃;聘请手工艺品的制作者在商店营业场所演示商品的制作过程;请模特展示服装和服饰;在电视上演示商品等。

（3）公共关系

公共关系承担着为连锁企业在公众中塑造良好形象的一切沟通联系活动。现在越来越多的连锁企业建立公共关系部门来处理好商店与公众的关系。公共部门通过在报刊、电台、电视、会议、信函等传播媒体上发表有关商店能引起公众注意的公益消息或服务信息,以提高商店的形象并获得消费者的好感与信赖。同时,他们追踪公众的态度,向公众提供信息和进行交流,以建立好感。当营销危机出现时,他们要排解纠纷,扭转局势。

公共关系促销主要的方法有以下几种。

①利用各种传播媒体和传播方式,扩大知名度,让社会了解连锁门店;

②开展联谊、庆典、咨询等活动,加强与社会各界的联系;

③积极参加社会公益事业及其他社会活动,为卖场创造良好的社会环境,获得社会的赞誉;

④培养教育员工塑造良好的自身形象,建立企业与职工之间良好的情感。

（4）人员促销

人员促销即通过推销员口头宣传说服顾客,实现商品销售的一种直接促销方式。人员促销的特点是推销员与顾客能进行双向沟通,其促销效果与促销人员的推销技巧密切相关。开展自选销售的连锁门店一般不必主动进行人员促销,这样做反而会让顾客感到反感;但向顾客提供必要的帮助和指导,并适当地与顾客进行友好的交谈有助于促进销售。

以上这些促销方式各有优劣、特殊的潜力和复杂性。在现代市场经济条件下,企业很难通过一种促销方式实现促销目标。因此,企业应根据促销需要,适当运用有关的促销方式,形成最佳的促销组合策略,以便于取得良好的促销效果。

**4.促销活动流程管理**

【案例链接】

2009年5月4日,美国脱口秀女王奥普拉在其脱口秀节目中宣布,消费者可以在其官方网站下载肯德基优惠券,凭此领取2片烤鸡和一份烤饼。这条消息之后成为Twitter上关注度最高的话题,两天之内,就有1 050万份优惠券被下载。在送出了400万份免费食物之后,由于意识到公司已无力承担另外600多万份的成本,肯德基总裁罗杰·伊顿不得不紧急叫停活动。美国当地媒体认为,肯德基低估了奥普拉的影响力,也低估了经济不景气时,人们对一顿免费午餐的热爱程度,而这种热爱超出了肯德基所能承受的成本压力。

一次成功的促销活动,不仅要有一个完整的促销方案,还必须有强有力的促销组织不折不扣的实施方案,并通过各种考核方式验证其方案的有效性,为将来的促销活动提供参考。

（1）促销活动策划

促销策划包括确定促销目标、促销预算、促销主题、促销时间、促销商品、促销宣传及促销具体方式等一系列内容。

①确定促销目标。连锁企业可根据下列目标来设定具体的促销目标:提高销售额,赢得顾客关注,清理滞销商品,与竞争对手抗衡,提高顾客回头率及忠诚度等。每一项促销目标所对应的促销方式有所不同,故连锁商店在开展实施每次促销活动之前,必须清楚地阐明自己的目标,选择合适的促销类型、媒体,明确所传递的信息。

②制订促销预算。促销支出是一种费用,也是一种投资,促销费用过低,会影响促销效果;促销费用过高又可能会影响企业的正常利润。因此,连锁企业要量力而行,制订合适的促销预算。

表5-3　某商店的促销费用预算

| 目标 | 任务 | 估算费用(元) |
|---|---|---|
| 在淡季增加销售额 | • 3月2日—16日,11月4日—18日,在当地报纸上刊登15天全页广告 | 22 500 |
| | • 3月2日—16日,11月4日—18日,在当地网络论坛首页上刊登15天通栏式广告 | 20 000 |
| 从当地新住户中吸引新顾客 | • 发出2 500封直接邮件,邀请当地的新居民来商店参观 | 1 600 |
| | • 3月5日—8日期间,每天免费送出50个靠枕,送完即止 | 6 000 |
| 树立商业信誉 | • 每周六和周日晚间十点在当地电视新闻中,演播15秒树立永久信誉的电视广告 | 20 500 |
| | • 每月上旬在当地报纸上刊登一次二分之一的报纸广告 | 10 000 |
| 合 计 | | 80 600 |

③制定促销实施方案。完整的促销方案包括促销主题、促销时间、促销商品、促销宣传、促销方式等内容。

A. 促销主题。许多商店举办促销活动往往会寻找一个"借口",也称为促销主题,来赢得顾客好感。促销主题往往会为促销活动起到画龙点睛的震撼效果。促销主题的选择应做到:"新"、"实"。"新"即促销内容、方式、口号要富有新意,这样才能吸引人;"实"即简单明确,让顾客得到更多的、实在的利益。一般使用节日、社会事件等作为促销主题。

B. 促销时间。什么时间开始促销,活动持续多长时间效果最好等需要考虑。若持续时间短,在这段时间内无法实现重复购买,促销活动就达不到目标;持续时间过长,又会引起开支过大,同时降低消费者购买力量。一般超市每个季度开展3周左右的促销活动比较适宜。

C. 促销商品。顾客的基本需求是买到价廉物美的商品,所以促销商品的品质、价格是否有吸引力将影响促销活动的成败。一般来说,促销商品可有以下四种选择:一是节令性商品,主要是指中秋节、元旦、春节等节日的一些专用品和礼品以及春夏秋冬用品等,如月饼、保健品以及酒水、夏季用到的凉席等;二是敏感性商品,这类商品一般属必需品,市场价格变化大且顾客极易感受到价格的变化,如鸡蛋、大米和食用油等;三是众知性商品,这一般是指品牌知名度高、市面上随处可见、容易取代的商品,如化妆品、保健品、饮料、啤酒等,选择这类商品作促销品往往可获得供应商的大力支持;四是特殊性商品,主要是指连锁企业自行开发、使用自有品牌、市面上无可比较的商品。无论选择何种商品作为促销品,都必须牢记两个基本要点:一是选择顾客真正需要的商品;二是能给顾客带来实际利益。

D. 促销宣传。商店开展大型的促销活动就是希望吸引顾客参与其中,因此,让顾客知晓促销的内容非常重要。促销宣传主要有：媒体广告、直邮 DM、卖场海报、人员宣传、派发传单等。AC 尼尔森在 2005 年的一次调查表明，六种促销宣传方式中，排在第一位的是"投递到家中的信件"，第二位是电视广告，第三位是门店内悬挂的海报，第四位是商场入口处海报，第五位是路上派发的广告宣传单，第六位是亲朋好友的介绍。连锁企业应根据促销目标、经费预算等情况选择合适的促销宣传方式。

E. 促销方式。商店可选择的促销方式很多，且各有特点和适用范围，要根据促销目标、商店类型、周边竞争环境、费用预算等方面加以选择。

（2）促销活动实施

促销活动的成功还离不开商店各岗位的执行配合。促销活动的实施要注意以下几个方面。

①促销人员方面。在人员方面应注意：门店相关人员必须了解促销活动的起止时间、促销商品及活动内容，以备顾客咨询；门店导购员必须保持良好的服务态度，并随时保持服装、仪表的整洁，给顾客留下良好的印象；各部门主管必须配合促销活动，安排适当的出勤人数、班次、休息时间及用餐时间，以免影响购物高峰期间对顾客的服务质量；如果前来购物的顾客过多，要考虑是否有必要安排保安人员，避免因促销发生不安全事故。

②促销商品方面。在商品管理方面，应注意：必须要有足够的库存以免缺货造成顾客抱怨以及丧失销售机会；促销商品的标价必须正确，以免使顾客产生上当受骗的感觉，或影响收银作业的正确性；促销商品应搭配关联性商品的陈列，以提高顾客对相关产品的购买率。

③广告宣传方面。在宣传方面，要做到：广告海报、条幅等应张贴在明显处，如门店入口或布告栏上，以吸引顾客入店购物；特价品 POP 广告应悬挂在正确位置，价格标示应醒目；服务台应定时广播促销活动的内容及促销商品的品种，以刺激顾客购买。

④气氛营造方面。商店氛围可以根据促销活动进行针对性的布置。可张贴有助于烘托促销气氛的海报、旗帜、气球等物品，运用灯具、垫子、隔物板、模板等物品衬托商品。服务台还可播放轻松愉快的背景音乐，给顾客创造一个舒适的购物环境。

（3）促销活动评估

每一次促销结束后，应及时召集促销相关人员，就实施效果进行分析总结，为下一次促销活动提供参考依据。评估的内容主要有以下几方面。

①促销商品是否符合消费者需求，能否反映门店的经营特色。

②促销商品的销售额与毛利率。最常用的评估促销效果的方法是比较促销前、中、后的销售数据。一般会出现十分成功、得不偿失、适得其反等几种情况。十分成功是指在采用促销活动后，消费者被吸引前来购买，增长了销售量，取得了预期的效果。该次促销活动不仅在促销期中，而且对公司今后的业绩和发展均有积极影响。这是超级市场经营者、营销人员及所有员工都希望看到的情景。得不偿失是指促销活动的开展，对超级市场的经营、营业额的提升没有任何帮助，而且浪费了促销费用，显然是得不偿失的。适得其反是指促销活动引起不良后果的一种表现，是超级市场经营者最不愿意看到的一种情形。这次促销活动虽然在进行过程中提升了一定的销售量，但是促销活动结束后，超级市场的销售额不升反降。

③供应商的配合能否恰当及时；能否主动参与，积极支持；能否分担部分促销费用和降价损失；供应商在促销期间供货量是否充足及时；促销计划是否都能顺利执行。

④企业自身系统中，总部对分店的配合程度、配送中心送货是否及时、促销商品的选择是否恰当。

### 5. POP广告的设计与管理

POP广告(point of purchase advertising)称为店内广告、卖场广告或销售点广告,是指在连锁门店的周围、入口、内部以及有商品的地方设置的广告。它是一个与商品有连带关系的广告,是商店或厂家在销售现场向顾客做的最后的广告。比如,门店的招牌、门店名称、门店装潢、橱窗布置、门店装饰、商品陈列等都属于卖场广告的范畴。它的目的在于诱导顾客进店,使顾客容易选择商品,并提醒顾客注意促销商品,以促进销售。由于POP广告针对性较强,顾客可在短时间内近距离接触它,容易留下深刻印象,并且极易促成冲动性购买行为。

(1)**卖场广告的功能**

①传达商品信息。卖场广告就是把有关商品的信息充分传递给顾客。这些信息包括店内正在销售什么、商品的位置设置、商品的特性、最新的商品供应信息、商品的价格、特价商品信息等。卖场广告还可以吸引路人进入门店,使顾客了解门店内特有的氛围和独特的经营方法,刺激顾客的购买欲。

②促进门店与供应商之间的互惠互利。促销活动可以扩大企业及经营商品的供应商的知名度,增强其影响力,从而促进企业与供应商之间的互惠互利。

③卖场广告是促销活动的核心。卖场广告不像大众传播媒体那样具有实质性的媒体,只是一种设置在卖场的不具实体的媒体,能适应各种场合和各种商品。

④突出门店的形象,吸引更多的顾客购买。顾客的购买阶段分为:注意、兴趣、联想、确认和行动。因此,从众多的商场和门店中吸引顾客的目光,达到使其购买的目的,POP广告功不可没。

(2)**POP广告的类型**

连锁企业的POP广告可分为店头POP、店内POP、陈列现场POP,其具体种类和功能如表5-4所示。

表5-4 POP广告的种类和功能一览表

| 区分 | 种类 | 功能 |
|---|---|---|
| 店头 POP | 店头看板(招牌)、商品名称 | 告诉顾客这里有家商店及它卖的是什么商品 |
| | 橱窗展示、旗子、布帘 | 告知顾客正在实施特价大拍卖,给整个商店带来季节感,制造气氛 |
| | 专柜POP、引导POP | 告诉走进商店的顾客,商品在什么地方 |
| 店内 POP | 特卖POP、廉价POP | 告诉入店的顾客正在实施特卖的活动信息 |
| | 告知POP、优惠POP、气氛POP | 告诉顾客商店性质及商品内容,制造店内气氛 |
| | 厂商海报、广告板、场地POP | 传达商品情报及厂商情报的功能 |
| 陈列现场 POP | 展示卡 | 告诉顾客商品品质、使用方法及厂商名称等信息 |
| | 商品分类广告 | 告诉顾客广告牌或推荐品的位置、尺寸及其价格 |
| | 价目卡 | 告诉顾客商品名称、数量及价格标示 |

（3）POP 广告设计原则

POP 广告的设计要求独特。无论是采用陈列的形式还是发放的形式，都必须新颖独特，能很快吸引消费者的眼球，激起顾客的购买欲望。卖场广告在设计时应遵循以下原则：

①统一性和协调性原则。一般来说，卖场广告的创意和设计主要涉及四个方面：门面装潢、橱窗陈列、门店布置和人员接待。在设计时要强调四个子系统创意风格的统一。

②造型简练、突出个性原则。POP 广告必须以简洁的形式、新颖的格调、和谐的色彩突出自己的个性，以便在琳琅满目的商品中脱颖而出。

③重视陈列设计原则。POP 广告不同于节日的点缀，它是商业文化企业中企业经营环境文化的重要组成部分。POP 广告的设计要有利于树立企业形象，要注意商品陈列、悬挂以及货架的结构等，加强和渲染购物场所的艺术氛围。

④强调现场广告效果原则。由于 POP 广告具有直接促销的作用，连锁门店必须深入实地了解门店内部经营环境，研究经营商品的特色以及顾客的心理特征与购买习惯，以设计出最能刺激消费者购买欲望的广告。

Kappa 的 POP 广告设计

（4）POP 广告使用的检查

及时地检查 POP 广告在门店的使用情况，对发挥其广告效应有很大的促进作用。POP 广告通常要检查以下要点：

①POP 广告的高度是否恰当；

②是否依照商品陈列来决定 POP 广告的尺寸；

③广告上是否有商品使用方法的说明；

④有没有脏乱和过期的 POP 广告；

⑤广告中关于商品的内容是否介绍清楚（如品名、价格、期限）；

⑥顾客是否看得清、看得懂 POP 广告的字体，是否有错别字；

⑦是否由于 POP 广告过多而使通道视线不明；

⑧POP 广告是否有因水湿而引起的卷边或破损；

⑨特价商品 POP 广告是否强调了与原价的跌幅和销售时限。

## 小 结

促销是指连锁企业为告知、劝说或提醒目标市场顾客关注有关企业任何方面的信息,使其接受并采取购买行为而进行的一切沟通联系活动。按照时间的长短分为长期性促销和短期性促销,按促销主题分为开业促销、周年店庆促销、大型节假日促销、例行性促销、竞争性促销。

促销组合策略包括广告促销、销售促进、公共关系和人员促销四个方面。其中,销售促进常用的方式有优惠券、赠送商品、折价优惠、抽奖、竞赛活动和商品演示等。

一次成功的促销活动,不仅要有一个完整的促销方案,还必须有强有力的促销组织、不折不扣的实施方案,并通过各种考核方式验证其方案的有效性,为将来的促销活动提供参考。促销策划包括确定促销目标、促销预算、促销主题、促销时间、促销商品、促销宣传及促销具体方式等一系列内容。促销活动的实施要注意促销人员、促销商品、广告宣传和气氛营造几个方面。每一次促销结束后,还应及时召集促销相关人员,就实施效果进行分析总结,为下一次促销活动提供参考依据。

POP 广告是指在连锁门店的周围、入口、内部以及有商品的地方设置的广告,它是促销活动的核心。通过卖场广告能达到传达商品信息、促进门店与供应商之间的互惠互利、突出门店的形象,吸引更多的顾客购买等功能。POP 广告设计时要注意统一性和协调性、造型简练、突出个性、重视陈列设计和强调现场广告效果等原则。

## 复习思考

1.什么是促销?促销活动是如何分类的?促销组合策略包括哪些方面?

2.一个完整的企业促销策划方案包括哪些内容?

3.促销活动实施要注意什么问题?

4.促销活动的效果评估方法有哪些?

5.什么是 POP 广告?它有什么作用?设计时应遵循哪些原则?

## 实 训

**【案例介绍】**

### 苏果超市推出中秋主题促销活动

苏果超市有限公司,创立于 1996 年 7 月 18 日。前身是江苏省果品食杂总公司。"苏果"二字即取自于其中的"苏"和"果"两字。2004 年 6 月,华润控股苏果 85％股权。经过 20 年艰苦创业历程,截至 2016 年底,苏果网点总数达到 2000 个,主要覆盖苏皖鄂,员工总数 4 万人,年销售规模 288 亿元(不含批发)。苏果超市是江苏最大的连锁超市企业,在全国同行业中连续多年位列前十强。2011 年"苏果"商标被国家工商总局认定为中国驰名商标。

苏果于 2004 年启用了自建的华东最大的单体物流中心:苏果马群物流配送中心。该中心占地面积 260 余亩,采取先进的物流技术,软硬件环境在国内企业专属物流当中居领先地位,目前年配送能力已超过 100 亿元。2014 年底,苏果在淮安建设的第二物流中心全面启用。该中心占地面积 400 亩,技术和管理上采取先进技术,着眼于为苏果未来规模发展提供更完备的战略保障。苏果还在南京麒麟门启用了 3 万平方米的小业态物流,设计配送能力 24 亿元。苏果着眼于全渠道环境下的零售业务,以信息化为支撑,打造具备现代物流理念的大物流系统。

中秋越来越近,商场内的节日气氛越来越浓郁,各大商家早已摩拳擦掌,要搭上中秋顺风车。苏果超市推出"享中秋、惠万家"主题促销活动,商品让利5%~50%,还有各种返利、抽奖活动。

(1)中秋节商品让利5%~50%活动。中秋节,苏果共计采购了500多个月饼品种,小苏州、桃源村、今世缘、咀香园等消费者熟悉的品牌都将有大量新品投入市场,除了传统的豆沙、蛋黄、金腿、五仁、莲蓉外,还有水果、绿茶、蓝莓、芦蒿等新奇口味。中秋节现在也是个小黄金周,消费能量大。再加上九月份也是传统的婚庆消费高峰,因此商家也扩大了中秋节促销范围。此次苏果除推出特价月饼以外,还提前备足货源,征集2000多种特价商品,让利幅度从5%~50%不等,涵盖面粉、油、肉禽蛋、水产品、蔬菜、饮料等主副食品,以及酒、茶、保健品、婚庆用品、旅游用品等,为消费者选购带来更多便利。

(2)会员积分兑换超值返利活动。为回馈广大会员,苏果开展会员积分兑换活动,会员卡积分累计满1000分即可至门店服务中心领取2元现金抵用券一张,2000分领取4元现金抵用券一张,以此类推,封顶100元(5万积分)。活动结束后,2013年底前的积分将清零。

(3)品类折扣活动。冰激凌5折,小菜7折,罐头6折,洗洁精7折,收纳盒5折,碳酸饮料8折,果蔬汁、茶饮料、啤酒均7.5折,花露水5折,防晒用品5折(会员、特价、团购、进口商品除外)。全场一次性购物满68元即可参与5折起大换购活动。比如,售价62.8元的苏星四季"南粳46"精制大米,换购价仅为30元,售价12.3元的竹盐精品全优护牙膏,换购价仅需6元。

(4)扫描二维码发祝福贺卡抽奖活动。中秋佳节家人团圆,亲朋好友互送祝福的日子。华润苏果推出电子祝福贺卡与消费者一起共贺佳节。消费者在华润苏果购物广场门店,用手机扫描中秋节活动二维码就可以进入活动页面,并挑选自己喜爱的祝福,通过网络即可向亲朋好友和家人送去中秋祝福,中秋贺卡中还附带有嫦娥集礼的小游戏。此外,只要发送贺卡,便可以在贺卡中参与抽奖活动,每个微信号限3次抽奖机会,但可以通过给朋友发送贺卡和分享活动页面到朋友圈等行为来获得更多的抽奖机会,每人最多不超过5次抽奖机会,每人(每个微信号)最多只限领取1次奖品。

(资料来源:http://www.suguo.com.cn/Public/singlePage.m? nodeId=32&pageId=about)

**思考和训练**
(1)苏果超市中秋主题促销包括哪些具体促销方式?
(2)试分析这些促销方式的可能效果。

**【技能训练】**
试为一家连锁平价药店策划一个大型的开店促销活动方案。

| 实训名称 | 连锁药店开店促销活动策划 |
| --- | --- |
| 实训目的 | 1. 了解连锁企业促销活动<br>2. 培养学生运用理论解决实际问题的能力<br>3. 培养学生团队合作能力 |

| 实训名称 | 连锁药店开店促销活动策划 |
|---|---|
| 实训组织<br>实施步骤 | 1. 教师提出实训前的准备及注意事项<br>2. 学生分为 5 人一组<br>3. 教师指导学生上网搜集资料<br>4. 各组通过小组讨论,提出哪些活动能吸引顾客眼球,并据此制定营销方案 |
| 实训环境 | 大学城各院校 |
| 实训成果 | 1. 写出开店促销活动方案<br>2. PPT 课堂汇报<br>3. 教师评比考核:(1)能够按时完成;(2)方案切实可行;(3)发挥团队作用 |

# 项目六

## 连锁企业形象与
## 文化管理

# 模块1

## 连锁企业形象管理

### 教学目标

1.终极目标

(1)理解并能解释说明企业形象的基本概念。

(2)理解企业形象的组成和作用并能分析与解决实际问题。

2.促成目标

(1)充分理解企业形象的特征,形成企业形象意识和典型的企业形象要素。

(2)进入"组合元素,设计、测评、监测企业形象"的训练状态。

### 案例导入

**王石的"捐款门"给万科带来信任危机**

自"5.12"震灾发生后,不少企业纷纷解囊,更有不少企业捐出数千万巨资。而地震发生当天,万科集团总部捐款数目为人民币200万。万科是一家跨区域的地产集团,2007年净利润48亿元。

这遭到了部分网友的炮轰,王石回应说,不要泛慈善化。200万是董事的授权,而且"中国是个灾害频发的国家,赈灾慈善活动是个常态,企业的捐赠活动应该可持续,而不成为负担。"王石还透露说,万科对集团内部慈善的募捐活动中,有条提示:每次募捐,普通员工的捐款以10元为限,其意就是不要慈善成为负担。

随着王石的回应,捐款门事件开始升级,更大的公众信任危机开始爆发。

对"万科人"以及万科董事长王石来说,这对这一国内龙头房企所带来的危机几乎令这家企业上上下下都承受了从未有过的压力、质疑,甚至是谩骂与羞辱,曾经的中国移动的形象代言人王石被网友戏称为"王十块",要求其下台的呼声也一阵接着一阵,拒买万科房屋的倡议也被抛出。而与万科类似,更多的房地产企业也在同时遭遇全国人民的指责,以王石的言论为导火索,最终演变为一场全国人民对整个行业的声讨。万科的形象也遭到巨大损伤。

危机公关势在必行,企业形象要及时补救,随着王石的公开道歉、万科承诺投资一亿元于灾区以及潘石屹等地产大佬的侧面解释,这场险些酿成重灾的风波才得以平息。

但风波虽过,万科辛苦建立起来的地产老大形象受到了巨大损伤,恐怕需要花更长的时间和精力才能有所改善。

(资料来源:http://house.people.com.cn/GB/98376/98512/7295406.html)

【案例分析】

这个案例提示人们,企业形象在连锁企业运营中有着重要的作用,企业形象不是高高在上，而是贯穿于企业的日常运营中，每时每刻，每个员工，每个事情都树立强烈的形象意识，给形象添彩加分的事情要多做，给企业形象摸黑的事情要杜绝，其中特别是企业高层，他们作为企业的形象代言人之一，更要注意一言一行。

**【思考·讨论】**

(1)王石的言语为什么会激起公众的非议和不满？

(2)负面的企业形象会给企业造成那些经营困难？

(3)对于修补危机后的企业形象你还有哪些新对策？

## 理论知识

### 1. 什么是形象与企业形象

从心理学的角度来看，形象就是人们通过视觉、听觉、触觉、味觉等各种感觉器官在大脑中形成的关于某种事物的整体印象，简言之是知觉，即各种感觉的再现。有一点认识非常重要：形象不是事物本身，而是人们对事物的感知，不同的人对同一事物的感知不会完全相同，因而其正确性受到人的意识和认知过程的影响。由于意识具有主观能动性，因此事物在人们头脑中形成的不同形象会对人的行为产生不同的影响。

企业形象是社会公众对企业素质的整体印象与评价。包括企业的产品形象(产品质量、商标、包装等)、员工形象(服务态度、职业道德、管理技术水平等)、营销形象(促销方式、售后服务等)等，直接影响企业在市场中的竞争能力。

它是在印象的基础上，加入人们的判断，进而形成具有内在性、倾向性和相对稳定性的公众态度，多数人的肯定或否定的态度才形成公众舆论。公众舆论通过大众传播媒介和其他途径(如人们的交谈、表情等)反复作用于人脑，最后影响人的行为。企业形象有好与不好之分，当企业在社会公众中具有良好企业形象时，消费者就愿意购买该企业的产品或接受其提供的服务；反之，消费者将不会购买该企业的产品，也不会接受其提供的服务。企业形象的好与否不能一概而论，多数人认为某企业很好时，可能另有一些人感到很差，而这种不良的形象将决定他(她)不会接受该企业的产品或服务。任何事物都不能追求十全十美，因此，我们在这里必须把握矛盾的主要方面，从总体上认识和把握企业形象。

关于企业形象的定义，有四个关键点值得重视：

第一是企业形象好坏的评判主体是社会公众，他们主要包括政府、供应商、渠道商、消费者、社区居民等，因为他们与企业联结的强度不一，所以对企业形象评判力度也不一样，如在一个自由竞争的市场中，消费者对企业形象的评判权力就大多了。

第二是企业形象涉及企业运营的方方面面，有产品层面，有企业文化层面的，有社会公益方面的，有企业社会责任层面的，有员工素养方面的……

第三是企业形象是把双刃剑，好的企业形象可以提升企业竞争力，差的企业形象则成为企业发展的绊脚石，有时甚至能结束企业生命。三鹿就因毒奶粉事件使企业形象烂到极点而一夜呜呼了。

第四是企业形象属于企业的软性资产，资产价值是动态的，没有一劳永逸的行动，如伊利奥运期间利用赞助商的身份来提升企业形象，可在毒奶粉事件中又前功尽弃，企业形象一度不理想，无形资产大幅缩水。

**2. 企业形象的作用**

任何事业的成就,都依赖于天时、地利、人和,企业的生存与发展也取决于这三种因素。在何种程度上对企业的影响,而良好的企业形象则能促进三种要素健康、协同、互助式发展,从而达到使企业在竞争中立于不败之地的效果。

天时:良好的企业形象,可以得到公众的信赖,为企业的商品和服务创造出一种消费心理。企业的生存与发展,离不开社会公众的参与和关注,离不开广大消费者的信赖与支持,而所有这些又都与企业形象有不解之缘,难怪《日本公司经营》一书中提出:"在商品日趋丰富的社会中,选择哪个公司的产品很大程度上取决于企业形象。"良好的企业形象会使客户慕名上门,推销人员会事半功倍,营业额的提高也就成了理所当然的事。

地利:良好的企业形象,可以扩大企业的知名度,增加投资或合作者的好感和信心。一个企业具有了优良的形象,在需要融通资金时,各种投资机构都会乐于参与,在危机面前也会伸出援助之手;实力雄厚的企业会自动找上门来合作,从而使风险减小,企业发展基础更加稳固。

人和:良好的企业形象,可以吸引更多人才加入,激发职工的敬业精神,创造更高的效率。有贝之"财"易得,无贝之"才"难求。企业之间的竞争归根到底是人才竞争。良好的企业形象,使人才感到这里的工作环境为他提供了用武之地,这里的用人制度能使自己的聪明才智得以发挥。企业形象好了,职工就有一种优越感和自豪感,加之配套系统(统一的工作服、办公用品等)的相互感应,创造出一种朝气蓬勃的气氛,使他们的工作热情日趋高涨,工作效率不断提高。

**3. 企业形象的分类**

企业形象的分类方法很多,根据不同的分类标准,企业形象可以划分为以下几类:

(1)企业内在形象和外在形象

这是以企业的内外在表现来划分的,好比我们观察一个人,有内在气质和外在容貌、体型之分,企业形象也同样有这种区别。内在形象主要指企业目标、企业哲学、企业精神、企业风气等看不见、摸不着的部分,是企业形象的核心部分。外在形象则是指企业的名称、商标、广告、厂房、厂歌、产品的外观和包装、典礼仪式、公开活动等等看得见、听得到的部分,是内在形象的外在表现。

(2)企业实态形象和虚态形象

这是按照主客观属性来划分的。实态形象又可以叫作客观形象,指企业实际的观念、行为和物质形态,它是不以人的意志为转移的客观存在。诸如企业生产经营规模、产品和服务质量、市场占有情况、产值和利润等等,都属于企业的实态形象。虚态形象则是用户、供应商、合作伙伴、内部员工等企业关系者对企业整体的主观印象,是实态形象通过传播媒体等渠道产生的印象,就好像我们从镜子中去观察一个物体,得到的是虚像。

(3)企业内部形象和外部形象

这是根据接受者的范围划分的。外部形象是员工以外的社会公众形成的对企业的认知,我们一般所说的企业形象主要就是指这种外部形象。内部形象则指该企业的全体员工对企业的整体感觉和认识。由于员工置身企业之中,他们不但能感受到企业外在属性,而且能够充分感受到企业精神、风气等内在属性,有利于形成更丰满深入的企业形象;但是如果缺乏内部沟通,员工往往只重局部面看不到企业的全部形象,颇有"不识庐山真面目"的感觉。我们认为,内部形象的接受者范围更小,但作用却很大,与外部形象有着同等重要的地位,决不可忽视。

（4）企业正面形象与负面形象

这是按照社会公众的评价态度不同来划分的：社会公众对企业形象的认同或肯定的部分就是正面形象，抵触或否定的部分就是负面形象。任何企业的企业形象都是由正反两方面构成的，换言之，企业形象应是一分为二的，公众中任何一个理智的个体都会既看到企业的正面形象，又看到企业的负面形象。对于企业来说，一方面要努力扩大正面形象，另一方面又要努力避免或消除负面形象，两方面同等重要，因为往往不是正面形象决定用户一定购买某企业产品或接受某项服务，而是负面形象一定使得他们拒绝购买该企业产品和接受其服务。

（5）企业直接形象和间接形象

这是根据公众获取企业信息的媒介渠道来划分的：公众通过直接接触某企业的产品和服务、由亲身体验形成的企业形象是直接形象，而通过大众传播媒介或借助他人的亲身体验得到的企业形象是间接形象。对企业形象作这种划分十分重要，如果一个用户在购买某种商品时看到的是粗陋的包装、落后的设计，试用时这也有毛病、那也不如意，无论别人告诉他这产品如何如何好、这家企业如何如何不错，他也一定不去购买，因为直接形象比间接形象更能够决定整个企业形象。有些企业以为树立企业形象只能靠广告宣传，而不注重提高产品质量和服务水平，就是只看到间接形象而忽视了直接形象。

（6）企业主导形象和辅助形象

这是根据公众对企业形象因素的关注程度来划分的：公众最关注的企业形象因素构成主导形象，而其他一般因素构成辅助形象。例如，公众最关心电视机的质量（图像、色彩、音质等）和价格（是否公道合理），因而电视机的质量和价格等构成电视机厂的主导形象，而电视机厂的企业理念、员工素质、企业规模、厂区环境、是否赞助公益事业等等则构成企业的辅助形象。企业形象由主导形象和辅助形象共同组成，决定企业形象性质的是主导形象；辅助形象对主导形象有影响作用，而且在一定条件下能够与主导形象实现相互转化。

**4. 企业形象的系统组成（CIS）**

企业形象的组成因素虽然非常复杂，但我们可以将其归纳为三个层次，即理念形象、行为形象和视觉形象。

①企业理念形象（MI）——是由企业哲学、企业宗旨、企业精神、企业发展目标、企业经营战略、企业道德、企业风气等精神因素构成的企业形象子系统。

②企业行为形象（BI）——由企业组织及组织成员在内部和对外的生产经营管理及非生产经营性活动中表现出来的员工素质、企业制度、行为规范等因素构成的企业形象子系统。内部行为包括员工招聘、培训、管理、考核、奖惩，各项管理制度、责任制度的制定和执行，企业风俗习惯，等等；对外行为包括采购、销售、广告、金融、公益等公共关系活动。

③企业视觉形象（VI）——是由企业的基本标识及应用标识、产品外观包装、厂容厂貌、机器设备等构成的企业形象子系统。其中，基本标识指企业名称、标志、商标、标准字、标准色，应用标识指象征图案、旗帜、服装、口号、招牌、吉祥物等，厂容厂貌指企业自然环境、店铺、橱窗、办公室、车间及其设计和布置。

在企业形象的三个子系统中，理念形象是最深层次、最核心的部分，也最为重要，它决定行为形象和视觉形象；而视觉形象是最外在、最容易表现的部分，它和行为形象都是理念形象的载体和外化；行为形象介于上述两者之间，它是理念形象的延伸和载体，又是视觉形象的条件和基础。如果将企业形象比作一个人的话,理念形象好比是他的头脑,行为形象就是其四肢,视觉形象则是其面容和体型。

**5.企业形象危机**

企业形象危机是企业在生产运营中,由于内部管理不善、企业自身形象或者企业不当竞争等行为而在社会公众和消费者中产生负面影响和评价,降低了企业在社会公众中的信任和威信。

**(1)危机特征**

①过程的潜伏性。企业形象危机发生前的量变过程一般不为人们所注意,当它在企业经营过程中的某一时刻突然爆发时,企业原有的发展格局会突然被打乱。

②影响的快捷性。企业形象危机一旦爆发,对企业的影响立竿见影,在短时间内就会将企业推到风口浪尖上,对企业的日常经营活动产生巨大的影响。"冠生园"陈馅月饼事件使得当年全国"冠生园"品牌月饼销量下降达到50%之多,南京冠生园也在第二年破产。

③后果的危害性。企业形象危机的发生总会轻重不同地影响和涉及企业正常的生产经营活动,威胁到企业的既定目标,严重的将导致企业破产倒闭。

④媒体的导向性。企业形象危机是依靠大众传媒来传播的,在企业形象危机形成的过程中,媒体起到了至关重要的作用。媒体的观点会左右大多数不明就里的消费者的观点,少数不良媒体可能会有放大企业过失来吸引消费者注意的做法,因此,媒体的观点对企业形象具有导向性的影响。

⑤应对的紧迫性。由于企业形象危机的上述特性,令决策者对形象危机做出反应和处理的时间十分紧迫,只有针对企业形象危机做出正确的处理决定,才有可能阻止企业形象危机的蔓延。任何延迟或者推诿企业责任的做法都可能使危机迅速扩大。

⑥行业的蔓延性。互联网和大众传播业的发展,会使企业形象危机迅速公开化,成为公众和舆论关注的焦点,一件产品、一个企业的形象危机很可能会演变为一类产品、整个行业的危机。"三鹿"毒奶粉事件最终演化为考验国内乳制品行业诚信危机的一场行业危机。

⑦处理的两面性。形象危机同时蕴含了失败和发展、毁灭和改变、损失和收益。危机可以被看作是敲响的警钟或是为企业接种的疫苗。一些企业面对一般形象危机时,采取负责任的态度,积极对企业过失进行处理,勇于承担责任,不但不会影响企业形象,反而可能树立企业重诺守信的良好形象,从而有助于企业的长远发展。

**(2)企业形象危机分类**

企业形象危机包括企业形象内部危机与企业形象外部危机。

①企业形象内部危机,是指企业经营管理不善引发的危机事件或状态。企业形象内部危机可以分为单一危机和综合危机。单一危机是指引发企业危机的某个事件,比如信誉危机事件、安全危机事件、原料危机事件等;综合危机是指企业多个危机事件相互作用的不利管理因素,这些不利管理因素涉及经营管理的各个环节,反映的是一种危机状态,一般是由于企业管理素质较低造成的。综合危机又可分为以下几类。

A.战略布局危机。企业决策层对国际形势、国家政策、行业动态等外部经营环境缺乏深入了解,对行业未来发展趋势预测偏差,对企业内部资源优劣势认识不足,从而导致确定的战略方向、战略目标、战略形态等战略管理要素不符合企业的经营环境,致使企业陷入危机。

B.人力资源危机。管理体制不健全、责权混淆,管理无计划、执行力低,员工发展空间小、工作环境简陋、福利待遇差,企业缺乏凝聚力、能动性差、忠诚度降低,培训机制滞后、人才流失率高等人力资源管理不利因素造成企业陷入危机。

C. 财务管理危机。财务体制不健全、无预算控制、负债率高、资金周转不灵、融资渠道不畅、收益率低、应收账款难以回收、投资亏损等财务状况不健康,致使企业陷入危机。

D. 生产运营危机。原料供应不及时、生产设备老化、产品破损率高、生产成本失控、产品质量合格率低、不能按时供货、生产研发能力弱等生产资源优化不充分,致使企业陷入危机。

E. 物流供应链危机。运输费用高、运输时间长、运输损耗大、库存积压、库存安全事故、物资供应短货、物流配送不及时、配送准确率低等难以保障通畅的物资供应,致使企业陷入危机。

F. 市场营销危机。目标市场不明确、产品定位不准、产品缺乏创新、分销渠道不畅、销售政策不积极、价格体系无竞争力、促销手段传统、产品投诉多、售后服务无保障、市场断货、毛利空间萎缩等使市场拓展受阻,致使企业陷入危机。

G. 品牌塑造危机。品牌结构不合理、品牌形象模糊、品牌知名度低、品牌忠诚度低、品牌形象受损等对销售的推动作用太弱,致使企业陷入危机。

H. 企业文化危机。领导人集权、经营观念落后、品德修养差,内部矛盾尖锐、信息沟通不畅、企业形象俗套、员工缺乏工作热情、创造能力低、行为不规范、企业文化虚拟等使组织缺乏向心力,致使企业陷入危机。

I. 公共关系危机。供应商停止供货、分销商不积极配合、客户终止合同、合作伙伴撤资、政府行政制裁、新闻媒体负面报道、金融机构催贷、经济纠纷、人事矛盾等利益、情感分歧或企业形象受损,致使企业陷入危机。

J. 安全生产危机。安全职责不明确、安全管理体制不健全、安全防范不严密、违反安全操作规程、安全检查疏忽、肆意破坏、发生伤亡事故等使安全保障系数不达标,致使企业陷入危机。

②企业形象外部危机,是指国家、社会、自然界及其他单位等外部环境引发企业危机的各类事件。企业形象外部危机属于企业不可控范畴,其危害具有公众性。它通常表现形式单一,但容易引发关联危机。企业形象外部危机又可分为以下几类。

A. 自然环境危机。地震、洪水、飓风、风暴等自然灾害直接造成企业经济损失、人员伤亡或间接造成企业物流中断、订单流失等经济损失,致使企业陷入危机。

B. 政治环境危机。战火纷飞、人心惶惶、游行示威、流血冲突、社会混乱、外贸通路阻塞、投资环境恶劣、能源物资紧缺、物价飞涨、股市狂跌、外强入侵、外交关系紧张等国民正常生活秩序遭到破坏,致使企业陷入危机。

C. 金融环境危机。物价上涨、股市暴跌、消费者信心指数下滑、投资项目减少、破产企业增多、市场经济疲软、国际经济纠纷、失业率猛增等经济大环境萧条,致使企业陷入危机。

D. 疾病传染危机。传染病扩散、医院人满为患、区域人口隔离、外来流动人口稀少、消费力大减,商店、酒店及餐饮业清淡,人心恐慌或动物瘟疫等疾病传播威胁到生命健康,致使企业陷入危机。

E. 能源供应危机。能源供不应求、能源价格上涨、能源稀缺等受能源影响,致使企业不能正常开展经营活动,致使企业陷入危机。

F. 国际纠纷危机。两国之间的政治矛盾影响正常的贸易往来,国际公约之争造成贸易通道被封闭或引发反倾销案等,致使企业陷入危机。

（3）企业形象危机处理

企业形象危机处理关键在于对企业危机做出诊断，明确其性质之后，可有针对性地进行具体处理。一般情况下，危机处理可按以下程序展开。

①针对造成危机的不同原因采取相应的措施。如果是企业自身原因，那么只能进行内部整顿；如果是因报道失实或公众误解，则可以通过公共关系或法律等手段解决。

②实施计划方案，加强过程控制。有效的控制，是保证实施的必要条件，企业应建立解决危机，改善形象的若干措施，并强化执行力。

③备好危机的应急方案。比如火灾、经济制裁、反倾销诉讼等临时危机，需要企业启动备好的应急方案，做到应急不乱、按部就班。

④如果涉及政治与国际关系等危机需要及时请示汇报，及时报告事态的发展，求得上级部门的指导。对外回答敏感问题之前，须向上级部门请示报告，严格按照统一的口径对外发布信息。

⑤迅速而准确地把事件的发生和将采取的对策告知企业内部员工，使大家齐心协力，共渡难关。

⑥若是企业对消费者造成了危害，要认真了解危害程度与范围，实事求是地承担责任，并诚恳道歉，重视消费者的需求，保持与消费者的沟通联系。

⑦主动与媒体沟通，提供事实真相和相关的信息，表明企业负责任的态度，让媒体进行正面理性的报道。利用新闻媒介与公众沟通，引导和控制舆论局势。如果发现危机的新闻报道与事实不符，应及时予以指出并要求更正。

## 6. 企业形象塑造路径

一个公司的企业形象，可以洞察文化的系统概貌和整体水平，也可以评估它在市场竞争中的真正实力。一个企业良好的形象主要表现在：企业环境形象、产品形象、领导和员工的形象。

（1）科学的企业理念，是塑造良好企业形象的灵魂

当前，企业理念已成为知名企业最深入人心的概念，已在悄悄地引起一场企业经营管理观念的革命。在这种情况下，许多企业都制定了本企业的口号，反映企业的理念，显示企业的目标、使命、经营观念和行动准则，并通过口号鼓励全体员工树立企业良好形象。主要包括经营理念、人才理念、研发理念、品牌理念、质量理念、合作理念等，"口号"则是企业理念的浓缩表现形式。格兰仕集团的经营哲学是"伟大，在于创造"，海尔集团现场管理理念是"日事日毕、日清日高"和"有缺陷的产品就是废品"，美特斯邦威的经营理念是"美特斯邦威要成为全球裁缝，为全球消费者提供新时尚的生活体验"等，都说明精神理念在企业中的重要性。实践证明，培育和弘扬企业精神，是塑造企业良好形象的一种很有效的形式，对企业的发展能起到不可低估的作用。当然，培育企业精神不能单一化，要与企业的经营环境、企业的经营管理目标、过细的思想政治工作结合起来，使其成为企业发展的精神动力。

每个不同的企业有着不同的理念，同一个企业在不同发展阶段也有着不同的发展理念，但对于规模在中型以上企业而言，品牌理念和社会责任意识的正确与否，直接关系到企业形象的好与坏。

品牌理念产生品牌形象，品牌形象是通过不同的企业名称、商标、广告等反映出来的企业独特形象。好的品牌，即名牌，本身就是企业的无形资产，能给企业带来巨额利润。所以品牌形象是企业的产品、服务形象的综合反映，是企业形象的高境界。

社会责任意识产生社会公众形象,社会公共关系形象是企业在公共关系活动中树立的形象。企业在经营活动中不断谋求自身条件同外部经营环境的协商和动态平衡,与社会各界保持一种良好的关系状态,能够有效地扩大企业的影响,争取社会公众对企业的理解和信任。

(2)优美的环境形象,是塑造良好企业形象的外在表现

企业环境代表着企业领导和企业职工的文化素质,标志着现代企业经营管理水平,影响着企业的社会形象。

第一,企业环境是企业文化最基本的反映。如果说企业是职工赖以劳动和生活的地方,那么,就要有一个适合职工劳动和生活的保障设施,使职工能够合理地、安全地、文明地进行劳动和生活。

第二,建设优美的企业环境,营造富有情意的工作氛围是塑造企业形象的重要组成部分。企业的厂区、生活区、办公设施、生产车间、产品、现场管理、生产服务等都是企业形象的窗口。因此,每个企业要精心设计厂区的布局,严格管理厂区的环境和秩序,不断提高企业的净化、绿化、美化水平,努力创造优美高雅的企业文化环境,寓管理于企业文化建设之中,陶冶职工情操,提高企业的社会知名度,为企业增光添彩。

(3)优质的产品形象,是塑造良好企业形象的首要任务

产品形象是企业形象的综合体现和缩影。在现代企业制度中,企业自己掌握自己的命运,自谋生存,自求发展。而生存发展的出路。则往往取决于企业的产品所带来的社会效益的好坏。首先,企业要提供优质产品形象,就要把质量视为企业的生命。产品的好坏不仅是经济问题,而且是关系到企业声誉、社会发展进步的政治问题,是企业文化最直接的反映。抓好产品形象这个重点,就能带动其他形象的同步提高。要把抓产品形象渗透到质量管理体系当中去,在干部职工中形成人人重视质量,个个严把质量关的良好风气。其次,要在竞争中求生存,创名牌,增强企业的知名度,创造出企业最佳效益。在市场经济中,随着统一、开放、竞争、有序的全国大市场的逐步形成,企业必须自觉地扩大自己的知名度,强化市场竞争。多出精品,使产品在市场中形成自身的文化优势。同时,要加强产品的对外宣传,富于个性的宣传是塑造企业形象的重要手段。

(4)清正博爱的领导形象,是塑造良好企业形象的关键

企业领导在企业中的主导作用和自身示范能力是领导形象的具体体现,也是塑造良好企业形象的关键。首先,企业领导的作风,是企业形象的重要标志。有什么样的领导者,就有什么样的企业文化和企业形象。因此,企业领导干部要不断提高自身素质,既要成为真抓实干、精通业务与技术、善于经营、勇于创新的管理者,也要成为廉洁奉公、严于律己、具有献身精神的带头人。其次,要提高企业领导对企业文化的认识程度,成为企业文化建设的明白人。一是企业领导要将自己塑造成具有高品位的文化素养和现代管理观念的企业家,适应市场经济的需要,使企业在竞争中立于不败之地。二是要把握好企业文化的方向和基本原则,在学习、借鉴优秀企业经验的基础上,拓宽视野、不断创新。

(5)敬业的职工形象,是塑造良好企业形象的重要基础

职工的整体形象是企业内在素质的具体表现,把培养有理想、有道德、有文化、有纪律的"四有"新人作为企业文化建设的重要内容:培养职工干一行、爱一行、钻一行、精一行的爱岗敬业精神;树立尊重知识、尊重人才的观念;创造一种有利于各类人才脱颖而出的环境和平等、团

结、和谐、互助的人际关系,从而增强企业的凝聚力、向心力,以职工良好的精神风貌,赢得企业良好的社会形象和声誉。

坚持"以人为本"的原则,使企业文化建设为提高全员素质,调动全员积极性服务。豪华的装修、雄厚的财力,并不能解决企业发展问题,其关键还是人。发动职工全员参与企业文化的实践,应做到"三个满足",即满足员工参与民主管理的需要,满足员工渴望成才的需要,满足员工物质文化生活的需要,以此适应职工实现个人价值和物质、精神需要的意向,创造一种适应企业发展的良好文化氛围。企业要不失时机地采用岗位练兵、技术竞赛、脱产轮训和党校、政校学习等形式,从政治、技术、业务上培训职工,进一步健全以基础教育、技术等级教育、学历教育为主要内容的全员培训网络和考核管理办法。同时,要开展各种有益于职工身心健康的娱乐活动,达到寓教于乐的目的,努力造就一支适应市场经济需要的思想好、纪律严、业务强、作风硬的职工队伍。

## 小 结

企业形象是社会公众对企业素质的整体印象与评价。企业形象包括企业的产品形象(产品质量、商标、包装等)、员工形象(服务态度、职业道德、管理技术水平等)、营销形象(促销方式、售后服务等)等,直接影响企业在市场中的竞争能力。这一定义主要有四个关键点。

企业形象也是企业的竞争力,它可以使企业实现经营的"天时、地利、人和"的高度和谐统一。

企业形象有很多的分类,分类可以有助于提高学生对企业形象概念的理解。

企业形象系统主要分为三个层次,即理念识别、行为识别、视觉识别。

企业在自身形象的建设与维护中,着眼点在于企业内部,主要关注五大模块,即理念系统、领导形象、员工形象、产品形象、环境形象。

## 复习思考

1. 什么是企业形象?
2. 企业形象有哪些作用?
3. 研究一下企业形象建设的五大模块之间是如何互动的。

## 实 训

【案例介绍】

### 格力专卖店新形象

"格力自建渠道模式"经过十多年的发展如今已是"越开越精彩"!

截至 2007 年 7 月 1 日,广州格力所辖区的格力空调专卖店已突破 100 家,在家电界首屈一指的格力专卖店渠道模式,在广州区域成效显著。而在全国范围内,格力专卖店的数量超过5 000 家。"格力专卖店的经营渠道已经相对成熟,整合全国形象也是时候了。"

格力电器决定,统一所有格力专卖店的门头形象。将原来的"百花齐放、百家争鸣"的不同门头全部统一成"格力橙"色调;广州地区的格力专卖店,率先进行统一,11 月 20 日,百家专卖店统一形象,以崭新的面貌出现在消费者面前。

统一门头,统一品牌识别。

一个品牌要做到百年,要被消费者牢记,一定会有一个统一的"品牌色彩识别"。

一提起可口可乐,人们肯定会联想到那跳跃的激情,奔放的 cocacola 形象……

一提到麦当劳,肯定会浮想起那一间间耀眼的红色和大大的黄色"m"标志的连锁屋……

格力全国范围内的 5 000 多家专卖店,格力专卖店模式无疑取得了行业乃至全国范围内的成功,被经济界认可为全新的"格力模式"的一部分。

现在,"好空调、格力造"已经家喻户晓,妇孺皆知。提到格力空调,给人们的第一印象更多的是品质好、世界名牌、五心服务等等,但要和色彩识别联系起来,相对就不那么统一。这不光是格力,而是中国众多品牌普遍疏忽的一个问题。

因此,统一色彩识别、统一门头形象成了时下格力电器的一个重要的品牌建设内容。

经典的"G"和"GREE"LOGO 造型配以格力橙成为格力统一专卖店门头的新标志。

统一形象,格力专卖店竞争力再提升。

在广州,格力专卖店已经远超 100 家。除了统一百店橙色门头外,广州格力专卖店还将进一步整顿店内的三个统一:统一服务用语、统一着装、统一店内陈列。"今后只要提到格力、提到格力专卖店,就让人联想到耀眼的'格力橙'、'橙色格力专卖';但是要提升品牌竞争力,光是硬件的改善远不够,只有软件也就是管理的改善才能提升竞争力,才是格力专卖发展的保证。"广州格力王韦权总经理一席话道破了格力统一门头形象的初衷。

其实,纵观格力的快速发展,格力从来没有停止过对管理的狠抓。

格力从来不拿消费者做试验!

顾客的每一件小事都是格力的大事!

格力独家设立对空调的 1 500 多个零部件的一一筛选的筛选分厂,保证了一流的产品品质!

加上一流的标准化安装队伍让顾客体验"零售后"的零烦恼。"诚心、爱心、专心、省心、安心"是格力专卖店提升软件竞争力的"五心服务"标准,有了这个标准,顾客只要进到"格力橙色专卖屋"就可以体验到从家用空调、家庭中央空调以及商用中央空调全程无忧、一步到位的服务。

格力专卖店,格力形象代言。

从每年 40% 的销售增长足以说明顾客对格力专卖店的认可和信赖。

格力专卖店作为一个格力品牌的集中销售、集中展示的渠道,其意义和价值是巨大的。

一个专卖店做得好与坏直接可以影响到这个品牌的形象,因此,专卖店的设计、装修,历来都是每个品牌的工作重心,它可以作为展示企业文化的平台,可以成为品牌的代言点,同时也是新产品的集中展示地。

格力专卖店渠道建设已经初现规模,加上统一形象后的色彩识别,格力专卖店无疑成为格力品牌的亮点。而这一次的集中大整顿,可谓来得及时、来得有效。广州格力王韦权总经理认为:专卖店渠道切入市场更快,品牌传播更加直接。王韦权总经理表示:现在,全新的格力专卖店与之前的专卖店不同,整改后的专卖店不仅仅是销售为主,更增加了专卖店的新功能,最主要的功能是提升品牌形象、增加体验营销、增强人性化服务,切实让广大消费者享受到世界名牌的可靠品质和优质服务。

(资料来源:http://www.ycwb.com/myjjb/2007 - 11/28/content_1702021.htm)

**思考和训练**

(1)通过上述案例说明格力为什么要统一所有格力专卖店的门头形象?

(2)试解释统一形象与格力专卖店竞争力提升的关系。

**【技能训练】**

门店是连锁企业的支柱利润来源,门店是树立企业形象的重要窗口,也是企业持续赢利的基础。请以小组为单位,到百货商场的化妆品专柜实地感受一下,选取三家作为对比性研究对象,试图对它们的形象予以量化。

| 品牌 A | | 品牌 B | | 品牌 C | |
|---|---|---|---|---|---|
| 项目(每子项 10 分) | 分值 | 项目(每子项 10 分) | 分值 | 项目(每子项 10 分) | 分值 |
| LOGO 与形象代言人 | | LOGO 与形象代言人 | | LOGO 与形象代言人 | |
| 广告语 | | 广告语 | | 广告语 | |
| 灯光与色彩 | | 灯光与色彩 | | 灯光与色彩 | |
| 商品陈列 | | 商品陈列 | | 商品陈列 | |
| 专柜布局 | | 专柜布局 | | 专柜布局 | |
| 销售人员仪容 | | 销售人员仪容 | | 销售人员仪容 | |
| 售货员态度技巧 | | 售货员态度技巧 | | 售货员态度技巧 | |
| 促销活动 | | 促销活动 | | 促销活动 | |
| 专柜管理 | | 专柜管理 | | 专柜管理 | |
| 网上顾客评议 | | 网上顾客评议 | | 网上顾客评议 | |
| 总分 | | 总分 | | 总分 | |

# 模块2
# 连锁企业文化管理

## 教学目标

### 1. 终极目标
(1) 理解并能解释说明企业文化的基本概念。
(2) 理解企业文化的分类和特点并能分析与解决实际问题。

### 2. 促成目标
(1) 充分理解企业文化的特点,进而理解企业文化的实质。
(2) 进入企业文化的训练状态。

## 案例导入

### 洗马桶的董事长与德胜企业文化

董事长洗马桶,并用马桶水漱口,这不是传说,而是真实的故事,这个故事在德胜公司传为美谈,在德胜网站BBS上,很多员工对董事长亲自示范洗马桶表达了敬畏和自豪之情。

当朋友向我推荐《德胜管理》,说值得一读,其实我是半信半疑的。虽然我听说过德胜公司的一些事迹,据说它们的《德胜员工手册》由内部学习资料变成管理畅销书,并重印16次。但是近年来市场上管理类书籍良莠不齐,误人子弟的书层出不穷,我对名家推荐的管理类书籍敬而远之。孰料,当我真正读完《德胜管理》,我承认自己被狠狠地击中了,我为德胜独树一帜的企业文化而深深折服。

德胜是苏州一家从事木结构洋楼制造的公司,其实是一个传统制造行业,公司也并不出名。但就是这一家并不出名的公司,这几年吸引了成千上万的参观者、受训者,万科董事长王石也曾经带队去德胜考察。德胜管理的很多思想、制度、创新在中国企业管理界真是独一无二,闻所未闻的。比如,德胜木工学校给毕业学生颁发"匠士"学位,公司不设总裁办,员工报销不用领导签字,督察官制度、1855规则、听证会制度、解聘预警制度,干部每月顶岗一天等等。尤其令我震惊的是德胜曾经为了拯救受伤的员工,不惜任何代价,甚至要拍卖公司筹钱,为员工花200万治疗……这是怎样的一个公司?它是一个异类,还是一个神话?

德胜管理模式的创始人聂圣哲先生,就是一个特立独行的企业家。读《德胜管理》,品味德胜管理模式中诸多管理思想和管理艺术,你会强烈感受到德胜公司对中国传统文化和国民性格的深入研究与巧妙运用,正是因为首先把人研究透了,再借鉴西方现代企业管理思想与工具,管理的事就变得简单多了。很多德胜的客户、合作伙伴,包括参观考察德胜的专家学者都赞叹,这家90%的员工都是农民工的公司,比世界500强惠普还人性化。

董事长洗马桶，就是德胜管理模式的智慧典范。做任何事情都是受价值观的驱使，"诚实、勤劳、有爱心，不走捷径"，这是德胜公司的价值观。洗马桶看似简单，但要洗干净，达到能够漱口的标准，需要员工遵照严格的工作流程开展作业。而促使员工严格遵照流程作业表面上看是制度使然，其实本质上是员工内心对洗马桶这项工作的高度热忱和认可，而这种认可就是来自价值观的驱使。洗马桶的过程，就是充分体验和诠释"诚实、勤劳、有爱心，不走捷径"这个价值观的过程，违背其中任何一项原则，都不可能真正把马桶洗好，而马桶能洗好，其他事情也能干好。企业文化的力量就应这样让人真切地感受到它的存在。

德胜的成功，并不是因为它有洗马桶的董事长，而是因为有洗马桶的价值观，而有洗马桶的价值观，自然就有懂事并且能干事的员工。我想，这才是德胜最值得骄傲的地方。

"作为德胜的老员工，我亲身经历了两次这样的事，那种场景真的很震撼人心。两次都是聂总亲自手把手地带新员工洗马桶。他蹲着他那胖乎乎的身体，让大家都站在他边上，用笔记本做好记录，要记下他说的每一句话，要记住他所做的每一个环节、每一个动作。聂总一边认真细心地洗着马桶，一边耐心地向大家讲着每一个细节，如：哪些地方是最脏的且很容易被忽略的；洁厕液应怎样用，用多少最为合适；遇到顽固污渍要用什么洗涤剂；用哪些洗涤剂会对马桶的釉造成伤害……洗完马桶，他又教导大家：其实，不要小看洗马桶，要将一个马桶洗干净可真不是件简单的事，这要大家付出认真、勤劳和爱心。现在这个马桶洗干净了，这里面的水甚至比自来水还要干净。说着，他就用双手掬起一捧马桶里的水送入口中漱口了。然后，聂总还叫人拿了两个同样的瓶分别装了自来水和那个马桶里的水去检测，结果证明，聂总判断是对的。"

（资料来源：http://www.globrand.com/2009/269571.shtml）

【案例分析】

很多企业深知企业文化的重要，但如何去落实，仍是一头雾水。企业文化管理其实很简单，它无好与坏之分，更无强与弱之别，卓越的文化管理就是制度和人本文化的最佳结合。

【思考·讨论】

(1)企业文化是虚的还是实的？

(2)企业高层领导在企业文化建设中有着怎样的作用？

(3)连锁企业有着分散经营的特点，企业文化该如何打造？

# 理论知识

## 1. 什么是连锁企业文化

连锁企业文化是连锁企业在解决生存和发展问题的过程中形成的，被大家认为有效而共享，并共同遵循和维护的基本认识、信念、价值观念和规则。连锁企业文化是建立在企业精神（MI理念识别）的基础之上，运用文化管理去培养连锁系统内的共同情感、共同价值观，然后将企业独特而富于竞争力的形象视觉化（VI视觉识别），以完整的连锁管理制度为依托，通过企业行为（BI行为识别）加以具体表现塑造，通过员工的身体力行来传播品牌及其内涵，实现满足消费群体在物质和精神各层面需要的品牌竞争力。企业文化是维系企业持续发展的基本游戏规则。

**2. 连锁企业文化特点**

连锁企业文化看起来有些"虚",实际上是"做"出来的。顾名思义,所谓"做",就是执行。如果企业自觉按照自己所倡导的理念、准则、价值主张,认认真真去执行,做到表里如一、言行一致,并长期坚持下去,这样的企业文化就不是"虚"的了,而是实实在在的一种风气和氛围。执行深度和宽度,决定企业文化的层次。

列宁说过:一打纲领不如一个行动。"虚"与"实"兼备是企业文化的特征。"虚"是指企业文化所陈述的内容,"实"是指落实和行动。如果大家感觉企业文化太"虚"了,那是企业文化执行不够造成的。企业文化是"做"出来的,"做"到什么程度,决定企业文化的层次。围绕"做",企业软实力权威专家、企业未来生存管理思想创立者邓正红先生将企业文化分成四种类型:四流企业做假,三流企业做样,二流企业做事,一流企业做人。

①四流企业做假,主要表现为伪先进企业文化。如2001年美国"安然事件"使安然公司成为经理控制企业种种弊端的象征;随后,美国世通公司的假账丑闻又暴露在光天化日之下;事隔几天,另一知名大公司施乐又曝出新的丑闻——连续5年夸大营业收入60亿美元。仅2001年第一季度,美国证券交易委员会就调查了64宗会计和财务造假案。邓正红指出,这些跨国公司长期以来吹捧以"诚信"为核心理念的企业文化,但其行为始终不诚信,显然是伪先进企业文化,这样的企业如果还不悬崖勒马,最终要葬送自己的前程。

②三流企业做样,主要表现为在先进企业文化上做样子。很多国有企业为了响应市场、社会和上级主管部门的号召,正在加快企业文化建设的进程。邓正红指出,有的企业确定企业价值观和核心理念,不会找词汇,就到处寻章摘句,就拣最漂亮、最时髦、最能煽动人心的话往自己企业脸上贴,有的为了避抄袭之嫌,就改头换面,换一种说法,有的就干脆将这个任务转包给社会上的咨询公司。一夜间,就能将企业文化的种种要素完全补上来,看起来还真有那么一回事。做样的企业完全是为了吸引公众眼球,带有明显的功利广告行为,根本谈不上先进文化。

③二流企业做事,主要表现为脚踏实地、真抓实干的企业作风。做事的企业没有过多的"标榜"语言,实实在在地用自己的行动说话。体现在守法经营、风气纯朴、雷厉风行、善抓机会,属于激情创业,是一种充满生机与活力的企业原生态文化。

④一流企业做人,主要表现为始终如一的精神追求和高瞻远瞩的核心生存境界。邓正红认为,做人的企业表现为一种负责任的企业公民态度,不管什么时候,企业都将诚信、责任、社会价值作为自己的核心追求,并在经营管理各个环节严格要求。这样的企业受人尊重和青睐。

"伟大的机构不是管理出来的,而是领导出来的。"这是IBM前总裁郭士纳在《谁说大象不能跳舞》中说的一句话。这句话切实揭示了企业文化的真谛:优秀的文化不是"管理"之功,而是"领导"之功。文化是无形的,有些虚,这种"虚"不仅仅指文化理念本身,同时也适用于对文化建设的定位。然而,大多数企业领导人在实际应用中却将两者做了截然划分,文化建设被等同于其他日常的管理工作。绝大多数企业在文化建设上都是雷声大雨点小,在短时间内就走完了从开始的大张旗鼓到偃旗息鼓的整个过程。

企业文化建设在于领导身体力行,正所谓"喊破嗓子,不如做出样板"。绝大多数员工在文化上,需要的是一个标杆和一种引导思维,让他们在碰到一些两难问题时(譬如当发生成本影响质量、审计影响生产的情况时),可以做出明确的判断。

一个好的企业是"铁打的营盘、流水的兵",所谓的"铁打的营盘"就是企业文化,是在经营管理过程中,根据企业经营特点和发展需要,受外部竞争环境、一定的社会文化背景、意识形态的影响,经过企业有意识地进行凝炼、修正、升华,并通过长期努力培养形成的一种文化观念和精神成果,促使企业全体员工逐步形成认识一致的、引起彼此共鸣的内心态度、意识形态、人生价值观、思想境界和理想信念的共同追求。

企业文化建设就是对人的持续建设,是一个长期坚持努力积累的过程,这就需要系统、专业的人力资源管理工作为支撑,从导向、凝聚、激励、约束、辐射、稳定六大方面持续对员工进行从理念到动作的反复导入、修正、培训,通过共同价值的不断引导来塑造员工,潜移默化地使员工接受本企业的文化。

只能说不能做的企业文化是"伪企业文化",说得多做得少的企业文化是"忽悠企业文化",能鲜明落到实处的企业文化才是真正的企业文化,就像海尔集团的张瑞敏砸冰箱和为客户提供五星级服务一样,真正把企业所倡导的文化落到了实处,看得见、摸得着,才充满了魅力。

### 3. 企业文化建设路径

企业文化以其愿景、使命、价值观等核心内容主宰着企业的战略发展导向,这种战略牵引力是由企业文化本身所散发出来的一种精神动力。有了这股精神动力,企业与员工就会达成心理共识和心理默契,构成双方互动的信任关系,这为企业组织上下左右关系的自然维系奠定了精神基础。说得通俗一点,就是企业具备了潜在的巨大的凝聚力和向心力。精神问题解决了,下一步最关键的问题就是如何将企业文化转化为有效的战斗力和执行力。执行力的核心是自觉履行责任,责任是信任的延伸。履行责任,马上执行,到了这一环节,说明企业文化在员工中起到了积极的作用,也就是企业文化落地了。

企业文化作为企业内部控制最基本的要素,建设路径主要包括两个:一个是以信任为核心内容的心理文化建设(也称软环境);另一个是以责任为核心内容的行动文化建设(也称硬环境)。而企业文化建设就是企业文化落地的过程,也是有路径可循的,这个路径建设取决于两个端点,即企业文化从信任开始,归宿就是责任执行。一是心理文化建设,重在塑造企业文化的软环境,使员工与企业之间达成心理契约;二是行动文化建设,重在塑造企业文化的硬环境,强化员工的执行力。企业文化的软环境和硬环境,构成企业的内部控制环境。控制是管理的一项职能,拆开讲,"控"是引导,即通过建立彼此信任的心理文化来引导;"制"是约束,即通过建立责任制度的行动文化来约束。

### 4. 连锁企业文化建设步骤

首先,企业要做好文化定位。所谓文化定位,就是根据企业的中长期发展战略来设计好企业文化的核心内容,包括企业愿景、企业使命和企业核心价值观。企业愿景表明企业的终极目标是要成为一个什么样的企业;企业使命表明企业存在的理由,或者说企业自愿履行的最高责任是什么;企业核心价值观是企业所有行为的基本准则,也是企业的态度,就是反对什么、提倡什么、崇尚什么。愿景、使命、价值观构成了企业的核心理念,它是企业文化中最核心且经久不变的东西。因为有了核心理念,企业文化才具有生命力。一句话,企业文化因理念而生。

针对企业倡导的价值观,企业必须有意识地收集发生在员工身边的各种鲜活案例,形成企业文化案例范本。许多事情只有实际发生了,才能得到员工来自内心的信任,因为"看"和"感受"要远比分析和思考更为简单有力。这是文化的血肉,就是"故事理念化"和"理念故事化"。

其次,按企业文化运作规律推进企业文化建设。企业文化运作规律是什么?简单地说,就是"三化":一是内化于心,就是企业要通过种种教育手段如培训、灌输、宣传等,让全体员工从内心深处认知、认同企业文化,使企业与员工之间通过文化纽带从精神上达成某种特殊的默契,让员工切身感到有如此文化的企业令人敬重、令人为之付出。二是外化于行,企业文化既是企业未来生存的战略指针,也是全体员工必须遵守的行动指南,一般来说,有什么样的企业文化就有什么样的企业行为,所以,员工一旦从心理上与企业达成了契约,企业就要不断激励全体员工从行动上把企业文化的内涵充分表现出来,这就是文化外显,集中到一起就是企业形象。三是固化于制,企业文化通过"内化"和"外化",形成一定的气候或者变成企业习惯,企业就要不失时机地将企业文化内容形成相关的企业管理制度,这就是变无形为有形,变柔性为刚性,为企业文化的持续推进提供有力的制度保证。

第三,强化企业文化执行力。战略确定之后,执行是关键。企业文化责任建设就是要保证企业战略目标的实现,千方百计使企业文化"落地",变成全体员工的具体行动。

在企业战略制定时,必须保持严谨的态度,不能朝令夕改,以便执行者能坚定地按照该方向执行下去。在庞大的业务网络中,要明晰企业的每一个工作流程,把复杂的东西简单化,把简单的东西量化,用流程来推动执行者的工作,让执行者通过该流程就知道自己该做些什么,应该怎么做,而不是事事靠领导来推动。只有这样才能使执行者优先配置执行资源,而不是抓不到工作重点,导致工作的低效率。

在根据工作需要和实际能力落实了执行者的目标任务,做到权责明确的前提下,要完善对各级人员工作过程的监督机制和工作表现的考核机制。把对人员的各种待遇与其执行力挂钩,这既是提升执行力的动力所在,也是提升执行力的压力所在。监督机制能够在执行过程中对执行情况进行定时或不定时检查,及时发现不足,纠正错误,并采取相应措施弥补政策执行损失。奖惩机制则能够在执行结束后评定执行人员的综合表现,并在一系列执行活动或一定周期结束后,实施阶段性奖惩措施,形成能上能下,能进能出的良性竞争机制。

**5. 连锁企业文化建设方法**

①早会。早会就是在每天上班前用若干时间宣讲公司的价值观念。

②思想小结。思想小结就是定期让员工按照企业文化的内容对照自己的行为,自我评判是否做到了企业要求,又如何改进。

③张贴宣传企业文化的标语。把企业文化的核心观念写成标语,张贴于企业显要位置。

④树先进典型。给员工树立了一种形象化的行为标准和观念标志,通过典型员工让全体员工形象具体地明白"何为工作积极"、"何为工作主动"、"何为敬业精神"、"何为成本观念"、"何为效率高",从而提升员工的行为。上述的这些行为都是很难量化描述的,只有具体形象才可使员工充分理解。

⑤权威宣讲。引入外部的权威进行宣讲是一种建设企业文化的好方法。

⑥外出参观学习。外出参观学习也是建设企业文化的好方法,这无疑向广大员工暗示:企业管理当局对员工所提出的要求是有道理的,因为别人已经做到这一点,而我们没有做到这些是因为我们努力不够,我们应该改进工作向别人学习。

⑦故事。有关企业的故事在企业内部流传,会起到企业文化建设的作用。

⑧创业史陈列室。

⑨文体活动。文体活动指诸如唱歌、跳舞、体育比赛、各种节庆晚会等,在这些活动中可以把企业文化的价值观贯穿进行。

⑩引进新人、引进新文化。引进新的员工,必然会带来一些新的文化,新文化与旧文化融合就形成另一种新文化。

⑪开展互评活动。互评活动是员工对照企业文化要求当众评价同事工作状态,也当众评价自己做得如何,并由同事评价自己做得如何。通过互评运动,摆明矛盾,消除分歧,改正缺点,发扬优点,明辨是非,以达到工作状态的优化。

⑫领导人的榜样作用。在企业文化形成的过程中,领导人的榜样作用有很大的影响。如华为的任正非。

⑬企业报刊。如康奈集团的康奈报。

⑭企业文化博物馆。建立企业文化博物馆,将企业文化建设的点点滴滴收进博物馆中。

⑮周年庆典。

**【案例链接】**

红蜻蜓集团通过对我国博大精深鞋文化的系统梳理和深入研究,基本上明晰了从我国最古老的鞋到现代鞋的嬗变轨道,并在鞋与文学、鞋与语言学、鞋与民俗学、鞋与文艺学等方面开辟了崭新的研究领域。至2003年,红蜻蜓集团的鞋文化研究,被《人民日报》誉为"三个第一":成立了我国第一个鞋文化研究中心;举办了我国第一个鞋文化展览(曾到上海、杭州和香港展出);编辑出版了我国第一本《中国鞋履文化辞典》。2004年,其鞋文化研究中心又编辑出版了我国第一本鞋文化专业杂志——《东方之履》,并和温州大学联姻,迈出了鞋企业和高校协作搞鞋文化研究的第一步。"鞋履虽小,天地甚大"。其鞋文化研究中心在取得成绩的基础上,与时俱进,继续扩大研究成果,根据集团所具有的鞋文化资源优势和条件,为了实现"弘扬中华鞋文化,推动我国鞋企业发展和进行国际鞋文化交流服务"的宗旨,又提出建立中国鞋文化博物馆的战略目标,经过数年的默默奋斗,按照高标准、高质量的要求,建成开馆。

红蜻蜓中国鞋文化博物馆,位于浙江永嘉瓯北东瓯工业区,馆址1 500平方米,投资一千万元,由红蜻蜓集团独资建立。全馆按历史分期陈列,分"传统鞋履文化"、"现代品牌文化"两大部分。"传统鞋履文化"部分运用图片、实物,系统反映我国几千年鞋履历史面貌和制鞋工艺的发展过程。在展出收藏的鞋履中,不乏首次向世人亮相的传世品,如:商周辟邪玉雕鞋、战国铜靴镦、汉代女皮靴、魏晋鎏金五朵履、唐代联珠纹鞋帮和金凤银鞋、辽代鹰奴木俑、明代小脚鞋、清代金莲套靴、高底绣花金莲鞋、清代花盆底鞋等以及几十个少数民族的鞋履。同时还展出2.8米长的特大瓯绣婚礼鞋以及25个国家的工艺鞋精品。"现代品牌文化"部分则采用图片形式,生动地反映了企业十年发展历程和精神面貌。并运用装饰材料自然材质的变化,来显示楠溪江特有的地方特征,使之和现代线条造型相结合,以此体现企业的中心理念——"从距离中寻求接近",并表现亲和、自然、和谐的文化氛围。

(资料来源:http://business.sohu.com/20050530/n225753051.shtml)

## 小 结

连锁企业文化是连锁企业在解决生存和发展的问题的过程中形成的,被大家认为有效而共享,并共同遵循和维护的基本认识、信念、价值观念和规则。

连锁企业文化建设路径取决于两个端点,即企业文化从信任开始,归宿就是责任执行。连锁企业文化建设步骤包括:企业要做好文化定位,按企业文化运作规律推进企业文化建设,强化企业文化执行力。连锁企业文化建设常见方法包括很多种。

## 复习思考

1. 什么是连锁企业文化?
2. 连锁企业文化建设的特点是什么?
3. 连锁企业文化建设路径与步骤?
4. 连锁企业文化有哪些常见建设方法?

## 实 训

【案例介绍】

### "同一首歌走进常熟·相约波司登"

近日,波司登三十周年庆典组委会传来消息,"同一首歌走进常熟·相约波司登"时尚中国大型演唱会将于9月19日晚在波司登股份有限公司总部所在地常熟演出。届时,到场观众可一享中国顶级服装品牌与央视文化金牌共同演绎时尚魅力的饕餮盛宴。

据了解,作为2006商企联谊会暨波司登30周年庆典活动,"同一首歌走进常熟·相约波司登"大型演唱会由波司登股份有限公司独家赞助,常熟市政府协办。"同一首歌"总导演、总制片主任孟欣表示,这是"同一首歌"栏目组与波司登的二次携手,今年他们将派出更强的歌手阵容,以高品质的视听演出答谢常熟人民的厚爱和波司登股份有限公司这一战略合作伙伴的支持。据悉,节目组正在邀约大陆及港台知名的演艺界人士,演员阵容尚未最终敲定,预计9月上旬可确认主要演员名单。

中国服装协会副会长、波司登股份有限公司董事长高德康介绍,从1995年到2005年,波司登羽绒服连续11年全国销量和市场占有率第一,连续10年代表中国防寒服发布流行趋势;2005年3月,波司登荣膺"中国服装品牌最具价值大奖"。据权威机构统计,截至2006年5月,波司登品牌价值已达102.2亿元!适逢今年波司登建厂三十周年,为答谢社会各界对波司登的关心和支持,纪念"波司登"品质铸就三十年辉煌,继去年与"同一首歌"在德州合作之后,波司登今年继续邀请央视金牌电视节目"同一首歌"一起为常熟人民奉上一场视听盛宴。他表示,本次活动是波司登品牌推广的又一次有益尝试,他相信"同一首歌走进常熟·相约波司登"将进一步彰显波司登三十年的辉煌历程,折射中国服装和羽绒行业的进步,增强波司登员工的凝聚力,深化波司登企业文化的底蕴。

"同一首歌走进常熟·相约波司登"大型演唱会得到常熟市委、市政府的高度重视和大力支持,目前前期运作已经完成,各项筹备工作正在紧锣密鼓地进行。据组委会透露,演唱会舞台的搭建工作在8月就已正式拉开序幕,演出场地周边的围墙建设、道路拓展、场地整治等工作也在加紧进行中,公安、消防、交通等部门也全力以赴赶制周密的安全预案,以确保"同一首歌"大型演唱会顺利进行。

(资料来源:http://news.sohu.com/20060918/n245397677.shtml)

**思考和训练**

(1)周年庆典与连锁企业文化之间有什么关系?

(2)你如何看待波司登集团的周年庆典方式?

**【技能训练】**

以小组为单位,深入学校周边的企业实地调研它们的企业文化建设,并形成调研报告。

# 项目七

## 连锁企业CRM管理

# 模块1
# 提升客户满意度

## 教学目标

### 1.终极目标
(1)理解并诠释客户满意度的基本概念。
(2)了解衡量客户满意度的指标和影响因素并能分析与解决实际问题。

### 2.促成目标
(1)充分理解客户满意度的概念,掌握提高客户满意度的方法及运用。
(2)掌握客户满意度调查的方法及运用。

## 案例导入

### 汽车市场客户满意度状况

随着人们生活水平的不断提高,汽车已进入了寻常百姓家,成为人们日常生活中不可缺少的代步工具,汽车市场也随着经济的发展而日趋完善。让消费者满意,成为汽贸公司生存的原则。只有让消费者满意,消费者才会认识品牌,购买商品,成为汽贸公司的忠实用户。所以,消费者满意度越来越受到汽贸公司的重视。提高消费者满意度,成为大大小小汽贸公司追求的主要目标。不少汽贸公司结合厂家的满意度调查——片区督导、巡回检查、暗查暗访、委托调查等方式还建立起与营销产品相一致的用户满意度考察体系,采取随机抽样、电话回访等办法,从不同侧面衡量消费者对服务的满意度,从而全面提高了汽贸公司的销售服务水平。

消费者满意度可分为销售满意度(SSI)和售后满意度(CSI)。销售满意度在流程评价中分七个环节考核:顾客接待—试乘试驾—交车收款—销售承诺—售后跟踪—周回访—意见跟进;售后满意度在流程评价中分六个环节进行考核:保养招揽—礼貌接车—指明标的—维修等待—结算交车—维修质量。总之,除提供应有服务外,还对汽贸公司的诚信度、消费环境、消费者知情权等方面提出了明确要求。

(资料来源:http://www.2137c.com/shzx/coach/1/8/s19020673.htm)

【案例分析】

由以上案例,我们不难获知:要想取得汽车市场的较高的销售量,离不开提高客户满意度。从而激发客户的购买热情。因此,我们非常有必要了解并掌握一些有关提高客户满意度的相关理论知识。

【思考·讨论】

(1)在商品销售中,你认为如何才能提高客户满意度?

（2）采用下面做法提高客户满意度，你赞同吗？

①坚持经常抓考核，提升消费者满意度。

②不断改进服务，提升消费者满意度。

③强化售后服务，提升消费者满意度。

④开展"特色服务"，提升消费者满意度。

（3）你还有哪些补充对策？

# 理论知识

## 1. 客户满意度概述

### 【案例链接】

据了解，2009 年，平安旗下寿险、产险保费收入继续保持健康快速增长，分别实现保费收入 1 322.98 亿元和 384.83 亿元，同比增长 31% 和 44%，银行总资产也历史性突破 2 000 亿元，信用卡发卡量突破 300 万张，卡均消费额居同业前列。保监会组织的中国寿险客户满意度调查数据显示，平安人寿客户满意度连续两度蝉联行业第一，多个客户满意度关键指标均领先同业。平安产险承诺服务客户满意度高达 93.8%，平安银行在三大服务承诺推出后，下半年平均客户满意度较上半年提升 9 个百分点，同时高于同期市场平均满意度 13 个百分点。

（资料来源：http://www.cs.com.cn）

毋庸置疑，谁赢得了消费者，谁就赢得了市场。而要赢得消费者就必须了解消费者在想什么，他们需要什么，也就是要了解消费者的心理，然后通过企业营销活动去实现消费者的满意即客户满意度。探析客户满意度的概念，首先应该从客户满意开始，客户满意（customer satisfaction）是 20 世纪 80 年代中后期出现的一种经营思想，其基本内容是：企业的整个经营活动要以客户要以客户满意度为指针，要从客户的角度、用客户的观点来分析考虑客户的需求，尽可能全面尊重和维护客户的利益。客户满意是客户消费了企业提供的产品或服务后所感到的满足状态，它是一种个体的心理体验。它以客户总体为出发点，当个体满意与总体满意发生冲突时，个体注意服从于总体满意。客户满意是建立在道德、法律和社会责任基础上的，有悖于道德和社会责任的满意行为不是客户满意的本质。客户满意不是绝对的，有着明显的个体差异。奉行这一方针的企业，应从广义的产品概念也就是核心产品（由基本功能等因素组成）和附加产品（由提供信贷、交货及时、安装使用方便及售后服务等组成）两个层次出发全面满足客户的需求。客户满意是客户通过一个产品及服务的可感知的效果，与他的期望值相比较后形成的愉悦或失望的感觉状态。

客户满意：客户对某种产品或服务可感知的实际体验与他们对产品或服务的期望值之间的比较。客户满意度（consumer satisfactional research，CSR），也叫客户满意指数，是对服务性行业的顾客满意度调查系统的简称，是一个相对的概念，是客户期望值与客户体验的匹配程度。换言之，就是客户通过对一种产品可感知的效果与其期望值相比较后得出的指数。由此可见，客户的满意度是由客户对产品或服务的期望值与客户对购买的产品或服务的所感知的实际体验两个因素决定的。可以用一个简单的公式来描述客户满意度指标：

$$c = b/a$$

其中：c 为客户满意度；

b 为客户对产品或服务所感知的实际体验；

a 为客户对产品或服务的期望值。

当 c 大于 1 时，表示客户所获得的实际体验超出了客户或服务的期望值，说明客户对产品或服务"高度满意"；

当 c 等于或接近 1 时，表示客户对产品或服务比较满意，即"满意"；

当 c 小于 1 时，表示客户对产品或服务"不满意"；

当 c 接近 0 时，表示客户的期望完全没有实现。

客户满意度是可感知效果和期望值之间的变异函数。客户行为意义的满意度，是指客户在多次购买中积累起来的一种长期沉淀形成的感情诉求。客户经济意义上的满意度是产品质量、性能、价格和服务等的综合。

客户满意战略的内容包括：

①不断地完善服务系统，包括提高服务速度和质量等方面。

②站在客户的立场上研究和设计产品。企业要尽可能地把客户的"不满意"从产品本身（包括设计、制造和供应过程）去除，并顾客客户的需求趋势，预先在产品本身创造客户的满意。

③十分重视客户的意见。美国的一项调查显示，成功的技术革新和民用新产品中有 60%～80% 来自用户的建议。

④建立以客户为中心的相应的企业组织。要求企业对客户的需求和意见具有快速的反应机制，养成鼓励创新的内部氛围，保持上下沟通的顺畅。

⑤竭力留住老客户，发挥他们良好的"推销员"作用。

⑥分级授权。分级授权是及时完令客户满意的服务的重要一环。如果执行工作的人员没有充分的处理决定权，什么问题都须等待上级命令，客户满意就无法保证。

如前文所述，客户满意度主要有三个层次：不满意、满意与高度满意，如果可感知效果超过期望值，客户就会高度满意。企业不断追求客户的高度满意，原因就在于一般满意的客户一旦发现更好或更便宜的产品后，会很快地更换产品供应商，只有那些高度满意的客户一般不会更换供应商。客户的高度满意和愉悦创造了一种对产品品牌情绪上的共鸣，而不仅仅是一种理性偏好。正是这种由于满意而产生的共鸣创造了客户对产品品牌的高度忠诚。

在传统的营销理论中，强调应不断提供更优质的产品、更好的服务满足消费者需求，但是实际上，即使不同质量、不同价格的产品摆在同一个柜台上，消费者未必就能购买功能最多、质量最好的。现代营销理论认为，创造客户价值和客户满意是营销的核心。营销学泰斗菲利普·科特勒甚至认为，市场营销是指在可盈利的情况下创造客户满意。客户在购买商品以前，往往通过媒体广告、行业推荐、宣传资料、讲解等获得厂商承诺（功能、价格、服务等），再通过朋友推荐、个人评价（判断厂商承诺的真实性）最终形成期望值，并做出购买决策。购买之后，消费者会将厂商实际提供的产品、服务和原先的承诺进行比较，得出满意、高度满意或不满意的结论，形成客户满意度，然后再向他的朋友正面或反面宣传这种产品。

研究表明，如果客户不满意，他会将其不满意告诉 22 个人，除非独家经营，否则该客户不会重复购买；如果客户满意，他会将满意告诉 8 个人，但该客户未必会重复购买，因为竞争者可能提供性能更好、更便宜的产品；如果客户高度满意，他会将高度满意告诉 10 个人以上，该客户肯定会重复购买，即使与竞争者相比产品没有什么优势。由此，随着满意度的增加和时间的推移，尽管企业基本利润没有什么变化，但是企业由于客户推荐而导致的销售额的增加是巨大的。同时,由于宣传、消费等方面的费用降低,企业经营成本下降,也带来大量的利润增加。因此,高度满意才能带来客户忠诚,客户忠诚才能带来企业利润。企业应将客户高度满意作为追求的最高目标。

## 2. 影响客户满意度的主要因素

**【案例链接】**

一家超市的老板,经常看到一位女士来店购物,就向她询问来店购物的动机。女士说,14年前的一次,她拎着满满一篮食品到收银台,却发现自己没带钱包,就与收银员商量,能否让她先把东西存放一会儿,取了钱马上回来付款,没想到的是收银员却笑着对她说:"您不用存,拿着您买的东西回去吧,下次来时再付钱。"这位女士非常感动。此后只要买东西,都到这个超市。

由此可见,在现实的营销活动中,影响客户对企业产品、服务等的满意度的因素是多样的。它可能是企业对客户的信任,也可能是企业产品本身的性能或质量等。

根据客户满意度的含义,客户满意度是客户建立在期望与现实基础上的、对产品或服务的主观评价,一切影响期望与服务的因素都有可能影响客户满意度。

从企业工作的各个方面分析,影响客户满意度的因素归结为以下五个方面:

(1)企业因素

企业是产品与服务的提供者,其规模、效益、形象、品牌和公众舆论等在内部或外部表现的东西都影响消费者的判断。如果企业给消费者一个很恶劣的形象,很难想象消费者会考虑选择其产品。

(2)产品因素

产品因素包含四个层次的内容:首先是产品与竞争者同类产品在功能、质量、价格方面的比较。如果有明显优势或个性化较强,则容易获得客户满意。其次是产品的消费属性。客户对高价值、耐用消费品要求比较苛刻,因此,这类产品难于取得客户满意,而一旦满意,客户忠诚度将会很高。客户对价格低廉、一次性使用的产品要求较低。再次,产品包含服务的多少。如果产品包含服务较多,难于取得客户满意,而不含服务的产品只要主要指标基本合适,客户容易满意。但其产品如果与其他厂家差不多,客户很容易转向他处。最后,产品的外观因素,像包装、运输、品位、配件等,如果产品设计得细致,有利于客户使用并体现其地位,会带来客户满意。

(3)营销与服务体系

企业的营销与服务体系是否有效、简洁,是否能为客户带来方便,售后服务时间长短,服务人员的态度、响应时间,投诉与咨询的便捷性等都会影响客户满意度。同时,经销商作为中间客户,有其自身的特殊利益与处境。企业通过分销政策、良好服务赢得经销商的信赖,提高其满意度,能使经销商主动向消费者推荐产品,解决消费者一般性的问题。

(4)沟通因素

厂商与客户的良好沟通是解决提高客户满意度的重要因素。很多情况下,客户对产品性能的不了解,造成使用不当,需要厂家提供咨询服务;客户因为质量、服务中存在问题要向厂家投诉,与厂家联系如果缺乏必要的渠道或渠道不畅,容易使客户不满意。

（5）客户关怀

客户关怀是指不论客户是否咨询、投诉，企业都主动与客户联系，对产品、服务等方面可能存在的问题主动向客户征求意见，帮助客户解决以前并未提出的问题，倾听客户的抱怨、建议。通常客户关怀能大幅度提高客户满意度，增加客户非常满意度。但客户关怀不能太频繁，否则会造成客户反感，适得其反。

（6）环境因素

一个客户满意的产品，另一个客户可能并不满意；在某种环境下客户满意的产品，在另一种环境下客户却会不满意。客户的期望和容忍范围会随着环境变化而变化。

从对客户满意度的直接影响因素分析，可以将影响满意因素分为不满意因素、满意因素与特别满意因素三类。

不满意因素是指某一与客户希望相反的消极条件或事件。它是客户购买该产品的最低要求，集中在产品或服务的重要方面，如产品质量、应该提供的基本服务、客户意见反馈渠道等方面。如果产品存在不满意因素，则客户的满意度下降；反之，则客户的满意度既不会提高，也不会下降。满意因素是指与客户满意期望相当或略好的因素或事件。例如，价格折扣、款式、性能、型号的多样选择性等。满意因素越多，客户的满意度也越高。但是，满意因素并不能弥补不满意因素，例如，客户在专卖店大幅度打折后购买了产品，但后来发现产品质量差，满意因素会很快被不满意因素抵消。

非常满意因素超出客户事先预料、对其产生积极影响的性能、服务或感受。例如，客户在办理住宿手续时，发现酒店知道他的姓名，安排了他喜爱的楼层与房间朝向，并且在房间里发现有免费点心、水果，这些都是非常满意因素。

企业可以通过减少或彻底消除不满意因素，提供更多的满意因素和非常满意因素来达到提高客户满意度的目的。

### 3. 客户满意度的调查与评价

在现实的产品销售中，客户满意度越来越被众多企业所关注。许多公司为了提高自身的客户满意度，经常会对企业的产品进行客户满意度的调查与评价。因此，了解调查与评价客户满意度的方法就成为众多企业共同关注的重要内容。

客户满意度的调查、客户投诉和建议处理系统、神秘客户调查和流失客户分析是当前企业收集客户意见的四种主要方法。其中，客户满意可以运用几种方法来衡量：

第一种方法，通过询问直接衡量，如"请按下面的提示说出你对某服务的满意程度：很不满意、不太满意、一般、比较满意、很满意"（直接报告满意程度）。

第二种方法，要求受访者说出他们期望获得一个什么样的产品属性，以及他们实际得到的是什么（引申出来的不满意）。

第三种方法，要求受访者说出他们在产品上发现的任何问题及提出的任何问题及提出的任何改进措施（问题分析）。

第四种方法，公司可以要求受访者按产品各要素的重要性不同进行排列，并对公司在每个要素上的表现做出评价（重要性/绩效等级排列）。这种方法可以帮助公司了解它是否在一些重要的要素方面表现不错，或者一些相对不重要的要素方面过于投入。

研究显示，在收集有关客户满意的信息时，询问客户有关再次购买和再次推荐的问题，也是十分有价值的,它们共同构成了客户满意度调查指标。在具体操作中,如果采用定性方法进行调查,可以用非常不满意、不满意、一般、比较满意、非常满意来表示,也可以用百分制区间表示,如:0～20表示非常不满意,21～40代表不满意,41～60代表一般,61～80代表比较满意,80～100代表非常满意。

如果要获得客户满意数据,需要进行定量调查。企业首先要具备客户档案数据库,能快速、准确地找到客户,这是企业的基础管理工作。

定量调查通常包括以下一些必要步骤:

①确定调查目标、对象与范围;

②确定调查方法;

③问卷的设计和预调查;

④调查人员的挑选和培训;

⑤实际执行调查;

⑥调查问卷的回收和复核;

⑦问卷的编码录入和统计分析。

客户满意度调查表要请专业人员或专业公司设计,精心挑选调查项目。

提问可以采取直接提问式、间接提问式、排序式、引出式等。提出问题应注意策略,不能涉及客户隐私,让客户不舒服或有取宠之嫌。同时,项目不能太多,应根据近一段时间发生的问题有侧重地提出。表格结构与问题应尽量简洁、明了,让客户容易回答,如表7-1所示。

表7-1 客户满意度调查栏目

| 调查栏目 | 解释 |
|---|---|
| 总体满意度 | 客户对企业总体的满意度评价 |
| 产品指标 | 产品的性能、价格、质量、包装等 |
| 服务指标 | 服务承诺、服务内容、响应时间、服务人员等 |
| 沟通与客户关怀指标 | 客户基本情况、购买的产品或服务、产品取得方式及时间等 |
| 与竞争对手比较 | 产品、服务等方面的比较 |
| 客户再次购买和向其他人推荐问题 | 从中可分析客户忠诚度 |
| 问题与建议 | 让客户没有限制地提出问题,并对企业提出宝贵建议 |

调查表可以有多种形式,有书面的(现场发放、邮寄、登报、网上下载打印、发传真等),也有电子的(网上调查、电子邮件、打电话)。填写人员可以是客户(或潜在客户),也可以是企业营销人员或专业调查公司。根据客户数量多少,可以选择全面调查或抽样调查。调查方式中最常采用的有:

①电话调查。电话调查适合于客户群比较固定、重复购买率高的产品,其优点是企业可以直接倾听客户的问题,速度快,能体现客户关怀,效果较好;不足之处在于可能干扰客户工作或生活,造成反感。因此,调查项目应尽可能简洁,缩短调查时间。如果客户数量较少,可以由企业营销人员直接联系客户;如果客户数量较多,可以采取抽样方式,委托专业调查公司,或双方合作进行。

②邮寄问卷调查。通常在庆典或重大节日来临之际,向客户邮寄问卷,配合慰问信、感谢

信或小礼品。邮寄问卷调查数据比较准确,但费用较高,周期长,一般一年最多进行1~2次。

③现场发放问卷调查。在客户(或公众)比较集中的场合(展览会、新闻发布会、客户座谈会等),向客户发放问卷,现场回收。这种方式快速,如果辅之以小礼品,问卷回收比例会较高,同时会产生良好的宣传效果。但这种方式要注意甄别客户和潜在客户,同时,这种方式调查信息的准确性不高。

④网上问卷调查。这是目前因特网快速普及的情况下发展最快的调查方式,具有节省费用、快速的特点,特别是在门户网站(如新浪网)上开展的调查很容易引起公众对企业关注。缺点是网上调查只对网民客户有效,结论有失偏颇;所提问题不可能太多;真实性值得怀疑。

不论哪种方式,调查以后均应进行数据统计、分析处理,写出调查报告。要重点分析主要问题并提出相应的改进建议,让调查活动发挥检验客户满意度、促进企业提高客户满意度的作用。

### 4. 客户不满意度

在销售过程中,我们经常会听到客户的抱怨:价格高、服务差、质量不可靠……客户的抱怨就是客户不满意的一种表现,而企业只有重视客户抱怨,并及时解决客户抱怨的问题,才能创造更多的客户价值,获得立足市场的资本。企业为了提高自身的客户满意度,不仅要充分了解客户满意度的调查和评价方法,同时也应该充分了解产生客户不满意度的原因,这样对企业提高客户满意度有着重要的指导意义。

测量客户不满意度的目的在于了解客户不满意的原因。过去,企业针对客户的调查往往偏重于满意度,但是在实践中却发现,从不满意调查可以发现更多有意义的信息,采取新的有针对性的策略。

客户不满意调查可以通过现有客户、已失去的客户和竞争者客户三种渠道获取信息,努力找到所有的潜在客户是相当重要的,尤其要接触那些不买本公司产品的客户,这些客户才是公司未来市场增长的主要来源。

不满意的客户都比满意的客户有着更多的意见需要表达。企业应该认真分析以下问题,发现客户不满意的深层原因并采取对策。

①销售人员如何使不满意的客户表达其想法?通常销售人员都不会问不满意的客户是否满意,客户也不会告诉他们,因此,销售人员几乎无法改变客户不满意心态。换一种思路,我们可以征求客户满意的内容与原因,然后培训销售业务人员,使之能够有效应对各种不满意的情况。

②售后服务部门如何更好地服务以提高客户的满意度?售后服务部门往往是导致客户不满意的环节。"服务永无止境",更多的客户总是在抱怨。因此,我们必须找到客户最不满意的方面,然后想办法加以改进。

③哪些客户对你的竞争者最不满意?对竞争者最不满意的客户名单很重要的信息,可以作为产品的发展、宣传材料设计、营销策略制定的参考。

④研发部门是否依据不满意客户的意见进行改进?提出改进建议的客户大多是最佳和忠诚的客户,而不满意的客户也有很多有价值的建议。这两种客户的意见同样都应该得到重视。

### 5. 提高客户满意度途径和方法

提高客户满意度,是当今众多企业迫切需要解决的难题。探讨提高客户满意度的方法是获得实现较高客户满意度的重要途径。

提高客户满意度需要企业长期不懈的努力。实际上企业也不可能让客户满意度一直上升、达到 100 分，少量波动是正常的。企业应建立一种机制，保证客户满意度处于非常满意或满意水平，即使出现小问题，也能很快补救。如同 MRPII 系统能保证企业资源有效利用一样，从根本上说，采用"客户关系管理系统"可以在制度、程序方面保证客户满意度不断提高。

（1）通过产品或服务提高满意度

目前，企业对客户满意度的理解还处于较低水平。我们可以利用客户关系系统中的先进思想，结合企业实际，制定一系列策略，开展必要活动来提高客户满意度。下列几个方面至关重要：

①树立以客户为中心的思想。客户是企业的资源，是企业生存的命脉。以客户为中心就是要想客户之所想，关怀客户，随时满足客户的要求。

②把提高客户满意度纳入企业战略范畴。战略是企业持续、长久发展的保证，由于客户满意度影响产品销售，并最终影响企业获利能力，因此，应纳入战略管理。把客户满意度作为企业的一项长期工作，体现在企业的一切经营活动中，从组织、制度和程序上予以保证。不能孤立地展开一两项提高客户满意度的活动，过后又把客户满意度忘得一干二净。

③客户数据的建立。客户数据库是进行客户服务、客户关怀、客户调查的基本要求。要努力使程度客户数据库从无到有，逐步完整、全面。否则，客户满意无从谈起。

④加强客户沟通与客户关怀。企业要完善沟通组织、人员和制度，保证渠道畅通、反应快速。企业要定期开展客户关怀活动，特别当客户刚刚购买产品，或到了产品使用年限，或使用环境发生变化时，厂家的及时感谢、提醒、咨询和征求意见往往能达到客户非常满意的效果。

⑤分析客户满意因素，采取针对性措施。针对本企业产品特点与竞争对手情况，详细分析和列出不满意因素、满意因素与非常满意因素，采取必要措施杜绝不满意因素，增强满意因素与非常满意因素，从而提高客户满意度。

⑥经常性客户的满意度调查。由于市场环境经常发生变化，如技术进步、竞争对手变化等，经常性客户的满意度调查有助于企业及时发现问题，采取相应对策，避免客户满意度大幅度下滑。一般 3～6 个月开展一次客户满意度调查比较合适。可以把全面调查与有重点、分主题调查交叉进行。

要使上述工作有条不紊地进行，企业应将提高客户满意度的职能落实到某一部门，通常是营销部门或战略管理部门，定期检查。落实，保证客户满意度管理不流于形式。

（2）控制客户期望值

提高客户满意度的关键是：企业必须按自己的实际能力，有效地控制客户对产品或服务的期望值。

营销人员应该控制客户的期望值，尽可能准确地描述产品或服务，不要夸大产品的性能、质量与服务，否则只能吊起客户的胃口，效果适得其反。由于客户的期望值可能还会发生变化，在描述产品或服务内容后，还要描述与竞争对手的比较，市场需求的变化，必要时介绍产品不适用条件上，让客户有心理准备，达到控制客户期望值的目的。如果为了得到客户而误导客户，玩文字游戏，赋予客户过高的期望、过大的想象空间，麻烦一定会随之而来。

如果客户期望比较客观，企业的工作成果能超过客户的期望，客户会非常满意，就会为企业说好话，为企业介绍生意。

## 小 结

客户满意：客户对某种产品或服务可感知的实际体验与他们对产品或服务的期望值之间的比较。满意度：客户满意的程度的度量。客户的满意度是由客户对产品或服务的期望值与客户对购买的产品或服务的所感知的实际体验两个因素决定的。

影响客户满意度的主要因素有企业因素、产品因素、营销与服务体系、沟通因素、客户关怀等。

客户满意度的调查与评价方法：调查方法有电话调查、邮寄问卷调查、现场发放问卷调查、网上问卷调查。

提高客户满意度的方法：通过产品或服务提高满意度；控制客户期望值。

## 复习思考

1. 什么是客户满意度？影响因素有哪些？
2. 提高客户满意度方法有哪些？

## 实 训

### 【案例介绍】

#### 沃尔玛开发面部识别系统以识别不开心顾客

据国外媒体报道，沃尔玛提交的一项专利文件显示，该公司正在研发一种面部识别系统，识别顾客是否不高兴。沃尔玛在专利申请中解释说：维持现有客户比通过广告获得新客户更容易，通常情况下，如果客户服务不足，在许多客户丢失之前，这一事实不会出现在管理数据中。面对如此激烈的竞争，客户往往会选择去别处，而不是花时间去抱怨。

该系统将包含一个指向"商店销售点队列"的摄像头，而能够识别视频中的人的计算机系统将接收摄像头发回的视频。该系统将能够通过生物特征数据识别不满意的客户，如果一个人不满意，店员就会收到警告，随后负责人员会通知相应的服务员提高服务水平，以减轻顾客的不满。这项技术背后的推动力是帮助商店员工"在顾客有机会抱怨之前，更有效地应对客户服务问题"。有趣的是，这并不是沃尔玛第一次使用面部识别技术。几年前，一些沃尔玛商店在几个月的时间里安装了面部识别摄像头，希望在顾客进入商店的时候就被认出是否是被怀疑的或已知的商店扒手。当时，沃尔玛的小实验招致了一些人的批评，他们提出了各种各样的隐私问题。

沃尔玛希望通过该技术提升服务水平，将顾客的抱怨扼杀在萌芽之中。通过广告来留住现有顾客可比开发新顾客简单多了。不过，如果客户服务做得不好，老顾客也会流失。如今零售业竞争激烈，顾客可能会跳过投诉这一阶段直接转投竞争对手。除了解决现实需求，沃尔玛还会利用拿到的数据分析顾客的购物习惯。这项技术能让商场及时获知顾客购物习惯的转变，而这一转变可能会暗示顾客的流失。

毫无疑问，沃尔玛推出旨在实时监控购物者情绪的技术，也将引发一场关于隐私的辩论。但不得不说，这是一种有趣的方法。目前还不确定推出能够分析用户情绪的系统是否能够吸引购物者的支持和忠诚度。值得一提的是，沃尔玛也可能利用这项技术来更好地了解消费者的购物习惯。与此同时，据外媒报道，沃尔玛的一些门店正在测试触摸屏，让客户能够处理退货。知情人士说,沃尔玛据说也正在用自己的收银机取代收银员,而这些收银员在商店中占了更大的份额。

(资料来源:http://finance.jrj.com.cn/tech/2017/07/20155522776325.shtml)

**思考和训练**

(1)通过上述案例说说客户满意度对连锁企业的重要性。

(2)你如何看待沃尔玛的面部识别系统涉及消费者隐私的说法?给出你的观点与理由。

【技能训练】

以小组为单位,任意选择一个行业设计该行业客户满意度调查方案。

方案要求:①确定客户满意度评价指标。②选择恰当的调查方法。③提出的设计方案要有效。④评估一下效果。

# 模块2
## 建立CRM系统

## 教学目标

### 1.终极目标
(1)掌握 CRM 系统管理的基本概念、分类及作用。
(2)了解 CRM 系统管理的内容及需求分析,并能够解决实际问题。

### 2.促成目标
(1)充分掌握 CRM 系统管理的内容与作用。
(2)掌握 CRM 系统的三个部门级需求。

## 案例导入

### 柯莱特:银行如何建立有效的 CRM 系统

我国银行业已经进入以客户为中心的客户管理阶段,因此 CRM(客户关系管理)对于中国银行业来说是格外重要。在技术信息高度发展的今天,各商业银行都建立起自己的 CRM 系统,开始从"以产品为中心"向"以客户为中心"转变,这使得服务质量有所提升。那么,如何建立一个有效的 CRM 系统并让它发挥应有的价值? 柯莱特信息系统(中国)有限公司首席技术长官骆建功表述了独特的观点。

#### 1. CRM 关键是找客户

银行业的"2:8"原则指出银行业的 20% 客户贡献 80% 收益,从这个角度来说,CRM 最重要的就是找到客户,而且要找对这 20% 的客户。骆建功认为,企业选择 CRM 的六大目标包括交叉销售、追加销售、客户保留、客户获取、客户再生和客户体验。毫无疑问,骆建功所指出的六大 CRM 目标都是围绕着如何找客户、如何找对客户而展开的。而这六大目标最终归结为一个核心目标:实现客户资源价值的最大化。

骆建功进一步指出:"实现这六个目标的基础性条件是:企业通过分析型 CRM,首先要建立一个统一的客户信息库。例如,一个技术非常完备的呼叫中心,如果没有正确的客户信息来支持呼叫中心的运作,企业将很难让客户得到百分百的满意。这也就是企业要想让操作型 CRM 真正发挥功效,必须要与分析型 CRM 进行集成。遗憾的是,目前在国内,能够实现这个基础性条件的软件供应商为数不多。这六项功能几乎是所有 CRM 工作的基础,表明了企业对客户知识的真正需求。从而可以简单解释为什么 CRM 受到青睐。"

#### 2. 银行 CRM 适合外包

在当今的竞争环境下,IT 在银行的发展进程中发挥了至关重要的作用。骆建功认为:"对于银行来说,无论 IT 部门做得多高,始终无法与专门从事 IT 的技术公司相比。仅从技术的角度来说,为了在技术上获得竞争领先,势必要借助专业的技术公司的力量。从人员上来说,在技术上有优势的人员一般会流向 IT 公司。因此,从术业有专攻的角度出发,银行 CRM 的建设比较适合外包给更加专业的 IT 公司,而将释放出来的资源投入到银行业务中。"如果选择外包,服务提供商则承担硬件、软件和人工成本,银行只需支付服务费用,双方可实现"双赢":一方面,银行避开了高昂的 IT 基础自建成本和人员成本,另一方面,服务提供商获取定期收入。骆建功进一步指出:"国外银行有 4 个特征,其中一个就是 IT 外包。调查显示,美国前 300 家银行实施 IT 外包的占 68%。事实上,如果银行的 IT 外包能够管理全国所有银行的处理中心,通过资源共享可以进一步摊薄银行的成本,这给银行带来的好处是显而易见的。"

在外包模式下,银行能更有效地感受到商务智能的效益,不仅可以改进营销效率,增加收入和边际利润,并且可以回避高得惊人的系统开发成本和员工成本,并低风险地享受迅速的方案部署。总之,将 CRM 外包给服务提供商,公司就能够将精力集中在自己的核心能力和核心业务上。那么,银行将 CRM 外包就会一劳永逸了吗?对此骆建功表示:"对多数用户而言,外包策略不同程度地存在着诸如缺乏个性化服务、存在安全信任与管理控制隐患等问题。因此,IT 外包一定要有监管,要有流程,要保证服务品质。"

**3. CRM 的标准化**

骆建功说:"IT 是一个受标准限制的东西,不同行业差别很大。即使是相同的行业,如果技术员开发的标准不同也会产生差异。如果今天所有的银行都采取同样的标准,同样的数据模型,所有的系统都在这个基础上开发,那么整合就是固定的,未来随着业务的发展、管理的发展、流程的改造、服务的加强而需要对 IT 进行变更和扩展时,就会变得非常容易。"

从银行的客户角度来说,具有不同特征的客户所要求的服务、所适合的产品是不一样,同样他们给银行的贡献、所消耗的银行资源也是不一样的。所以,以客户为中心的 CRM 应该对具有差异化特征的客户群体进行划分,实现客户差异化,在差异化的基础上实现标准化。

从银行本身来说,标准化的 CRM 可以用最小的成本付出对现有的资源进行整合,从而提高银行的核心竞争力,应对激烈的市场竞争。从这个意义上讲,建立一套标准化的 CRM 不仅是银行业如何面对挑战的需要,更是激烈的市场竞争对银行提出的要求。

(资料来源:http://www.enet.com.cn/article/2008/0729/A20080729338087.shtml)

【案例分析】

银行建立 CRM 特别重要,因为今天的企业不是被动地坐在那里等客户上门,而是要去主动地寻找和留住客户。银行业也是一样,特别是外国银行进入中国后,对中国的银行业是一个不小的冲击。从 CRM 实质来看,真的是得客户者得天下。

【思考·讨论】

(1)在上述案例中,骆建功先生提出了哪些建立银行 CRM 系统的方法?
(2)你赞同他的观点吗?
(3)你还有哪些其他的补充策略?

## 理论知识

**1. CRM 系统的产生**

CRM(客户关系管理)是现代管理技术发展的产物,它是融合了感测技术、通信技术、计算机技术和控制技术等现代信息技术,并将其综合运用到管理领域的一种管理方法和手段。

客户关系管理的理论基础来源于西方的市场营销理论,在美国最早产生并得以迅速发展。市场营销作为一门独立的管理学科存在已有将近百年的历史,它的理论和方法极大地推动了西方国家工商业的发展,深刻地影响着企业的经营观念以及人们的生活方式。信息技术的快速发展,为市场营销管理理念的普及和应用奠定了平台,并开辟了更广阔的空间。

在网络经济已成为潮流的今天,企业在寻找并确立与电子商务的高速扩张模式相匹配的经营发展战略时,需要把客户的价值提升到一个前所未有的高度。从微观角度讲,企业的各职能部门如销售、市场、客户服务、技术支持等都需要能实现业务自动化的解决方案,以打造一个面对客户的前沿平台;从宏观角度讲,企业需要先进的管理系统为自身成功实现电子商务奠定基础,并帮助企业顺利实现以电子商务为基础的现代企业模式的转化。因此,产生 CRM 的主要原因可以归结为以下几个方面。

①从管理角度讲,客户关系管理是在"客户满意"的基础上进一步发展起来的。客户满意是 20 世纪 80 年代中后期出现的一种经营思想,其基本内容是:企业的整个经营活动要以顾客满意度为指针,要从顾客的角度,用顾客的观点而不是企业自身的利益和观点来分析考虑顾客的需求,尽可能全面地尊重和维护顾客的利益。客户关系管理指的是以客户为中心,及时地提供产品和服务,提高客户的满意程度,最大限度地减少客户流失,保持较高的市场竞争能力和赢利能力,实现客户和企业双方获利的一种管理方法。客户满意能够形成长期的合作关系,能够实现客户和企业的"双赢"。

②从市场需求的拉动角度看,在企业掌握市场主动权的时代,也就是产品时代,相对于客户的需求来说,市场供应的产品、服务的数量和品种是稀缺的,作为供给者的企业,只要能够生产出来产品就能被市场消化,不愁产品积压。所以在这个时期,企业没有内在压力和动力去关注客户的确切要求。企业管理的重点不是如何满足企业外部客户的需求,而是加强内部管理,提高产量,降低企业与客户之间减少信息交流,企业也不会为客户提供额外的服务。

但是,产品时代已经不能适应社会和市场的进步需求,客户时代早已到来,满足顾客的需求就是企业生存与发展的关键,能够及时地响应顾客需求就能走在市场的前列,在顾客就是上帝的时代,需要的是生产出顾客需要的产品,而不是盲目地忽视顾客的需求去生产产品,因此从这个意义上说,CRM 尤为必要。

③从信息技术的推动角度看,企业核心竞争力对于企业信息化程度和管理水平的依赖越来越高,这就需要企业主动开展组织结构、工作流程的重组,同时对面向客户的各项信息进行集成,组建以客户为中心的企业,实现对客户活动的全面管理。尤其是在计算机技术和控制技术所引起的"网络革命"以及在此基础上产生的"电子商务革命"的推动下,各种智能化的管理信息技术在企业与客户交互的各个领域得到广泛而充分的应用。例如,随着数据库技术的发展,以及数据仓库、商业智能和知识发现等技术应用,使企业收集、整理、加工和利用客户信息的质量大大提高;而系统集成技术的发展,又使得企业可以将各个应用子系统在客户中心战略的总体规划下进行优化整合,实现面向客户的资源体系。基于互联网的信息技术正逐渐成为成熟的商业手段和工具,并且也越来越多地应用于企业信息化的建设中,这使得的信息系统具备了适应市场客户动态变化的灵活性和开放性。

基于这些因素,客户关系管理(CRM)就产生了,它将现代信息技术(感测技术、通信技术、计算机技术和控制技术)综合应用到管理领域的各种技术。而且随着这些先进技术的发展使得"客户关系管理"不仅仅停留在理论的阶段,而且还能有效地应用,有效地增强的销售能力、营销能力、客户服务与支持能力以及对客户需求的反应能力,进而改善企业自身与客户之间的关系,使得客户服务在技术层面有了充分的保障。在这些先进的网络技术与信息处理技术的支持下,使客户关系管理的实现成为可能,并进一步帮助企业在激烈的市场竞争中提升核心竞争力。

**2. CRM 系统定义**

什么是 CRM 系统呢?因研究的角度不同、着重点不同,产生了多种对 CRM 系统定义的诠释,因此,对其理解也具有一定的复杂性。对 CRM 系统的定义主要有以下三个层面的表述。

①CRM 是一种现代经营管理理念。作为一种管理观念,以客户为中心、视客户为资源、通过客户关怀实现客户满意度等是这些理论的核心所在。

②CRM 包含的是一整套解决方案。作为解决方案,CRM 集合了当今最新的信息技术,它们包括互联网络和电子商务、多媒体技术、数据仓库和数据挖掘、专家系统和人工智能、呼叫中心以及相应的硬件环境,同时不包括与 CRM 相关的专业咨询等等。

③CRM 意味着一套应用软件系统。作为一个应用软件系统,CRM 凝聚了市场营销等管理科学的核心理念。市场营销、销售管理、客户关怀、服务和支持等构成了 CRM 软件模块的基石。

综合所有 CRM 的定义,可以将其理解为理念、战略、技术三个层面,正确的战略、策略是 CRM 实施的指导,信息系统、IT 技术是 CRM 成功实施的手段和方法,而客户关系管理系统正是 CRM 的技术系统。

**3. CRM 系统的分类**

根据 CRM 系统的目标客户不同、集成度不同,可以对 CRM 系统进行以下分类。

**(1)按目标客户分类**

由于不同的企业或同一企业的不同部门或分支机构有着不同的商务需要和不同的技术基础设施,因此,根据客户的行业特征和企业的规模来划分目标客户群,是大多数 CRM 的基本分类方式。在企业中,越是高端应用,行业差异越大,客户对行业化的要求也越高,因而,有一些专门的行业解决方案,比如,银行、电信、大型零售商等 CRM 应用解决方案。而对于中低端应用,一般采用基于不同应用模型的标准产品来满足不同客户群的需求。一般将 CRM 分为 3 类:以跨国公司或者大型企业为目标客户的企业级 CRM;以 200 人以上,跨地区经营的企业为目标的中端 CRM;以 200 人以下企业目标客户的中小企业 CRM。

在 CRM 应用方面,大型企业与小型企业相比有很大的区别。

首先,大型企业在业务方面有明确的分工,各业务系统有自己跨地区的垂直机构,形成了企业纵横交错的庞大而复杂的组织体系,不同业务、不同部门、不同地区之间实现信息的交流与共享极其困难;其次,大型的业务规模远大于中小企业,致使信息量巨大;再次,大型企业在业务运作上很强调严格的流程管理,而中小企业组织机构简单,业务分工不一定非常明确,运作上也更具有弹性。因此,大型企业运用的 CRM 软件比中小企业的要复杂、庞大得多。

以企业级客户为目标的公司包括 Siebel、Oracle、IBM 等;Onyx、Pivotal 等则与中型应用市场相联系,并试图夺取部分企业级市场。MyCRM、Coldmine、Multiactive 和 SaleLogix 等公司瞄准的是中小企业,他们提供的综合软件包虽然不具有大型软件包的深度功能,但功能丰富实用。

**(2)按应用集成度分类**

CRM 涵盖整个客户生命周期,涉及众多的企业业务,如销售、支持服务、市场营销和订单管理等,CRM 既要完成单一业务的处理,又要实现不同业务间的协同;同时,作为整个企业应用中的一个组成部分,CRM 还要充分与企业的其他应用系统,如与财务、库存、ERP、SCM 等进行集成。但是,不同的企业或同一企业处于不同的发展阶段时,对 CRM 整合应用和企业集成应用有不同的要求。为满足不同企业的不同要求,CRM 在集成度方面也有不同的分类。从应用集成度方面可以将 CRM 分为:CRM 专项应用、CRM 整合应用和 CRM 企业集整合应用。

①CRM 专项应用。以销售人员为主导的企业 CRM 应用的关键是销售力量自动化(SFA),而以店面交易为主的企业,其 CRM 应用的核心是客户分析与数据库营销。在 CRM 专项应用方面,有著名的 Call center(呼叫中心)。随着客户对服务要求的提高和客户服务规模的扩大,呼叫中心在 20 世纪 80 年代得到迅速发展,与 SFA 和数据库营销一起成为 CRM 的早期应用。到目前为止,这些专项应用仍然具有广阔的市场,并处于不断的发展之中。代表厂商有 AVAYA(call center)、Coldmine(SFA)等。

②CRM 整合应用。CRM 的整合应用指实现多渠道、多部门、多业务的整合与协同及实现信息的同步与共享。CRM 业务的完整性和软件产品的组件化及可扩展性是衡量 CRM 整合应用能力的关键。这方面的代表厂商有 Siebel(企业能 CRM)、Pivotal(中端 CRM)、MY-CRM(中小企业 CRM)。

③CRM 企业集成应用。CRM 集成应用一般用于信息化程度较高的企业,对这类企业 CRM 与财务、ERP、SCM 以及群件产品与 Exchange/MS Outlook 和 Lotus Notes 等的集成应用是很重要的。这方面的代表厂商有 Oracle、SAP 等。

### 4. CRM 系统管理的内容

为赢得客户的高度满意,及时掌握客户的信息,建立长期而良好的客户关系。客户关系管理中基础性工作内容有以下几方面。

(1)客户信息交流

客户信息交流指企业与客户之间交换信息的各种形式。这不仅是单纯地输出企业信息以影响消费行为,客户信息交流还是一种双向的交流,其主要功能是实现双方的互相联系、互相影响。从实质上说,客户管理过程就是与客户交流信息的过程,实现有效的信息交流是建立和保持企业与客户良好关系的基本途径。例如,在客户关系管理中进行客户反馈管理,对于衡量企业预期目标的实现和正确处理客户的意见等都具有重要作用。为了实现有效的信息交流,需要明确信息交流的基本原理、交流的作用与对象、交流的过程与交流手段等。随着信息技术的不断发展,企业与客户进行信息交流方式也多种多样。其中包括呼叫中心、电话交流、网上交流、电子邮件、传真或信件和直接接触等。

(2)客户分析

客户分析的目的是具体了解企业的客户。要满足客户首先是了解客户,所以说客户分析是进行客户关系管理的基础。了解消费者是形成市场营销战略的基础。消费者对营销战略的反应决定企业的成败。有效的客户细分是深度分析客户需求、应对客户需求变化的重要手段。通过合理、系统的客户分析,企业可以知道不同的客户有着什么样的需求,分析客户消费特征与商务效益的关系,使运营策略得到最优的规划;更为重要的是可以发现潜在客户,从而进一步扩大商业规模,使企业得到快速的发展。

(3)营销、销售和服务的自动化

客户关系管理是企业的前台业务,主要功能包括营销自动化、销售自动化和服务支持。在这三块功能中,任务管理是自动的,也是交互的。

(4)**客户反馈管理**

对于企业所做出的一切营销努力,客户总会做出有意识或无意识的、主动或被动的反应,这就是客户反馈。客户反馈对于衡量企业承诺目标实现的程度、测试企业各种营销策略的有效性、及时发现客户服务中的问题等方面具有重要作用。掌握和利用客户反馈的主要途径,如何正确处理客户的意见和投诉,对于消除客户不满,维护客户利益,赢得客户信任都是十分重要的。

(5)**客户档案管理**

客户档案管理是客户关系管理的一项经常性工作,很多企业的客户关系管理都是从建立客户档案入手的。在客户档案管理中,首先需要明确客户档案的基本内容,并根据档案管理对象的具体情况采用科学的方法进行分类。其次是选择建立档案的形式。其主要有客户名录、客户资料卡、客户数据库、数据仓库等。收集信息的目的是利用信息,所以客户资料的分析与利用是更为重要的。根据管理决策的需要,一般需要进行客户构成分析、客户信用分析与客户对企业的利润贡献分析等。

(6)**企业对客户的承诺**

对客户承诺的目的在于明确企业提供什么样的产品或服务。在购买任何产品或服务时。客户总会面临各种各样的风险,包括经济利益、产品功能和质量,以及社会和心理方面的风险等。因此,要求企业做出某种承诺,尽可能地降低客户的购买风险,获得最好的购买效果。企业对客户承诺的宗旨是使客户满意,所以首先是要根据客户需要提出承诺。同时,企业对客户的承诺还必须考虑竞争等其他因素,特别是成本和企业的能力,盲目地追求高承诺会收到适得其反的效果。企业不但要善于提出承诺,向目标客户传达承诺,更重要的是实现承诺。从一定意义上说,客户关系管理的过程就是实现企业承诺的过程。

(7)**以良好的关系留住客户**

面对日益激烈的市场竞争,为了保证企业长期稳定的发展,越来越多的企业开始重视客户关系,并把良好的客户关系看作企业最宝贵的资产。为了获得和不断增值这种资产,建立与保持客户的长期稳定关系,首先需要良好的基础,即取得客户的信任。同时,要区分不同类型的客户关系及其特征,并经常进行客户关系情况分析,评价关系的质量,采取有效措施,不断改善和加强关系管理。还可以通过建立客户管理制度和客户组织等途径,保持企业与客户的长期友好关系。

(8)**客户服务与教育**

现代营销已经进入客户服务的时代,是否能够提供满意的客户服务,已成为企业竞争成败的关键。为了提供高质量的客户服务,需要全面了解客户服务的层次和多种形式,并制订完整的客户服务计划;为客户提供系列化的、具有竞争力的服务;建立服务质量的评价标准和控制系统,并不断改进和完善服务。开展客户教育是客户服务的最新发展,通过多种形式的客户教育,可以使客户更好地了解企业的承诺,掌握本企业产品或服务所涉及的有关知识和使用技能等,降低客户购买和使用产品中的各种风险,为建立企业与客户的良好关系打下坚实的基础。

## 5. CRM 系统的作用

企业建立 CRM 的根本目标就是要了解自己的客户、满足客户的要求和防止客户流失,建立企业与客户之间长期、稳定的双赢关系。客户从企业获得更多满足的同时也为企业带来了更多的利益。加强客户关系管理对于企业更好地满足客户需求、充分利用客户资源、提高企业经济效益和市场竞争力具有十分重要的作用。

**（1）为客户提供更好满足，实现企业承诺**

企业对客户承诺的实质是使客户的利益得到最大限度的满足。在消费趋势从"大众趋同化、数量增长型"转向"多样化、个性化"的形势下，通过客户关系管理，可以实现对具体客户的具体需求分析和有针对性的满足，并随时收集和分析客户反应，及时调整产品或服务策略，从而大大提高为客户服务的效率和质量，使客户得到更高程度的满足。

**（2）提高企业长期经济效益**

尽管进行客户关系管理需要一定投入，但是却可以有效地提高企业的长期经济效益。首先，通过客户关系管理可以有效地保证客户的重复购买。其次，确保老客户可以大大节省营销费用，显然，维持关系比建立关系更容易。在市场竞争激烈的情况下，争取新客户不仅费用高，而且有更大的风险。再次，通过客户关系管理还可以降低服务成本。已经有很多企业注意到，企业从一些客户及其交易中获得的利润水平经常大大高于另一些客户及其交易的利润水平。具体了解每个客户获利的多少，分析这种差距产生的原因，对于降低成本，提高企业利润水平是十分重要的。通过对客户利润水平的分析，还可以识别盈利和亏损的客户，并根据具体情况采取相应的决策，以提高企业的长期利润水平。

**（3）提高企业的市场竞争力**

通过加强客户关系管理，使企业从争取更多的客户转向更好地满足有限的客户。不仅可以提高企业的盈利水平，还可以集中使用和合理调配企业资源，在一定客户群体中形成竞争优势，并逐步建立良好的 B2B、B2C 等方面的客户关系，从而有效地提高企业的市场竞争能力。从另一个方面看，在激烈的市场竞争中，避免失去客户的最有效措施，就是关心客户和更有针对性地满足客户，加强企业与客户的长期稳定关系，不断提高客户的忠诚度。一旦企业使客户获得高度满足，并赢得很高的忠诚度，就会永远留住客户。

**（4）开发利用客户资源**

加强客户关系管理还是开发利用客户资源的重要途径。通过双向的信息交流，建立客户档案和开展与客户的合作等，可以从客户的反馈中获得有关产品特征、需求变动的潜在客户等方面的信息。这些来自客户的信息往往具有针对性和可靠性强的特点，与其他来源的市场信息相比，对企业营销决策具有更为重要的参考价值。通过加强客户关系管理，可以充分发挥消费者的积极性，开发他们的知识与经验资源，获得新产品开发构思和改进服务的思想，促使企业为客户提供更好的产品或服务。

**6. CRM 系统的需求分析**

在一个企业中，有三个主要部门与客户有密切的联系，即市场部、销售部和服务部。CRM系统建立需要满足这三个部门级需求：首先，客户关系管理能够提高市场决策能力、加强统一的销售管理、提高客户服务质量。其次，客户关系管理将企业的市场、销售和服务协同起来，建立市场、销售和服务之间的沟通渠道，从而使企业能够在电子商务时代充分把握市场机会，也就是满足企业部门协同级的需求。最后，客户关系管理和企业的业务系统紧密结合，通过收集企业的经营信息，并以客户为中心优化生产过程，满足企业级的管理需求。

（1）部门级需求

在企业中,对 CRM 有着强烈需求的部门是市场、销售和服务三个部门。不同的部门对 CRM 的需求也不同。

市场部门主要关心以下问题:

①活动管理:对企业的所有市场活动进行管理。

②活动跟踪:跟踪市场活动的情况。

③反馈管理:及时得到市场活动的反馈信息。

④活动评价:对市场活动的效果进行度量。

⑤客户分析:对客户的构成、客户的地理信息和客户行为进行分析。

⑥客户状态:将客户分类,从而管理客户风险、客户利润等,同时确定针对不同类别客户的市场活动等。

销售部门主要关心以下方面的问题:

①销售信息:及时地掌握销售人员的销售情况。

②销售任务:将不同的销售任务,按销售经理制定的流程分配下去。

③销售评价:对各个地区、各个时期以及各个销售人员的业绩进行度量。

服务部门关心的主要问题有:

①准确信息:根据系统提供的准确信息为客户服务。

②一致性:企业的服务中心以整体形象对待客户,使客户感觉是同一个人在为其服务。

③问题跟踪:能够跟踪客户所有的问题并给出答案。

④活动评价:对市场活动的效果进行度量。

要满足部门级的需求,CRM 系统至少应该包含数据仓库、OLAP、销售管理、活动管理、反馈管理和数据挖掘系统。

（2）协同级需求

市场、销售和服务是三个独立的部门,对 CRM 有着不同的需求,但是有一点是共同的:以客户为中心的运作机制。协同级将市场、销售和服务三个部门紧密地结合在一起,从而使 CRM 为企业发挥更大的作用。协同级主要解决企业在运作过程中遇到的以下问题:

①及时传递信息。将市场分析的结果及时地传递给销售和服务部门,以使它们能够更好地理解客户的行为,达到留住老客户的目的。同时,销售和服务部门收集的反馈信息也可以及时传递给市场部门,以便市场部门对销售、服务和投诉等信息进行及时分析,从而制定出更有效的竞争策略。

②渠道优化。市场部门将销售信息传递给谁、由谁进行销售等对企业的运营非常重要。渠道优化就是在众多的销售渠道中选取效果最佳、成本最低的销售渠道。

总之,通过市场、销售和服务部门的协同工作,可以实现在恰当的时机拥有恰当的客户目标。

（3）企业级需求

在大中型企业中,IT 系统比较复杂,如果这些 IT 系统之间相互孤立,就很难充分发挥各系统的功能,因此,不同系统之间的相互协调可以充分提高企业的运作效率,同时,也能充分利用原有的系统,从而降低企业 IT 系统成本。

CRM 作为企业重要的 IT 系统,也需要与企业的其他 IT 系统紧密结合,这种结合主要表现在:信息来源的需求、利用原有系统以及生产系统对 CRM 的需求。

①信息来源的需求。市场分析需要有关客户的各种数据,销售和服务部门也需要在适当的时机掌握正确的数据。这些有关客户行为、客户基本资料的数据通常来源于其他 IT 系统,因此,CRM 系统经常需要从企业已有的 IT 系统中获得这些数据。

②利用原有系统。企业已有的 IT 系统中有很多模块可以直接集成到 CRM 系统中,通过对已有系统的利用,可以增强 CRM 系统中数据的一致性,同时,也降低了 CRM 系统的成本。

③生产系统对 CRM 的需求。CRM 的分析结果可以被企业内其他系统所利用,例如,在移动通信企业中,对于客户群体的分析是信用度管理的基础。

### 7. 新模式与新趋势

随着 CRM 行业的发展,在 CRM 行业中出现了一种新的趋势,即通过 ASP(应用服务提供商)提供 CRM 应用服务。对于 ASP 客户,他们不必配备专门人员管理和维护 CRM 系统,而是通过互联网从第三方 ASP 获得 CRM 应用服务。ASP 供应管理部分或全部的 CRM 软件,提供部分或全部的支持性服务,满足部分或全部的客户需要。如 Upshot 和 Firstware 是这方面的良好范例。

但就当前中国市场而言,由于互联网本身的基础设施、安全技术和使用成本等方面的不完善,CRM 的 ASP 尚处于研究和发展阶段。目前,更符合中国企业实际应用的 CRM 销售与服务软件仍主要通过面对面的交流,但由于 ASP 模式具有潜在的很多优势,它将逐步成为中国CRM 市场上的一种重要的服务方式。

商业模式的发展与新技术的出现,对于 CRM 具有重大的影响,例如,电子商务将改善现在有 CRM 市场格局和未来方向。电子商务使客户、生产者和销售者这些不同的主体之间建立了直接的联系,无需中间人,客户更接近于产品或服务的实际提供者。由于 WEB 取代了传统的店面、电话等,成为企业与客户之间最重要的联系方式,从而形成了一个大型的数据仓库,增加了客户统计方面的分析能力,使客户细分和目标定位的能力得到了很大的提高,并能有效利用这些数据创造出新的营销能力。

## 小 结

先进技术的发展使得客户服务在技术层面有了充分的保障,产生了客户关系管理系统。

综合 CRM 的定义,可以将其理解为理念、战略、技术三个层面,正确的战略、策略是 CRM 实施的指导,信息系统、IT 技术是 CRM 成功实施的手段和方法。

按目标客户分类可将 CRM 分为 3 类:以跨国公司或者大型企业为目标客户的企业级CRM;以 200 人以上、跨地区经营的企业为目标的中端 CRM;以 200 人以下企业为目标客户的中小企业 CRM。

从应用集成度方面可以将 CRM 分为:CRM 专项应用、CRM 整合应用、CRM 企业集成应用。

加强客户关系管理对于企业更好地满足客户需求、充分利用客户资源、提高企业经济效益和市场竞争力具有十分重要的作用。

客户关系管理的真谛应是企业真正从客户的角度出发来为客户着想,给客户以方便,对客户更加亲切,和客户建立超越经济关系上的情感,掌握客户价值。只有这样,客户才能忠于你的企业。

为赢得客户的高度满意,建立与客户的长期良好关系,在客户关系管理中应开展多方面的工作。

应该从部门级需求、协同级需求和企业级需求三个方面来对 CRM 进行需求分析。

## 复习思考

1. 什么是 CRM 系统？
2. CRM 按不同的划分方法可分为几种？
3. CRM 的发展原则是什么？
4. CRM 对企业的作用体现在哪几个方面？
5. CRM 系统管理的内容有哪些？
6. 企业对 CRM 的需求体现在哪些方面？

## 实 训

【案例介绍】

### 现代企业 CRM 营销的实施方法

**1. 稳定老客户**

随着公司业务增加，企业员工和客户数量都快速增长，但是问题也随之出现，许多老客户认为公司的客户意识不强，对他们关心不够。由于缺乏全方位的客户管理机制，企业内部经常发生抢单、撞单的事。客户与企业的关系要经历一个由远及近、由浅入深的发展过程。企业第一次与客户接触，可能是通过广告、直邮、会议等营销活动，而接触就必须对客户的资料、需求有所了解，这样才能进行更为深入的沟通、促进，对具有现实购买机会的客户进行人员跟踪并实现销售，对已购买产品和服务的用户提供有效的支持服务、以留住用户并实现交叉或升级销售，更可为企业建立良好的口碑以赢来更多的客户。由于目前客户转移的成本低，企业留住客户的难度在增大。很多企业费尽心机抢占市场，吸引注意力，甚至挖竞争对手的客户，但自己的客户却在大量地流失。很多企业恰恰是这样有意无意地损害着企业与客户之间的关系，甚至为此投入了巨大的成本（比如一场不受客户欢迎的展示会或引起反感的广告）。对于已购买产品的用户更少从战略角度进行关怀和管理（很多企业甚至没有完整而准确的用户档案），白白浪费了宝贵的客户资源。据统计，找到一个新客户平均需要 300~1 000 元的高昂成本，是留住一个老客户所需成本的 5~8 倍。更重要的是，投入巨大成本获得的客户资源，在现实中利用率是很低的，这是企业资源的最大浪费。

**2. 进行动态的价值分析和管理**

在传统的营销模式中，客户价值等于销售额，现在客户的价值不仅包括销售额，也包括其对需求的贡献，那些常常对企业提出比别人更多要求的客户大概与出手豪爽的客户一样富有价值。因为他们的要求以及易变的态度为企业研究客户需求和行为提供了更多的数据。通过对个别客户的喜好进行深入的研究，最后综合相似客户的喜好，建立一个源于客户的全新需求组合，以此进行产品或服务的改进，并开展营销服务，是提高客户满意度的重要前提。

信息技术推动营销的根源就是数据库。营销机构使用数据库描述他们的顾客，通过使用数据挖掘工具，公司能够找出最忠诚的顾客，可以为顾客提供符合他们习惯的优质服务。在使用数据库方面，营销人员运用数据库挖掘的结果来增强与客户的联系。利用数据库中的销售信息来决定新店的最佳位置。从 1990 年开始，梅特勒—托利多上海公司一直都在使用专业的营销数据库系统，开展"数据库营销"。他们能够把客户的信息存入数据库，通过整理划分出

A、B、C 三类客户,进行更加有针对性的营销活动,找出真正提供利润的"金牌客户"。以往的静态平面系统如 ACT 系统及 ACCESS 系统都不利于对动态客户信息进行跟踪管理,而 CRM 系统所提供的才是实时、互动的客户关系管理。另一方面,不同的客户在潜在购买力、信用等级、利润贡献等方面是不一样的。据统计,20%的客户贡献了 80%的利润,因此,企业必须对客户进行动态的价值分析与管理。全球最大、访问人数最多和利润最高的网上书店——亚马逊公司,其营销的法宝之一就是 CRM。当你在亚马逊购买图书以后,其销售系统就会记录下你购买和浏览过的书目,当你再次进入该书店时,系统识别出你的身份后就会根据你的喜好推荐有关书目。你去该书店的次数越多,系统对你的了解也就越多,也就能更好地为你服务。据悉,CRM 在亚马逊书店的成功实施使它获得了 65%的回头客。

### 3. 实行"一对一营销"

由于客户的需求层次在不断提高,因此实行"一对一营销"对于拓展并巩固客户群体将大有裨益。所谓"一对一营销",就是企业愿意并能够根据客户的特殊要求来调整自己的经营行为、这些特殊的需求可能是企业从各种渠道搜集得到的。

"一对一营销"的核心思想是:与每一个客户建立学习型关系,尤其是那些"金牌客户"。每当与客户打一次交道,企业就多一分见识、长一分头脑。客户提出需求,企业就改进产品或服务,这样周而复始的过程自然就提高了企业的产品或服务令客户满意的能力。最终,哪怕竞争对手也愿意这样与客户打交道,也愿意对产品或服务做出调整,企业的客户也不会轻易转移了。戴尔计算机公司,通过使用因特网向重要顾客提供个性化的网页,包括特定顾客所感兴趣的产品、技术与其他信息,节约了顾客搜索信息的时间,提高了顾客的忠诚度。戴尔公司甚至通过定制网页来协调雇员的购买计划,经理可以通过站点查看公司的全部订单记录。因此,"一对一营销"策略可以帮助企业发现并留住客户,随着时间的推移,它将成为企业创造事业成功的真正伙伴。

### 4. 以客户为中心建立部门协同

每一个具体的部门或员工都有自己特定的工作任务和目标,很难从全局出发并全程关怀客户,这是一个客观存在。CRM 系统能够为相关的部门和人员提供客户信息的实时共享以保障部门间的工作衔接,如当市场部门拥有客户的确实数据时,它便能提出目标明确的促销活动;当销售部门能够了解一位客户的全部服务历史记录后,它便能适时地提供合适的产品,当服务人员知道客户的订购周期后,便能建议合适的服务层次契约或是服务时间表。该系统也能够建立跨部门,跨业务的以客户事件为线索的跟踪管理,确保为客户提供及时有效的服务。

(资料来源:http://www.topoint.com.cn/html/crm/crmxuan/2010/01/272090.html)

**思考和训练**

(1)上述案例介绍了现代企业 CRM 营销实施方法,认真体会 CRM 营销系统的作用。

(2)你对该系统的实施作何评价? 还有其他不同的建议吗?

### 【技能训练】

以小组为单位,为某高校设计一个 CRM 系统的实施方案。

方案要求:①方案要能充分体现 CRM 系统的作用。②方案要有针对性和有效性。③找出该方案不足的地方。

# 项目八

## 连锁企业战略管理

# 模块 1

# 连锁企业品牌战略

## 教学目标

### 1.终极目标
(1)理解并能解释说明品牌与品牌战略的基本概念。
(2)理解品牌战略并能分析与解决实际问题。

### 2.促成目标
(1)充分理解品牌建设的误区。
(2)充分理解品牌战略的实施。

## 案例导入

**麦当劳盲目扩张市场,险些丧失核心品牌**

由于麦当劳对外投资速度过快,导致顾客满意度大幅度下降,市场占有率有降无升。在2002年麦当劳缩减扩张计划之前,麦当劳在世界新建分店的速度最快时一度达到每3小时一家。然而,从1987年到1997年间,虽然麦当劳的分店增加了50%,但销售总额却下降了2%,单个分店的利润也急速下降。麦当劳盲目开设分店也引起众多特许经营商的不满,认为麦当劳在不合适的地方开设了一大堆不恰当的分店。一味追求数量,使得顾客对其满意度大打折扣。

自格林伯格1998年上台以来,特许经营店拥有了比以前更多的自主权,可自由做出从市场营销到具体菜单项目的一系列决策,这大大弱化了麦当劳一直引以为豪的传家宝——"麦当劳化"。麦当劳的核心竞争力和品牌因此而大打折扣。

索瑞斯管理咨询(国际)有限公司首席顾问李海龙对于麦当劳的危境,通过分析对症下药,从解决以下三点来入手:

第一,快刀斩乱麻,迅速关闭严重亏损店,将未中止的物业转为可口可乐的其他经营业态。主力依然以盈利店和大中城市为阵地。

鉴于目前农村人口城市化的趋势越来越明显,大量的城市人口来自农村的数量越来越多,麦当劳可集中力量在大中城市外围的中小城市有选择地开辟分店,以对肯德基形成合围之势,同时达到培育潜在消费群体的目的,这些人群将会成为大中城市麦当劳的常客。

第二,在保持既有的"标准、快速、干净、服务"核心要点的前提下,积极地加深对中国饮食文化的了解,寻找切入点,比如说在口味方面的适当改进和提升。甚至可以提炼出"对胃口的麦当劳"、"口味好,胃口就好,欢乐麦当劳"一类的策略,以弥补缺失。

第三,低价格策略应当继续保持,在像中国这样一个人均收入尚未达到富裕标准的国家来说,便宜的价格总是显得非常具有竞争力,"没有两分钱打不掉的忠诚"目前来说"放之四海而皆准"。对于竞争对手肯德基来说,也是一件有力的武器。

正是有了李海龙的这一剂良药,拱门又焕发出了金色的光芒。

(资料来源:http://www.chaoshi.168.com)

【案例分析】

一味求快,在战略上未必是好事。麦当劳盲目扩张市场、丧失核心品牌,是麦当劳连锁企业战略的失误。

【思考·讨论】

(1)你对麦当劳盲目扩张市场、丧失核心品牌是怎么看的?

(2)你是否同意李海龙的这一剂良药?你有什么其他良药?

# 理论知识

## 1. 品牌的概念

品牌(brand),是连锁企业用于自己产品上,用来与其他连锁企业生产的产品相区别的标志的总称。我国在公元9世纪就有了品牌,宋朝时期山东济南刘家针铺的白兔品牌,比国外早400多年。现代品牌与早期品牌标记最重要的区别在于:它已不是一种单纯的品牌标记,而成为一种可以转让买卖的工业产权,是受到法律保护的无形财产。品牌作为无形财产载入法律受到保护,它标志着近代的品牌制度的时代。以1883年缔结的《保护工业产权巴黎公约》为起点,品牌作为工业产权的保护对象,被纳入多边工业产权国际保护的范围,品牌制度开始步入现代阶段。品牌经过注册后,就成为连锁企业受法律保护的特有资源,生产经营者的利益能得到有效保护。

## 2. 品牌的作用

对于生产经营者来说,品牌具有以下几方面的作用:

①品牌可以增加连锁企业的无形资产。品牌是一种特殊的无形资产,它的特殊性表现在它经常和有形产品结合在一起,但品牌又不是产品本身。市场竞争在某种意义上就是品牌的竞争。品牌的竞争力已成为连锁企业利润的主要源泉。

一个知名品牌价值多少?品牌价值是对品牌作为一种资产和一种权益的价值量化。通常在评估品牌价值过程中,品牌作为一种无形资产被定义为"与品牌名称或符号相联系的附加在连锁企业产品或服务上的品牌财产。"这些财产可分为四个方面:品牌知名度、品质形象、品牌联想和品牌忠诚度,见表8-1。

②品牌有助于连锁企业细分市场,树立良好的连锁企业形象。一般来说,商品质量和商标信誉是正相关的,一个好的品牌可以招揽许多为其倾倒的顾客群,使其不断地重复购买,这样就确保了连锁企业销售额的稳定。

③品牌可以起到广告宣传的作用。消费者常通过品牌来区分产品质量的好坏,并以此来选购产品。品牌作为商品质量和连锁企业信誉的代表,本身就是一种极为有效的广告宣传工具。

**表 8-1 品牌财产的含义**

| 品牌财产 | 含　义 |
|---|---|
| 品牌知名度 | 一个常被低估的财产，但知名度会影响顾客的认知和口味。人们喜欢熟悉的东西,常表现出对熟悉的商品的各种好感。 |
| 品牌形象 | 品牌联想的特殊形式,有些是因为它在很多场合会影响品牌的联想度,有些是由于它从经验上被证明能够影响赢利能力。 |
| 品牌联想 | 所有联系顾客与品牌的东西,它包括顾客的想象、产品的归属、使用的场合、连锁企业联想、品牌性格和符号。 |
| 品牌忠诚度 | 品牌价值的核心,其概念是扩大忠诚的顾客人群和加强忠诚度。一个品牌的忠实消费者数量可能很少,但其忠诚度却可能很高,它的资产也可能会很可观。 |

④品牌可以重新配置连锁企业资源。以往的连锁企业重组,往往是有形资产的重组。而近年来的重组,品牌的价值发挥了更大的作用。市场经济发展过程中,社会闲置的资源多向拥有知名品牌的连锁企业靠拢。因此,连锁企业不能只生产产品,而必须创造品牌,然后才能以品牌为核心,聚合力量,重新配置连锁企业资源。

事实证明,一个享有盛誉的品牌,将是连锁企业一笔巨大的财富。在世界上,品牌价值雄居榜首的 CocaCola,其市场价值高达 725 亿美元,第二位的微软为 702 亿美元。这固然是连锁企业长期经营的成果,更是由于产品质地优异和市场营销组合得当。经验表明,品牌决策的正确、品牌设计的科学、品牌保护的得力对连锁企业经营成功有十分积极的作用。

**3. 品牌战略的概念**

战略是一种整体的模式,它将一个组织的主要目的、政策与活动按照一定的顺序结合成一个紧密的整体。一个制定完善的战略有助于连锁企业组织根据自身的优势和劣势、环境中的形势变化以及竞争对手可能采取的行动而合理地培植自己的资源。战略的思想产生于 20 世纪,经历了以环境为基点的经典战略、以产业(市场)结构分析为基础的竞争战略和以资源为基础的核心竞争力这三个阶段。因为强势的品牌本身符合连锁企业核心竞争力的几项基本要求,即珍贵、独特、不可模仿。所以品牌战略的提出,本身就代表着以资源为基础的核心竞争力战略思想。可口可乐就是一个典型,它的总裁就曾声称:即便一把火将它在世界各地的分厂全烧掉,它靠品牌也能立马起死回生。

品牌战略,是连锁企业以品牌的营造、使用和维护为核心,在研究自身条件和外部环境的基础上所制订的连锁企业总体行动计划,是连锁企业整体发展战略的重要内容。

**4. 品牌形象构成及价值**

**(1)品牌形象构成**

连锁企业品牌形象是指在消费者头脑中所唤起和激活的有关商店的所有客观或主观的、正确或错误的想象、态度、意见、经验、愿望和感觉的总和,也可以简称为商店形象。品牌形象战略是指连锁企业管理者对连锁企业品牌形象进行策划、设计及系统化,将连锁企业的经营理念、管理特色、社会使命感、商店风格及营销策略等因素融入其中,通过整体传播手段将之传达给消费者,使消费者对品牌形象产生一致的认同感和价值观,以赢得消费者的信赖和忠诚的一种规划活动。

**(2)品牌形象的价值**

连锁企业的品牌形象有强势品牌形象和弱势品牌形象之分。强势品牌形象是指大多数消费者对商店形象的看法是趋于一致的,连锁品牌在消费者头脑中具有鲜明的形象特征,足以影响其购买行为;而弱势品牌形象是指众多消费者对商店形象的看法不太一致,连锁品牌在消费者头脑中印象模糊,没有突出的特色。一个强势品牌形象具有如下价值:具有强势品牌形象的连锁企业可以向顾客、员工乃至整个社会传达清晰的价值感。麦当劳就是一个强势品牌,其形象在世界各地的消费者头脑中基本一致,即全世界的麦当劳都较好地体现了总部设计的"品质、服务、清洁、价值"的经营理念。

**5.品牌建设误区**

**(1)背离目的赶时髦**

很多连锁企业习惯赶时髦,这种现象比较突出。表现在品牌建设方面,就是注重流行跟风,忽视基础建设,忘记品牌为利益服务(尤其是长期利益)。超越了连锁企业现实的赶时髦,不仅不会带来收益,反而会把连锁企业拖入泥潭。品牌建设要花钱、要投入,但不能盲目地烧钱,应该理性地选择投入的方法、途径、数量,以期得到持久的收益。

**(2)市场错位**

任何品牌建设都离不开市场定位,都应该在市场定位的基础上,选择其形象定位、个性诉求、传播途径。你的目标市场是什么?你的顾客是谁?如果不知道,品牌建设就是盲目的。只有针对目标市场、针对顾客需要,品牌建设才会成功。

**(3)急功近利**

品牌建设是一项持久性工作,不可能立竿见影,不可能起个名字、设计个徽标就是名牌了,没有内涵、没有文化、没有信誉、没有持之以恒的精神,品牌只会停留在一个符号性的名字。

**(4)一味模仿,没有个性**

连锁企业的品牌建设有一种恶习,就是人云亦云、亦步亦趋。品牌的第一功能就是识别,没有个性就难以识别,没有识别何来传诵、认可?"万绿丛中一点红"就可突显出来,而万绿丛中再加一点绿就会淹没。

**(5)自相矛盾**

一些连锁企业的品牌建设出现自相矛盾的现象,突出表现为品牌承诺与实际脱节。如有的连锁企业承诺"一流的环境、一流的技术、一流的服务",实际上却是环境脏乱差,技术平庸,服务低劣。出现这种情况的原因是:能力不及,认为顾客好糊弄。

**6.品牌战略实施**

**(1)品牌营销战略**

品牌营销战略组合由八个工具组成,如图8-1所示,其中主要工具有以下五个。

①广告:由特定出资者付费所进行的构思、商品与服务的非人员的展示和促进流动。

②直效营销(DM):利用邮寄、电话和其他非人员的接触手段与现有或潜在的消费者进行沟通活动或收集其反应。

③销售促进(SP):鼓励对产品与服务进行尝试或促进销售的短期激励。

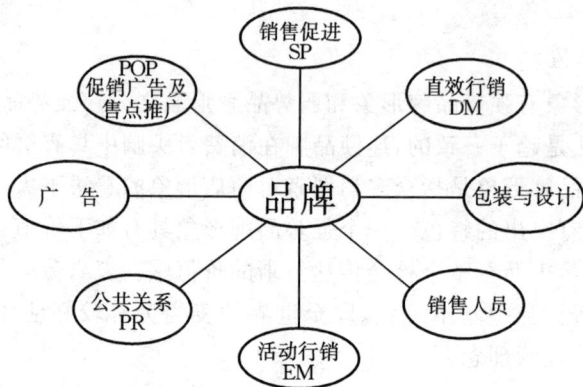

图 8-1 品牌传播的工具

④公关与宣传：为提高或保护公司的形象或产品而设计的各种方案。

⑤人员推销：为了达成交易而与一个或多个潜在的买主进行面对面的交流。

连锁企业常用的品牌营销战略手段如表 8-2 所示。

表 8-2 连锁企业常用的品牌营销战略手段

| 广告 | 销售促进 | 公关 | 人员推销 | 直销 |
|---|---|---|---|---|
| 印刷广告 | 比赛、游戏 | 记者报道 | 销售展示 | 商品目录 |
| 广播广告 | 抽奖、奖券 | 参考资料 | 销售会议 | 邮寄 |
| 电视广告 | 奖金与礼品 | 演讲 | 奖励 | 电话营销 |
| 外包装 | 交易会 | 研讨会 | 样品品尝 | 电子购物 |
| 随包装广告 | 展览会 | 年度报告 | 展览会 | 电视购物 |
| 电影广告 | 招待会 | 慈善捐赠 |  | 网络营销 |
| 宣传手册 | 商店赠券 | 赞助 |  |  |
| 招贴和传单 | 搭配商品 | 出版 |  |  |
| 企业名录 |  | 社区关系 |  |  |
| 广告牌 |  | 标识宣传 |  |  |
| 招牌 |  | 公司期刊 |  |  |
| 视听材料 |  | 活动 |  |  |
| 标志图形 |  |  |  |  |

**(2)品牌形象战略推广**

①内部推广。内部推广首先是战略理念的推广，要让员工了解连锁企业管理者希望把商店塑造成什么形象，让各层次人员理解和接受连锁企业的使命、战略方针、战术及各项形象战略的具体行动。其次是管理营运手册中行为准则的推广，要采取系统的培训措施让所有员工掌握手册中的每一个细节，并严格按各种执行标准来操作，以达到支持商店形象的目的。再次是确保员工受到激励，以主动的态度配合商店新形象的树立。

②外部推广。外部推广首先是将旗舰店所展示的商店形象推广到所有门店中，让各地的消费者都能够切实感受到商店鲜明的形象特征，这就要求总部对每一家门店的视觉系统都必须按旗舰店标准进行改造和调整，使公众从视觉角度识别独具特色的连锁企业形象。其次是总部有计划地落实公益性活动、公关活动及广告宣传活动，将连锁企业品牌形象信息通过多途径、多媒体向外传递，力求迅速获得公众认同。

（3）品牌形象战略监控

①督导制度。为了保证品牌形象战略的实施，许多连锁企业建立了督导制度，设立专门的督导员对门店工作进行指导和沟通。督导员一方面起着上传下达的作用，将总部的各项精神传达到门店，并将门店运营的具体情况向总部汇报，使双方信息得到有效沟通；另一方面负责对门店各项工作进行指导并监督实施，尤其是对员工的作业流程进行监督，以保证其行为严格按照管理营运手册上的操作标准来执行，保证商店形象得到有效维护。

②考核制度。完善的门店考核制度有助于品牌形象战略的实施。一般连锁企业对门店的考核由督导员执行，但门店人员对督导员十分熟悉，难免会有弄虚作假的行为。现在，一些连锁企业开始实施"神秘顾客"考核制度，即由新招进的员工或聘请的专家装扮成"神秘顾客"来门店购物或消费，然后根据门店人员的服务行为进行匿名打分，这种做法在门店人员不知情的情况下进行，相对公正可靠。

### 7. 自有品牌开发

自有品牌开发是零售连锁企业的一种产品品牌战略。自有品牌（private brand）也称 PB 品牌，是零售商通过搜集、整理、分析消费者对某类商品的需求特性的信息，提出产品功能、价格、造型等方面的设计要求，开发出新产品，并自设生产基地或选择合适的制造商进行加工生产，最终由零售商使用自己的商标对该新产品注册并在本连锁企业销售的商品品牌。与 PB 品牌相对应的是面向全国市场销售的制造商品牌或称 NB（national brand）品牌。

自有品牌在近几十年来取得了长足发展，成为零售市场营销的一个重要里程碑。自有品牌作为一个比较近代的现象，表明了市场营销形势的复杂化和零售商作为一个整体能力素质的增强。

实际上，20 世纪 60 年代后期，自有品牌被视为制造商品牌的一个强有力的威胁，在有包装的日用消费品市场出现。但这一势头很快向其他市场扩散，到 20 世纪 70 年代，任何产品市场都难逃自有品牌的入侵。自有品牌在零售业大行其道已是不争的事实，众多零售连锁企业，尤其是国际知名零售连锁巨头选择 PB 战略，成功地为自己打开了另一个丰厚的利润之源，如美国著名的西尔斯百货连锁公司，就创立了若干品牌，在消费者中享有盛誉。其"西尔斯"轮胎与生产商品牌"固特异"轮胎同样出名，"顽强"电池、"工匠"工具、"肯摩尔"器具，这些品牌都深得用户的喜爱。目前，该公司销售的商品一半以上都使用自己的品牌。

（1）自有品牌商标选择策略

一般较为注重自有品牌战略的连锁企业均选择了多个商标，并且对不同种类的商品和不同价格档次的商品采用不同的商标策略。国内超市在开发自有品牌时，最好谨慎使用与连锁企业名称一致的品牌商标，尤其是谨慎将连锁企业名称商标使用在低档次的商品上；否则将会降低连锁企业信誉，对连锁企业未来的发展和形象提升不利。

（2）自有品牌商品选择策略

选择恰当的自有品牌商品种类是成功的前提，零售连锁企业可以考虑选择的商品主要有：品牌意识不强的商品，销售量大和购买频率高的商品，单价较低和技术含量低的商品，保鲜、保质要求程度高的商品。总之，被选择的商品应该是连锁企业有信心控制商品质量并有一定的价格吸引力，还能影响消费者品牌忠诚的商品，尤其是对初期尝试自有品牌的超市而言，选择品牌集中度较高而技术较复杂的商品必须慎之又慎。

**（3）自有品牌价格定位策略**

自有品牌商品的定价一般要采取低价定位，以薄利多销的手法吸引对价格敏感的消费者，除非商品品质确实胜出许多，才可考虑采用较高价格。自有品牌商品的价格低廉不是通过降低商品品质获得的，而是通过连锁企业全方位压低经营成本获取的。如果连锁企业开发的自有品牌产品质量低劣，即使价格再低也无人问津，反而还会降低连锁企业信誉。连锁企业采用自有品牌商品战略之所以成功，很大程度上取决于其所具有的价格优势：第一，连锁企业自己组织生产自有品牌商品，省去了商品进货的许多中间环节，节约了交易费用和流通成本。第二，使用自有品牌商品不必支付巨额的广告费。由于自有品牌商品仅在开发该商品的连锁企业内销售，因此其广告宣传主要借助于其商业信誉，在商场内采用广告单、闭路电视、广播等方式进行。与普遍采用电视、报纸等大众媒体进行广告宣传的 NB 商品相比，其广告成本大幅度降低。第三，大型连锁商店拥有众多的连锁店，可以大批量销售，取得规模效益，降低了产品成本。

**（4）自有品牌信誉保障来源**

自有品牌成为畅销商品的最根本动因在于商场本身的商誉，信誉好的连锁企业无疑对消费者具有很大的吸引力。消费者能否买得放心，已成为促使他们在不同零售商、不同品牌之间进行选择的重要因素。由于有良好信誉作保证，再加上价格较低，连锁企业采用自有品牌，就能充分激发消费者的欲望。因此，具备相当的规模和实力是自有品牌战略成功的保证，每一个连锁企业在实施自有品牌战略之前，首先要做的事情就是如何提升自己在消费者心中的知名度和美誉度。

## 小　结

现代品牌与早期品牌标记最重要的区别在于：它已不是一种单纯的品牌标记，而成为一种可以转让买卖的工业产权，是受到法律保护的无形财产。品牌作为无形财产载入法律受到保护，它标志着近代的品牌制度的时代。

品牌作为一种无形资产被定义为"与品牌名称或符号相联系的附加在连锁企业产品或服务上的品牌财产"。

品牌战略，是连锁企业以品牌的营造、使用和维护为核心，在研究自身条件和外部环境的基础上所制订的连锁企业总体行动计划，是连锁企业整体发展战略的重要内容。

连锁企业品牌形象是指在消费者头脑中所唤起和激活的有关商店的所有客观或主观的、正确或错误的想象、态度、意见、经验、愿望和感觉的总和，也可以简称为商店形象。

一个强势品牌形象具有如下价值：具有强势品牌形象的连锁企业可以向顾客、员工乃至整个社会传达清晰的价值感。

自有品牌（private brand）也称 PB 品牌，是零售商通过搜集、整理、分析消费者对某类商品的需求特性的信息，提出产品功能、价格、造型等方面的设计要求，开发出新产品，并自设生产基地或选择合适的制造商进行加工生产，最终由零售商使用自己的商标对该新产品注册并在本连锁企业销售的商品品牌。

## 复习思考

1. 什么是品牌?
2. 什么是品牌战略?
3. 品牌形象有什么价值?
4. 品牌建设有什么误区?
5. 品牌战略如何实施?
6. 自有品牌如何开发?

## 实　训

**【案例介绍】**

### 麦当劳品牌延伸:是对还是错?

在世界多个地方遭到重创业绩不断下滑的形势下,在中国市场肯德基达到 900 家分店,而自己仅 580 家的竞争压力下,2003 年 9 月 25 日,刚刚从全球财务危机中缓过神来的麦当劳,在全球 120 多个国家同步推动"我就喜欢(I'm love it)"的全新品牌活动,意在通过此次重大决策调整其品牌战略,重塑昔日辉煌。

从市场背景和发展远景来看,麦当劳的战略调整实有必要,只是,此次"变脸"前路几何仍然未知,麦当劳的品牌进程依然存在诸多变数。

**1. 新品牌战略的"顾此失彼"**

据悉,"我就喜欢"是麦当劳有史以来首次在全球范围内同一时期、同一组广告、同一种诉求进行的品牌推广,按麦当劳中国公司高层的说法,公司欲借此次"变脸"重新建立麦当劳的品牌关系,重燃雇员及顾客对麦当劳的热情。

多年以来,麦当劳都是紧密围绕家庭为主的目标顾客群,并且成功地确立了"家庭"快餐的全球品牌形象,而今,麦当劳新品牌战略抛开家庭文化,转向 25～35 岁的年轻人群,也是顺应市场变化的无奈之举。

一方面,"家庭"市场的丰厚利润一直是各大快餐品牌争夺的香饽饽,但是由于"家庭"市场的进入门槛太低,大量竞争者的涌入和模仿,包括促销手段日趋"同质化",使得麦当劳应对起来越来越力不从心,整个行业的利润也被逐步摊薄。在产品和服务上已不占优势,而已趋成熟的消费者却是日见挑剔,迫使麦当劳朝着品牌的附加价值寻找突破口。另一方面,正在崛起的年轻消费群体已不容忽视,加之全球社会晚婚晚育和独身的现象日益增多,单身和丁克家庭正在迅速壮大,这个新兴的"年轻人市场"表现出的旺盛消费力,显然对麦当劳充满了非同寻常的诱惑。但是,这种诱惑与"家庭"文化走的却是不同的两条道,这对麦当劳原来的"家庭"市场定位带来了挑战。

麦当劳原本的"家庭"市场定位,是以儿童为核心的,但是这个市场的真正购买行为却是由家长来实施,随着对麦当劳导致肥胖的指责在全世界蔓延开来,多数家长已经开始审视孩子的健康问题,"尝尝麦当劳"似乎已不再等同于"常常欢笑"了。在"家庭"市场产生危机的时刻,麦当劳不选择维护反而回避,将"欢笑"矛头转向年轻人,将在较大程度上流失原来的忠诚消费者。

尽管麦当劳中国高层对此表示不担心,而且在宣传上也将陆续推出针对妈妈和宝宝的"我就喜欢"广告，但是不可否认的是麦当劳的品牌消费群重心已不在妈妈和宝宝这边了；况且，新的品牌广告形象代表的是一种时尚的个性文化，是一种年轻人自我实现、自由不羁的生活态度，这种"酷"文化能从多大把握打动妈妈们的"心"，又能有多少的宝宝能和麦当劳叔叔一起扮酷呢？当家庭的温馨和欢乐渐渐地成了新品牌战略的附属品，那些忠实的拥趸者可能会为了"生活好滋味"，而转投肯德基等品牌的门下了。

再者，由于中国本土"家庭"观念颇为保守，对"年轻人"的时尚文化接受并不如欧美那样"深刻"，这些家长一般不愿意自己的小孩过早地接触那种所谓"年轻人"的"欧化"的时尚文化和消费观念；此外，"年轻人"消费群体发展还不成熟，他们更倾向于选择一些酒吧、咖啡厅等场所而与儿童区分开来。

## 2. 品牌延伸的"力不从心"

据悉，麦当劳旗下的儿童服装品牌 Mckids 作为"麦当劳"品牌的延伸，是麦当劳一个新的国际化、多元化的零售许可计划，其产品线涉及童装、鞋类、玩具、包、眼镜、饰品、电玩、录像/DVD、书籍等多项领域，首批在中国上市的产品包括童装、鞋、包、眼镜、配饰等。麦当劳全球 Mckids 营销计划将在随后几年里推出价值超过 5 000 万美元的全球推广计划，并利用麦当劳餐厅进行互动推销。

而中国市场已被麦当劳总部定位在全球范围内推广 Mckids 品牌的"试验场"，Mckids 登陆中国后，最迟不晚于 2005 年初，其系列产品将在美国、加拿大、墨西哥、日本、澳大利亚、韩国、中国台湾地区以及其他西欧国家陆续全面推出。

Mckids 是麦当劳为开拓儿童用品领域市场创立的品牌，目前只在美国本土销售童装产品，通过沃尔玛作为主要的销售渠道。如今，Mckids 在整个东亚的生产与销售中心都转移到中国，根本原因还是期望在增长最快的中国儿童消费市场寻找到新的利润增长点。但是，麦当劳新品牌的推出，似有三点不妥：

第一，是与新的品牌战略的冲突。

"我就喜欢"呼出了现时大多数年轻人的"心声"，单就策略本身而言，其应该算作为"BIG IDEA"，但从麦当劳品牌系统来看，已经脱离了以往路线，正如上文中所担心的，新的品牌战略对维系"家庭"消费群作用并不显见。而 Mckids 瞄准的正是"儿童"市场，当家长们感受着年轻人超炫的"我就喜欢"个性时，是否能在动感的节奏中"闹中取静"认同这一新的儿童品牌。或者说，在麦当劳新的品牌战略下 Mckids 的品牌内涵到底是什么？在 Mckids 的市场推广中要不要借势"麦当劳"的品牌资源？借势的话又如何与现在的主营业务推广相协调？

第二，是与主营业务的资源冲突。

麦当劳的主营业务刚从全球的颓势中缓过劲来，财务收支也刚趋于好转，品牌战略因应市场销售而做出新的调整本也不为过。但是，在主营业务刚作策略性调整，前景仍未可预知的前提下，在为达成新的品牌诉求传播已耗费大量推广费用的现实前，Mckids 雄心勃勃的"5 000 万美元"市场推广费用，对于麦当劳脆弱的资金链来说，仍不乏勉强之嫌；或者说，以百事可乐一个小小的包装改变，就在广告和促销上耗资数亿美元之巨，最后销售业绩却收效甚微为例，在麦当劳仍处于的"多事之秋"，Mckids 的出现似有乱中添乱之虞？

第三，是品牌延伸的规划冲突。

品牌延伸一般有三个原则，第一是在不影响主营业务的前提下的市场增值策略，第二是作为推动主品牌业务的"银色子弹"，第三是能够借势主品牌形象资源加速新产品的市场占有率。

如果品牌延伸不成功或触怒了消费者,他们就会拒绝这个新生产品。如上文分析,Mckids似乎在三个原则上都出现了问题,这就需要我们拭目以待,麦当劳的品牌延伸是否会带来好处?

从上述变数来看,对麦当劳品牌战略产生重要制约的因素有以下三点:

第一,品牌形象。调查表明,大多数消费者仍然认为,麦当劳是家庭聚会的地方,多年积淀的传统品牌形象是麦当劳品牌经营策略调整的最大阻力。比如麦当劳曾在乌克兰的3个餐厅试点出售"切尔尼戈夫"清爽型啤酒,以失败告终,因为人们觉得当着孩子的面喝酒不适宜。

第二,竞争手段。质量、服务、清洁、价值,这是麦当劳一直颇为倚重的四原则,但这种优势随着竞争对手的崛起,早已不复留存。比如今日的肯德基、德克士、汉堡王等,在这方面与麦当劳已不相伯仲;其次,是产品面对的健康声讨,以及产品结构组合等问题,麦当劳要恢复往日辉煌,就必须正视并极力解决这些问题,重构其竞争优势。

第三,扩张问题。麦当劳全球首席执行官坎塔卢波上台后,将加速麦当劳在中国扩张的计划,计划2004年在中国新开约100家分店,并在未来几年中每年都将开设相同数量的新店。一直以来,麦当劳凭借其选址支持系统、产品和服务标准化系统等建构的优势支撑着其遍布全球的快速扩张,随着新品牌战略的出台,这些势必要做出相应调整。而且,麦当劳现在所面临的资金问题也为其新一轮的扩张埋下了隐忧。

(资料来源:中国营销传播网)

**思考和训练**

(1)通过上述案例说说麦当劳品牌延伸策略到底是对还是错?

(2)据你所知麦当劳品牌战略进行得怎么样?

【技能训练】

以小组为单位,对麦当劳进行调研,与麦当劳管理者进行交流,分析他们的品牌战略开展状况,然后在老师的指点下进行讨论。

# 模块2
# 连锁企业营销战略

## 教学目标

### 1. 终极目标
(1)理解并能解释说明营销战略的基本概念。
(2)理解连锁企业营销战略并能分析与解决实际问题。

### 2. 促成目标
(1)充分理解连锁企业产品战略。
(2)充分理解产品整体概念。

## 案例导入

### 肯德基的"水涨船高"式营销

#### 1. 终端人员本地化、职业化，注重培训，志存高远

肯德基的飞速发展为中国提供了大量的就业机会。目前,肯德基在全国共有员工 50 000 多名,餐厅及公司各职能管理人员 5 500 多名,从在中国开第一家餐厅到现在的 850 多家餐厅,肯德基一直做到了员工 100% 的本地化。在近 16 年的发展里程中,肯德基不断投入资金人力进行多方面各层次的培训。从餐厅服务员,餐厅经理到公司职能部门的管理人员,公司都按照其工作的性质要求安排科学严格的培训计划。这些培训不仅帮助员工提高工作技能,同时还丰富和完善员工自身的知识结构和个性发展。许多有志青年在肯德基成长,成为企业出色的管理人才。

为使肯德基的管理层员工达到专业的快餐经营管理水准,肯德基还特别建有适用于餐厅管理的专业训练基地——教育发展中心。自中心建立以来,每年为来自全国各地的 2 000 多名餐厅管理人员提供上千次的培训课程。

#### 2. 本土化管理,知己知彼

一家国际讯息公司近日在中国内地所做的调查显示,中国人最喜爱的十大外国名牌中,肯德基高居榜首,而可口可乐和麦当劳仅屈居第四、五位。调查显示,愈是接近中国文化的外国品牌,如果在市场策略方面适当地推行本地化,则愈有可能在大陆消费市场扎根。

《联合早报》报道,AC尼尔森公司最近公布,根据他们在 30 个中国城市发出共 16 677 份问卷调查所得,肯德基是中国人最喜爱的外国品牌,最大原因是中国人本身就喜欢吃鸡,而肯德基的主打产品就是炸鸡。相比麦当劳的汉堡包,鸡肉自然较易为中国人接受。

去年,肯德基耗资 760 万元人民币(约 152 万新元),把位于北京前门的全球最大的分店重

新装修,将北京四合院、长城作为壁画的主要基调,再用泥人张、风筝、皮影等传统民间技艺来点缀各用餐区。

此外,肯德基位于不同城市的分店都会应各地社区的需要,举办不同类型的公益活动。例如,开办英文教学班及设有大学奖学金;举办残障儿童奖学金等,大大提高了企业的形象。

报道指出,肯德基对中国的本土文化如此了解,是因为整个中国业务部清一色都是华人,当中决策部门更大部分是留学海外的内地及港台的学生。

**3. 渠道通路管理:"从零开始特许加盟"到"非零开始特许加盟"**

如世界上其他著名品牌的连锁业一样,肯德基以"特许经营"作为一种有效的方式在全世界拓展业务,至今已超过了20年。在中国,肯德基于1993年在西安授权了第一家特许经营的公司,2000年8月,中国地区第一家"不用从零开始经营"的肯德基特许经营加盟店正式在常州溧阳市授权转交,至今,已有11家"不从零开始经营"的肯德基餐厅被授权加盟。目前肯德基在中国95%的餐厅都是餐厅直营的,只有5%的加盟餐厅。必胜客在中国也设有100多家餐厅,其中有三分之一的餐厅是由特许加盟者来管理的。加盟商在加盟肯德基的同时,也开始了与肯德基平等互利、同舟共济的合作。为了促进肯德基在中国稳步发展,让更多城市的消费者在家门口就能够品尝到与世界任何一家肯德基餐厅一样的肯德基美食,肯德基于1993年就在中国开始了加盟业务,1998年年底肯德基再次在中国市场寻找加盟伙伴,并公开宣布了特许经营的加盟申请条件。

在最近的两年中,肯德基计划对加盟申请者开放中国境内非农业人口大于15万小于40万、年人均消费高于人民币600万元的城市(有肯德基合资企业的城市除外),即经过肯德基公司对加盟申请者从融资实力到经营管理等各方面非常严格的审核,加盟者可以买下肯德基一家或几家包括餐厅经营场所、所有配套的设备、设施和经验丰富的餐厅管理人员在内、正在营运并赢利的肯德基餐厅,一家不用"从零开始"经营肯德基餐厅。

肯德基在中国的发展潜力是巨大和难以估量的,中国将会成为世界上最大的快餐业市场。没有哪一个企业能够完全占有中国市场,肯德基依靠热爱其品牌的加盟者来共同发展中国的肯德基,从而达到最有效的发展潜能。因此,特许经营的在中国前景是十分可观的。

**4. 利基市场定位准确,公益促销目的明确**

作为社会大家庭的一分子,肯德基以"回报社会"的企业宗旨来积极关心需要帮助的人们,尤其是近年来当肯德基自身不断快速发展的同时,对中国的公益事业,尤其是中国儿童的教育事业的投入已成为肯德基"回报社会"的一个核心内容。

为了能使少年儿童在健康的环境中成长,肯德基每年均以各种不同的形式支持中国各城市地区的教育事业,从捐款"希望工程"等教育项目到资助特困学生、邀请福利院儿童和残疾儿童就餐;从举办形式活泼的体育文化比赛,到捐赠书籍画册。近年来,肯德基还开展了生动活泼,寓教于乐的肯德基健康流动课堂;与电视台一起举办的"小鬼当家"冬令营和夏令营活动,受到孩子和家长们的喜欢。这些都体现了肯德基"回报社会,关心儿童"的企业文化。2002年9月,3 800万元的"中国肯德基曙光工程"启动,它将作为肯德基全体员工的一份心意长期资助给有志成材、家境贫困但品学兼优的在校大学生,为他们送去帮助,为他们学习、事业、人生道路的起步阶段铺满曙光。

据统计,十多年来肯德基直接和间接用在青少年教育方面及社会公益方面的款项已达6 000多万元人民币,这些款项均用于帮助聋哑弱智儿童,贫困地区的失学儿童以及需要帮助的大学生和教育工作者。

（资料来源：http://www.chaoshi.168.com）

**【案例分析】**

肯德基营销取得了成功，它不但市场定位准确，还注意社会公益事业，体现了企业的社会责任感，这本身就是一个非常好的营销策略。肯德基以"回报社会"的企业宗旨来积极关心需要帮助的人们，其飞速发展也为中国提供了大量的就业机会。

**【思考·讨论】**

（1）对肯德基的"水涨船高"式营销进行评价。

（2）试说说肯德基与中国快餐的不同。

# 理论知识

### 1. 什么是营销战略

营销战略一般指基于企业既定的战略目标，以及向市场转化过程中的必须要关注的客户需求的确定、市场机会的分析、自身优势的分析、自身劣势的反思、市场竞争因素的考虑、可能存在的问题预测、团队的培养和提升等综合因素，最终确定出的市场营销战略，作为指导企业将既定战略向市场转化的方向和准则。营销战略包括增长型、防御型、扭转型和综合型。

### 2. 营销战略的特征

①市场营销的第一目的是创造顾客，获取和维持顾客；

②要从长远的观点来考虑如何有效地战胜竞争，使其立于不败之地；

③注重市场调研，收集并分析大量的信息，只有这样才能在环境和市场的变化有很大不确实性的情况下做出正确的决策；

④积极推行革新，其程度与效果成正比；

⑤在变化中进行决策，要求其决策者要有很强的能力，要有像企业家一样的洞察力、识别力和决断力。

### 3. 连锁企业产品战略

根据经典的营销组合四个要素，连锁企业营销战略应该包括四个部分：产品战略、价格战略、渠道战略和促销战略。由于价格战略、渠道战略、促销战略本书中有专门论述，因而这里主要论述产品战略。

产品是市场营销中重要的一环。这里的产品既指零售和餐饮连锁企业出售的有形产品，也指服务连锁企业出售的无形产品。产品战略的重要性一方面体现在市场需要只能通过提供某种产品或服务来实现；另一方面体现在连锁企业的市场营销战略总是先决定向目标市场提供什么产品，然后才会考虑其他的诸如价格战略、促销战略和网点战略等。因此，产品战略直接决定着其他营销战略组合的管理。

**（1）整体产品战略**

现代营销理论提出了整体产品概念，认为产品分为五个层次：核心产品、形式产品、期望产品、附加产品和潜在产品。

核心产品是最基本的产品层次，也是顾客真正要购买的服务或核心利益。例如，对于旅馆来说,顾客购买的就是晚间的"休息和睡觉";对于美容院的顾客来说,其真正购买的是"美丽";对于超市食品购买者和餐馆消费者而言,他们真正购买的是"消除饥饿和美味享受"。

形式产品指连锁企业接下来需要把核心利益转换成一般产品,也就是产品的基本形式。例如,旅馆的形式产品就是许多出租屋的建筑物,超市的形式产品就是许多食品和日用品的商店。

产品的第三个层次是期望产品,也就是购买者购买产品时期望的一整套属性和条件。例如,对于旅馆的客人来说,期望的是干净的床、香皂和毛巾、排水设备、电话、衣橱、安静的环境。对于进超市的顾客来说,期望的是丰富的商品、干净整洁的环境、安全新鲜的食品等。如果大多数旅馆和超市都能满足这种最低限度的期望,顾客就会在相同条件下选择一家最便宜的旅馆和超市。

产品的第四个层次是附加产品,也就是产品包含的附加服务和利益,它把一个企业的产品与其他企业区别开来。对于旅馆来说,可以通过提供电视、香波、鲜花、快速结账服务、美味餐饮和优质房间来增加其产品的内涵。

产品的第五个层次是潜在产品,也就是一种产品最终可能的所有增加和改变。附加产品表明了产品现在的内容,而潜在产品则指出了产品将来可能的演变。有些连锁企业提供的产品可能不存在潜在产品这一层次,而存在潜在层次的产品对顾客而言具有更高的满足感。由于潜在产品的价值是属于未来的不确定性的价值,因而更容易被顾客感受到价值的是附加产品。今天的竞争主要发生在附加产品的层次,而在较不发达的国家和地区,竞争主要是在期望产品层次。产品的附加内容使得管理者必须正视购买者的整体消费因素,即所有引起消费行为变化的各种因素和整个消费过程。通过这种形式,管理者会发现增加产品附加价值的许多机会,以有效地进行竞争。一些成功的连锁企业为其产品附加利益,不只是为了满足顾客,更为了取悦他们,这意味着给产品加上意想不到的惊喜。例如,旅馆的客人发现可以享受一篮子水果、录像机和互联网服务,就会感到意外并十分高兴。

(2)产品价值战略

产品价值战略就是连锁企业设计提供给消费者的产品属于哪一层次,即以哪一层次的产品作为竞争的基础。是以最低的价格提供期望产品,还是以适当的价格提供附加产品,产品的附加价值应该是多少。

这种设计需要了解目标顾客的真正需要,因为每增加一定的附加价值都意味着增加一定的成本,管理者要知道顾客是否愿意支付这么多钱以补偿产品成本。顾客的需要是多样化的,有些顾客可能更看中附加价值,有些顾客可能更看中产品价格,这就是为什么当有的企业在提高附加产品的价格时,有些竞争者会以更低价格提供"削减产品",两者都可能成功。

因此,我们一方面可以看到一些大城市豪华的酒店宾馆快速增长;另一方面可以看到经济型酒店不断涌现,以满足那些只需要基本产品的顾客。如果你的公司产品带给顾客的附加价值比其他同类公司产品要多而花费相同,那么你的产品具有更高的竞争力。例如,当艾克在1985年初建 Formula One 时,这是家一星级的连锁旅店,主要面向学生和推销员们。一般旅店的优点应包括店址选在交通便利的位置、干净、24小时接待、安全,但 Formula One 除了具备以上条件外,还为顾客提供更好的卫生条件、更安静的房间、更舒适的床铺,这是在其他便宜的旅店中通常得不到的好处,而其价格则远低于同类旅店。

需要指出的是,如果同行业的竞争对手都提供相同的附加产品,附加产品可能很快变成期望产品。例如,旅馆的客人期望房间内有电视机、香波等其他东西,而行业内所有旅馆都提供这些东西,这些就变成了期望产品中的一部分,这就意味着企业不得不寻找进一步的特征和利益来增加它们的产品,以满足或取悦顾客。为顾客创造附加价值的机会存在于顾客和公司发生联系的全部活动中,抓住这样的机会,不仅给顾客提供了附加价值,而且还帮顾客解决了问题,最终将赢得顾客的忠诚。

### (3)产品组合战略

产品组合是连锁企业提供给顾客的一组产品,包括所有产品线和产品项目,即我们通常所说的产品广度和产品深度。所谓产品广度是指连锁企业提供的产品线的种类,即具有相似的物理性质、相同用途的产品种类的数量,如化妆品类、食品类、服装类、衣料类等等。所谓产品深度是指产品品种的数量,即同一类产品中,不同质量、不同尺寸、不同花色品种的数量。

规划合理的产品组合,对连锁企业的发展有着重要的作用。产品广度和深度的不同组合形成了目前连锁企业产品组合的不同配置,这些不同的产品组合各有利弊。下面,我们根据零售连锁企业的特点分析以下四种不同产品组合的利弊。

①广而深的产品组合。

这种产品组合是连锁企业提供种类较多的产品,而且每类产品可供选择的品种也多,一般为较大型的综合性商场所采用。由于大型的综合商场的目标市场是多元化的,常需要向消费者提供"一站式"购物,因而必须备齐广泛的产品类别和品种。

优点:目标市场广阔,商品种类繁多;商圈范围大,选择性强,能吸引较远的顾客专程前来购买,顾客流量大;基本上满足顾客一次进店购齐一切的愿望,能培养顾客对商店的忠诚感,易于稳定老顾客。

缺点:产品占用资金较多,而且很多产品周转率较低,导致资金利用率较低;此外,这种产品组合广泛而分散,试图无所不包,但也因主力商品过多而无法突出特色,容易形成企业形象一般化;同时,企业必须耗费大量的人力用于产品采购,由于产品比较容易老化,企业也不得不花费大量精力用于产品开发研究。

②广而浅的产品组合。

这种产品组合是指连锁企业经营的产品种类多,但在每一种类产品中花色品种选择性少。在这种组合中,企业提供广泛的产品种类供消费者购买,但对每类产品的品牌、规格、式样等给予限制。这种策略通常被廉价商店、杂货店、折扣店、普通超市等零售连锁企业所采用。

优点:目标市场比较广泛,经营面较广,能形成较大商圈,便于顾客购齐基本所需商品;便于商品管理,可控制资金占用;强调方便顾客。

缺点:由于这种产品组合花色品种相对较少,满足需要能力差,顾客的挑选性有限,很容易导致失望情绪,不易稳定长期客源,易形成较差企业形象。长此以往,连锁企业不注重创造商品特色,在这样一个多样化、个性化趋势不断加强的今天,即使企业加强促销活动,也很难保证企业经营的持续发展。

③窄而深的产品结构。

这种产品组合是指连锁企业经营较少的产品种类,但每一种类的产品花色品种很丰富。这种组合体现了连锁企业专业化经营的宗旨,主要为专业连锁店、专卖连锁店所采用。一些专业商店通过提供精心选择的一两种产品种类,在产品组合中配有大量的产品花色品种,吸引偏好选择的消费者。

优点：专业产品种类充分，品种齐全，能满足顾客较强的选购愿望，不会因花色品种不齐全而丢失销售；能稳定顾客，增加重复购买的可能性；易形成企业经营特色，突出商店形象；便于企业专业化管理，树立专家形象。这种模式对于今天的消费者来说比较受欢迎。

缺点：过分强调某一大类，不能"一站式"购物，不利于满足消费者的多种需要；很少经营相关产品，市场有限，风险大，需要对行业趋势做准确的判断，并通过更加努力来扩大商圈。

④窄而浅的产品结构。

这种产品组合是指连锁企业选择较少的产品种类和在每一类中选择较少的产品品种。这种组合主要被一些小型商店，尤其是便利连锁店所采用。这种策略要成功使用，有两个关键因素，即地点和时间。在消费者想得到产品的地点和时间内，采取这种组合可以成功。

优点：投资少，成本低，见效快；产品占用资金不大，经营的产品大多为周转迅速的日常用品，便于顾客就近购买。

缺点：种类有限，花色品种少，可挑选性不强，易使顾客产生失望情绪；商圈较小，吸引力不大，难以形成企业的产品经营特色。

连锁企业在规划产品组合的广度时，需要考虑每一个产品种类的销量和利润情况，管理者需要了解产品广度中的每一个产品种类对总销售量和利润所做出贡献的比例。假设一个连锁企业规划了五大产品种类，第一类产品占总销售的 50%，占总利润的 30%。前两类产品占总销售量的 80% 和总利润的 60%。如果这两个项目突然受到竞争对手的打击，企业销售量和利润就会急剧下降。

把销售量高度集中在少数几个项目上，意味着产品线非常脆弱，企业必须小心监视并保护好这些项目。如果最后一类产品仅占销售额和利润的 5%，管理者甚至可以考虑将这一销售不畅的产品种类从企业产品组合中撤除。

连锁企业在规划产品组合的深度时，需要考虑企业追求的目标和每一品种对企业的贡献。那些希望有较高市场份额与市场增长的连锁企业倾向于更深的产品组合，而追求高额利润的连锁企业则宁可慎重挑选产品品种来组成产品的深度。

在确定最佳的产品深度问题上，管理者可以尝试增加或削减产品品种来平衡。如果通过增加产品品种能增加企业利润的话，就说明现有的产品组合太浅；如果通过削减产品品种能增加利润的话，就说明现有的产品组合太深。因为产品品种的增加会带来一些费用的上升，如设计费、仓储费、订货费、运输费以及新产品项目的促销费等，最终上升的费用会侵蚀新产品的利润，于是，这种产品深度不断发展的势头会被遏止。

## 小 结

营销战略一般指基于企业既定的战略目标，向市场转化过程中的必须要关注的客户需求的确定、市场机会的分析，自身优势的分析、自身劣势的反思、市场竞争因素的考虑、可能存在的问题预测、团队的培养和提升等综合因素，最终确定出的市场营销战略，作为指导企业将既定战略向市场转化的方向和准则。营销战略包括增长型、防御型、扭转型和综合型。

现代营销理论提出了整体产品概念，认为产品分为五个层次：核心产品、形式产品、期望产品、附加产品和潜在产品。

产品价值战略就是连锁企业设计提供给消费者的产品属于哪一层次，即以哪一层次的产品作为竞争的基础。是以最低的价格提供期望产品，还是以适当的价格提供附加产品，产品的附加价值应该是多少?

产品组合是连锁企业提供给顾客的一组产品,包括所有产品线和产品项目,即我们通常所说的产品广度和产品深度。

## 复习思考

1. 什么是营销战略?
2. 营销战略的特征是什么?
3. 解释整体产品概念。
4. 产品广度是什么?产品深度是什么?

## 实 训

**【案例介绍】**

### 麦当劳的"量体裁衣"式营销

**1. 重文化、重品质、重服务,加强品牌核心竞争力**

麦当劳金色的拱门允诺:每个餐厅的菜单基本相同,而且"质量超群,服务优良,清洁卫生,货真价实"。它的产品、加工和烹制程序乃至厨房布置,都是标准化的,严格控制。

①品质。麦当劳重视品质的精神,在每一家餐厅开业之前便可一见。首先是在当地建立生产、供应、运输等一系列的网络系统,以确保餐厅得到高品质的原料供应。同时麦当劳食品必须经过一系列严格的质量检查,仅牛肉饼,就有40多项质量控制的检查。或许很多的顾客并不知道麦当劳的食品控制程序如何复杂,但是他们都深深地体验过成果,这就是麦当劳高品质、美味和营养均衡的食品。

②服务。快捷、友善、可靠的服务是麦当劳的标志。麦当劳从经验中懂得向顾客提供优质服务的重要性,因此每一位员工都会以顾客为先的原则,为顾客带来欢笑。

③清洁。餐厅的每一个用具、位置和角落都体现出麦当劳对卫生清洁的注重。麦当劳为顾客提供了一个干净、舒适、愉快的用餐环境。

④物有所值。麦当劳在给顾客提供了高品质的、营养均衡的美味食品的同时,也为顾客带来了更多的选择和更多的欢笑,顾客在麦当劳大家庭充分体验到"物有所值"的承诺。

麦当劳向来被认为是改变了世界餐饮文化的快餐品牌,其成功的要诀就在于不断变化的品牌主张和持之以恒的品牌核心。比如在美国,麦当劳在20世纪70年代,它的口号是"You deserve a break today"(今天你该休息了),表达了美国深层的信仰:职业道德应该得到回报。"今天你该休息了"这一主张适应了当时社会强调劳动回报的思潮。在80年代早期,麦当劳的广告主题"麦当劳和你"反映了一个从职业道德到自我导向的变化,意即要避免为工作失去自我,反映了对美好生活的渴望。80年代中期普遍出现了一种向"我们"方向的转移,反映了传统的对于家庭价值的关注,麦当劳的广告也相应发生了变化:其主题从个人消费者转向了家庭导向。它的口号是"It's a good time for the great taste McDonald's"(是去尝尝麦当劳美味的好时候了),有效地将美食和家庭价值联系了起来。当90年代早期发生的深度萧条产生了另一个文化变化,这使麦当劳的经营策略也相应地作了修改。很多消费者对未来不再那么乐观,对于传统的美国梦感到渺茫,同时对价格也更为敏感——我们随后要在"最新现实状况"这一部分讨论这种趋势。于是,在1991年,麦当劳开始实行一系列的价格削减,推行了大量的特价销售,并且"物有所值"开始成为其广告主题。当经济步出萧条,但经济不安全感仍然存在的时候,麦当劳采用了一个更具亲和力的主题:"Have you had your break today?"(你今天休息了吗?)这一标题,通过暗示休息的权利反映了文化价值观向着更加注重享乐的方向转变。文化价值观是持久的,麦当劳总是尝试迎合文化潮流适时调整品牌主张,而这中间麦当劳的"品质、服务、卫生、清洁"核心理念却一直没变。

在与文化潮流相适应的过程中,麦当劳始终坚持把注意力放在吸引孩子上。作为时代的反映,麦当劳正极力吸引少年儿童到因特网上。1996年麦当劳公司向孩子们提供在电脑屏幕上设计个性化的报纸标题的机会,让他们能发挥丰富的想象力,如"与迈克尔•乔丹一起作战","打败邪恶的外星人"等。麦当劳公司知道这种虚构与幻想的创造帮助孩子们建立了一个基本的文化价值观——向个人主义发展的驱动力。而职业道德作为另外一种文化价值观随后而来。

麦当劳不仅在国内反映着美国文化,它还将其输送到海外。金黄色的拱形已被认作美国服务的标志,而将美食作为快餐的热潮已遍布全球。

**2. 渠道管理:特许经营,行遍全球**

麦当劳作为世界上最成功的特许经营者之一,让其引以为自豪的是它的特许经营方式、成功的异域高层拓展和国际化经营。在其特许经营的发展历程中,积累了许许多多非常宝贵的经验。

①明确的经营理念与规范化管理。这主要是指最能体现麦当劳特点的顾客至上、顾客永远第一的重要原则。

②严格的检查监督制度。麦当劳体系有三种检查制度:一是常规性月度考评,二是公司总部检查,三是抽查。这也是保证麦当劳加盟店符合部门标准,保持品牌形象的保障。

③完善的培训体系。这为受许人成功经营麦当劳餐厅、塑造"麦当劳"品牌统一形象提供了可靠保障。

④联合广告基金制度。让加盟店联合起来,可以筹集到较丰厚的广告基金,从而加大广告宣传力度。

⑤相互制约、共荣共存的合作关系。这种做法为加盟者各显神通创造了条件,使各加盟者营销良策层出不穷,这又为麦当劳品牌价值的提升立下了汗马功劳。正是通过在特许营销中实施上述策略,麦当劳获得了巨大的成功,开创了特许营销的辉煌页章。

(资料来源:http://www.chaoshi.168.com)

**思考和训练**

(1)通过上述案例对麦当劳的"量体裁衣"式营销进行评价。

(2)试说说麦当劳与中国快餐的不同。

**【技能训练】**

以小组为单位,选择市区一家中国快餐连锁店铺进行走访调研,并与管理人员进行沟通交流,看看他们是怎么营销的,并在老师的指点下进行总结。

# 模块3
## 连锁企业人力资源战略

### 教学目标

**1. 终极目标**

(1)理解并能解释说明人力资源战略的基本概念。

(2)理解人力资源战略的分类和特点并能分析与解决实际问题。

**2. 促成目标**

(1)充分理解连锁企业人力资源获取战略和连锁企业人力资源开发战略。

(2)充分理解连锁企业如何科学绩效考评战略。

### 案例导入

**沃尔玛的人才战略**

**1. 留住人才**

沃尔玛致力于为每一位员工提供良好和谐的工作氛围,完善的薪酬福利计划,广阔的事业发展空间,并且在这方面已经形成了一整套独特的政策和制度。

①合伙人政策。在沃尔玛的术语中,公司员工不被称为员工,而称为合伙人。这一概念具体化的政策体现为三个互相补充的计划:利润分享计划、雇员购股计划和损耗奖励计划。1971年,沃尔玛实施了一项由全体员工参与的利润分享计划:每个在沃尔玛工作两年以上的并且每年工作1 000小时的员工都有资格分享公司当年利润。截至20世纪90年代,利润分享计划总额已经约有18亿美元。此项计划使员工的工作热情空前高涨。之后,山姆又推出了雇员购股计划,让员工通过工资扣除的方式,以低于市值15%的价格购买股票。这样员工利益与公司利益休戚相关,实现了真正意义上的合伙。沃尔玛公司还推行了许多奖金计划,最为成功的就是损耗奖励计划。如果某家商店能够将损耗维持在公司的既定目标之内,该店每个员工均可获得奖金,最多可达200美元。这一计划很好地体现了合伙原则,也大大降低了公司的损耗率,节约了经营开支。在沃尔玛,管理人员和员工之间也是良好的合伙关系。公司经理人员的纽扣徽章刻着"我们关心我们的员工"字样,管理者必须亲切对待员工,必须尊重和赞赏他们,对他们关心,认真倾听他们的意见,真诚地帮助他们成长和发展。总之,合伙关系在沃尔玛公司内部处处体现出来,它使沃尔玛凝聚为一个整体。

②门户开放政策。沃尔玛公司重视信息的沟通,提出并贯彻门户开放政策,即员工不管任何时间,只要有想法或者意见,都可以口头或者以书面的形式与管理人员乃至总裁进行沟通,并且不必担心受到报复。任何管理层人员若借门户开放政策实施打击报复,将会受到严厉的

纪律处分甚至被解雇。这种政策的实施充分保证了员工的参与权,为沃尔玛人力资源管理的信息沟通打下了坚实的基础。沃尔玛以各种形式进行员工之间的沟通,大到年度股东大会小至简单的电话会谈,公司每年花在电脑和卫星通信上的费用达数亿美元。沃尔玛还是同行业中最早实现与员工共享信息的企业。授予员工参与权、与员工共同掌握公司的许多指标是整个公司不断升级的经营原则。分享信息和责任也是合伙关系的核心。员工只有充分了解业务进展情况,才会产生责任感和参与感。员工意识到自己在公司里的重要性,才会努力取得更好的成绩。

③公仆领导。在公司内,领导和员工是倒金字塔的组织关系,领导处于最低层,员工是中间的基石,顾客永远是第一位的。员工为顾客服务,领导则是为员工服务,是员工的公仆。对于所有走上领导岗位的员工,沃尔玛首先提出这样的要求:如果您想事业成功,那么您必须要您的同事感觉到您是在为他们工作,而不是他们在为您工作。公仆不是坐在办公桌后发号施令,而是实行走动式管理,管理层人员要走出来直接与员工交流、沟通,并及时处理有关问题。在沃尔玛,任何一个普通员工佩戴的工牌注明"OUR PEOPLE MAKE DIFFERENCE"(我们的同事创造非凡)。除了名字之外,工牌上没有标明职务,包括最高总裁。公司内部没有上下级之分,可以直呼其名,这有助于营造一个温暖友好的氛围,给员工提供一个愉快的工作环境。另外,还有离职面试制度可以确保每一位离职员工离职前有机会与公司管理层交流和沟通,从而能够了解到每一位同事离职的真实原因,有利于公司制定相应的人力资源战略。挽留政策的实行不仅使员工流失率降低到最低程度,而且即使员工离职,仍会成为沃尔玛的一位顾客。

**2. 发展人才**

沃尔玛的经营者在不断的探索中领悟到人才对于企业成功的重要性。加强对员工的教育和培训是提高人才素质的重要渠道。因此,沃尔玛把加强对现有员工的培养和安置看作是一项首要任务。

①建立终身培训机制。沃尔玛重视对员工的培训和教育,建立了一套行之有效的培训机制,并投入大量的资金予以保证。各国际公司必须在每年的9月份与总公司的国际部共同制订并审核年度培训计划。培训项目分为任职培训、升职培训、转职培训、全球最佳实践交流培训和各种专题培训。在每一个培训项目中又包括30天、60天、90天的回顾培训,以巩固培训成果。培训又分为不同的层次,有在岗技术培训,如怎样使用机器设备、如何调配材料;有专业知识培训,如外国语言培训、电脑培训;有企业文化培训,全面灌输沃尔玛的经营理念。更重要的是沃尔玛根据不同员工的潜能对管理人员进行领导艺术和管理技能培训,这些人将成为沃尔玛的中坚力量。沃尔玛非常注重提高分店经理的业务能力,并且在做法上别具一格。沃尔玛的最高管理层不是直接指导他们怎样做生意,而是让分店经理们从市场、从其他分店学习这门功课。例如,沃尔玛的先进情报信息系统,为分店经理提供了有关顾客行为的详细资料。此外,沃尔玛还投资购置专机,定期载送各分店经理飞往公司总部,参加有关市场趋势及商品采购的研讨会。后来,又装置了卫星通信系统,总部经常召开电话会议,分店经理无须跨出店门便能彼此交换市场信息。

②重视好学与责任感。沃尔玛创始人山姆先生推崇努力工作和待人友好,因此在用人中注重的是能力和团队协作精神,学历、文凭并不十分重要。在一般零售公司,没有10年以上工作经验的人根本不会被考虑提升为经理。而在沃尔玛,经过6个月的训练后,如果表现良好,具有管理员工、擅长商品销售的能力,公司就会给他们一试身手的机会,先做助理经理或去协

助开设新店,然后如果干得不错,就会有机会单独管理一个分店。?

③内部提升制。过去,沃尔玛推行的是招募、保留、发展的用人哲学,现在则改为保留、发展、招募的模式。沃尔玛人力资源部资深副总裁科尔门?彼得森说:这种改变不仅是语意的改变,它表明了对保留与发展公司已经具有的人才的侧重强调,而不再是公司以前的不断招聘的用人特点。公司期望最大限度发挥员工的潜能并创造机会使其工作内容日益丰富和扩大,尽可能鼓励和实践从内部提升管理人员。对于每一位员工的表现,人力资源部门会定期进行书面评估,并与员工进行面谈,存入个人档案。据了解,沃尔玛对员工的评估分为试用期评估、周年评估、升职评估等。评估内容包括这位同事的工作态度、积极性、主动性、工作效率、专业知识、有何长处以及需要改进之处等。这些将作为员工日后获得晋职提升的重要依据。及时发现人才,并积极创造环境以最大限度发挥人才潜力,是沃尔玛的人才观,正是如此才会有今天成功的沃尔玛。

**3. 吸纳人才**

除了从公司内部选拔现有优秀人才之外,沃尔玛开始从外部适时引进高级人才,补充新鲜血液,以丰富公司的人力储备。在招聘员工时,对于每一位应聘人员,无论种族、年龄、性别、地域、宗教信仰等,沃尔玛都为他们提供平等的就业机会。从1998年开始,沃尔玛开始实施见习管理人员计划,即在高等院校举行职业发展讲座,吸引了一大批优秀的应届毕业生。经过相当长一段时间的培训后,充实到各个岗位,此举极大缓解了公司业务高速扩展对人才需求的短缺。

(资料来源:http://www.chinacements.com/rencai/news/shownews.asp? id=2278)

**【案例分析】**

这个案例提示我们,员工创造了沃尔玛的价值体系。沃尔玛如此辉煌的发展历史和发展前景,其用人之道确实值得我们中国的零售行业深思、借鉴。员工是公司的主体,尊重员工,与员工建立利益共享的伙伴关系,最大限度地挖掘员工的创造潜力,让每一位员工充分实现个人的价值,在各项工作中达到卓越的境界,这样才能真正使企业站在较高的起点上,实现跨越式发展。

**【思考·讨论】**

(1)你是怎么认为"公司员工不被称为员工,而称为合伙人"?

(2)你怎么认为"招募、保留、发展"与"保留、发展、招募"的区别?

# 理论知识

**1. 什么是人力资源战略**

人力资源战略是指企业为实现其战略目标而制定的一系列有关人力与人才资源开发与管理的总体规划,是企业发展战略的重要组成部分,是抓住组织的战略目标和目的,并将他们转化为前后一致的、整体化的、完善的连锁企业员工管理计划和政策,是"从人力资源的'质'和'量'入手,评估目前人力资源的质量与企业目前及未来发展变化所需之间的差距,并能够满足这些要求的过程"。

**2. 人力资源战略的类型**

人力资源战略指导着企业的人力资源管理活动,它使人力资源管理的活动之间能够有效地互相配合。因此不同的人力资源战略必然会影响到人力资源的管理活动。舒勒(1989)将人力资源战略分成三种类型：累积型、效用型和协助型。

①累积型(accumulation)的战略：即用长远观点看待人力资源管理,注重人才的培训,通过甄选来获取合适的人才。以终身雇佣为原则,以公平原则来对待连锁企业员工,连锁企业员工晋升速度慢；薪酬是以职务及年资为标准,高层管理者与新连锁企业员工工资差距不大。

②效用型(utilization)的战略：即用短期的观点来看待人力资源管理,较少提供培训。企业职位一有空缺随时进行填补,非终身雇佣制,连锁企业员工晋升速度快,采用以个人为基础的薪酬。

③协助型(facilitation)的战略：即介于积累型和效用型战略之间,个人不仅需要具备技术性的能力,同时在同事间要有良好的人际关系。在培训方面,连锁企业员工个人负有学习的责任,公司只是提供协助。

从人力资源战略的分类及其特征中我们可以看出,当企业将人力资源视为一项资产时,就会提供较多的培训,如累积型战略；而当企业将人力资源视为企业的成本时,则会提供较少的培训以节约成本,如效用型战略。

### 3. 人力资源需求预测的方法

#### (1)现状规划法

人力资源现状规划法是一种最简单的预测方法,较易操作。它是假定企业保持原有的生产和生产技术不变,则企业的人力资源也应处于相对稳定状态,即企业目前各种人员的配备比例和人员的总数将完全能适应预测规划期内人力资源的需要。在此预测方法中,人力资源规划人员所要做的工作是测算出在规划期内有哪些岗位上的人员将得到晋升、降职、退休或调出本组织,再准备调动人员去弥补就行了。

#### (2)经验预测法

经验预测法就是企业根据以往的经验对人力资源进行预测的方法,简便易行。采用经验预测法是根据以往的经验进行预测,预测的效果受经验的影响较大。因此,保持历史的档案,并采用多人集合的经验,可减少误差。现在不少企业采用这种方法来预测本组织对将来某段时期内人力资源的需求。企业在有人员流动的情况下,如晋升、降职、退休或调出,等等,可以采用与人力资源现状规划结合的方法来制定规划。

#### (3)分合性预测法

分合性预测方法是一种常用的预测方法,它采取先分后合的形势。这种方法的第一步是企业组织要求下属各个部门、单位根据各自的生产任务、技术设备等变化的情况对本单位将来对各种人员的需求进行综合预测,在此基础上,把下属各部门的预测数进行综合平衡,从中预测出整个组织将来某一时期内对各种人员的需求总数。这种方法要求在人事部门或专职人力资源规划人员的指导下进行,下属各级管理人员能充分发挥在人力资源预测规划中的作用。

#### (4)德尔菲法(Delphi)

德尔菲法又名专家会议预测法,是20世纪40年代末在美国兰德公司的"思想库"中发展出来的一种主观预测方法。德尔菲法分几轮进行,第一轮要求专家以书面形式提出各自对企业人力资源需求的预测结果。在预测过程中,专家之间不能互相讨论或交换意见；第二轮,将专家的观测结果汇总起来进行综合,再将综合的结果通知各位专家,以进行下一轮的预测。反复几次直至得出大家都认可的结论。通过这种方法得出的是专家们对某一问题的看法达成一致的结果。

(5) 描述法

描述法是人力资源规划人员可以通过对本企业组织在未来某一时期的有关因素的变化进行描述或假设,并从描述、假设、分析和综合中对将来人力资源的需求进行预测规划。由于这是假定性的描述,因此人力资源需求就有几种备择方案,目的是适应和应付环境因素的变化。

### 4. 连锁企业人力资源的特点

连锁业是直接与消费者打交道的行业,也是一个劳动密集型的行业,这一特点造成连锁企业内部人力资源环境较为特殊,主要表现在:非熟练人员多、工作时间长、连锁企业员工显现率高、顾客需求多样等,这些因素使得连锁企业的人力资源管理较为复杂。

对于许多连锁企业人力资源管理者来说,他们最头痛的问题是大量非熟练员工的存在,甚至是大量临时工的存在。连锁企业的快速扩张需要大量的员工,但他们招聘到的经常是工作经验很少或没有工作经验的员工。在美国,许多人的第一份工作就是在麦当劳当服务员。因为连锁企业门店工作对教育、培训和技能的要求都较低,而且门店一线员工的低工资也导致聘用非熟练员工。这种现象的结果是连锁企业员工离职率高、表现不佳、迟到、旷工、不断的培训。

连锁门店的工作时间通常都较长,如连锁便利店一天 24 小时、一年 365 天营业。这些便利店不得不采用三班全职员工,有时还不得不雇用兼职员工。在一些超级市场,兼职员工超过半数。大量兼职员工的存在,使人员监督和管理十分不便,兼职员工比全职员工更容易消极怠工、迟到、旷工和随意辞职。

在连锁企业中,员工在顾客面前的显现率很高,需要经常与顾客接触,一点失误都会造成顾客不满。因此,连锁企业对员工的顾客服务水平要求较高,在选择员工时必须格外注意他们的举止和外表,并希望用规范化的语言和举止训练员工,甚至对员工的衣着打扮都有严格要求。

另外,门店经营的不同时段,每一天、每一个时期或每个季节顾客需求的变化都会产生人员规划上的问题。例如,大部分顾客都是在星期五、星期六和星期天到商店购物或消费,那么,从星期一到星期四需要安排多少员工?从星期五到星期天又需要安排多少员工?一天内客流量也有高峰和低峰时期,这些差异又如何安排员工数量呢?所以,顾客需求的规律性和非规律性变化都会给连锁企业的人力资源管理带来挑战。

### 5. 连锁企业人力资源获取

连锁企业具有的内在扩张冲动和连锁企业员工的高流动性特点使得人力资源数量往往跟不上企业发展的需要,目前国内一些连锁企业的扩张速度已经受制于人力资源的缺乏,这就突显了人力资源数量开发战略的重要性。

连锁总部人力资源管理部门在对工作岗位设计、工作分析的基础上,依据工作规程和岗位说明书汇总各部门、各门店人力需求情况以及所需的工作层次、能力要求情况,制订出人力资源需求和供应预测计划,报总部领导审批。需求计划除提出所需人数外,还应列明所需人员的文化程度、职称、年龄、专业要求及岗位。需求计划批准后,需要制订具体的人力资源获取计划。

连锁企业人力资源获取主要有两大途径,即内部招聘和外部招聘。

(1)内部招聘

①晋升。内部晋升给连锁企业员工提供了机会,使连锁企业员工感到在企业中是有发展机会的,个人职业生涯发展是有前途的,这对于鼓舞士气、稳定连锁企业员工队伍是非常有利的。同时由于被晋升的人员对公司较为了解,他们对新的工作环境能很快适应。因此,这是一种省时、省力、省费用的方法。

②轮岗。轮岗可提供连锁企业员工从事企业内多种相关工作的机会,主要用于一般员工,它既可以使有潜力的员工在各方面积累经验,为晋升做准备;又可减少员工因长期从事某项工作而带来的枯燥乏味感。

内部招聘的优点在于:一是能对员工产生激励作用。对大多数员工来说,由于企业提供晋升机会,他们会感到升迁有望,工作就会更加努力,更有积极性,还会增加对组织的忠诚度和归属感。二是招聘的人员素质比较保险可靠,能降低用人方面的失误。三是可以节省相关的招聘费用和培训费用,招聘人员可以很快上手。

但内部招聘也有一些缺点:一是内部人才一脉相承,"近亲繁殖",往往观念上和思想上因循守旧,缺乏创新与活力。二是在甄选过程中容易引起同事间的竞争,发生内耗,晋升者有时难以在原来的同级员工中建立起领导声望。

(2)外部招聘

①广告招聘。通过新闻媒介向社会传播招募信息,是外部招聘常用的方法。

②校园招聘。学校是人才资源的重要来源。为了从学校获得所需人才,可参加校园人才供需洽谈会,也可通过定向培养、委托培养等方式,还可采用在学校设立奖学金、与学校横向联合、资助优秀或贫困学生、为学生提供实习机会和暑期雇用机会等形式。

③中介招聘。对一般连锁企业员工,可借助人才交流中心、职业介绍所等中介机构与应聘者进行信息沟通;对高层次人才,还可通过猎头公司进行招聘。

④网络招聘。借助互联网进行公开招聘。

外部招聘的优点在于:一是有利于因事求才,广招贤人。由于面向社会征聘,因此可以从众多的求职者中筛选出符合空缺岗位要求的优秀人才。二是原来已有工作经历的外聘人员往往能带来外单位的先进工作经验,他们就像新鲜血液输入用人单位,从而增强组织活力。但外部招聘也存在缺点:一是外聘人员与老员工之间缺乏了解,容易产生配合上的困难,工作适应时间较长。二是用外聘人员担任管理职务,容易使组织内部员工感到升迁无望,从而挫伤积极性。三是这一途径获取人才的费用较高。确定人力资源获取途径要与岗位工作特点结合起来,不同的岗位要求可选用不同的途径,不能搞"一刀切",在高速扩张时更应注意保证员工的招聘质量。

**6.连锁企业人力资源开发**

人力资源开发途径主要是培训。培训既是连锁企业员工掌握知识和技能、提高素质的重要途径,又是连锁企业员工激励的重要形式,可促进连锁企业员工职业发展。因此,连锁企业应该按照企业战略目标,有计划、有组织、有步骤地向员工灌输正确的经营观念,传授业务技能和相关专业知识,促进企业人力资源质量的提升。连锁企业培训管理一般包括培训内容的设计、培训方法的选择、培训项目的实施及培训效果的评价等。下面是针对不同的培训对象设置的主要培训内容。

（1）新员工培训

新员工培训也称岗前培训或上岗培训。新员工虽然不再是企业的局外人，但还没有完全被企业接纳，此时他们会感到一种心理压力。为了减少这种压力感，培训是非常重要的途径。企业在这个阶段通过向他们传递各种信息，帮助他们完成由非连锁企业员工向连锁企业员工的转变。这一阶段的培训内容有：

①企业文化培训。首先是企业文化精神层次的培训。这类培训的目的是让新员工了解和认同企业理念。通过了解企业发展史，了解企业宗旨、企业哲学、企业精神和企业作风，新员工可以清楚地知道企业提倡什么、反对什么，应以什么样的精神风貌投入工作，应以什么样的态度进行人际交往，怎样看待荣辱得失，怎样做一名优秀的连锁企业员工。其次是企业文化制度层次的培训。组织新员工认真学习企业的规章制度，如考勤、奖励、财务、福利、晋升制度等，以及与企业经营活动有关的业务制度和行为规范，如站姿、礼貌用语、怎样接待顾客、怎样接电话、服务禁忌等。再次是企业文化物质层次的培训。让新连锁企业员工了解企业的内外环境、各部门和单位的地点和性质、本企业的经营范围及各种视觉识别物及其含义。总之，通过企业文化培训，新连锁企业员工会形成一种与企业文化相一致的心理定式，以便较快地与企业的共同价值观相协调。

②业务培训。新员工的业务培训主要有以下几方面：参观门店运营的全过程，请熟练的老员工讲解主要的工作流程；请企业的业务经理给新员工上课，讲解企业中最基本的业务知识；根据各人的不同岗位，分别学习本部门相关的业务知识、工作流程、工作要求及操作要领；由专业培训师以案例形式讲解本企业在经营活动中的经验和教训，使新员工掌握一些基本原则和工作要求（如售货员开发票时，一定要注意商品名称与实际售出商品的一致性，尤其是贵重商品等），而后可进行有针对性的模拟实习，也可以开展老员工对新员工的"传、帮、带"活动。无论是售货员还是职能部门的机关岗位，都应派素质高、有经验的老员工，以师徒的形式对新员工进行具体、细致、系统的辅导和指导，如服务技巧、办事方法等等，帮助新员工顺利走上工作岗位。

（2）在职员工的培训

除了新员工的上岗培训外，对在职员工的持续培训也是企业提高员工素质的基本途径。它通常有以下两种形式：

①在岗培训。在岗培训是对在职连锁企业员工进行的以提高本岗位工作能力为主的不脱产的训练活动。新员工经过岗前培训并经考核合格上岗后，虽已具备了单独投入工作、正式服务的能力，但还应不断进行持续的培训。在岗培训的内容比新员工培训层次更深，是岗前培训的继续和发展，并且不断贯穿于连锁企业员工工作的全过程。另外，在岗培训可按培训对象、内容不同来组织，具体方式有岗位训练、专题讲座、业务教育等。

②转岗培训。转岗培训是指员工由于工作需要或其他原因转换岗位而进行的培训。为使转岗人员尽快适应新的环境，取得新岗位上岗资格，必须进行转岗培训。培训内容主要是针对新岗位的要求补充必要的新知识、新技术和新能力，以适应新环境。

（3）**管理人员的培训**

对连锁企业员工的培训固然重要，管理人员素质的提高也不容忽视，因为他们的决策和工作绩效同样影响着企业的发展。管理人员的培训包括两个层次：

①经理培训。其培训内容主要是市场经济所要求的系统管理理论和技能，如管理学、市场营销学、财务管理、企业经营战略、企业文化、连锁经营管理、人力资源开发与管理、领导科学等管理课程，培训形式主要有工商管理硕士班、脱产培训班、管理干部学院的有关培训、出国考察培训。

②专业管理培训。它主要是针对各业务管理需要和各层次管理工作的特点进行的专业培训，形式主要有管理知识培训班和企业内部研讨活动，有培养前途或具有较高素质的管理人员还可送到大专院校脱产培训。

随着经济和技术的发展，培训已经无可置疑地成为每个企业日益重视的一项活动。连锁企业不仅应进行各种不同层次、不同内容的培训，而且应加强对人员培训工作的管理，加强规划性和针对性，选择恰当的方法，保证培训的质量。通过培训，连锁企业能切实提高人力资源的素质，增强其竞争力和活力。

**7. 连锁企业人力资源绩效考评**

连锁企业人力资源绩效考评，是指靠凭着对照连锁企业工作目标或标准，采用一定的考评方法，评定连锁企业员工的工作任务完成情况、工作职责履行程度和员工的发展情况，并将上述评定结果反馈给员工的过程。绩效考评是绩效考核和评价的总称。连锁企业人力资源绩效考评主要包括以下几方面：

（1）**选取考评内容**

考评内容主要是以岗位的工作职责为基础来确定的，但要注意遵循下述三个原则：

①与企业文化和管理理念相一致。考评内容实际上就是对连锁企业员工工作行为、态度、业绩等方面的要求和目标，它是连锁企业员工行为的导向。考评内容是企业组织文化和管理理念的具体化和形象化，在考评内容中必须明确：企业鼓励什么、反对什么，给员工以正确的指引。

②要有侧重。考评内容不可能涵盖该岗位上的所有工作内容，为了提高考评的效率，降低考评成本，并且让员工清楚工作的关键点，考评内容应该选择岗位工作的主要内容，不要面面俱到。这些主要内容实际上已经占据了员工 80% 的工作精力和时间。另外，对难于考核的内容也要谨慎处理，认真地分析它的可操作性和它在岗位整体工作中的作用。

③不考评无关内容。一定要切记，绩效考评是对连锁企业员工的工作考评，对不影响工作的其他任何事情都不要进行考评。比如说连锁企业员工的生活习惯、行为举止、个人癖好等内容都不宜作为考评内容出现，如果这些内容妨碍到工作，其结果自然会影响到相关工作的考评成绩。

（2）**制定考评标准**

考评的标准一般使用五类标准：极差、较差、一般、良好、优秀。也可以使用分数，如 0 至 10 分，10 分是最高分。对于不同的项目根据重要性的不同，需使用不同的分数区间；使用五类标准考评时，在计算总成绩时也要使用不同的权重。

**（3）选择考评方法**

根据考评内容的不同，考评方法也可以采用多种形式。采用多种方式进行考评，可以有效地减少考评误差，提高考评的准确度。例如 360 度绩效考评（也叫全方位绩效考评），是由被考评人的上级、同级、下级、本人或考评专家担任考评者，从各个角度对被考评者进行全方位评价的一种绩效考核方法。考评的内容涉及被考评人的管理绩效、专业绩效、业务绩效、工作态度和能力等方面，考评结束后，人力资源部门通过预先制定的反馈程序，将整理出的考评结果反馈给本人，从而达到改变行为，提高被考评人工作绩效的目的。

①自我评价，是指让经理人针对自己在工作期间的绩效表现，或根据绩效表现评估其能力和并据此设定未来的目标。当员工对自己做评估时，通常会降低自我防卫意识，从而了解自己的不足，进而愿意加强、补充自己尚待开发的潜力或不足之处。

②同事的评价，是指由同事互评绩效的方式，来达到绩效评估的目的。对一些工作而言，有时上级与下属相处的时间与沟通机会，反而没有下属彼此之间多。在这种上级与下属接触的时间不多，彼此之间的沟通也非常少的情况下，上级要对部属做绩效评估也就非常困难。但相反的，下属彼此间工作在一起的时间很长，所以他们相互间的了解反而会比上级与部属更多。此时，他们之间的互评，反而能比较客观。而且，部属之间的互评，可以让彼此知道自己在人际沟通这方面的能力。

③由部属来评价上司，这个观念对传统的人力资源工作者而言似乎有点不可思议。但随着知识经济的发展，有越来越多的公司让连锁企业员工评估其上级主管的绩效，此过程称为向上反馈。而这种绩效评估的方式对上级主管发展潜能上的开发特别有价值。管理者可以通过下属的反馈，清楚地知道自己的管理能力有什么地方需要加强。若自己对自己的了解与部属的评价之间有太大的落差，则主管亦可针对这个落差，深入了解其中的原因。因此，一些人力资源管理专家认为，下属对上级主管的评估，会对其管理才能的发展有很大的裨益。

④客户的评价对从事服务业、销售业的人员特别重要。因为唯有客户最清楚连锁企业员工在客户服务关系、行销技巧等方面的表现与态度如何。所以，在类似的相关行业中，在绩效评估的制度上不妨将客户的评价列入评估系统之中。

⑤主管的评价是绩效评估中最常见的方式，即绩效评估的工作是由主管来执行。因此身为主管必须熟悉评估方法，并善用绩效评估的结果作为指导部属、发展部属潜能的重要武器。随着企业的调整，一些公司常常会推动一些跨部门的合作方案，因此一些连锁企业员工可能同时会与很多主管一起共事。所以在绩效评估的系统建立上，亦可将多主管、矩阵式的绩效评估方式纳入绩效评估系统之中。

## 小　结

人力资源战略指导着企业的人力资源管理活动，它使人力资源管理的活动之间能够有效地互相配合。因此不同的人力资源战略必然会影响到人力资源的管理活动。人力资源战略可分成三种类型：累积型、效用型和协助型。

连锁企业人力资源获取主要有两大途径，即内部招聘和外部招聘。人力资源开发途径主要是培训。

360 度绩效考评，也叫全方位绩效考评，是由被考评人的上级、同级、下级、本人或考评专家担任考评者,从各个角度对被考评者进行全方位评价的一种绩效考核方法。

## 复习思考

1. 什么是人力资源战略?
2. 人力资源战略如何分类?
3. 人力资源战略有什么特点?
4. 连锁企业人力资源怎样获取?
5. 连锁企业人力资源怎样开发?
6. 连锁企业如何科学开展绩效考评?

## 实 训

**【案例介绍】**

### 沃尔玛公司的用人之道

沃尔玛是世界上最大的零售企业。究竟是什么使沃尔玛打败业内的所有巨头,创造了世界零售业史上如此辉煌的奇迹?

零售业的竞争,归根结底是人才的竞争。沃尔玛最独特的优势是其员工的献身精神和团队精神。山姆·沃尔玛和他的继任者一再强调人对沃尔玛的重要性,员工被视为公司最大的财富。

沃尔玛公司十分关心自己的员工,公司里几乎所有的经理人员都用上了镌有"我们关心我们的员工"字样的纽扣徽章。他们把员工称为合伙人,并注意倾听员工的意见。萨姆·沃尔顿曾对经理们说:关键在于深入商店,听一听各个合伙人要讲的是什么。那些最妙的主意都是店员和伙计们想出来的。

美国《华尔街日报》曾报道说:几星期前的一个晚上,沃尔顿先生在凌晨两点半结束工作,到一家通宵服务的面包铺买了些点心,回来路过公司的一个发货中心,同一些刚从装卸码头上回来的工人聊了一阵。结果,他发现这儿至少还需要两个沐浴间。一个拥有数百亿美元企业的总经理居然还如此关心着他的员工。因此,员工们都亲切地称他萨姆先生。

萨姆·沃尔顿认为,许多企业里,大多数的经理们依靠恐吓和训斥来领导员工,没有什么比这种看法更错误了。好的领导者要在待人、在业务的所有方面都加入人的因素。如果高高在上,没有丝毫人情味,那么员工就会感到紧张,有问题也不敢提出,结果只会使问题变得更坏。他们还会因此害怕表述一个新见解甚至是有独创性的见解。

在沃尔玛公司,管理者必须以真正诚恳的尊敬和亲切对待自己的员工。管理者必须了解员工的为人、他们的家庭、他们的困难和他们的希望,必须尊重和赞赏他们,表现出对他们的关心,这样才能帮助他们成长和发展。

萨姆·沃尔顿经常参观一些所到之处的本公司的商店,询问一下基层的员工你在想些什么或你最关心什么等问题,通过同员工们聊天,了解他们的困难和需要。沃尔玛公司的一位职员回忆说:我们盼望董事长来商店参观时的感觉,就像等待一位伟大的运动员,电影明星或政府首脑一样。但他一走进商店,我们原先那种敬畏的心情立即就被一种亲密感受所取代。他以自己的平易近人把笼罩在他身上的那种传奇和神秘色彩一扫而光。参观结束后,商店里的每一个人都清楚,他对我们所做的贡献怀有感激之情,不管它多么微不足道。每个员工都似乎感到了自身的重要性,这几乎就像老朋友来看你一样。萨姆·沃尔顿在一篇文章中写道:我们都是人,都有不同的长处和短处。因此,真诚的帮助加上很大成分的理解和交流,一定会帮助我们取得胜利。记住,领导者必须总是把部属放在他们自己的前面。如果你能做到这一点,你的事业将一帆风顺。

在沃尔玛公司,经常有一些各地的基层员工来到总部要求见董事长。沃尔顿先生总是耐心地接待他们,并做到将他们要说的话听完。如果员工是正确的,他就会认真地解决有关的问题。他要求公司每一位经理人员认真贯彻公司的思想,把员工当成合作伙伴,而不要只做表面文章。

谈及沃尔玛公司的管理者与员工的合作伙伴关系,人们的确相信它的存在。合伙关系中包含金钱,但也考虑到了人类的基本行为、道德规范。尊重和关心一个由40万人组成的拥有真诚合伙关系的团体,在极大程度上能够把整体的利益置于个人需要之上,在这方面沃尔玛公司是一个成功的范例。

如果将沃尔玛公司的用人之道浓缩成一个思想,那就是沟通,因为这正是沃尔玛公司成功的关键之一。沃尔玛公司以各种方式进行员工之间的沟通,从公司股东会议到极其简单的电话交谈,乃至卫星系统。他们把有关信息共享方面的管理看作是公司力量的新的源泉。当公司仅有几家商店时就这么做,让商店经理和部门主管分享有关的数据资料。这也是构成沃尔玛公司管理者和员工合作伙伴关系的重要内容。

沃尔玛公司非常愿让所有员工共同掌握公司的业务指标,并认为员工们了解其业务的进展情况是让他们最大限度地干好其本职工作的重要途径。分享信息和责任是任何合伙关系的核心。它使员工产生责任感和参与感,意识到自己的工作在公司的重要性,觉得自己得到了公司的尊重和信任,他们会努力争取更好的成绩。

沃尔玛公司在同行业中是最早实行与员工共享信息、授予员工参与权的,与员工共同掌握许多指标是整个公司不断恪守的经营原则。每一件有关公司的事都公开。在任何一个沃尔玛商店里,都公布该店的利润、进货、销售的减价的情况,并且不只是向经理及其助理们公布,而有向每个员工、计时工和兼职雇员公布各种信息,鼓励他们争取更好的成绩。萨姆·沃尔顿曾说:当你看到某个部门经理自豪地向我汇报他的各个指标情况,并告诉我他位居公司第五名,并打算在下一年度夺取第一名时,没有什么比这更令人欣慰的了。如果我们管理者真正致力于把买卖商品并获得利润的激情灌输给每一位员工和合伙人,那么我们就拥有势不可挡的力量。

总结沃尔玛公司的成功经验,交流沟通是很重要的一方面。管理者尽可能地同他的合伙人进行交流,员工们知道得越多,理解就越深,对事物也就越关心。一旦他们开始关心,什么困难也不能阻挡他们。如果不信任自己的合伙人,不让他们知道事情的进程,他们会认为自己没有真正地被当作合伙人。情报就是力量,把这份力量给予自己的同事所得到的利益将远远超过将消息泄露给竞争对手所带来的风险。

沃尔玛公司的股东大会是全美最大的股东大会,每次大会公司都尽可能让更多的商店经理和员工参加,让他们看到公司全貌,做到心中有数。萨姆·沃尔顿在每次股东大会结束后,都和妻子邀请所有出席会议的员工约2 500人到自己家举办野餐会,在野餐会上与众多员工聊天,大家一起畅所欲言,讨论公司的现在和未来。通过这种场合,萨姆·沃尔顿可能了解到各个商店的经营情况,如果听到不好的消息,他会在随后的一两个星期内去视察一下。股东会结束后,被邀请的员工和未参加会议的员工都会看到会议的录像,并且公司的报纸《沃尔玛世界》也会刊登关于股东会的详细报道,让每个人都有机会了解会议的真实情况。萨姆·沃尔顿说:我们希望这种会议能使我们团结得更紧密,使大家亲如一家,为共同的利益而奋斗。

(资料来源:http://www.chinacements.com/rencai/news/shownews.asp? id=2278)

**思考和训练**

(1)通过上述案例,请评价"员工被视为公司最大的财富"这句话。

(2)通过上述案例,请评价"记住,领导者必须总是把部属放在他们自己的前面"这句话。

**【技能训练】**

以小组为单位,选取市区一家连锁企业,与管理人员进行交流,分析他们的人力资源战略是怎么做的,并在老师的指点下分组讨论。

# 模块4
# 连锁企业信息化战略

## 教学目标

**1.终极目标**

(1)理解并能解释信息化与信息化战略的基本概念。

(2)理解连锁企业信息化战略实质并能分析与解决实际问题。

**2.促成目标**

(1)充分理解连锁企业信息化战略建设重点。

(2)充分理解连锁企业信息化战略实施中的问题。

## 案例导入

### 沃尔玛的信息系统战略

20世纪70年代,沃尔玛率先将卫星通信系统运用于公司的发展,新世纪开始,沃尔玛又投资90亿美元开始实施"互联网统一标准平台"的建设。凭借先发优势、科技实力,沃尔玛的店铺冲出阿肯色州,遍及美国,走向世界。由此可见,与其说它是零售企业,不如说它是科技企业。

沃尔玛领先于竞争对手,先行对零售信息系统进行了积极投资的经典事例:1969年,最早使用计算机跟踪存货;1979年,全面实现S.K.U.单品级库存控制;1980年,最早使用条形码;1984年,最早使用品类管理软件;1985年,最早采用EDI;1988年,最早使用无线扫描枪;1989年,最早与宝洁公司(Procter&Gamble)等大供应商实现VMIECR产销合作。在信息技术的支持下,沃尔玛能够以最低的成本、最优质的服务、最快速的管理反应进行全球运作。尽管信息技术并不是沃尔玛取得成功的充分条件,但它却是沃尔玛成功的必要条件。这些投资都使得沃尔玛可以显著降低成本,大幅提高资本生产率和劳动生产率。沃尔玛的全球采购战略、配送系统、商品管理、电子数据系统战略在业界都是可圈可点的经典案例。可以说,所有的成功都是建立在沃尔玛利用信息技术基础之上的。

在信息技术的支持下,沃尔玛能够以最低的成本、最优质的服务、最快速的反应进行全球运作。1974年,公司开始在其分销中心和各家商店运用计算机进行库存控制。1983年,沃尔玛的整个连锁商店系统都用上条形码扫描系统。1984年,沃尔玛开发了一套市场营销管理软件系统,这套系统可以使每家商店按照自身的市场环境和销售类型制订出相应的营销产品组合。

在1985至1987年之间,沃尔玛安装了公司专用的卫星通信系统,该系统的应用使得总部、分销中心和各店之间可以实现双向的声音和数据传输,全球4 000家沃尔玛分店也都能够通过自己的终端与总部进行实时的联系。这一切的优势都来自于沃尔玛积极地应用最新的技术成果。通过采用最新的信息技术，员工可以更有效地做好工作，更好地做出决策以提高生产率和降低成本。在沃尔玛的管理信息系统中最重要的一环就是它的配送管理。

20世纪90年代沃尔玛提出了新的零售业配送理论：集中管理的配送中心向各商店提供货源，而不是直接将货品运送到商店。其独特的配送体系，大大降低了成本。加速了存货周转，形成了沃尔玛的核心竞争力。沃尔玛的配送系统由三部分组成：①高效的配送中心；②迅速的运输系统；③先进的卫星通信网络。

除了优秀的配送系统外，沃尔玛还把信息技术与经营活动进行密切配合，开发出沃尔玛管理信息系统，该系统的应用更是使其如虎添翼，它可以迅速得到所需的货品层面数据、观察销售趋势、存货水平和订购信息甚至更多。沃尔玛公司的管理信息系统来自强大的国际系统支持。沃尔玛在全球拥有3 000多家商店、40多个配销中心、多个特别产品配销中心，它们分布在美国、阿根廷、巴西、加拿大、中国、法国、墨西哥、波多黎各等国家。公司总部与全球各家分店和各个供应商通过共同的电脑系统进行联系。它们有相同的补货系统、相同的EDI条形码系统、相同的库存管理系统、相同的会员管理系统、相同的收银系统。这样的系统能从一家商店了解全世界的商店的资料。

目前，在信息化建设上走在了零售业前沿的沃尔玛，采用了视频会议系统，以解决传统的电话沟通方式的不便，如果是各地相关员工赶往某地进行会议，不仅花费高昂的差旅费用，甚至还严重影响工作效率。而通过视频会议系统，全球的沃尔玛公司人员可以在世界各地进行报表分析、销售预测、企业内部培训等。操作人员还可以将PowerPoint、Excel等数据表格、培训资料呈现在每个与会者的桌面电脑上，同时，还可以在已共享的文档上进行勾画、修改等操作，这为他们提供了极大的方便。

有人说：信息技术始于战略，而不是系统。这句话是十分正确的。从沃尔玛的成功可以看出，沃尔玛正是正确运用了信息技术战略，适时地调整自己的信息技术战略，紧随着市场的变化和信息技术的发展而不断改进自身的信息系统，才能够保证高效、快速、优质地完成服务。沃尔玛能够通过信息技术的支持以最低的成本、最优质地服务、最快速的反应进行全球运作，这就使得沃尔玛可以始终立于世界零售业的不败地位。

（资料来源：http://www.whieb.com/info_220.html）

【案例分析】

这个案例告诉我们，在信息技术的支持下，沃尔玛能够以最低的成本、最优质的服务、最快速的反应进行全球运作。从沃尔玛的成功中可以看出：信息技术的采用虽然投资巨大，但是它却能降低成本，带来无限的收益与竞争力，这可谓沃尔玛成功的一大法宝。

【思考·讨论】

(1)你是如何理解"与其说它是零售企业，不如说它是科技企业"这句话的？

(2)你是如何理解"信息技术始于战略，而不是系统"这句话的？

## 理论知识

### 1. 什么是信息化

信息化的概念起源于20世纪60年代，首先是由一位日本学者提出来的，而后被译成英文传播到西方,西方社会普遍使用信息化的概念是20世纪70年代后期才开始的。

关于信息化的表述,在中国学术界和政府内部作过较长时间的研讨。有的人认为,信息化就是计算机、通信和网络技术的现代化;有的人认为,信息化就是从物质生产占主导地位的社会向信息产业占主导地位的社会转变的发展过程;有的人认为,信息化就是从工业社会向信息社会演进的过程,如此等等。

1997年召开的首届全国信息化工作会议,对信息化定义为:信息化是指培育、发展以智能化工具为代表的新的生产力并使之造福于社会的历史过程。国家信息化就是在国家统一规划和组织下,在农业、工业、科学技术、国防及社会生活各个方面应用现代信息技术,深入开发广泛利用信息资源,加速实现国家现代化进程。实现信息化就要构筑和完善6个要素:开发利用信息资源;建设信息网络;推进信息技术应用;发展信息技术和产业;培育信息化人才;制定和完善信息化政策。

### 2. 什么是信息化战略

信息化战略是指企业为适应激烈的环境变化,通过集成聚合现代信息技术,开发应用信息资源,并能够聚合组织制度以期获取未来竞争优势的长远运作机制和体系。

哈佛商学院教授小詹姆斯·卡什等人曾指出:现在任何组织几乎都有购买任何IT的能力,但IT本身并不能够促成企业的任何优势,它只是企业运行的必要条件,关键是IT的应用如何与企业的战略、组织、流程和管理系统等结合起来。这实际上也就指出了信息化建设需要从战略的角度出发进行规划和设计。

### 3. 信息化战略的重要性

信息技术的有效运用可以有力支持企业的竞争战略,这一点已经被越来越多的连锁企业所认识。最近几年,国内连锁企业越来越意识到信息管理的重要性,纷纷加强信息系统的建设,以便随时了解商品销售动态和消费者购买行为变化。然而,过去他们根本不知道什么商品出售或没有出售,在订购更多的商品或降价销售过剩存货之间,他们不得不等着店员去盘点商品。即使是现在,仍然有许多商店在营运过程中,所有的有关订货和收货,从配送中心到门店的运输再到单个商品的出售,以及退货记录,这些宝贵的信息或者花高价用手工处理,或者就被简单地忽略了。

连锁经营区别于传统商业经营的明显特点就是集中与分散的统一。连锁企业虽然是由各分散的连锁门店组成的一个整体,但是必须通过集中管理和规范化运作才能实现资源的最佳配置和优化经营,由此使连锁企业中的物流、商流、资金流和信息流构成一个庞大的网络体系。只有当信息流在网络中活跃起来并畅通时,配送中心、各连锁门店以及连锁总店各职能部门的业务活动才能高效地联系起来,发挥整体优势,真正实现连锁经营的规模效益。这就要求连锁企业必须借助于完善的计算机管理信息系统,而不是再凭经验或凭零散的市场信息的传统方式来经营管理。

连锁企业规模越大,地域分布越广,信息化管理就越迫切。信息技术已经使连锁企业制定更好和更有效的决策成为可能。信息管理系统正在发挥着巨大的数据收集和处理的功能,并且将销售点(point of sales,POS)终端和中央处理系统、管理者办公桌上的计算机终端连接起来,销售点终端或现金登记员读取所购商品上的条形码,然后记录并传输这些数据。于是,管理者便能即时掌握每一种商品在每家门店的销售情况,决定什么时候进货和进什么货,这就降低了存货投资并改善了顾客服务水平。

国外许多连锁企业与它们的供应商正在密切合作,一种经营技术快速反应系统(quick response system)正逐步引入连锁经营中,这一技术能有效地降低商品的引导时间(从意识到应该进货到商品运抵商店并完成销售准备所需要的时间),从而降低存货投资,改善顾客服务水平,提高顾客满意度。在 20 世纪 80 年代中期,商品的引入时间需要一个月;而现在,快速反应系统只要一周的时间就做好了商品的销售准备。更进一步说,采用快速反应系统技术后,连锁企业的商品周转率和销售额都增加了,这无疑是竞争力提升的一种重要手段。

**4. 连锁企业信息化战略建设内容**

**(1)信息化建设的层次**

连锁企业在经营管理活动中存在着丰富的信息资源,它们既是企业经营活动的组成部分,又是企业经营管理的决策依据。商业信息的不断流动形成了商业信息流,它和商流、物流、资金流等密切相关且不断扩大,使连锁企业各方面管理和决策力度加大。为此需要利用信息技术进行信息化管理,以达到信息管理制度化、规范化、科学化。连锁企业信息化建设包括以下三个层次。

①作业层。作业层信息化的主要职能是通过计算机技术代替部分手工操作,完成基本数据的采集。它主要从事日常事务性工作处理、报表处理和查询处理,包括销售数据的收集、统计、查询,产生销售报表,各种会计账簿的登录、查询以及产生相应的报表等。这是整个信息化战略的基石,没有解决好这一层次的信息化,就不能得到准确的数据、丰富的信息,更谈不上有更深入的管理和分析。

②管理层。管理层信息化主要是通过对基层采集的数据进行统计分析与对比,根据总部的经营方针,对企业的人事、财务、库存、合同、销售、仓储等方面进行组织管理和微观控制。管理层处理来自作业层的数据,它产生的信息提供给决策层使用。

③决策层。决策层利用所获得的各类数据,运用模型库和方法库中的各种模型和方法,挖掘各种信息和规律,辅助决策者预测未来市场的变化趋势,制定正确的发展方向和策略。它所处理的数据一是企业内部作业层和管理层的信息,二是企业所处环境数据。它不但需要常规的即时数据,还需要历史数据。由于决策环境的不确定性,要解决的问题也是不精确的,计算机系统只能提供辅助性决策的依据,决策者需要借助这些数据进行分析判断来做出问题的解答。

从上面三个层次可以看出,连锁企业信息化战略就是要解决四个平台建设的问题:为顾客、供应商和本企业提供一个信息交互平台,为业务人员提供一个业务处理平台,为管理者提供一个控制平台,为决策者提供一个决策支持平台。

**(2)连锁企业信息系统的构成**

连锁企业的信息系统由总部管理信息系统、配送中心管理信息系统、连锁门店管理信息系统及远程联网系统四个部分构成。各部分内部采用局域网络,各部分之间采用广域网络,通过通信线路、电话线或其他传输介质实现异地数据通信。

其中,总部管理信息系统包括:进货管理子系统,销售管理子系统,财务会计管理子系统,连锁总部决策支持系统,库存子系统,商品进、销、存子系统,人力资源管理子系统。门店管理信息系统包括:收款机管理,到货管理,数据统计,销售管理,补货管理,盘点管理,会员管理。

配送中心管理信息系统包括:业务管理,盘点管理,在库商品管理,查询统计,库存结构分析,账目管理。

### 5.连锁企业信息化建设重点

#### (1)信息化战略的组织实施

企业信息化不等于信息技术,而是企业利用现代信息技术和管理技术达到经营管理目的的全过程管理活动。企业信息化涉及更多的是组织行为和业务模式的设计,而不是简单的会计电算化、销售管理或办公自动化。企业信息化的本质就是如何通过信息工具实现有效的管理,创造和获取竞争优势。因此,信息化战略的实施不是企业信息部门的事情,而是整个企业的作业流程的再造。

在实施信息化战略时,必须成立"一把手"亲自领导的企业信息化执行委员会或信息化领导小组,成员包括企业所有管理层和相关部门领导,并与人力资源部门、质量管理部门和业务管理机构形成项目协同制度,要按照细分的项目计划建立若干项目作业小组,落实各个部门的协作人员参与,不断征求企业领导的意见,不断获取企业各个管理单元、管理节点的反馈意见;同时,也要建立外部专家联盟,充分考虑供应商和咨询公司的意见。

#### (2)信息系统性能及选择

不同规模的连锁企业、不同的应用领域、不同的功能需求,在管理信息系统开发时差异很大,要求也不完全相同。鉴于连锁企业信息系统建立在我国尚处于起步阶段,还没有较为完善、规范的系统,在确定方案时应多方考察、谨慎选择。其中,系统的选择是一个重要的问题。系统是否合适,只有投入使用后才会知道,可是当企业发现这套系统不合适的时候,已经陷入了两难境地——切换,数据转移相当麻烦,企业的日常经营可能受影响;不换,最终会因为系统混乱而影响企业的生存发展。

系统选择的原则一是实事求是,二是重在发展,千万不可贪大求全,盲目追求"高、大、全",造成人力、物力、财力的浪费,或者因投资过低导致系统性能大大降低。连锁企业必须根据本企业未来的信息化发展战略来确定信息系统的具体目标和规模,构造适合本企业的管理信息系统模型。

信息系统的不足是客观存在的,而系统完善是永无止境的。连锁企业在不断发展的过程中会出现原来没有的需求,系统也应该随之拓展;而系统的不断完善反过来也会促进整个企业的管理水平不断提升,推动企业不断进步。因此,对待信息化应用要采取"合理配套、流程配合、分段进行、逐步提高"的科学态度。

#### (3)主要信息系统功能

①POS 系统。POS 系统即销售点实时管理系统,采用条形码技术使设备与收款机联合进行销售数据的实时输入,采用信用卡技术使刷卡设备与收款机联合进行商品销售的实时结算,能够及时地跟踪处理销售与结算支付业务,并根据这些数据为销售进行详细、正确、迅速的分析,为商品的补货和管理提供依据。利用 POS 系统可以及时了解商品的销售动态和周转情况以及库存信息,还可以帮助进行商品结构的 ABC 分析,实现对商品的单品管理。这对于连锁企业研究消费者偏好、把握消费趋势是非常有意义的。

②EDI 系统。EDI 系统即电子数据交换系统,是按照协议在数据通信网络上将具有一定结构特征的标准数据资料,在贸易伙伴的计算机系统之间进行交换和自动处理的电子工具。

它将与商业贸易活动相关的运输、保险、海关等行业的信息，用一种标准化的格式进行代码描述，然后通过计算机通信网络，实现企业内部各单位之间、企业与其他企业或相关机构之间的电子数据的传输、处理与交换等业务。对于连锁企业而言，每天都有大量数据需要在总部、门店、配送中心、交易伙伴之间流动，因此，使用 EDI 系统既实现了"无纸交易"，又加快了信息传输的速度，提高了工作效率。

③EOS 系统。EOS 系统即电子订货系统，是连锁企业将各种订货信息通过计算机网络系统传送给供应商，完成企业（包括配送中心）与批发商、制造商之间的商品订购、运输、调配等，以及订货、接单、处理、供货指示和结算等项目的作业控制，其全部过程均是在计算机中进行处理的系统。连锁企业通过建立与供货商之间的 EOS 系统，实现商品快速反应，能减少缺货现象，加强商品采购管理。

④MIS 系统。MIS 系统即管理信息系统，在这里是指专门为连锁企业服务，具有特定功能的管理信息系统。它是为增加商品销售，在企业内部对商品计划、合同、购、销、调、存、核算、财务、统计分析、辅助决策的整体循环处理过程中，以数据信息为轴心、全面自动化的管理控制系统。

⑤VAN 系统。VAN 系统即价值增值系统，是连锁企业与其战略联盟企业之间实现信息资源共享的网络系统，联盟企业之间可以相互传递信息或了解对方的信息，但对联盟外部则保密。它可以减少搜寻成本等交易费用，减少一些中间环节，故能实现各个企业在原有基础上的价值增值。

上述各信息系统不是独立存在的，而是整合起来的一个有机网络，可以消除信息收集的重复和各功能系统的局限性。在这个基础上，一些新的网络信息技术也层出不穷，如 SCM（供应链管理）系统、LIS（物流配送）系统、HRM（人力资源管理）系统等。连锁企业要根据自身发展的需要建设相应的信息网络，提高企业的运营效率。需要强调的是，连锁企业信息化程度高并不代表企业的管理水平就一定很高，关键还在于连锁企业必须有一种基于信息化的执行文化，在于管理者头脑中有一种用数据进行科学管理的观念，拥有一个完善的管理信息系统和管理制度并不能保证企业拥有强大的竞争力，只有同时建立起基于信息化的企业执行文化才能发挥制度和技术的作用。

**6. 连锁企业信息化战略实施中的问题**

连锁企业信息化战略实施过程中往往遇到很多的问题，概括起来主要有以下几个方面。

**(1)信息化建设缺乏整体规划，信息化战略意识薄弱**

信息化建设应与连锁企业中长期发展战略相结合，在企业的每个层面上识别信息资源和获利机会，并借以构建新的竞争优势。由于我国很多企业尚未掌握完善的现代企业管理方法，企业对自身的发展战略缺乏考虑，因此很难在推进本企业信息化建设方面做好总体规划，这就直接影响到企业信息化建设的成功实施。

信息化不仅是技术变革，也是管理变革。连锁企业无论采用怎样的技术与管理手段，其最终目的都是为了实现连锁企业战略。目前，我国大多数连锁企业没有明确清晰的战略，即使有，也是模糊地存在于最高管理者的脑海中，信息化规划的制定者要想运用连锁企业战略指导信息化建设，无疑存在一定困难。很多连锁企业的管理者以及员工没有意识到连锁企业信息系统的有效作用，不认同其有巨大的管理功能和信息处理功能。部分连锁企业的管理者认为不提高信息化建设照样可以使连锁企业良好运转,对连锁企业的信息化建设重视程度不够。有些连锁企业的高层领导在连锁企业信息化初期,对信息技术抱有太高的期望,希望通过连锁企业信息化获得较高收益。一旦看到投资费用增多,而效益在短期内并没有明显提高,便对连锁企业的信息化建设丧失信心。连锁企业领导不能用长远的眼光看待连锁企业的信息化,严重地阻碍了连锁企业信息化战略的制定与实施。

(2)存在信息孤岛问题,信息管理技术和手段有待加强

一些连锁企业过分偏重单纯的 ERP(企业资源管理)、CRM(客户资源管理)等软件,对于企业的各种资源缺乏充分的整合,企业管理和运营水平可能提高了,但也形成信息、资源、应用的孤岛。还有一些企业信息化从起步开始就是分头建设,结果造成部门内部已能够实现信息的及时、有效传递,但企业的不同部门之间信息传递不畅,形成了像生产、财务、人事、销售等信息孤岛。信息孤岛造成资源无法共享、信息资源闲置,而且为企业未来信息化的升级换代也埋下了隐患。

据中国连锁企业家调查系统数据显示,近70%的连锁企业已经实现了会计电算化,1/3左右的连锁企业采用了办公自动化(OA)、连锁企业内部网(INTERNET)和管理信息系统(MIS)。14.1%的连锁企业已经应用了连锁企业资源规划(ERP)。47.6%连锁企业建立了自己的网页,24%的连锁企业建立了网站,22%的连锁企业建立了局域网,21.5%的连锁企业正在策划网上交易,15%的连锁企业正准备投资网络项目。虽然我国不少连锁企业的管理技术和手段已经迈上现代化的进程,但我国还有很多连锁企业的管理技术与手段还比较滞后,现代的信息技术还没有进入管理层面。

(3)信息化建设缺乏针对性,信息化建设后劲不足

连锁企业在进行信息化建设的过程中,有可能没有预测技术以及行业发展情况,采用的信息管理系统功能及效率不能满足连锁企业的需要,使得连锁企业面临两难的境地:若转用其他系统,转化成本将会很大;若仍用原来的,又会对连锁企业造成更大的损失。不少企业没有充分认识到信息技术只是手段,企业需求才是根本,在企业信息化建设过程中盲目迷信洋货、系统功能求大求全,使所建造的企业信息化系统与自身业务流程大相径庭。另外在推进企业信息化建设进程中,缺乏熟悉企业特点、熟悉企业业务流程、熟悉企业管理特色的软件公司协助企业推进信息化进程。有些企业采用拿来主义,照搬套用,方案论证过程中缺乏系统的需求分析,实施过程中又缺乏量身定制的二次开发能力,使得所建造的信息化系统缺乏针对性和实用性,实施后效果不理想。

有些连锁企业没有清晰地认识到实施信息化建设的实质与根本问题,企业信息化不等于计算机化、网络化,而在于通过高效技术手段辅助企业有效实施现代企业管理方法。由于认识上的不足,出现盲目投入,导致投入大于收效,从而担心进一步推进企业信息化可能带来更多的问题,导致企业信息化建设后劲不足。

## ◤ 小 结

信息化是指培育、发展以智能化工具为代表的新的生产力并使之造福于社会的历史过程。

信息化战略是指企业为适应激烈的环境变化,通过集成聚合现代信息技术,开发应用信息资源,并能够聚合组织制度以期获取未来竞争优势的长远运作机制和体系。

一种经营技术快速反应系统正逐步引入连锁经营中,这一技术能有效地降低商品的引导

时间(从意识到应该进货到商品运抵商店并完成销售准备所需要的时间),从而降低存货投资,改善顾客服务水平,提高顾客满意度。

连锁企业在经营管理活动中存在着丰富的信息资源,它们既是企业经营活动的组成部分,又是企业经营管理的决策依据。

信息化战略的实施和应用过程中会面临很多复杂的问题,诸如系统繁多、信息孤岛的产生、维护费用高、风险高等,使得连锁企业面临信息化变革及管理等方面的风险。

## 复习思考

1.什么是信息化?

2.什么是信息化战略?

3.信息化战略的重要性是什么?

4.连锁企业信息化战略建设内容是什么?

5.信息化战略实施中有哪些问题?

## 实 训

【案例介绍】

### 中国连锁企业信息化的九大死结

我国连锁业的信息化因受信息技术的制约,发展速度一直较为缓慢。直至进入21世纪,以光纤通信、局域网、广域网、Internet为载体的现代通信技术、网络技术、数据管理技术得到了极大的发展,使信息技术广泛渗入到连锁业。另外,商业ERP、商业智能BI、供应链管理SCM与客户关系管理CRM等高端产品也不断地融入连锁业,使连锁业信息化进程如虎添翼,进一步拓展了信息管理范围,使大批量、多品类的统一采购和分散销售得以实现,并代替了传统连锁业的大量手工制单及只管金额不管商品和顾客的落后交易方式。由此可见,IT给连锁业带来了新的管理变革和流程优化(BPR),进而改变着我国连锁业的面貌和内涵,使发展大规模连锁化的零售组织成为现实。

目前我国大中型连锁业80%不同程度地采用了计算机管理,这说明我国连锁企业管理者对于信息化策略还是有所注重的。但有资料显示,我国零售连锁企业IT投资所占零售总额的比例还不到0.2%,而国际零售巨头都在2%以上;从技术应用的程度上看,我国连锁业的信息化程度较低,不仅销售、管理、财务、客户关系管理及数据挖掘等系统的应用落后于国外连锁企业,而且连锁企业缺乏对市场、资金流、物流的总体控制能力。这说明我国的连锁信息化策略还很不完善,还有待加大投入。

从以上连锁企业信息化现状可以看出,我国连锁企业的信息化已经很普及,但普遍专注于操作层面(如收银、收货、库存管理),而在管理操作层(如供应链)的应用普及却很弱,缺乏战略级的信息化规划和应用,中国连锁企业信息化建设有九大死结:

一是由于盲目投入大量资金用于信息系统的建设或项目的承担者缺乏整体规划经验而导致项目失败;

二是连锁企业总部无法准确、及时地了解各家门店的进、销、调、存等信息,也无法进行细致深入的沟通;

三是连锁配送系统难以跟上经营速度,连锁总部对于商品的在库、在途控制水平低下,往

往都是事后反馈,导致信息周转周期长,无法获知即时信息,从而使配送决策实施缓慢;

四是由于信息的滞后性,导致无法合理制订采购、配送计划,进而使销售受挫;

五是大量人力、物力浪费在资料的重复输入和简单的处理之中;

六是销售前端关键业务信息收集与反馈速度缓慢;

七是一线的促销与活动信息也无法快速反馈到连锁总部;

八是对于商品的评价与消费的动态研究信息也缺乏收集手段;

九是由于信息沟通障碍,对于人员的业绩考核无法顺利实施。

(资料来源:http://bbs.vsharing.com/Article.aspx? aid=637162)

**思考和训练**

(1)通过上述案例说说你对中国连锁企业信息化的九大死结的理解。

(2)通过上述案例请想一想,你认为中国连锁企业信息化还有什么死结存在?

**【技能训练】**

以小组为单位,调研本市区一家连锁企业,看看它信息化战略开展的状况怎么样。在老师的指点下,与其他小组进行讨论。

# 项目九

## 跨国连锁经营管理

# 模块1

# 跨国连锁经营概述

## 教学目标

### 1.终极目标

(1)了解连锁企业全球化趋势,增加国际化连锁视野。

(2)理解和掌握连锁企业跨国经营的原因,并能分析与解决实际问题。

### 2.促成目标

(1)充分理解连锁企业全球化趋势,掌握连锁企业全球化方法及运用。

(2)掌握连锁企业全球化的原因及运用。

## 案例导入

### 百年老字号同仁堂大举挺进国际市场

作为享誉海内外的老字号,同仁堂已经不能满足国内市场的"唯我独尊",把中药大规模推向海外市场是他们下一个发展目标。在同仁堂335周年店庆之际,同仁堂集团总经理向外界透露了同仁堂涉足海外市场的发展计划。他表示,将力争在2008年之前,使同仁堂海外分店总数达到100家,并将中药打入海外主流市场。

目前同仁堂已在海外设立合资公司和药店14家,每年出口创汇2 000多万美元。同仁堂的海外分店主要分布在东南亚地区,消费者也以华人群体为主,尚未真正触及欧美等主流医药市场。最近,不断有利好消息从海外传来,使中医药企业进军海外市场的前景渐趋明朗。欧盟刚刚宣布放宽植物药市场准入条件上,正式承认符合条件的中药可获得药品的合法"身份"。而同仁堂的药品生产企业已全部通过GMP认证,过硬的管理体系是其产品质量的可靠保证,也将有助于实现向国际主流市场开拓。

2004年10月28日,北京同仁堂国药公司与香港科技园公司签订合约,在当地兴建同仁堂,这是同仁堂进军国际市场道路上"具有里程碑意义"的一步。随着此次香港生产基地的开工建设,同仁堂的出口业务将进一步转移。按照计划,未来一至两年内,同仁堂所有出口业务将全部转由中国香港同仁堂国药公司负责运作,以此扩大同仁堂产品在国际市场特别是西方主流市场的占有率。

同仁堂集团正在"以高科技含量、高文化附加值、高市场占有率以及绿色医药名牌产品为支柱,成为具有强大国际竞争力的大型医药产业集团"的道路上快速前进,力争到2011年成为销售额达到300亿元、利润达到13亿元的国际驰名的现代医药集团。

(资料来源:中国商报网站:http://www.cb-h.com)

【案例分析】

作为中国一家典型老字号企业,同仁堂集团正以它享誉海内外的声誉,以跨国连锁经营方式实现了自身的国际化发展的目标。为此,我们有必要了解并掌握一些有关跨国连锁经营的相关理论知识。

【思考·讨论】

(1)在案例中,你认为同仁堂集团实施连锁经营、开拓国际市场的优势在哪里?

(2)实施连锁经营的动因在哪里?

# 理论知识

### 1. 连锁企业全球化趋势

从19世纪末到20世纪初开始,打开每天的报纸杂志会发现,人们谈论比较多的一个话题就是"国际化"或"全球化"。"全球化"成为一个出现频率很高的词,尤其在我国成功加入WTO后,全球化是当今社会发展的一个非常重要的趋势,经济全球化浪潮正在席卷整个世界。同大多数行业一样,连锁企业的全球化经营趋势也日趋明显。在世界各地光顾购物中心或商业街时,我们常常会发现很多熟知的连锁企业品牌和标志。尽管对于不同的行业或不同企业而言,国际化程度都会有所不同,但可以说,连锁领域内的各个行业和各种业态的企业都在疯狂地抢占国际市场。

例如,C&A公司在20世纪20年代就把业务从荷兰扩展出去,到20世纪60年代,已经出现了一些知名的国际零售连锁企业如F. W. Woolworth,还有很多规模较小一些的企业也在尝试跨国经营。

1973年,家乐福在西班牙和英国开业,开始了它的国际化经营;1979年,德国的Tengelman公司在美国进行大规模的收购,并向奥地利和荷兰进行了较小规模的扩张。荷兰的Vendx公司通过收购得到了它的第一个零售行业,随后又进行了多次收购,并进入欧洲其他市场和美国市场。贝纳通、Stefanel和雅诗兰黛,以及很多小的高档消费品专卖店引领了这一时期时尚商品的潮流。很明显,不同的企业采取了不同的战略从跨国收购到特许经营。跨国扩张的浪潮始于20世纪80年代后期,但现在仍在继续,并且势头越来越猛。20世纪90年代的扩展行为大约超过了80年代的两倍。

下面简单介绍几家国外连锁企业的跨国扩张情况。

麦当劳早在过去20年中大多数快餐店是在美国以外开业的。目前,它在95个国家开设的1万多家分店占该公司总收入的一半以上。除西欧外,麦当劳还在阿根廷、巴西、文莱、加拿大、哥斯达黎加、匈牙利、日本、中国、新西兰、菲律宾、波兰、俄罗斯、委内瑞拉和南斯拉夫等国设有快餐店。

美国的玩具反斗城(Toys"R"Us)多年来一直积极从事着国际连锁业务。目前它在国外拥有400多家分店。该公司在澳大利亚、加拿大、法国、德国、英国、日本、新加坡、西班牙和瑞典等20多个国家设有分店。1994年,公司签订了第一份国外特许协议,进入阿拉伯联合酋长国和其他中东国家。1996年进入印度尼西亚、意大利、南非和土耳其。

宜家是一家瑞典的家具零售商,自1943年初从一点"可怜"的文具邮购业务开始,不到60年的时间就发展成为在全球共有180家连锁商店、分布在42个国家、雇用了7万多名员工的

"庞然大物"。2004 年，宜家开始进入中国，该公司一直以"最低价格"提供耐用、时尚的组装家具。目前，该公司将近 90％的销售额来自国际经营，包括美国商店几亿美元的销售额。

一个国家的经济实力可以从许多方面体现出来，其中，一个很重要的方面就是这个国家能够走出去、参与国际竞争的企业数量和实力。中国连锁企业经过十多年的发展，一些企业已经逐步成熟，并开始把眼光投向国外市场，继北京全聚德烤鸭店成功实施跨国经营战略后，又传来国美电器、同仁堂药店等一批连锁企业开始迈进国际市场的消息。尽管我国目前走出去的连锁企业数量还较少，但可以预见，随着我国连锁企业的不断成熟壮大，国际市场将是我国连锁企业不久的将来瞄准的目标。

**2. 连锁企业跨国经营的成因**

随着经济全球化的进程加快，向母国之外的国家和地区进行直接投资以开拓海外市场已成为大型跨国连锁企业的主要经营特征之一。有资料表明，最近几年跨国连锁企业的国际化程度有了快速的提高，跨国连锁企业的国际化比率基本上保持了与经济全球化的同步调增长。

所谓国际化比率，是指所有销售额中来自母国之外的投资对象国的销售额比率，该指标很大程度上能反映跨国连锁企业拓展海外市场的深度与广度。

越来越多的连锁企业都在抢滩世界市场，一方面，相对于本国市场，连锁企业跨国经营需要参与国际竞争，面临更大的竞争压力和经营风险；另一方面，跨国公司摆脱了对国内市场和资源的依赖，可以在全球范围内开拓市场和利用资源，比在国内经营拥有更多的利润机会和成长途径。归纳起来，连锁企业之所以考虑"国际化"问题，主要取决于拉动力与推动力两方面因素。

（1）拉动力

拉动力是指促进连锁企业进行跨国经营的某些积极因素。就拉动力而言，不论是在有利的经济和人口条件下形成的相当有利的商业环境里（极少的法律约束，低运营成本），还是在不很成熟的市场或者存在市场空白的地方，对连锁组织而言，存在着极具吸引力的机会。经济增长带来的消费需求增长，是连锁企业应该考虑的最基本的拉动因素。在一些国家里，人口的增长和有能力购买消费品的中产阶级数量的增长具有很明显的吸引力。年增长率达到 5％或 10％的地区，如中国，吸引了很多国际连锁企业进入其中。拉动力因素还包括不很明确但却很重要的考虑因素，即公司的经营理念，甚至是管理层的抱负等。主要来自于拉动力的跨国经营的连锁企业被称为积极行动型连锁企业，这类企业强调国际机会的重要性，而且很愿意利用这些机会积极地从事跨国经营，不会等到国内市场饱和或引起激烈的竞争给企业经营带来困难时才考虑。

（2）推动力

推动力是指促进连锁企业进行跨国经营的某些消极因素。典型的推动因素如成熟或饱和的国内市场、不利的地理或经济环境和国内市场上的法律约束等。例如，在美国，零售产业已经过剩，购物中心的面积自 1987 年以来已经翻了一番。如果以 1987 年的美元计算，每平方英尺的生产率大约只有 10 年前的一半。据报道，在过去 1 年半的时间内，大约有 3 500 家商店关闭。因此，如果它们要发展，就必须进军以前"未知的"市场。当然，饱和度是一个相对的概念，全新的想法和形式是可以渗入看上去饱和程度最高的市场的。然而，日本和许多欧洲国家出台了很多规定，人为地增加了进入市场的难度。建立新商店十分困难而且成本很高，得到经营许可要花费很长时间,因而成本很高。因此,国外市场,尤其是在不很发达的国家的市场,其吸引力要大得多,主要来自于推动力的跨国经营的连锁企业被称为反应型连锁企业,当国内市场饱和,商机有限时,这类企业被动地做出反应到新的市场寻找机会。

连锁企业跨国经营的推动力和拉动力的具体因素如表9-1所示。

表9-1　连锁企业跨国经营推动力与拉动力

| 拉动力 | 推动力 |
| --- | --- |
| ·规模经济 | ·经济增长缓慢 |
| ·东道国人口增加 | ·商业模式的饱和 |
| ·获得更高的利润的能力 | ·市场饱和,机会减少 |
| ·经济快速增长,商品的需求量快速增长 | ·运营成本高 |
| ·东道国进入壁垒被消除 | ·国际化发展的经验 |
| ·东道国政治稳定,文化和地理与本国的情形相似 | ·竞争激烈,市场份额减少 |
| ·希望把在国内成功经营模式引向国外的抱负 | ·营业场地饱和或者即将饱和 |
| ·过硬的产品品牌,公司的技能和优势 | ·人口增长缓慢,人口组成结构改变 |
| ·成为国际企业的公司经营理念 | ·建立商店,尤其大商店受到法规的限制 |
| ·分散的竞争,市场竞争程度不激烈 | ·通过收购的形式进行扩张受到法规的限制 |
| ·有机会学习国际企业的相关知识,建立进一步扩张的基础 | ·来自股东要求提高收入的压力 |
| | ·不稳定的政治结构、负面的社会环境 |

**3. 跨国连锁经营实现条件与国际市场机会评估**

凡具备跨国经营能力的连锁企业在参与国际经营的过程中,都会面临许多机会和风险。并且这些机会和风险常常较大程度地影响着跨国连锁企业经营效果的成败。因此,掌握这些机会和风险产生的原因,对跨国连锁企业的国际市场机会评估至关重要。把握机会,回避风险,是跨国连锁企业在国际市场上经营的成败关键因素。

(1)跨国连锁经营实现条件

①相对的社会稳定为保证。

②相对发达的市场经济为前提。

③较完善的交通运输网络和交通工具。

④世界范围的通信网络和各国店铺可以便利地联系。

⑤科技的强有力支持。

⑥总店能提供有力的管理、制度和品牌支持。

⑦消费者的消费能力、消费水平、消费观念上升到服务品牌、企业品牌、生活方式品牌阶段。

(2)**存在国际市场机会的原因**

①国外市场用于补充而不是取代国内市场。

②国外市场可能存在着更好的增长机会(由于人口和其他趋势)。

③连锁企业可能能够提供国外市场上还没有的产品、服务和技术。

④由于国际政治和经济的融合,许多国家对外国公司的进入更加开放。

⑤国内市场可能饱和或不景气。

⑥国外市场上可能存在着税收或投资好处。

⑦国外市场上的竞争可能不激烈。

**（3）存在国际市场风险的原因**

①各国之间的连锁经营形态可能差别较大。

②管理模式可能不容易适应。

③国内和国外市场之间可能存在文化差异。

④国外市场上消费者的个人收入水平可能很低。

⑤分销系统和技术可能不发达（例如道路差、缺少冰箱、邮政系统落后）。

⑥外国政府可能在一些领域设置限制。

**（4）国际市场评估的主要内容**

①消费能力。其主要包括就业结构、人口规模、消费模式、年龄结构、人均收入、家庭结构、人口增长率、居住密度等。上述因素将决定一个国际市场的规模、市场细分和劳动力的富余程度，当把这些因素与生活方式上的差异、消费者的喜好结合起来时，连锁企业就会面对一个与国内市场完全不同的消费者市场。

②成本和信息。其主要包括土地成本、劳动力成本、土地（物业）可获得性、能源成本、培训成本、配送成本、物流基础设施、媒体发达情况等。任何连锁企业经营最终都必须服从于成本结构，在许多零售连锁企业里，采购和配送成本是成本结构中最重要的部分，此外，劳动力成本和物业租金往往也是经营成本中的关键部分，对于成本因素仔细分析可以确定一项投资的回报。

③障碍和风险。其主要包括进入障碍、竞争法规、政策限制、通货膨胀、政治风险、宗教文化障碍、社会治安等。在所有的风险和障碍中，政府对外来进入者的态度是最关键的，政府干预会给市场机会带来很大的冲击和约束。经济和财政政策间接地影响着经济环境和消费者的消费行为；利息税政策、所得税水平、销售税等都影响着消费者的消费倾向；有关竞争和贸易的法规、对建筑物的控制直接冲击到连锁企业。例如，日本政府多年实施的"大店法"让很多大型零售商店望而却步。

④竞争。其主要包括竞争饱和度、直接竞争对手情况、潜在竞争对手情况、行业集中度、与现有企业联合的机会等。过去20年，发达国家大公司的成长导致了行业集中化程度提高，竞争不断加剧，在一定程度上提升了外国企业的进入成本。而不同国家的商业结构不同，也使得连锁企业进入后面临完全不同的竞争对手。一个儿童服装专卖店进入西班牙后，会发现那里的主要竞争对手来自百货商店，因为那里的人们传统上都是到百货商店购买童装，该企业不得不调整自己的经营策略。

通过对长期以来连锁企业跨国经营的分析可以发现一些规律性特征。一般来说，连锁企业在起初阶段比较谨慎，一般进入在地理和文化方面比较"接近"及与其母国市场相似的市场。在欧洲，家乐福最初选择进入西班牙市场；同样，美国连锁企业一般先进入加拿大和墨西哥市场，然后再打入更远的市场。

日趋增强的区域性或同一地区国家之间的经济合作趋势（特别是采取自由贸易区这种形式），为连锁企业提供了越来越多的国际机会。在欧洲，随着统一欧洲市场的建成以及欧洲共同体于1993年过渡到欧洲联盟，商品流动变得更加自由，欧盟国家间的跨境零售大幅增加。在20世纪70年代和80年代，欧洲境内的国家投资大都发生在服务业比较发达的法国、德国和英国等国家，但后来在西班牙和葡萄牙等南欧国家的投资逐渐增多。自20世纪90年代中期以来,中欧国家尤其是捷克、匈牙利和波兰等国家的零售投资不断增加,再后来欧洲零售商已经考虑到更远的亚太地区投资。

国际机会必然会伴随着风险,因此,连锁企业决定进入国际市场时必须认真分析机会与风险,这是一项困难的工作。Coopers和Lybrand的建议可以提供一些帮助。他们考虑了市场规模和相关的风险,指出了17个最大的零售和服务市场,并把它们分成四类:

"饱和的7国"(美国、加拿大、英国、荷兰、法国、德国和西班牙)。这些国家的第三产业各部门竞争几乎都很激烈,市场集中度高,进入较容易,但激烈竞争使成功难度加大。

"热度高的3国"(墨西哥、土耳其和阿根廷)。这三个国家尚不发达的零售服务业正在经历迅速但不稳定的发展,但较高的经济风险削弱了这一优势。

"难进入的3国"(意大利、韩国和日本)。这三个国家有庞大的中产阶层,但本地政府对零售业实施管制,外国企业进入难度大。

"难以应付的4国"(巴西、中国、俄罗斯和印度)。这些国家迅速扩大的中产阶层期望购买消费品,蕴藏着令人激动的机会。但是,这些国家基础设施薄弱,存在的政治和经济风险最大。

【案例链接】

### 如何让星巴克咖啡更好地走向世界

星巴克咖啡公司是美国经营咖啡等饮品的一家公司,目前在全美共有5 000多家销售店,自1992年上市以来,销售额每年都以20%的速度保持增长。然而,尽管国内市场很大,但毕竟空间有限,要维持增长,海外扩张就成为必然之事。1995年星巴克公司首次走出国门打入日本市场。2000年,公司的创办人霍华德·舒尔茨(Havard Schultz)董事长卸去首席执行官之职,自命为"首席全球战略家"。时至今日,除了北美以外,星巴克公司已在30多个国家开办了1 500多个销售店。星巴克公司认为国际市场的增长空间要比国内市场大得多。然而,其海外销售店尽管在数量上占总店铺数的23%,但其销售额却仅占公司销售总额的9%,这无疑是亏本的买卖。2003年,公司关闭了6家以色列的店铺,并在一年之间裁掉50家预备新开的店铺,只打算新开400家海外店铺。

其实了解星巴克经营的人都知道,导致星巴克跨国连锁经营决策变化的因素有很多,其中导致星巴克海外拓展举步维艰的主要原因也是多方面的。

其一,星巴克公司在亚洲的经营业务相对不错,但在欧洲,星巴克遇到了强大的阻力。实际上,星巴克咖啡厅的文化渊源就在欧洲,当年舒尔茨先生受到意大利之行的启发创办星巴克,然后逐渐引入美国。在欧洲,许多喝咖啡的人都认为星巴克咖啡就卖2.93美元,而其竞争产品妮露咖啡却只卖2.12美元。当然,这并不是说星巴克在欧洲就前景渺茫。例如在奥地利,星巴克赢得了年轻一族的青睐,他们认为星巴克很新潮时尚,不像传统的维也纳咖啡屋那样古老守旧。不过,总的说来,要攻克欧洲市场相当困难。

其二,星巴克的另一个问题就是进入市场的时机没有选好。在美国,星巴克之所以运气不错,原因就在于起步最早,在全国范围内根本就没有竞争者。然而在许多其他国家,本地竞争者都实力雄厚,早已严阵以待,步步设陷,迫使星巴克只能屈居次位。例如在英国,一对美国西雅图夫妇,经营一家名为西雅图咖啡的连锁店有60家分店。星巴克没有与它正面交锋,最后以8 400万美元的代价将其收购了。

最后,星巴克进驻外国市场的方法也给自己招惹了不少麻烦。在美国,所有的店铺都归公司所有。即使是在某个地方增开新店铺,新旧店铺业务重叠,公司总销售收入依然增长。而在海外,绝大多数的星巴克店铺都是与当地公司合办(特许经营或合资经营),赚到的钱就不如国内的多。比如,为进入中国市场,星巴克与中国台湾的统一企业合资经营,分别持有50%的股份。这些办法虽说可以较容易地打开国外市场,但是却把星巴克享有的利润部分降到原来的20%~50%。更重要的是,与国外伙伴的关系并不总是很融洽。在韩国,星巴克当初于1999年向爱斯科(ESCO)转让特许经营权,尽管爱斯科很快就开办了10家店铺,但星巴克还是认为爱斯科在发展连锁店方面冲劲不足。于是在2001年,星巴克与爱斯科公司的母公司新世界建立合资,以期增加自己对发展战略的控制权。在泰国,被许可人及其合作伙伴未能按事先的预定开办20家店铺,星巴克只好花费1 200万美元收购了它。星巴克也因同样的原因收购了其合作伙伴好胃口在瑞士和奥地利的全部店铺。

总体而言,星巴克未能复制其美国市场的成功模式到海外市场。要把苦涩的咖啡变成甘甜的利润,到目前为止还有很长的路要走。

## 小 结

企业连锁经营发展日趋国际化,形成跨国连锁经营国际化局面。

跨国连锁经营的动因:一方面,相对于本国市场,连锁企业跨国经需要参与国际竞争,面临更大的竞争压力和经营风险;另一方面,跨国公司摆脱了对国内市场和资源的依赖,可以在全球范围内开拓市场和利用资源,比在国内经营拥有更多的利润机会和成长途径。

总之,连锁企业跨国经营主要取决于推动力与拉动力两方面因素。推动力是指促进连锁企业进行跨国经营的某些消极因素。拉动力是指促进连锁企业进行跨国经营的某些积极因素。

## 复习思考

1. 跨国连锁经营的动因是什么?
2. 简要说明跨国经营的推动力和拉动力对跨国连锁企业的影响。

## 实 训

【案例介绍】

### 屈臣氏加快全球扩张脚步

拥有6 000家全球连锁商店的屈臣氏集团,近日来马不停蹄的扩张彰显了其拓展全球零售版图的决心。2005年10月,屈臣氏香港总部宣称将在未来3个月内投资7亿欧元进行两项收购,接连开拓出6个欧洲市场项目。目前,该公司零售网络分布已增至40个国家,集团一直还留意北美、阿联酋、埃及和伊朗等市场。

2005年,屈臣氏收购了总部设于圣彼得堡的保健及美容产品连锁店Spektr Group。这项收购让屈臣氏集团的全球业务伸展至俄罗斯,进一步巩固了其作为全球最大保健及美容产品零售商的地位。根据购买力比值计算,俄罗斯目前是世界第六大经济体系,俄罗斯拥有1.45亿人口,是一个迅速崛起的经济体系。俄罗斯零售市场未来数年的增长预期均为双位数字,而2005年的零售增幅估计有15%。Spektr Group成立于1990年,在圣彼得堡经营24家分店,员工超过500人,是当地保健及美容产品零售业的领先企业,销售货品多样化,包括本地及国际品牌的个人护理、护肤、香水及化妆品以及家居用品等。屈臣氏集团董事兼总经理韦以安表示:"俄罗斯的政治环境日趋稳定。国民生产总值及消费力均不断提高,当地零售市场近年来迅速发展。对保健及美容新产品的需求尤其显著。收购 Spektr Group 正好配合集团在东欧发展的长远战略,亦有助于我们踏足俄罗斯市场。"

(资料来源:中国商报网站 http://www.cb-h.com)

**思考和训练**

(1)简单描述屈臣氏集团实现跨国连锁经营的动因是什么。

(2)请说出实现跨国连锁经营的途径和方法。

**【技能训练】**

以小组为单位,对沃尔玛超市进行调查并学习跨国连锁经营的方法。写出详尽的调查报告。调查报告要求:①选用恰当的调查方法;②着重写出调查与学习的感受;③3 000 字以上。

# 模块2
# 跨国连锁经营战略

## 教学目标

### 1.终极目标
(1)了解并掌握跨国连锁经营的相关战略。
(2)掌握各种战略的作用和局限性。

### 2.促成目标
(1)掌握各种跨国连锁经营战略的特点以及选择方法。
(2)掌握各种跨国连锁经营战略的运用技巧。

## 案例导入

### 英国马狮百货店的连锁之道

英国马狮公司是世界闻名的大百货连锁商,也是英国最大的零售商,它的发展充满着传奇色彩。

#### 1. 从摊贩到巨型商店

1882 年,年仅 19 岁的米高·马格斯从东欧来到英国。当初创业时他只是个肩挑小贩,将针线纽扣等日用品背到乡村、矿区售卖。由于身无分文,他是向供应商借了 50 英镑的货物开始经营生涯的。1884 年,他在一个露天市场开设了一个摊位,告别了肩挑小贩的生涯,该市场仅在星期三和星期六开市。没多久他迁到了室内市场,把货摊分为两部分,一部分全部以一便士售卖,另一部分则以高于一便士的价格售卖。一便士货摊上悬挂着一块牌子:"不用问价钱,全部一便士"。这种方式很受欢迎,马格斯的业务不断扩大。到 1890 年,他已开设了 5 家廉价货摊,定价全部一便士。1892 年他开设了一个货仓作为商品集散中心,其作用大致相当于今天连锁店的配送中心。1894 年又新开了两个货摊、一家商店。经营规模的扩展要求合伙人加入。1894 年 9 月马狮公司宣告成立。到 1900 年底,马狮公司共有 36 家分店,其中 24 家为市场货摊,12 家为商店。1903 年马狮公司成为上市公司,到 1907 年马格斯去世时,分店数已达60 家。此后马狮公司进入了百货商店时代。绝大多数分店都设在主要商业区域和新落成的商业大楼中。马格斯之子西门接管马狮集团后,为与其他百货商店竞争,推出了大量经营的策略,向人们提供物美价廉的商品,最终使马狮集团成为大型连锁企业,并 50 多年中雄居英国零售业榜首。

20 世纪 80 年代中期,马狮集团在英国共有 260 家商店,总面积达 60 万平方米,每周光顾马狮公司连锁店的顾客超过 1 400 万人。在欧洲其他国家还拥有 8 家分店,在加拿大有 200

多家商店有其股权。以股份市值计算,马狮是英国第四大公司。马狮公司在全英服装市场的占有率为15%,采购的服装约占全国产量的1/5。在整个英国市场中,马狮集团的裤袜销售额占1/4,内衣、睡衣的销售额占1/3。到今天,马狮公司仍被视为在英国乃至全球管理最优秀的公司之一,其在近百年的连锁经营中形成了一套独特的做法。

**2. 马狮公司的经营特色**

①成功的形象与品牌策略。马狮公司在百年经营中形成了一套独特的经营理念。一般的零售商常以提供不同种类的商品来达到满足顾客的目的。马狮公司不仅重视服务,而且认为为顾客提供他们有能力购买的高品质商品才是零售商的使命。马狮公司只卖"圣米高"牌子的产品,这一牌子已被公认为质优与物有所值的象征。单一品牌策略使顾客要么买圣米高的产品,要么不到马狮公司去。表面看来,顾客的选择自由受到了限制,但实际上却给顾客带来了更多好处。首先,方便了顾客购买。顾客面对不同品牌的商品,自主选择并非易事,过多的品牌令顾客无所适从。马狮公司虽仅提供圣米高一个品牌,但确保品质,同时同类商品标价不同,使顾客各选所需。马狮公司不供应多品牌产品的策略,可节省大量促销费用,使产品更好地体现物有所值。其次,一些销售多品牌的商店常需要大规模的广告宣传,而且不同品牌产品会进行激烈的竞争,致使利润下降或产品价格上涨。圣米高的广告投入非常少,全靠优质赢得市场。最后,单一品牌策略对制造商也有好处。单一品牌生产容易形成批量,获得较好效益,并减少了制造商的广告支出。

②独特的采购策略。马狮集团在采购方面实行以我为主的策略。马狮集团的设计队伍与供应商密切合作,按顾客需要组织设计和生产。马狮集团冲破了零售商和制造商不直接建立联系的传统习惯,与制造商建立了一种前所未有的、互相信任、互相合作的关系。制造商生产什么产品,按马狮集团的标准确定。绝大多数百货公司购入的却是产成品,而马狮集团却从产品设计开始就从市场需要出发,督促制造商按马狮集团提供的严格标准生产。为此,马狮集团雇用了大批生产技术人员,专门与制造商合作,在选料、应用生产程序与技术、品质控制、生产过程、工艺方面提供意见并做出监察。马狮集团的制造商约有800家,其中至少有150家制造商专门为马狮集团制造圣米高牌子的商品已有25年以上,有的甚至超过了半个世纪。但马狮集团对这些企业并未拥有股权。吸引制造商的是马狮集团的订单,一旦成为马狮集团的供应商,制造商就获得了一年到头都做不完的订单。马狮集团为供应商开发新产品,为他们购买原材料。供应商完全愿意按马狮集团的标准活动,供应商的一切设施——包括食堂与洗手间均要符合马狮集团的标准。由此可见马狮集团对供应商的控制能力。

③有力的竞争策略。马狮集团的竞争策略主要反映在其产品、定价与促销上。马狮集团坚持经营高质量的产品。马狮集团经营的商品不过五六千种,而与其相仿的商店一般要经营二三万种。正是因为经营种类少,才能把圣米高的牌子变为高质量的象征。在设计和采购产品时,马狮集团严格管理,确保质量,组织信誉好的厂商进行生产,质量达不到标准的坚决拒收。在商店售货时,马狮集团采用不问退货理由的退款政策,凡是标有"圣米高"商标的商品都可因有瑕疵或其他原因退货或换货。马狮集团的分店内不设试衣间,只要顾客知道自己的正确尺码,所选服装必定十分合身。在定价方面,马狮集团先定下一个人们付得起的商品价格,然后寻找各种各样的可按此价出售而又有利可图的产品,不管一件产品的生产成本及现行市价是多少,最重要的考虑是所定的售价是否在大众消费能力之内。在促销方面,实施相当有限的广告等行为,以产品的质量作为主要促销工具。马狮集团的广告支出很少,只是在新店开张

和新货上市时,发布通告类广告。具体形式有电影院广告,现在已少用,用得较多的是电视广告和"马狮"营业员部分参与的时装表演等。马狮集团的高明在于将生产厂商视为竞争对手,而不是将零售商视为竞争对手。竞争的核心在于生产而非促销,将节省下来的广告费用用于技术服务和聘用众多技术人员,可改善品质、降低成本,从而提高市场占有率。

（资料来源：http://bbs.vsharing.com/Article.aspx? aid=728478）

**【案例分析】**

以上案例,不仅向我们介绍了马狮集团连锁经营的发展历程,而且还向我们介绍了马狮集团实现跨国连锁经营所实施的众多战略。事实证明:这些战略对马狮集团的发展起着十分重要的作用。因此,我们有必要了解并掌握一些关于企业跨国连锁经营战略的相关理论知识。

**【思考·讨论】**

(1)指出案例中马狮集团跨国连锁经营主要运用了哪些战略?

(2)这些战略是如何运用的?请做出你的评价?

(3)你还有哪些补充建议吗?

# 理论知识

## 一、跨国连锁企业经营战略

经营战略是企业为实现经营目标,通过对企业的外部环境和内部条件的分析而制定的较长期的全局性的重大决策,它是企业组织活动长期性的基本设计图。经营战略主要解决企业组织与市场环境结合的问题。连锁企业经营战略包括企业营销战略、企业运营战略、企业发展战略、企业竞争战略和企业品牌战略等方面。企业运营战略又称狭义的企业经营战略,本节主要研究连锁企业的运营战略、连锁企业的发展战略、连锁企业的竞争战略和连锁企业的品牌战略。

### 1. 广义的连锁企业经营战略的特征

①竞争性。竞争性是针对竞争者而制定的有明确的战略,追求成功效果。

②适应性。经营战略阐述的是企业与市场环境相联系的方法,适应性重点考虑环境对企业的要求。

③长期性。长期性是为谋求企业长期生存和发展而进行的统筹规划。

④全局性。全局性是根据企业的总体发展而制定的战略,追求企业的总体效果。

⑤实务性。注重与实际相结合,紧密贴紧市场实现状况。

⑥人文性。它不仅仅是无生命的财和物的设计图,它还是有生命的人类组织结构设计图,战略设计的最重要内容就是人。

⑦导向性。它不但决定企业的发展,而且决定企业如何发展,不但决定总部的发展,而且指导整个连锁体系的发展。

### 2. 制定跨国连锁企业经营战略的重要意义

制定连锁企业经营战略,尤其是运营战略有重要的意义,主要有以下几点:

①有助于长期研究市场和竞争对手的资料,制定战略决策。

②有助于连锁企业为广大顾客提供更满意的服务。

③有助于企业营销决策的制定与执行。

④有助于连锁企业品牌的建立与良好形象的塑造。

⑤有助于实现专业化、标准化、商业化的专业管理。

### 3. 跨国连锁企业经营战略选择

连锁企业的经营战略是指连锁企业在经营过程中,对运营中的各个环节确定目的标准、制定管理制度、确定经营规模、把握扩张速度、控制产品质量等问题而制定的长期的经营规划。故我们有必要探讨一下连锁企业的经营战略的相关问题。

连锁企业的经营战略选择包括以下方面:

**(1)顾客满意战略**

顾客满意战略是坚持顾客第一、顾客至上的理念,并始终以消费者满意为宗旨的战略。而且这种顾客第一、顾客至上的理念必须始终贯穿连锁企业从商品采购到最终销售的全过程。

首先,要充分认识顾客满意的价值。顾客的价值不在于他一次购买的金额,而是他一生能带来的总额,其中包括他自己和对亲朋好友的口碑效应。

其次,要充分认识顾客满意的价值。顾客满意与企业利润存在着因果关系,而且忠诚顾客与企业利润之间的关系更为密切。实践表明,厂商90%以上的利润来源,1/10由一般顾客带来,3/10由满意顾客带来,6/10由忠诚顾客带来。

再次,要树立"顾客第一"的经营理念。事实上,很多连锁企业都在踏踏实实地贯彻顾客满意战略,像大型连锁集团IGA总裁有三个承诺,这三个承诺集中地反映了顾客第一的经营理念。

①以诚相待。在与顾客的交往中强调:面带微笑地注视着出入商店的顾客;如果顾客询问商品的位置,要亲自把他们带到商品的位置;每天营业前要做到一尘不染,清洁是购物的前提;商店的设计要与顾客购物的方式方法一致;征询顾客的意见,采纳好建议,使他们感到商店是为他们设立的;要有孩子们玩耍的场所和老人休息的地方;积极参与社区活动,多做公益事业。

②合作伙伴。例如:熟食商店通过把食品加工厂和食品配送中心联合在一起进行合作换得竞争的先机,从而使商店更好地为顾客服务。合作伙伴之间密切合作,把货架、货箱、冷柜、冰箱都摆满质优价低的商品,才能使商店具有竞争力。

③热情周到。无论在哪个国家、讲何种语言,保持成功的秘诀是:店主要热情周到。好的商店具有人情味,有温馨的感觉。好的商店使顾客觉得他们像王子和公主一样。这种气氛来自店主的热情周到。只有持之以恒,才能使商店成为最好的工作和购物场所。

④使顾客满意的措施:走近顾客,了解顾客的需求和期望。首先,站在顾客的立场上,使用最直接深入顾客内心的方法,找出顾客对公司、商品及员工的期望。其次,要消除企业与顾客之间信息的不对称性。有许多经营者总是抱怨,顾客越来越挑剔,但从顾客角度看,顾客觉得自己得不到公司的尊重,这种企业与顾客之间信息不对称,一个重要的根源在于企业者是站在它自身的立场来看问题,而缺乏一种"换位"的思考。

重视顾客满意的"关键时刻"。"关键时刻"是一个重要的服务管理学术语,就是当顾客光顾公司任何一个部门时发生的那一瞬间公司的行为对顾客产生的印象。"关键时刻"存在于顾客购买的时候,也存在于送货的时候,既存在于顾客抱怨的时候,也存在于进行售后服务的时候,关键时刻存在于任何与顾客打交道的时候。企业文化、企业形象、企业信誉,就在许许多多的关键时刻中形成。

培养一支训练有素的职工队伍。企业运作中,人的问题占企业总问题的80％以上。因此,员工教育训练处在核心地位。训练应从纵向的商业采购、运输、储存、销售,到横向的经营不同商品的技能、技巧以及桌案作业等,以提高员工的综合应变能力和独立处理问题的能力。

**(2)商业化运作战略**

连锁经营必须以商业化运作为主导,完全按市场规划来运作,这对处于生产领域技术变革和现代化的背景下,把顾客满意作为自身经营宗旨的连锁企业显得更为重要。商业化的标准有:明晰的产权,连锁企业内部责权利必须明确;按市场运作规律运作,讲求实用和效率;坚持市场为主导,即一切跟着市场走,紧紧把握市场的脉搏,才能使企业立于不败之地;追求利润最大化,努力扩大销售,精简物流环节,降低经营成本。

**(3)规模经营战略**

虽然同一资本拥有11个分店以上,就算是连锁经营了,但要达到规模经营,11个分店是远远不够的。在美国,要实现规模经营,起码要达到200个分店以上。从实践看,达到规模经营的手段是多地区、多分店方式,通过不断地扩张来实现一定的规模,以求降低经营成本,增强连锁企业自身实力,以便在竞争中处于优势。规模经营战略必须是规模经济战略,必须既讲求开店的数量,又讲求开店的质量,规模不经济是不可取的。如果是有潜力的市场,先期投入,放弃短期利益,而追求长期利益,则另当别论。

**(4)标准化战略**

连锁商店标准化的经营,是连锁经营这一模式本身决定的。随着市场竞争的加剧,顾客需求的多样化,顾客从对商品的认可转移到对商店、品牌的忠诚,所以标准化的经营可以树立商店的形象,进而赢得更多的消费者。连锁经营的标准化,主要表现在商品服务的标准化和企业整体形象的标准化。

**(5)专业化战略**

专业化指连锁经营的各个环节根据不同的生产经营过程分成几个企业部门,并使其固定下来,有专业的人士利用专业设备进行实际操作。在连锁经营中,所有的商业活动都具有详细而具体的分工,以保证连锁经营的良好运作。

**二、跨国连锁企业多种战略选择**

跨国连锁企业在经营过程中,常常会根据企业特点和经营模式,除了制定经营战略外,还需制定其发展战略、竞争战略、品牌战略等。这些战略的制定和选择,对跨国连锁企业的未来发展和国际化的深入有着十分重要的意义和作用,与此同时,更重要的是它同样决定着连锁企业经营的成败。

**1. 跨国市场进入战略**

连锁企业进入国外市场的方式和途径有许多,选择最佳的进入方式,是跨国连锁企业顺利开展国际经营的关键。连锁企业进入跨国经营状态有如下几种方式。

**(1)自主进入跨国连锁**

自主进入跨国连锁也称自愿进入跨国连锁方式。该进入方式要求一开始就在东道国建立起连锁企业实体,通过自己投资在东道国建立连锁网络。具有创新性并希望最大限度地保持对海外业务的控制权的连锁企业采用这种方式的可能性最大。

（2）收购跨国连锁

外国企业可以快速进入一国市场，还可以获得最佳位置，但对资本的需求最多。在成熟、高度集中的市场上可能通过收购实现具有竞争力的营业规模。收购的例子有沃尔玛收购英国的 ASDA 和德国的 Wertkauf，玛莎收购美国的 Kings 超市和 Brooks 兄弟。并非任何时候都有收购的机会，同时，成功的收购需要较丰富的管理经验，如果这方面出了差错，将会很难摆脱困境。

（3）合资跨国连锁

连锁企业与外国企业签订合资协议，双方共同分担合资企业的成本分享利润。合作伙伴之间可以在资源和竞争能力方面互通有无，并在一定程度上进行交流。在有些市场上这是唯一的进入方式，例如，日本市场很复杂而且进入的成本很高，组建合资公司是最适合的进入方式，因为合作伙伴可以提供关于本地市场的知识并分担合资企业的风险。

（4）特许跨国连锁

特许跨国连锁又称加盟跨国连锁、契约跨国连锁，是资本有限的连锁企业进行国际扩展的快捷方式。通过特许，连锁企业可以保持对营销的高度控制（包括商店出售什么商品），但要放弃对商店日常管理的控制。麦当劳和肯德基就是通过特许进行国际扩展的最好例子。

（5）特卖（店中店）跨国连锁

该方式要求在百货店等大型商店内经营"店中店"，是许多专业商店采用的战略。例如，Cartier 珠宝店进入广州市场时在高档百货广州友谊商店开设店中店分销商品。特卖有两类，一类是借助特卖，另一类是在东道国商店特卖。前者是指借助其他跨国连锁企业一起进入国际市场，后者是直接在东道国原有的商店开设店中店。

选择进入国际市场的具体方式需要考虑很多因素，包括成本、控制权、业态的独特性、取得好店址的难度、企业资金实力、外国市场的规模与竞争状况以及特定国家的政治与经济风险。例如，百货商店这一业态很复杂，由于各国消费者的偏好和习惯不一致，很难高度统一，因而较难采取特许战略实现国际化。相反，专业商店普遍采用特许战略。创新型的业态不可能选择收购，因为这些企业的特点不同于现有的企业。连锁企业跨国经营的市场进入方法优点及风险比较如表 9-2 所示。

市场规模是决定进入战略的重要因素。一般来讲，只有较大的市场才有可能采用收购和自主进入等外国直接投资（FDI）战略。特卖（店中店）和特许等非 FDI 战略最适合较小的市场。市场的竞争状况对进入战略也有重要影响。例如，沃尔玛通过收购 ASDA 进入英国食品市场，采取这一战略的主要原因是英国的食品市场竞争激烈，前五大食品零售商控制着 70%以上的市场份额。沃尔玛选择自主进入将无法收到很好的成效，因为英国的规划控制很严格，很难找到适当的大规模店址，而且与本国零售商完善的网络相比没有竞争力。作为世界头号零售商的沃尔玛有实施此项收购的资金，这也适合其咄咄逼人的国际化发展战略。

有些国家的本地法规对连锁企业的进入实施控制，有些国家虽然没有法律上的障碍，但商业环境非常复杂，与本地合作伙伴的协作对连锁企业的成功至关重要。进入日本市场时最好采用合资战略，Boots 就是在与三菱公司签订合资协议后于 1999 年进入日本的，市场的政治或经济形势极不稳定，也不宜考虑大量投资，特许或合资可能是更恰当的选择。

表9-2　连锁企业跨国经营的市场进入方法优点及风险

| 方　式 | 优　点 | 风　险 |
|---|---|---|
| 自主进入跨国连锁 | 任何公司的规模都可以采用；能强有力地控制国外公司；能在适度风险条件下以较低成本进行试验经营；能根据每个阶段的营运结果及时进行调整并很快确定规范化模式；能够进行快速复制 | 建立具有一定规模的连锁体系需较长时间；初期需要耗费大量的高层管理时间；不会很快回收成本，获得利润；需要进行全面的地点评估；如果进入的国家距离母国较远，会面临更多困难 |
| 收购跨国连锁 | 能够快速建立自己的连锁体系，可以获得最佳位置；立刻产生现金流量；可以从所收购的企业转移经验和技术；迅速获得网点并将其转型为新业态 | 决策一旦出错则很难退出；评估接收对象有难度且花费时间较长；合适的收购对象不容易找到；必须对高级管理层做出承诺；所收购的企业文化可能不适合本企业或新的运营体系的要求 |
| 特许跨国连锁 | 实现快速扩张；总部的扩张成本低；有助于进入高风险阻碍投资边缘市场；可利用当地管理改善服务从而节省开支；可利用的合作协议形式多样；对小型的店面十分合适 | 可能有比较复杂的法律规定；必须找到合适的加盟者；很难控制外国的加盟者；可能陷入一个无法令人满意的合作关系中；加盟者可能变得过于独立；培训加盟者可能是在培训未来的竞争对手 |
| 合资跨国连锁 | 可以与市场现有的模式结合；有助于获取技术并克服非关税壁垒；可以随时退出或全面进入市场；与合作伙伴分担进入成本，降低了风险 | 必须分享利润；寻找合适的伙伴较困难；会出现争夺第一的危险；可能被合作方控制 |
| 特卖跨国连锁 | 能借用他人成熟的网络资源，无须考虑地址的获得和评估工作，可节省新进入者大部分的广告宣传费 | 所处地位比较被动，投资影响力小，市场发展受到限制 |

（资料来源：肖怡.企业连锁经营与管理.2006.）

　　总之，没有一个进入国际市场的"最佳"方式，但是通过对不同的市场进入决策的理解，企业可以选择一个能降低基本风险的方式。

**2. 连锁企业的发展战略**

**(1)连锁企业发展战略的含义**

　　连锁企业的发展战略主要是连锁企业在经营过程中，根据企业特点和经营模式，针对连锁企业发展过程中的发展资金、发展方向、发展方式、发展速度、发展风险规避等问题制定的一种连锁企业战略。俗话说不进则退，企业的发展战略对连锁企业来说同运营战略和竞争战略一样重要，是企业经营战略里不可缺少的一部分。

**(2)连锁企业发展战略的特征**

　　①连锁企业发展战略是在现在企业实力基础上制定的，不能好高骛远，脱离实际。

②连锁企业发展战略是面向未来企业发展而制定的,必须有一定的超前性。

③连锁企业发展战略也是面向企业全局利益的一种整体战略,具有全局性特点。

④连锁企业发展战略也必须以满足实现经济效益、社会效益、环境效益的目的为前提。

⑤连锁企业发展战略是企业全体员工参加的、关系全体员工利益的战略,而非企业管理者的战略。

⑥企业发展战略也是关乎企业投资人、所有者人利益的战略。

### (3)连锁企业发展战略选择

连锁经营作为企业一种集团化、规模化生存和发展的经营组织形式,发展和扩张是它生存的动力。但制定连锁企业的发展战略,首先必须对连锁企业和外部环境进行评估。在实践中,不同的连锁企业选择的发展方式、发展模式都是不同的。因而在制定连锁企业的发展战略时,要具体问题具体分析。一般来讲,连锁企业的发展战略主要有以下几种。

①发展的资本战略。直营连锁店要扩张,需要大量扩张的资本。连锁店可以用自己创业经营的积累作为扩张资金的来源。但仅靠创业者自身积累和企业积累,扩张的步伐太慢。扩张资本来源一般来说有以下几种:扩大资本,通过股票筹资和股票上市;举借外债;风险投资人;兼并、重组、合作。

②扩张发展方向战略。扩张发展方向战略也就是业态的选择和区域的选择。如果创业业态市场已高度饱和,该业态成长已不具潜力,则可以考虑向其他业态扩张。至于区域扩张,这里取决于两个因素:一是所要扩张区域的市场情况与竞争水平;二是连锁体系的分店分布(布点策略)与其扩张区域联系是否紧密。

③发展方式战略。发展方式战略主要有三种扩张方式供选择:A. 自身不断开出分店,也就是直营扩张;B. 兼并,通过对小型连锁商店或独立零售商实施兼并以扩大连锁规模;C. 特许加盟。

④扩张速度战略。连锁企业的扩张速度要具体问题具体分析。直营连锁扩张速度不宜过快,否则会出现资金供应紧张、债务负担过重。特许连锁由于是低成本扩张,速度可以快很多,如上海华联一年可以开几百家。当然有的扩张过快,新开店质量下降,而且规模的迅速扩大,会引起企业一系列不良反应,所以,最好选择稳扎稳打的、开一家成功一家的策略。

### 3. 连锁企业的竞争战略

#### (1)连锁企业的竞争战略释义

竞争是企业发展自己、抑制对手的手段,是企业发展的突击力。连锁企业的竞争战略指连锁企业在企业经营环境中突出自己的企业优势,弥补自己的竞争劣势,抢占市场,克制或回避竞争对手的企业经营战略。一般包括多种竞争战略、总成本领先战略、差异化竞争战略、目标集聚战略四种。一个企业的经营发展离不开竞争,当然,也就离不开竞争战略。企业只有制定长远的竞争战略,才能在未来的市场上未雨绸缪。

#### (2)连锁经营竞争战略制定的意义

①形成完整的竞争战略体系,决战未来市场。企业竞争不是一时竞争,而是全程竞争,分析现在、预测未来,制定竞争战略有利于企业竞争的一贯性和连续性。

②便于合理分配资源。在满足一定条件的基础上,市场竞争能带来合理的资源分配。

③充分调动经营者的积极性和主动性。优胜劣汰是市场竞争规律。企业要想在竞争中获

胜,必须付出加倍的努力。竞争本身所具有的挑战性,也可以激发经营者上进心和成就意识,激发经营者努力奋斗。像世界著名的连锁集团沃尔玛、麦德龙等都是在激烈的市场竞争中逐步发展起来的,而在这期间,很多原因风光一时的企业逐渐消失,成本壮大起来的连锁企业都是身经百战、经验丰富,有着自己独特的竞争优势。

④竞争战略能够使企业在相互学习中获得更大的发展。竞争具有双重作用:一是企业由于经营不善等原因,造成全军覆没的下场;二是能够使企业在竞争中知道如何学习,学会怎样变化,形成学习型企业。如果竞争双方能够相互学习促进,所形成的将是一种双赢的关系。

(3)连锁企业竞争战略情况分析方法

连锁企业的竞争战略决策是以竞争情况分析为前提的。竞争情况分析最常用的方法是优势弱点分析法和机会威胁分析法。

优势弱点分析是明确地将本连锁企业与竞争对手进行对比,借以发现自己超过竞争对手的优势和竞争对手的弱点。如麦当劳的竞争优势源于其清洁、快速、品质、服务和价格,而肯德基的竞争优势则是其独特的口味。优势和弱点可以在连锁企业的产品、服务的各个环节进行比较,通过优势弱点分析可以使连锁企业制定进一步扬己之优势、克敌之弱点的战略。

机会威胁分析和优势弱点分析不同,优势弱点分析是针对连锁企业的经营状况,机会威胁分析则是针对连锁经营的变化,如各政府对连锁企业的政策支持、银行放宽贷款条件、消费者的信任感增强、供应商为连锁店提供优惠供货条件等,连锁店经营要善于利用上述机会发展企业。威胁则是环境出现的不利于连锁企业发展的因素,如政府政策限制。连锁企业要善于应对,或撤退,或转移,以免受损失。常用的机会威胁分析是机会、威胁矩阵分析。

(4)连锁企业竞争战略选择

①成本领先战略。其核心是较低的经营成本或费用。它要求企业必须确保以低价购进原材料,采用先进的技术设备,建立高效率的生产经营体制,努力降低各种费用。对于连锁企业,成本控制的关键在采购、物流体系中。如果一个企业能够以规模经济或成本优势的形式筑起壁垒,成为连锁企业中的成本领先者,它就能够应对现有或潜在竞争对手的攻击。成本领先战略最终表现为产品价格的降低。连锁店之所以可以以价格优势竞争,关键在于连锁经营可以有效地降低成本。如日本大荣连锁店的经营宗旨是"大量廉价销售优质商品",其核心在于廉价。美国最大的 WAI—MSRT 折扣连锁店创始人萨姆·沃尔顿的口号是:别人卖出价 1.2 元的东西,我卖 1 元,虽然每次赚得少了,但卖的次数多了,赚得就不会少了。这也就是我们常说的"薄利多销"。对于大型连锁店而言,这一策略相当有效。

连锁企业创造成本优势的主要途径有以下方面:

A. 进行成本分析,找出对企业经营成本影响最大的因素。连锁企业首先要了解本企业的成本现状,看自己有没有成本优势,是否可能创造出成本优势,以及创造成本优势的关键环节是什么,找出那些对企业经营成本影响最大或企业降低成本潜力最大的因素。

B. 进行系统的成本控制。制订成本控制目标和成本控制计划,动员全体员工,实施系统的成本控制。

C. 努力创造规模经济效益。连锁企业通过扩大连锁经营规模,提高组织化程度,大规模的购销,提高市场占有率,实现规模效益。

D. 产销合作。利用连锁经营优势与供应商建立合作关系,努力的降低采购成本。

E. 建立自有品牌。企业把自己开发的质量有保证的产品委托生产,成本就可以降下来,然后在自己的连锁网络中以较低的价格销售,有利于提高连锁企业的知名度和竞争实力。

②标新立异战略,也叫差异化战略。连锁店以不同于竞争对手的产品、服务、形象为客户服务,从而赢得了特定消费者。它是回避直接竞争的基本手段,特色是这一战略的核心。肯德基的口味、麦当劳的速度可以说是其特别优势,而 WAI-MART 商品的快速周转、大荣的低价格等均是差别化的结果。

标新立异战略主要体现在以下几点:一是同样的品质或服务,价格最低,即"成本降低"品牌;二是同样的价格,品质和服务提高,即"价值附加"品牌;三是提供的商品和服务是行业内所独有的,即独有品牌。在这种情况下,消费者即使支付较高的价格也愿意光临。如果一个连锁企业通过标新立异为自己建立起一个独具特色的市场地位,那么它也可以有效地保护自己不受或少受竞争者的打击。标新立异不是一种短期行为,而是需要长期使用、不断打败对手的手段,所以要保持长期比较优势。

连锁企业实施标新立异战略需要从以下几个方面入手。

A. 深入了解市场竞争状况,为企业准确定位。企业的定位不是单纯指产品而是不同于其他连锁企业的市场地位或形象。企业需要研究竞争是围绕什么进行的,这是实行标新立异战略的根本点和出发点,这需要进行企业的优劣势分析。

B. 全方位了解顾客需求,组织全面服务。顾客的需求是多方面的,专家们称其为需求域。它包括价格、产品(性能、质量、设计、连带性服务等)、服务(支付条件、售后服务等)、形象(社会对产品和企业的认同程度)。需求会因产品特性和顾客特性的差异而有所不同,即使在同一需求中,顾客关心的焦点也是不一样的。所以,标新立异战略必须围绕需求域顾客最敏感的部分,称为需求核心。企业实行标新立异战略的关键,就是要把顾客的需求核心作为根本来对待,如果都看到了需求核心,那么需求核心就要转移为非核心了。

C. 进行 CI 设计,宣传企业形象。CI 设计可以帮助创造富有人性和感染力的全新的企业形象。因为企业的现代形象是与一整套现代文明的企业形式与规范相联系的,它是企业素质的反映和表现,是消费者对企业所有活动进行综合评价的结果。连锁企业的 CI 设计和广告宣传,在很大程度上影响着消费者对企业的主观评价。因此,连锁企业选择了标新立异战略,就要根据自己将要树立的形象进行塑造和宣传,做到深入人心,使自己的连锁企业给消费者一个统一的形象。

③目标集聚战略。就是确定企业的重要目标,其核心是细分市场,也就是连锁企业通过集中其全部全国力量满足某个特定的顾客群、某产品系列的一个细分区隔或一个地区市场的方式,为自己建立起一个良好的竞争战略体系。

目标集聚战略的优点有:能够通过目标市场的选择,帮助连锁企业寻找市场最薄弱环节切入;避开与势力强大的竞争者的正面冲突,因此,特别适合于那些势力相对较弱的连锁企业;能够以有限资源,以更高的效率、更好的效果为特定客户服务,从而在较小范围内超过竞争对手;集中可以降低成本,支持价格策略。

集中是区域上、顾客群上和产品与服务上的集中。地区集中战略是指连锁店集中资源于特定地区开店,可以使有限的广告投入、配送能力在该区域发挥作用,从而使连锁店在特定区域内站稳脚跟,稳定地占有该市场,获得地区范围内的竞争优势。顾客集中实质上是连锁店把主要资源集中在特定的顾客,把他们作为诉求的对象,调查和了解他们的主要需求,针对他们提供有效卖店。这一点在餐饮业表现得非常明显,连锁快餐店的主要产品是一个,在麦当劳是汉堡包,在肯德基是炸鸡,正是在产品与服务上集中才形成了专业优势,才能进行标准化作业。产品与服务的集中使连锁工作人员可以成百上千次地做一件事情,即不用培训,单是熟能生巧也能提高其效率。而反观国内餐饮店提供成百上千种菜肴,每个厨师要会做几百种菜,即使天天培训,其作业速度、品质恐怕也难以保证。

全面竞争战略就是多种竞争战略,指不分顾客层和区域而进行的企业竞争战略。

(5)连锁企业市场竞争的主要表现

①不同业态的连锁企业之间的竞争。目前,我国连锁经营已经遍及超级市场、便利店、仓储店、百货店、专业店等多种业态,初步形成了多业态连锁企业之间的相互激烈的竞争格局,各业态的连锁企业为了在竞争中取胜,大都以自己特定的商品线的经营形成了名、特、优、全的特点,以此来吸引相当数量的消费者,夺取一定的市场份额,形成在一些商品线上与其他企业进行竞争的优势。

②相同业态连锁企业之间的竞争。总体上由于我国连锁企业在市场定位、目标市场选择、经营方式、经营规模及竞争手段上趋同,在商品线选择、企业形象树立等方面还没有形成各自独特的经营风格,使相同业态连锁企业间的竞争显得异常激烈,低水平的过度竞争加剧。如我国连锁企业最为发达的上海,连锁超市占现在连锁企业的80%,加上规模小,经营分散,它们之间必然发生强烈的竞争关系。两家最大的连锁超市公司上海华联超市公司和上海联华超市公司,为了争夺市场,也开展了激烈的竞争。面对市场成熟、商品丰富、连锁网点遍布的市场形势,为了争取顾客、增加市场顾客,各连锁企业争相投入大量的财力。争先改善营业设施和购物环境,纷纷组建配送中心,采用计算机管理体制系统及信息技术,以便提高物流速度和管理效率,降低经营成本,实现规模经济效益。同时,各连锁企业在商品策略、服务策略、价格策略、促销策略、形象策略等各方面精心策划,不断推陈出新,同业态竞争异常激烈。

③中外连锁企业之间的竞争。随着我国的连锁经营领域的逐步放开,国际连锁巨头已进入中国,如沃尔玛、7-11、家乐福、麦德龙等,英国最大的连锁店特易购(Tesco)也在华寻找合作伙伴。国外大型的专业连锁店也已进入中国,如德国的建材超市OBL、英国的家装材料连锁店B&Q(翠丰子公司)的办公用仓储(Office Deport)等。近几年,中国连锁企业将面临更加激烈的国际竞争,我们必须走出国门,参与国际市场的竞争。

④工商连锁企业之间的竞争。在我国连锁业的发展过程中,工商连锁企业之间的竞争主要体现在以下几点:

A. 生产企业纷纷打破原有的行业界限,通过自建连锁营销体系,实现纵向一体化经营,向连锁零售业渗透,参与市场竞争。1991年成立的好来西服饰有限公司,彻底统一了好来西专卖店的管理,建立了连锁营销网络。杉杉西服走的也是这条路。

B. 连锁企业也通过多种方式建立生产加工基地或形成专利OEM品牌生产、延伸流通、渠道。

C. 一些企业在走向连锁经营之路后,在经营上突出了厂商直接挂钩、批零兼营的特色,从而迅速发展成为大型连锁企业集团。

D. 企业集团化经营中的自营连锁销售网络也迅速成长,并向着多元化、集团化、国际化的目标迈进,使连锁企业的市场竞争更趋激烈。

⑤批零竞争。我国连锁企业中的批零竞争是指原批发企业向零售领域延伸,利用自身原有的销量大、价格低、渠道多等优势组建配送中心。开设连锁零售企业展开竞争。以这种方式

组建的配送中心对连锁分店的高频率送货,有助于使连锁分店实现"零库存"管理,发挥合成效应。如沈阳五金集团从1992年开始,利用原有批发优势向零售领域延伸,通过租、联、买、建等多种形式,在沈阳市内、周边市县建立了32个"卫星"的连锁店,并建成一个建筑面积为1.8万平方米的配送中心,真正成为一家批发主导型的连锁企业集团。

**（6）我国连锁企业应对竞争的策略**

①进一步扩大开放,研究国际通行规则,加强培训学习,在竞争中发展壮大。建立学习型企业对我国许多企业是适用的。现在我国连锁企业,要加深对连锁规则的学习和理解,对连锁双方的权利与义务等进行全面的综合分析。结合自身的实际进行对比研究,找到自身的优势和劣势,进而制定切实可行的发展和竞争战略,如西门子在确定战略发展时,把朝阳产业如能源、工业、信息和通信交通等放在自己的主营业务中,由于电子业的迅猛发展,电器工程领域的市场销售增长率继续高于整个行业的平均水平。因此,西门子的竞争经营战略重点放在了不断扩展的全球电子电器市场上。西门子公司经营的准则的重要一条就是"客户决定我们的行动"。如果探究企业成功的奥秘,那就是他们能够在日益变化的内部和外部环境中,善于学习,不断探索,勇于创新,准确应对。所以我们要抓紧培养熟悉流通规则、方式、管理及技术的高素质的人才,积极开展连锁经营培训。抓住加入世贸组织的有利时机,总结经验,引进、学习、消化跨国连锁集团的先进理念、经营模式和管理技术。力争走出去,建立自己的跨国连锁经营企业。

②加快现代企业制度的建设步伐,把企业真正造成市场主体。事实上,国内许多企业作为市场主体问题,至今还没有真正解决。所以要按照建立制度的要求,加快连锁经营企业公司制度的改革步伐,完善法人治理结构,突出经营创新能力,提高核心竞争力。

③加强管理,提高连锁管理经营企业的规范化水平。在今后一个时期,我们面临的挑战的本质是跨国公司与我国企业之间的较量。随着我国的分销领域全面放开,跨国公司将全面打入国内市场,我们需要有一批能正面对阵的经营规模大、具有国际竞争力的大型连锁集团,但是我们更应按照连锁经营标准化、专业化的要求,建立连锁经营企业规范的作业标准和管理手册,强化企业总部对门店经营行为的监管和约束。进一步推进和完善连锁经营时点销售系统、管理信息系统的建设,建设推广客户关系管理和供应链管理技术,加快连锁企业的信息化建设,推广品类管理、电子标牌等现代管理方法和手段等。

## 小 结

广义的连锁企业经营战略的特征:竞争性、长期性、全局性、实务性、人文性和导向性。

跨国市场进入战略包括自主进入跨国连锁战略、收购跨国连锁、合资跨国连锁、特许跨国连锁、特卖(店中店)跨国连锁。

连锁企业经营战略包括顾客满意战略、商业化运作战略、规模经营战略、标准化战略、专业化战略。

连锁企业发展战略包括发展的资本战略、扩张发展方向战略、发展方式战略、扩张速度战略。

连锁企业的竞争战略:成本领先战略、标新立异战略、目标集聚战略。

## 复习思考

1. 连锁企业如何确定经营战略?

2. 连锁企业的发展战略有哪些？如何进行连锁企业发展战略的制定？

3. 你是如何理解差异化战略的？

4. 企业的经营目标有哪些？

5. 简述连锁竞争战略制定的意义。

6. 简述连锁企业创造成本优势的主要途径。

7. 说明目标集聚战略的优点。

8. 分组讨论我国连锁企业应对竞争的策略。

# 实 训

**【案例介绍】**

## 百胜集团加速全球化扩张

百胜集团在投资者会议上宣布，将进行一场真正大胆的全球扩张，在未来几年开出成千上万家新餐厅。

现在，肯德基的全球开店速度是每 8 小时一家，未来要提高到每 5 小时一家。百胜宣布全球扩张的策略并不令人意外。截至 2016 年第三季度，百胜在中国区拥有的直营门店占到全部餐厅的 80%，中国区每年对百胜运营利润的贡献率高达 30%。拆分之后，这部分贡献将只剩下每年的特许经营费用。少了一块大蛋糕的百胜，需要寻找新的利润来源，开新店是一个最直接的解决方案。

"没有人像百胜一样拥有 3 个全球化的标志性品牌，经营范围超过 150 个国家。"Greg Creed 对投资者表示，接下来，百胜会更专注、更特许经营化，以及更高效。在扩张的同时，百胜计划成为一个更精简的公司，从实体餐厅经营者向全球化品牌的统筹者转变，百胜希望这样更加专注，并取得显著增长。

目前，百胜在全球共拥有约 4.3 万家门店，其中直营店的数量大约在 1 万家，其余 77% 为特许经营。拆分中国业务后，百胜全球直营店数字会下降到 3000 家，特许经营占比将为 93%。百胜的计划是在 2018 财年结束之前，将这个数字进一步提升到 98%。如果计划顺利实施，届时百胜将只拥有 1000 家直营餐厅。

事实上，拥有品牌而非实际餐厅的"轻资产运营"在餐饮品牌中也很常见，因为按营业收入流水收取特许经营费的模式会为品牌减轻很多风险。汉堡王母公司和唐恩都乐母公司，两者的特许经营占比几乎达到 100%；麦当劳、Wendy's 等主要连锁品牌，这些年也都在陆续出售直营餐厅；就连百胜自己也刚出售了澳大利亚必胜客的特许经营权。

百胜还宣布了减少资本性支出的计划，目标是在 2019 财年结束之前，将年度的这一开支从 5 亿美元减少到 1 亿美元；同时，还计划在这一时期内，完成约 3 亿美元的行政管理费用的削减，将后者的营收占比从 3.4% 降至 1.7%；另外，还将通过自然减员、自愿退休及自愿裁员的方式，在 2018 年底前取消 2100 个全球职位。

（资料来源：http://fj.winshang.com/news-594733.html）

**思考和训练**

(1) 你认为百胜为什么要进行一场真正大胆的全球扩张？

(2) 结合案例，说说特许经营的利弊。

【技能训练】

**1. 实地调查某跨国连锁企业,加深对成本领先战略的认识**

**实训目标:**

(1)培养学生对连锁企业创造成本优势主要途径的认识和理解。

(2)对我国连锁企业应对成本领先战略进行思考。

**实训内容与要求:**

(1)班级学生 4～6 人为一组,利用课余时间,结合书面资料对连锁企业的成本领先战略进行实地调查与访问;

(2)在调查访问之间,每组需根据所学知识经过讨论制订调查访问的提纲。

**成果与检测:**

(1)每组写出一份简要的调查访问报告;

(2)调查访问结束后,组织一次课堂交流与讨论;

(3)以小组为单位,分别由组长和每个成员根据各成员在调研与讨论中的表现进行评估打分;

(4)由任课教师根据各成员的调研报告及在讨论中的表现分别进行评估打分;

将上述诸项评估的综合成绩作为本次实训成绩。

**2. 实地调查跨国连锁企业自有品牌的运作方式及其营销战略优势**

**实训目标:**

(1)认识连锁企业自有品牌两种运作方式的优缺点;

(2)了解连锁企业自有品牌的营销战略优势。

**实训内容与要求:**

(1)班级学生 4～6 人为一组,实地调查一家连锁企业自有品牌的运作方式及优势;

(2)切实了解连锁企业自有品牌的两种运作方式:定牌委托生产和自行设计加工。

**成果与检测:**

(1)每组提供一份调查报告;

(2)针对各组的调查报告,任课老师组织各小组进行相互评定;任课教师进行总评。

# 模块3
## 跨国连锁企业管理

## 教学目标

### 1.终极目标
(1)掌握全球化战略与多国化战略两种跨国管理模式。
(2)掌握标准化与适应性调整和本土化与学习型组织两种连锁企业跨国管理理念主要特征。

### 2.促成目标
(1)掌握企业跨国管理模式的运用情境。
(2)充分了解各种企业跨国管理策略特点及运用。

## 案例导入

### 国际化与本土化结合的麦当劳战略管理

随着麦当劳的不断壮大,全球扩张、拓展新兴市场已经是公司持续发展的必由之路。麦当劳在加拿大建立分店之后,面向深受美国文化影响的中美洲国家和群岛国家输出麦当劳饮食文化,由于这些国家本身的文化与美国十分相近,在地理上交通也较为便利,管理较为方便,因此在输出过程中没有遇到大的挑战。麦当劳在国际化战略中,秉持的是其多年来的标准化战略——"同一个世界,同一个味道"。

一开始,麦当劳高层一直认为不能在核心菜单中加入本土化的菜品,否则就是违背了公司的战略核心;但是他们显然没有预料到当地文化对于餐饮业的巨大影响。以荷兰和德国为跳板,麦当劳开始进军欧洲市场,并在法国巴黎郊区建立第一家分店。但是麦当劳在法国的发展却遇到了困难。举一个有点类似玩笑但是却是真实的简单的例子:麦当劳首先要解决的第一个问题就是如何让一个自诩高贵的法国人用双手代替他们早已习惯的刀叉来用餐。很快地,由于没有尊重当地的文化传统和需求,海外针对麦当劳的抗议逐渐增加,海外餐厅的盈利水平也不如当地的本土化餐饮企业。

当然,最终麦当劳顺利解决了这样的问题,麦当劳对于品牌进行了重新设计,努力改变法国烹饪文化破坏者的形象,公司宣称:"是的,我们源于美国,但是由法国生产。"麦当劳突出其优质的原材料,75%的当地资源,环境友好的门店,以及营养成分显著优于该国的传统选择。如今的麦当劳,在法国拥有超过1200家门店,每年新招收3000名新员工,共有7万多名员工。截至2013年,法国已经成为麦当劳的第二大盈利地区。不过,这个过程是曲折的,是麦当劳高层不断探索、修改原有的思维定式的结果。在别的地区,麦当劳也遇到了同样的本土化要求。

麦当劳公司面对着多元的政治、经济、社会和文化环境,其经营呈现出许多不同于国内经营的新特点。麦当劳的管理本土化问题亟待解决。麦当劳的全球扩张一方面需要坚持本身的成功战略,特别是标准化,但是面对全世界不同的文化,不同的饮食习惯,全盘的美式风格却收到了不尽如人意的效果,这样的现实对于麦当劳的本土化提出了新的要求,公司必须学会在坚持自有经营理念和竞争优势的同时,充分顺应并利用东道国的资源和经营方式。

麦当劳高层采用了"计划胜利"战略,麦当劳没有继续推广美国口味,而是努力推出更符合当地偏好的食品。麦当劳一方面开始和当地的供应商合作,另一方面,原有的供应商也开始在海外设厂。为了将当地食品分销到当地的多家门店,支持定制化的菜单,麦当劳建立了地区分销中心。为了在所在国或所在地区获得最大化的市场利益,充分满足本地市场需求,适应本地区文化,利用本地经营人才和经营组织生产、销售适应特定地域的产品和服务,麦当劳开始实施从本土化的战略角度去理解自己原先的国际化战略,进而促成了麦当劳进入国际市场的多国化战略。

(资料来源:http://www.hrloo.com/rz/13993654.html)

【案例分析】

由以上案例我们不难获知,麦当劳这个世界著名的一流企业在全球化跨国连锁管理模式过程中,采取了应变战略,即适应本地区文化,利用本地经营人才和经营组织生产、销售适应特定地域的产品和服务,并取得了明显的成效。因此,我们非常有必要了解并掌握一些跨国连锁经营管理的相关知识。

【思考·讨论】

(1)麦当劳在全球化过程中为什么要将国际化与本土化战略管理相结合?

(2)你认为麦当劳的"同一个世界,同一个味道"有哪些利弊?

# 理论知识

## 1. 两种跨国管理模式比较

随着世界经济全球化进程加快,连锁企业的全球化经营趋势也日趋明显。尽管连锁企业跨国经营的动因不同,但其管理模式无非有两种:全球化战略和多国化战略。

### (1)全球化战略

全球化战略是指连锁企业将母公司成功的经营模式移植到各国的分公司中,即在不同的国家复制同样的商店,并让所有商店采取一些的市场态度。麦当劳、肯德基便是采用这一战略而成功的典范,零售业中如 IKEA、英国马狮公司等也采用这一战略。

尽管不同国家和地区人们的消费习惯、文化背景和生活方式有一定的差异,但采用这一战略的连锁企业忽略了这些差异,它们认为世界范围内需求和期望不可避免地趋向一致,它们完全可以从全球角度定义各个细分市场上的顾客,并为这些顾客提供标准化的产品和服务。实施全球化战略的连锁企业一般都会保持权力的高度集中,所有涉及公司的决定包括商品范围、商品销售、服务水平和联系方式等都由最高层做出,不鼓励所属商店的创新精神。各地的商店只需严格遵从总部制定的规章和程序,它们不会对整个公司的经营技巧有任何影响。这种管理模式尽管抑制了商店的积极性,也可能导致公司对当地市场的细微变化迟钝而阻碍其跟上市场发展的趋势,但由于可以用重复使用一个已被证明行之有效的培训的规模经济中效益,并可以非常迅速地扩张。

（2）多国化战略

多国化战略是指连锁企业根据东道国的市场状况在分公司中建立行之有效的不同于母公司经营模式的战略。对于分散在各国的分公司，它们的基本经营理念保持不变，但为适应每一个国家市场的特殊要求而进行一些改变。如大型综合超市的"一站式购物"在许多国家都落叶生根，但是产品种类和品牌却根据每个国家顾客期望的不同而不同。

实施多国化战略的连锁企业一般采用分权化管理，母公司做出主要的战略决策，各分公司管理层有相当大的自主权，可以决定商品经营的组合策略，例如，选择产品主题并选择广告媒体。这种经营的差异尽管不会使多国化连锁企业从规模经济中获益太多，但却更能适应当地市场的变化，并能轻易解决全球化战略难以解决的一些非标准化的问题。

**2. 连锁企业跨国管理理念**

连锁企业跨国管理其管理模式有两种：全球化战略和多国化战略。这就要求我们既要坚持标准化原则，又要根据不同市场的不同特征作一定程度的适应性调整。

（1）标准化与适应性调整

连锁企业进入国际市场时必须决定是采用现有的经营管理模式还是根据将进入的外国市场的需要调整管理模式，即是采取标准化管理还是进行适应性调整。

标准化管理要求连锁企业在不同国家采用同样的产品系列以及同样的定价、推广和选址战略。它的主要优势有商品采购的规模经济性以及商店设计与广告复制的规模经济性。标准化管理的依据是随着通讯方式的改变，遍及世界的交通运输与旅行催生了全球化市场，有人指出，这些变化导致客户需要与期望及全球市场的趋同化。

上述观点的基础是假定各个市场（至少是工业化国家）的口味和收入水平是趋同的，这意味着大多数商品和服务存在一个全球化市场。因此，为适应本地需要进行的调整要么获益很少，要么根本不会获得益处。同时，标准化节省的成本却是非常巨大的。连锁企业采用标准化形式的主要优势是采购的规模经济，大量生产自有品牌，这对于国际流动越来越强的消费者而言很重要，其他的好处有简化营销规划和控制。

由于不同市场的成本结构相差很大，在跨国经营中维持相同的价格也很困难。连锁企业的两项主要成本是商店运营和物流配送成本，这两项因素都受制于不同的劳动力和不同的市场及配送基础设施，因而存在相当大的差异。此外，对进口商品征收的关税和不同的竞争程度也增大了难度。但是，连锁企业可以努力实现与其本国相似的定位。例如，Aldi 等折扣商会努力使自己的价格比东道国的超市至少低 20%～30%。

由于各国关于广告和促销的法律规定不同，加之媒体数量和沟通方式的差异，推广战略可能难以市场标准化。选址也很难标准化，因为合适的店址已经被占据，或者受法律的限制而找不到合适的店址。例如，Toys"R"Us 一般将店址选在城郊，但在法国的商店却开在购物中心内，原因就在于城郊的店址很难取得规划许可。

正是由于标准化管理在实践中面临很大困难，因而许多专家认为连锁企业应当以客户为中心，贴近每个目标客户群体（或部分市场）需要的营销活动会取得较好的效果。这意味着在跨国经营环境下，由于不同国家的经济、地理、人口和文化因素以及消费者的特点各不相同，消费者的期望与需要、支付能力、购物习惯和产品偏好也会存在差异，最好采用一定程度的适应性管理调整策略。

标准化与适应性并不是非此即彼的选择。标准化程度可以从全球标准化调整到每个市场的标准化,重要市场的标准化也可以根据重要市场的不同情况做出调整。典型标准化是适应性与标准化的折中,它在指定全球性营销战略时允许根据本地的市场状况做出调整。如同大家公认的标准化程度较高的肯德基也可以在中国开卖王老吉凉茶一样,"全球性思维,本地化行动"是典型标准化所依据的观点。因此,标准化只是代表一种程度,而不是绝对化决策。连锁企业应当随时关注管理中可以标准化的要素,但可以根据市场运作条件优先考虑适应本地需要。

(2)本土化与学习型组织

连锁企业进入国外市场往往会面临许多问题,其中之一是容易低估文化差异及跨国交易的影响。不同民族的文化差异、意识形态、宗教信仰、对于生活的态度、人文区别、历史传统等,都会给连锁企业跨国扩张带来意想不到的困难。文化差异不仅导致不同的客户需求,也影响到管理风格以及与供应商从事交易的一般方式。连锁企业必须学习或者积累跨文化沟通的技能,通过本土化进程来克服面临的困难,在这一点上,连锁企业同其他企业没有什么不同。

随着竞争的不断加剧,越来越多的跨国连锁企业把在东道国顺利发展的希望寄托在了本土化策略上,这种本土化策略的实施又使其转变成为典型的学习型组织,在学习中不断适应,不断发展。跨国连锁经营的本土化策略体现在多个方面,如人力资源的本土化、投资理念的本土化和运作方式、管理方式的本土化。在管理运作方面,绝大多数连锁企业会根据东道国的文化习惯做出改变,但各企业因为面临的问题不同,所以本土化的具体做法会不一样。例如,家乐福在进入中国青岛之初,对于鸡蛋采用蛋托包装销售,对于蔬菜则断根整理后才上柜销售。然而,青岛市民并不认同这些"法国概念"。于是,家乐福从农贸市场上学来了"青岛概念"——取消蛋托,改用筐装鸡蛋;蔬菜带根销售,使蔬菜的保鲜期得到延长,这样,既适应了当地的消费习惯,又降低了成本。而百安居进入中国市场后,根据中国人的实际情况,调整了DIY的概念,设置了家装公司,提供家庭设计、预算、配送、施工、维修等一条龙服务。

此外,连锁企业还可能从跨国经营中学习到许多新的经营技巧,从而提高本国市场上的竞争力。对于连锁企业而言,跨国经营不仅仅是寻找更有利的机会,不断实现规模扩大的问题,同时也是一个努力学习,不断融合各国新思想、新方法、新模式,从而不断提高企业竞争力的问题。资本的流向是单纯的,知识的流动是复杂的,通过资本的输出获取知识的输入,或许是连锁企业跨国经营最根本的动力。

**3. 连锁企业跨国管理策略**

跨国连锁企业在经营过程中,实质就是将两种或两种以上的不同文化有机融合在一起的过程,必然会产生不同文化之间的冲击。其主要体现在适应性的组织设计、全球化的采购中心、多样化的营销、跨国文化团队管理等方面。

(1)适应性的组织设计

当跨国连锁企业由一个文化背景进入另一个文化背景之中,必然面临文化的冲击。这种冲击会波及组织架构各个方面、领导及管理方式,这就注定了跨国经营绝非一帆风顺,而是充满了碰撞和摩擦,体现在组织设计上,便出现了四种模式。

①民族中心模式。在该模式下,跨国连锁企业派出管理人员对国外子公司进行管理,由于子公司中主要职位由总公司的管理人员来担任,国外子公司很少有自治权。在公司国际化发展的初期,总部要向子公司转移资金、技术或管理方法,由总部调派熟悉这些信息的管理者担

任子公司的重要职位,对于信息转移的成功是非常重要的。采用此法的主要原因有两个:一是当地缺乏合格的人才;二是更容易与公司总部保持良好的沟通、协调和控制。

②多元中心模式。该模式是指跨国连锁企业将每个分支机构看成具有某些决策自主权的独立个体,子公司管理人员本地化,并被赋予较大的独立权。子公司管理人员一般不会被提拔晋升到总部的位置,相应地,总部的管理人员也很少被派到国外的分支机构去工作。采用此法的好处主要有以下几个:一是使用当地管理人员能消除语言障碍,避免了外派人员及家属的文化适应问题,也没有必要举办昂贵的文化意识培训课程;二是使用当地管理人员在政治敏感地区能使公司保持低调,不被关注;三是使用当地管理人员能为公司节省大量开支;四是使用当地管理人员能使当地的公司在管理上有延续性。

③全球中心模式。该模式是指跨国连锁企业采取全球性方法去管理其运作,并认识到每一个部分(分部和总部)都对公司整体以其独特的优势做出独特的贡献。公司有全球整合的商业模型,不注重个体的国籍但重视个体的能力。在公司的每一个层面的重要位置上都可以看到来自总部、当地或外地的管理人员,甚至在总部的高管层和董事会都是如此。这种模式的优点在于能够整合全球的自然资源、财务资源、技术资源和人力资源;缺点是需要花费大量的资金用于文化和语言方面的培训。采用全球中心模式法的主要原因如下:一是有才华的管理人员不只集中在总部,分支机构中也不乏人才;二是跨国经历是高管人员成功的重要条件;三是具备高管潜力的管理人员时时都为从一个国家调任另一个国家做好了准备;四是通过国外岗位的锻炼,可以培养管理人员的开放心态和文化适应能力。

④地域中心模式。上述三种模式是极端的情况,现实中跨国连锁企业往往是这几种模式的混合。地域中心模式反映了跨国连锁企业的组织结构和地区战略,管理人员被允许可以离开自己的母国工作,但必须待在某一特定的地域之内。地区的管理人员虽然不可能提升到总部的位置,但却能享受一定程度的地区决策的自主权。例如,一家美国公司可以把市场划分成三大区域。欧洲、美洲和亚太地区。欧洲的工作人员可以在欧洲区里彼此调换,但将工作人员派去亚太地区则罕见,同样,也不可能将地区的管理人员到派到美国总部工作。使用这一方法的主要动机有以下几方面:一是区域总部的管理人员与分部人员可以有较好的交流,公司总部与区域总部的管理人员也可以有较好的交流;二是体现对地区文化的敏感,大多数管理人员由该区域内的员工担任。

到底该采用哪一种方法或模式,需要对组织机构的不同层面进行探讨,看某一个国家的成功经验在多大程度上能够在其他有不同文化背景的国家产生同样的效果。

**(2)全球化的采购中心**

随着市场竞争越来越激烈,各国连锁企业为了满足消费市场日益国际化的需求,不断从全球内寻找新的物美价廉的商品来源,纷纷在各种货源地建立采购办公室。跨国连锁企业越来越多的商品来自于全球采购,例如,在西班牙南部采购水果和蔬菜,在香港、纽约采购时装,现在更多的消费品来自中国内地,这里正成为全球低成本的生产基地。事实上,国际采购不是最近这几年的新鲜事物,早在20世纪50年代,一些国际采购联盟就尝试跨国采购,它们庞大的采购规模已经跨出了单纯的采购职能,向物流配送、仓储管理、自有品牌开发和市场协调等方面发展。

另一个引人注目的是大型跨国连锁企业随着跨国经营步伐加快,纷纷成立全球采购中心,一方面将世界各地采购的商品带入新的拓展市场,另一方面也从新的市场中采购更优质的商品输往全球各地,加剧了经济全球化进程。目前,不少跨国公司把全球采购中心迁至中国,或在中国设立采购办事处。沃尔玛全球中心已从香港搬到深圳;家乐福在上海设立了全球采购中心,并陆续在中国境内建立若干区域性采购中心;麦德龙也把上海和天津作为中国南北区域采购供应枢纽。中国作为全球最有潜力、增长最迅猛的采购市场,吸引了越来越多的跨国连锁公司。

设立全球采购中心是跨国连锁企业控制成本、提高竞争力的必然选择。在具体采购过程中,要合理安排全球采购、国家采购和区域采购三者之间的关系,这里,家乐福的采购策略很值得我们借鉴。家乐福的采购谈判分为三个层次,即全球谈判、全国谈判和地区谈判。

例如,当家乐福和类似于宝洁公司(P&G)或欧莱雅公司的企业合作时,双方总部先要签订全球协议,用来确定销量折扣、全球促销、全球定价以及相关贸易条件。当宝洁公司或欧莱雅公司来到中国时,如果家乐福也来到了中国,双方要签订关于附加折扣、毛利目标、门店促销及广告、货架摆放位置及占地面积、分销与仓储和新店折扣等适合中国国情的双方协议。随着家乐福在中国不同城市开店数量的增多,不同地区会出现不同的实际情况,因此,合作双方需要就竞争价格支持、具体门店广告促销、货架及端架陈列费用、促销人员安排等问题进行地区性谈判。

### (3)多样化的营销组合

开拓国外市场,连锁企业难免会遇到不同国家文化之间的冲突。要取得国际营销的成功,就必须认真研究不同文化的差异,进而制定科学的营销决策以协调文化冲突。当然,遇到文化冲突,连锁企业首先要考虑的是如何调整自己的营销策略以适应当地文化,但更主动的做法是采取行动来推动当地消费者接受全新的外来文化,使之认可企业的原文化精髓,这也许要冒一定的风险,下面介绍几种成功方法。

①目标市场准确定位。连锁企业跨国经营的最大障碍来自文化的冲突,但这种冲突即使在同一国家的不同市场,其程度也是不一样的。连锁企业应该找到文化冲突中最薄弱的环节进行突破,才能事半功倍。麦当劳在中国开辟市场,其目标针对的已经不再是同在美国一样的、工作忙碌的工薪阶层,而是儿童。金色的拱门标志、店堂内的欢乐氛围、布置的玩具、充满童趣的广告,还有专门为儿童开展的种种促销活动,无不对他们产生巨大的吸引力。麦当劳之所以选择孩子作为目标市场,是因为成人的饮食习惯已经很难改变,只有那些味觉还未定型、吃什么都好的儿童才最容易接受西方快餐文化,而一旦这些吃惯了西式快餐的孩子长大成人,麦当劳就会拥有一批忠实的顾客群,文化冲突也就转变成文化融合了。

②体验营销。体验营销能够营造一种氛围,使顾客在不知不觉中受到新文化的感染。星巴克在17年以前还仅在西雅图拥有17家咖啡店,现在已经在全世界34个国家和地区开设9 300多家连锁店,即使在咖啡文化并不普及的亚洲,星巴克也取得了飞速的发展。星巴克成功的秘诀不仅在于其咖啡品质的优异,还在于其完美的体验营销的运用。无论是星巴克起居室风格的装修,还是精心挑选的装饰物灯具,煮咖啡时的咝咝声,将咖啡粉末从过滤器敲击下来时发出的啪啪声,用金属勺子铲出咖啡豆时发出的沙沙声,都在烘托出一种星巴克格调,给顾客以独特的咖啡体验,星巴克的体验营销使得它成为时尚、舒适、宁静、自在的代名词,它销售的不是咖啡,而是一种都市生活中难得的轻松体验。

③文化营销。有句名言"民族的才是世界的",这是说富有民族传统的东西才会成为世界宝贵的财产。连锁企业不妨借助文化营销,突出异域文化与目标市场的文化差异,将本国传统

文化作为制胜异国市场的法宝。可口可乐正是文化营销的典型代表,可口可乐这个已有百年历史的品牌,每一次营销活动都力图展现美国文化的魅力,在品牌与美国文化之间建立紧密的联系,最终品牌本身也成为美国文化的象征,增加了产品的吸引力。当世界各地人们在接受可口可乐时,接受的已经不是单纯的一瓶饮料,而是独特的美国文化。

④整合营销传播。一个国家公众的共同社会心态包括观念、行为和情绪等并不是一成不变的,它往往在大众传播和人际沟通过程中发生的相互暗示、模仿和感染下逐渐发生变化,因而传统文化也不是绝对牢不可破的。整合营销传播就是要将营销的各种手段,包括产品、价格、渠道、促销、广告和公关等紧密结合起来,通过暗示、模仿和感染,传播自己的文化,促成目标市场的文化变革或文化融合。

近年来,中国企业已经走向国际市场这个更大的舞台。由于资源的限制,大部分中国企业在遇到文化冲突时,不得不选择适应性的措施。但毋庸置疑,随着我国企业开展国际营销的经验越来越丰富,实力越来越雄厚,推动目标市场文化变革以适应自己的营销目标,将成为越来越多企业的选择。而中国有着五千年悠久历史的传统文化也必然会随着他们的营销活动,传播到世界各个角落。

(4)跨文化的团队管理

对于跨国连锁企业来说,如何打造一个优秀的多文化团队是至关重要的。当企业的员工来自于3种或3种以上的文化背景时,企业内部员工互动的复杂程度就增加了很多,常常出现一团混乱的景象。人与人之间如何相识、如何沟通,从何处着眼分析问题,从何处着手处理问题都没有统一的规则和大家公认的方法。在这种状态下,常常出现两个误区:第一是完全忽略所谓的文化差异,直接进入工作状态,找出解决问题的方案,仿佛这样差异就不存在;第二是认为文化多元会带来很多问题,人们常常能够举出许多跨文化团队失败的例子,却很少能想出成功的案例。文化差异是存在且永远无法消除的,人们总是习惯性地看到差异的负面影响,却忽略了差异也有积极的一面,文化的碰撞能带来新文化的产生,也能使双方看到自己的不足。因此,要打造优秀的多文化团队,首先得走出这两个误区,既要正视团队个体成员间的文化差异,同时要用积极的眼光来看待这种差异,多看到由于差异带来的好处,而不是问题。下面几种方法可以有助于打造优秀的多文化团队。

①人力资源本土化。人力资源本土化是跨国连锁企业本土化策略的一个重要方面,竞争归根到底是人力资源管理的竞争,人力资源本土化可以为公司带来如下好处:一是降低成本,提高效率。选用本土化人才的工资成本往往低于母国,将会大大降低成本,同时也给本土人才一个很好的发展空间;二是本土化人才更了解东道国的市场和文化背景,与员工的沟通远比外籍人员容易,与当地外界的沟通也更容易,有利于企业稳定和发展;三是可以激励本地员工多做贡献。人力资源本土化做得好的跨国公司,给员工特别是有发展前景的中层管理者发出良好的信号,用积极的职业发展前景号召他们长期忠诚于企业。相反,对晋升前景不满是造成跨国公司本地管理人才流失的重要因素。

②选择性聘用。人才聘用是跨国连锁企业事业成功的关键。在一个文化多元的企业里。再也没有比高级职员间和谐共事更重要的了。这里,选择性聘用是连锁企业跨国经营成功的一个重要的手段。选择性聘用指招聘员工时应该十分谨慎挑剔,如果没有合适的人即使让位置空着也不滥招。选择性聘用背后的基本逻辑为:招进来的员工是公司的巨大投资,是公司希望长期保留的人,必须慎之又慎。在选择人才时要考虑两个方面,一是所谓的"人岗匹配",即

招进来的人知识背景、技能和能力符合工作岗位的需求,能够胜任工作。二是所谓的"人企匹配",即应聘者个人的价值理念与公司的文化理念相一致,彼此有认同感。至于什么样的人是合适的员工,衡量标准主要有以下几点:没有种族中心主义,具有专门的文化知识,具有尊重、平等意识,容忍不同意见,容易接受新观点,对多种文化的适应力强,有坚持、坚韧的品性,关心人而不只是关心工作。

③跨文化培训。跨文化培训被跨国连锁企业视为消除文化冲突的主要手段,它可以加强人们对不同文化的反应和适应能力,促进不同文化背景的双方的沟通和理解。培训的目的是多方面的如减少驻外经理可能遭遇到的文化冲突。使之尽快适应当地环境并正常发挥作用;促进当地员工对外方理念的理解;维持组织内良好的人际关系;保持企业内信息畅通及提高决策效率;加强公司凝聚力等。如今许多大型跨国公司都成立了"多重文化整合委员会",开展各种各样的文化融合活动,避免企业文化冲突。跨文化培训的内容根据培训对象的不同层次而不同,一般对主层管理者,应强调对双方文化的理解及如何沟通上;对基层工作人员,应以语言、具体管理方法、工作程序为主要培训内容。

④缩小地位差别。缩小地位差别是指公司中的员工应该人人平等,不论资排辈,不以势压人。例如,沃尔玛公司就很强调这一点,把所有员工叫作"合作伙伴"而不是雇员。在沃尔玛的销售广告上,用的所有模特儿都是公司员工,而且在每个模特儿的照片边上,都标上此人的姓名、工作职务;如果是儿童用品,则用员工的子女做模特儿,并写上孩子的姓名和父母的名字。这样的效果是大家有"一家亲"的感觉,地位差异消失。

缩小地位差别也可以通过改变管理语言来实现,管理语言的改变折射出来的是管理理念的改变。例如,星巴克咖啡这家全球公司,在用管理语言改变管理理念和实践上下了很大的工夫。一般的跨国公司都用总部、分部这样的词汇来描述并区分何处为公司的决策指挥中心,何处为执行部门。为了强调和推行公司的平等管理理念,星巴克创造了"国际服务中心"一词以取代"总部",并确定了三个服务中心:一个在公司的原创地西雅图,一个在阿姆斯特丹,一个在香港。通过这样的语言,将全世界的星巴克都摆在平等的位置上,而这三个中心则成为大家提供服务的场所,而非发号施令的地方。同时他们将所有的员工称为"合作伙伴",而不是雇员,从根本上重建员工与企业的关系。

## 小 结

两种跨国管理模式:全球化战略、多国化战略。

连锁企业跨国管理理念:标准化与适应性调整、本土化与学习型组织。

连锁企业跨国管理策略:适应性的组织设计(民族中心模式、多元中心模式、全球中心模式、地域中心模式),全球化的采购中心,多样化的营销组合(目标市场准确定位、体验营销、文化营销、整合营销传播),跨文化的团队管理(人力资源本土化、选择性聘用、跨文化培训、缩小地位差别)。

## 复习思考

1. 连锁企业跨国经营的动机是什么?
2. 你认为连锁企业跨国经营的机会与风险在哪里?
3. 如何评估国际市场机会?

4.连锁企业进入国外市场的方式有哪些？试比较这些进入方式的优点及风险。

5.试比较两种不同的跨国连锁企业经营管理模式的特点。

6.连锁企业跨国经营中为什么既要坚持其标准化又进行适当的适应性调整？

7.跨国连锁企业为什么要实施本土化策略？

8.连锁企业跨国经营如何进行适应性组织设计？

9.连锁企业如何采取多样化营销组织来减少文化冲突或实现文化融合？

# 实　训

**【案例介绍】**

## 宜家全球化战略受到东道国文化挑战

据英国《金融时报》报道,世界最大家居零售商宜家在20世纪90年代大手笔进军美国市场时,管理者们发现其花瓶远远小于美国人的需要,从而在美国被用来喝酒。宜家之前的文化失策以及其他如床垫尺寸难以测量等细小问题,虽然可以迅速得到纠正,但是由此以来,宜家与世界各地的东道国文化冲突正日益紧张,对于宜家公司在世界范围内进一步发展构成挑战。

宜家一直保持着自身原汁原味的企业文化,这种文化扎根于节约和道德。宜家在招聘员工时,更看重员工的价值观和信仰,并不只是技术和经验。宜家这种企业文化帮助宜家发展为一家成功的跨国公司,避免了沃尔玛、家乐福以及乐购在全球化中所面临的严重问题。但是先前以及现任的高管们均质疑,宜家在进军更多国家、开设更多分店的过程中,是否能够继续保持企业文化的完整性。宜家高管承认,使宜家企业文化适应国际东道国文化是一个巨大挑战。

据称因宜家家居雇佣侦探获取求职者和雇员的机密记录,其法国分部的总裁和首席财务官正在接受警方正式调查。宜家在世界其他地区也遇到过类似情况。例如宜家俄罗斯分部两名高管曾因为允许贿赂而遭解聘;还有,宜家又因为删除沙特阿拉伯地区宣传册中女性图像的举动招致批评。这些问题凸显出宜家实现全球发展目标的严峻性。宜家家居计划2020年在印度埃及迅速发展,实现收入成倍增长至500亿欧元。

媒体报道还称,宜家此前正在推出一项新的国际标准,并在法国所有员工中间开始试行。宜家还首次在法国设立了新的法律部门、风险经理以及制定了若干服从原则。同样,宜家在产品系列方面,正在改变"一刀切"策略,增加产品的多样性。宜家目前拥有少量专门针对部分国家的产品,宜家分店经理可以根据当地特点,自由安排店里样板卧室、厨房、起居室的陈列。

（资料来源：http://finance.huanqiu.com/media/2013-11/4614925.html）

**思考和训练**

(1)宜家全球化战略为什么会受到东道国文化的冲突挑战？

(2)对宜家正在改变"一刀切"策略,试着猜测它的可能性效果？

**【技能训练】**

(1)试从网上调研分析美国文化和中国传统文化的区别以及对企业经营的影响。

(2)如果你是一个中式快餐连锁店管理者,试评估进入某个具体海外市场的风险和机会。

(3)如果你在企业团队中有来自美国、中国台湾、中国香港、中国内地的成员,你将采用什么方式打造一个优秀的团队？

# 参考文献
## References

[1] 汪秀英.企业 CIS 战略的策划与实施[M].北京:首都经济贸易大学出版社,2010.

[2] 王文潭.国际商务管理[M].北京:首都经济贸易大学出版社,2010.

[3] 戴军,吴玉贤.物流管理基础[M].天津:南开大学出版社,2010.

[4] 魏瑾.连锁门店经营与管理[M].北京:机械工业出版社,2011.

[5] 魏国平,缪兴峰.连锁经营管理原理与实务[M].广州:华南理工大学出版社,2011.

[6] 马凤棋.连锁经营管理原理与实务[M].大连:大连理工大学出版社,2011.

[7] 杨丽.国际市场开发[M].北京:对外经济贸易大学出版社,2011.

[8] 戴军.商务谈判[M].西安:西安交通大学出版社,2011.

[9] 周贺来.客户关系管理实务[M].北京:北京大学出版社,2011.

[10] 王丽莹.人力资源培训与开发[M].广州:华南理工大学出版社,2011.

[11] 郭威.新组织设计[M].北京:经济管理出版社,2011.

[12] 戴军.市场营销学实用教程[M].北京:清华大学出版社,2011.

[13] 杨高英,宁秀君.连锁企业经营管理与实务[M].北京:化学工业出版社,2012.

[14] 申纲领.商品学[M].北京:北京理工大学出版社,2012.

[15] [美]弗雷德·R.戴维.战略管理[M].徐飞,译.北京:中国人民大学出版社,2012.

[16] 戴军.BPO 管理[M].北京:清华大学出版社,2013.

[17] 王广宇.客户关系管理[M].北京:清华大学出版社,2013.

[18] 吕时礼.国际贸易实务[M].合肥:安徽大学出版社,2014.

[19] 孙前进,孙静.连锁企业经营管理[M].北京:中国发展出版社,2015.

[20] 陈春花.企业文化塑造[M].北京:机械工业出版社,2016.

**图书在版编目(CIP)数据**

企业连锁经营管理/戴军主编. —2版. —西安:西安交通大学出版社,2017.8
ISBN 978 - 7 - 5605 - 6940 - 6

Ⅰ.①企… Ⅱ.①戴… Ⅲ.①连锁商店-企业管理 Ⅳ.①F717.6

中国版本图书馆 CIP 数据核字(2017)第 211635 号

| | |
|---|---|
| 书　　名 | 企业连锁经营管理(第二版) |
| 主　　编 | 戴　军 |
| 责任编辑 | 袁　娟 |
| 出版发行 | 西安交通大学出版社 |
| | (西安市兴庆南路 10 号　邮政编码 710049) |
| 网　　址 | http://www.xjtupress.com |
| 电　　话 | (029)82668357　82667874(发行中心) |
| | (029)82668315　82669096(总编办) |
| 传　　真 | (029)82668280 |
| 印　　刷 | 陕西奇彩印务有限责任公司 |

| | |
|---|---|
| 开　　本 | 787mm×1092mm　1/16　　**印张** 16.875　　**字数** 407 千字 |
| 版次印次 | 2011 年 7 月第 1 版　　2017 年 8 月第 2 版 |
| | 2017 年 8 月第 1 次印刷(累计第 3 次印刷) |
| 书　　号 | ISBN 978 - 7 - 5605 - 6940 - 6 |
| 定　　价 | 36.80 元 |

读者购书、书店添货,如发现印装质量问题,请与本社发行中心联系、调换。
订购热线:(029)82665248　(029)82665249
投稿热线:(029)82668133　82665379
读者信箱:xj_rwjg@126.com